THE GLORY AND THE

DREAM

A Narrative
History of America,

1932-1972

光荣与梦想

1932~1972年美国叙事史

[美] 威廉·曼彻斯特◎著
四川外国语大学翻译学院翻译组◎译
李龙泉 祝朝伟◎校译

William Manchester

2 1941~1950

中信出版集团 · CHINACITICPRESS · 北京

图书在版编目（CIP）数据

光荣与梦想 2 / （美）曼彻斯特著；四川外国语大学翻译学院翻译组译；李龙泉，祝朝伟校译．
—北京：中信出版社，2015.3（2025.12重印）
书名原文：The Glory and the Dream: A Narrative History of America, 1932-1972
ISBN 978–7–5086–4996–2
I. 光…　II. ①曼…　②四…　③李…　④祝…　III. 美国–现代史–1941~1950　IV. K712.5
中国版本图书馆CIP数据核字（2015）第303265号

光荣与梦想 2

著　　者：[美] 威廉・曼彻斯特
译　　者：四川外国语大学翻译学院翻译组
校　　译：李龙泉　祝朝伟
策划推广：中信出版社（China CITIC Press）
出版发行：中信出版集团股份有限公司
（北京市朝阳区东三环北路27号嘉铭中心　邮编　100020）

承 印 者：北京通州皇家印刷厂

开　　本：880mm×1230mm　1/32　　印　　张：13.25　　字　　数：353千字
版　　次：2015年3月第1版　　印　　次：2025年12月第44次印刷
京权图字：01–2012–9129
书　　号：ISBN 978–7–5086–4996–2 / K・428
定　　价：56.00元

服务热线：010–84849555　　服务传真：010–84849000
投稿邮箱：author@citicpub.com

献给劳芮 · 曼彻斯特

以及她的未来

William Manchester

那如幻的灵光逃到哪儿去了？

那光荣与梦想，如今到哪儿去了？

——威廉·华兹华斯

目 录

第二部分 牺牲与变化（1941~1950 年）

第九章 反击 / 003

剪影：太平洋战争 / 038

第十章 国内战线 / 039

剪影：国内战线 / 096

第十一章 小院丁香花开时 / 097

剪影：第二次世界大战欧洲战争 / 147

第十二章 新世界，新风向 / 148

美国人小像：红发佬 / 182

第十三章 胜利旗帜的光芒不再 / 188

剪影：战后 / 223

第十四章 哈里 · 杜鲁门时代的生活 / 224

第十五章 黑夜里哈里的一点儿英雄形象 / 247

剪影：20 世纪 40 年代晚期 / 304

第十六章 疑虑重重的时代 / 305

美国人小像：爱德华 · 罗斯科 · 默罗 / 363

第十七章 坠入深渊 / 369

剪影：20 世纪 50 年代早期 / 418

THE

GLORY AND THE

DREAM

A Narrative
History of America,
1932-1972

第二部分

牺牲与变化（1941~1950年）

第九章　反击

日本人自诩为“大日本”，美国人则称日本人为“小日本”，麦克阿瑟更是将其蔑称为“日本佬”。日本军队也许是史上最被低估的部队。阅兵式上，日本军人就像一个个用牛皮纸胡乱卷起的包裹，衣冠不整、面容枯槁，好似随时有散架的危险。绑腿邋遢、上衣鼓囊、裤子松垮，腿又短得可笑。这样的形象带有欺骗性，且根深蒂固。即使在珍珠港遭遇毁灭性打击之后，海军上将小威廉·哈尔西还预言 1943 年就能打垮日本，当时美国国内也较为乐观，点唱机中的歌曲唱道“再见，妈妈，我要去攻占横滨”、“我要扇肮脏的日本佬一个大耳光”。任何一个醉汉都会说，美国自 1775 年以来就一直打胜仗，从没输过。

而日本人呢？他们自 1598 年以来，也没有输过任何一场战争。被破烂棕色军服包裹的日本军人虽然其貌不扬，但战斗力不容小觑。

日军的神枪手能精确命中 1 000 码[1]外的目标。他们每人携带 400 发子弹（是美国步兵携带量的两倍）和足够 5 天食用的鱼和大米。他们无所畏惧，从小接受的教育让他们视死如归，并且认为为天皇献身无上荣光。他们所配备的武器也令人生畏。珍珠港事件中，小日本击沉了美国数艘战舰，给华盛顿当头一棒。小日本的舰艇更快、火炮更猛、鱼雷更先进，他们的空军在数量和质量上都远胜美国。偷袭珍珠港时，日军出动了 4 款战机，分别是川崎、三菱零式、中岛 B5N1 和三菱 G4M1，其中每一款都比当时美国能够升空的同类飞机先进。

开战后第 4 个星期，陆军部长史汀生告诫美国人："这场战争必将以美国击败日本告终，但我们不应戴着玫瑰色的眼镜看待它。有报告称日本……军队训练差，装备落后。而严峻的事实是日本军人身经百战，装备精良。日本军人虽身材矮小，但意志坚定、纪律严明。"曾经，热血沸腾的美国人认为他们对战东方人可以以一敌十。如今，美国人如梦方醒，至少华盛顿惊恐地意识到，南北战争以后，美国从未遇到过如此严峻的局面。当时，美国所谓的军事"情报"已经排除了珍珠港被袭的可能，理由之一是日军正往西贡（今越南胡志明市）增兵，人人都知道东条英机不可能同时在多地发动进攻。

但大家都错了。新年伊始，"大日本"的部队不仅从西贡进军南方，还同时登陆了关岛、中国香港、婆罗洲、威克岛，以及菲律宾群岛。东条英机的战术比希特勒的闪电战更胜一筹。东条英机把从美国西海岸到东京的航线扯开一条巨大的缺口，控制海域占整个世界海域的 1/10。德国海军上将雷德尔指挥的德国 U 型潜艇肆无忌惮地偷袭，也给了东条英机极大帮助。航运从一开始就很吃紧。而雷德尔决心

① 1 码≈ 0.914 米。——编者注

摧毁英美同盟，遇上任何悬挂星条旗或米字旗的船只，一概击沉，这让海上补给成为奢望。1942 年年初，雷德尔的计划似乎就要成功了。几乎每天晚上，美国东海岸的居民都能看到商船受到鱼雷攻击。当年 1 月，德国U型潜艇几小时内接连在长岛击沉了排水量 6 768 吨的“科英布拉”号油轮和“诺尔尼斯”号油轮，又在北卡罗来纳海岸击沉了美国“艾伦 · 杰克逊”号商船和“马来”号油轮。德国U型潜艇当年共击沉 1 160 艘舰艇，平均每天超过三艘，其中包括“雅各 · 琼斯”号驱逐舰。它在新泽西州开普梅被击沉，成为美国第一艘在自己海岸附近被鱼雷击沉的战舰。

在这殊死搏斗的日子里，败仗接二连三，轴心国似乎攻无不克。纳粹德国正在攻打斯大林格勒（今俄罗斯伏尔加格勒市），并且准备向莫斯科发起最后攻势；隆美尔已兵临开罗城下，那里的英国外交官们正忙着烧毁外交资料；德军进入印度也只是时间问题，在那里，他们将与从东线迅速推进的日军汇合。像希特勒一样，东条英机似乎也势不可当。约瑟夫 · 史迪威将军步履蹒跚地撤出缅甸时，嘴里还嘀咕着“真是一次惨败，我们被打得落花流水，仓皇撤离缅甸，简直就是奇耻大辱”。华盛顿的一些军事专家估计需要 10 年才能打败日本。两个大洋似乎不再起到保护作用，不仅大西洋海岸的海员被残忍屠戮，太平洋海岸也遭到炮火攻击。一艘日本潜艇袭击了俄勒冈州史蒂文斯堡，这在军事上无足轻重，却给美国人的心里蒙上了阴影。总统决定出面安抚国民。他安排了一场炉边谈话，并要求报纸登载世界地图，以便听众能明白他所讲。但日本人正在监听美国广播，正当罗斯福总统平静地劝慰公众无须悲观时，又一架日本水上飞机从潜艇弹射起飞，在俄勒冈州以南海岸投下数枚燃烧弹。

在东条英机策划的12月7日攻击行动中，除了珍珠港，还有一个目标就是马来亚（今马来西亚西部地区）。华盛顿的几个外交官自以为了解东方人，曾大胆猜测日本人可能登陆泰国。就某种程度而言，他们说对了，但这就像三年前的9月，新英格兰地区大暴雨，而天气预报员不过预测可能有雨。利用维希傀儡政府的软弱，山下奉文将军将中南半岛变成了转战集结区，并与泰国政府展开秘密谈判。结果，12月7日，泰国政府佯装抵抗了4小时之后投降。现在，东条英机已准备好进攻马来亚。

日军分三路穿过泰国，在铺天盖地的越南机群掩护下，入侵马来亚半岛，迫使英军节节败退。日本没必要派遣规模如此庞大的部队，但他们希望转移英国皇家空军的注意力，并将英国皇家海军引入圈套。他们的奸计得逞了。海军上将汤姆·菲利普斯爵士上钩了，他麾下有英国皇家海军引以为傲的战列舰——“威尔士亲王”号，这是英国最精良的战列舰，以及“反击”号重型巡洋舰。舰队中唯一的航空母舰搁浅，使菲利普斯爵士失去了耳目。开战后第三天，日军三菱鱼雷轰炸机击沉了夏威夷地区仅存的这两艘盟军主力战舰。没人能拯救马来亚了。敌军前进速度加快，离奇的谣言四起——小日本是“猿人”，像人猿泰山一样在树林间荡来荡去（实际上，日军骑自行车行军）。与此同时，丘吉尔惊恐地获悉，新加坡的大炮只能朝向大海，无法调转炮口瞄准日军。

进攻马来亚的日军都是裕仁天皇的精锐部队。在大举南下的同时，本间雅晴中将指挥数个师团，自12月10日开始，在吕宋岛登陆。汤姆·菲利普斯当日葬身海底，毫无防备的关岛落入日本人之手。三周内，本间的军队已于九处登陆。麦克阿瑟宣布马尼拉为不设防城市（之后立刻遭到空袭），美国士兵和菲律宾侦察兵撤到巴丹半岛。罗斯福想救出麦克阿瑟，虽然他知道麦克阿瑟将军不好相处，但敬仰他的军事判断能力，于是命令麦克阿瑟前往澳大利亚。在2月一个漆黑的晚上，麦克阿瑟及妻儿和家庭教师登上一艘鱼雷快艇离开了。而剩下的人则苦涩地唱道：

> 我们是巴丹的弃儿郎，
> 没有爹和娘，山姆大叔也不知去向。
> 无亲朋，无依靠，没有枪来没有炮，
> 无人过问无人要！

他们抱怨缺少武器，残酷的事实也差不多如此。盟军防线正在土崩瓦解，巴丹半岛上唯一的美国部队是第31步兵团，仅剩636人，他们被迫撤入蝌蚪状的克雷希多岛要塞，仅有10架老式飞机和几艘鱼雷快艇。当地最高指挥官汤姆·哈特于圣诞节后乘着挂有四星将旗的“鲨鱼”号潜艇离开，该潜艇已是其麾下最大型的舰艇了。一开始，克雷希多地堡中的人们围在通信兵的收音机旁，但没过多久，他们就纷纷转身离去了。因为广播里的消息实在令人沮丧：中国香港沦陷，护士被日本兵当街强奸；威克岛也被占领，虽然500名海军陆战队队员在詹姆斯·德弗罗少校的带领下，英勇抵抗两个星期，曾击退一次登陆的日军，但最终没有等来援兵。新年伊始，哈特上将的潜艇在爪哇浮出水面，加入陆军元帅韦维尔统领的盟军。那时，日军已攻占新加坡，下一个目标就是爪哇和苏门答腊。韦维尔研究作战图之后，退到了印度。而东印度群岛，正如气愤的荷兰人所言，只能听天由命了。

命运是残酷的。荷兰统帅不懂英语，他的命令只能在翻译之后传达给各部队。在没有空中掩护的情况下，17艘盟军战舰前去抵御日军入侵。它们与日军实力相差悬殊，无力回天。舰队中最大的战舰仅为两艘巡洋舰，而海平线上逐渐出现的日军舰队则犹如一座座佛塔，由 74 艘军舰组成，包括 4 艘战列舰和 5 艘航母。爪哇战役历时 7 个小时，荷兰统帅与他麾下的一半战舰一起葬身海底，剩余战舰也大半被日军飞机击毁。只有美国的“休斯敦”号和澳大利亚的“珀斯”号逃过最初的攻击，并试图穿过巽他海峡撤离，但该海峡已被敌军封锁。3 月 1 日夜，它们寡不敌众，最终被日军击沉。“休斯敦”号被日军军舰团团围住，但仍拼死抵抗，火炮齐鸣。直到船体渐渐下沉，一名身着蓝色夹克的司号兵仍站在倾斜的船尾，吹响弃船号角。

远在家乡的美国人对太平洋的战事很难理解。人们记住了珍珠港事件，就像牢牢记住阿拉莫之战和“缅因”号战舰却并不熟悉那之后的战争一样。原因之一是西海岸之外的美国人都把注意力放在了希特勒身上，另一个原因在地理方面。在硫磺岛战斗的士兵收到家人的来信，发现家人都以为他们在南太平洋。欧洲战场的地名听起来很熟悉，因为上学时接触过。但谁听说过雅浦？谁知道埃厄里拜瓦在哪里？新不列颠岛、新喀里多尼亚岛、新几内亚岛、新爱尔兰和新赫布里底岛又有什么区别？

不幸的是，美国的教师们讲课时并未涉及这些内容。这也不能怪他们，在航空时代以前，像威克岛、中途岛和硫磺岛这样的小岛几乎不值一提。直到 1941 年，只有标准石油公司和利华兄弟公司会对群岛感兴趣。美国海军开战时所用地图为 18 世纪所绘，直接导致盟军因不知航线深浅而在许多海战中失利。海军陆战队必须一边行军，一边测绘所罗门群岛。他们甚至没搞清楚与敌军第一次交战的地点——他们以为是特纳鲁河，后来发现是伊鲁河。

公众对于太平洋的了解大多来自B级片编剧的肆意创作。南太平洋岛屿被描绘成具有异域情调的小岛，和风在棕榈树间吹拂，萨迪·汤普孙[①]和传教士厮混，当地女孩身着紧身衣潜水捞珍珠，拥有多萝西·拉莫尔一样苗条的身材。传说是美好的，也带有一丝半点儿的真实性。虽然当地女孩的身材看起来更像是水桶，而不像拉莫尔，但大多数参与过“大东亚战争”（日本人的称呼）的老兵都能回忆起壮丽的自然美景——瓜达尔卡纳尔岛茂密雨林中的白兰花和凤头鹦鹉，还有布干维尔岛奥古斯塔皇后湾的活火山，以及塞班岛上美丽的凤凰木。

但美国大兵不是来旅游的。他们在进行残酷的战斗，而且丛林看上去越美丽，战斗就越激烈。一些岛屿根本无法居住，陆军工兵前往圣克鲁斯勘察地形以修建机场，尽管当地景色很美，他们却全部被脑型疟疾无情地夺去了生命。战场环境匪夷所思，瓜达尔卡纳尔岛在地震中晃动，硫磺岛岩缝中喷出火山气体等。在布干维尔岛上，松软而又深不见底的沼泽吞噬了无数台推土机；在佩莱利乌岛的山丘上，即使树荫下，温度也高达 115 华氏度（约 46.1 摄氏度）。有时天气比敌人更恐怖。格洛斯特角一天内降雨量就高达 16 英寸[②]。莱特湾海战不得不因双季风而暂停，一个月后，一场台风又使三艘美国驱逐舰沉没。

像其他任何一场战争一样，太平洋之战拥有独特的景象和声音，被后世所铭记。这些声色就像模糊的万花筒，或是随机剪辑的旧电影片段，足以让后人陷入良久回忆，有时甚至勾起灵魂深处那些危机四伏时的记忆，令人不寒而栗。有些部队在沙地小岛搭建活动房屋，四面被青铜色海水包围，好像动画片中荒岛上的流放者。霍姆斯大法官将战争定义为“自寻烦恼”，士兵们的处境印证了他的话：船上广播系统发出单调而尖厉的声音，还有汗臭味和空荡的部队食堂，铁板铺

① 萨迪·汤普孙：电影《军中红粉》的女主角，一个粗鲁的妓女。——编者注

② 1 英寸≈2.540 厘米。——编者注

成的临时跑道好像巨型积木，榕树林中绽放着大炮放射出的火花，在赤道阳光下飞行的零式飞机机翼下方的图案好似肉丸子，海水中的含磷生物群在船只迂回经过时会点亮周围的海水。飞行员在航母甲板上飞奔，头盔上下跳动，腋下夹着地图板。

但对于海军陆战队队员和陆军士兵来说，印象最深的要数一次抢滩登陆。战斗开始前，士兵间弥漫着难以忍受的紧张感，他们要从硬板床上跌跌撞撞地爬下，凌晨 3 点吃早饭。登陆前，战舰上 14 英寸火炮齐射，猛轰海岸，接着士兵们顺着货运网爬到摇摆不定的“希金斯”号艇上，那是一种小到难以置信的登陆艇。士兵们的背包碰撞着他们早已疼痛不堪的后背，他们紧张地盯着前方的登陆区域，向红滩一号或绿滩二号全速前进，心里祈祷海滩上没有礁石，以免被缠住而暴露在日军机关枪之下。心里一面想着地形如何，一面非常清楚那又将是一个烈焰熊熊的焚尸炉——步兵的地狱，但又将有荒凉海岛美丽超然的景色。

奇异的环境产生了离奇的伤亡。在格洛斯特角的战斗中，25 名美军士兵被倒下的大树砸死，随船沉入海里的水兵被鲨鱼吞噬，俾斯麦海战后，游上岸的日本兵被新几内亚岛的土著人分尸，还有一些日本兵逃到瓜达尔卡纳尔岛，但丛林严酷的环境让他们不得不自相残食以求生存。丛林冷酷无情，对战败的士兵而言更是如此。随着美国海上实力的不断增长，战败的士兵大多是日本人。如果日军被包围，他们只能自相残食或吃草根，还必须在丛林中与毒蛇、鳄鱼共存。即使突出重围，生还的希望也很渺茫。藻利海将军的队伍从新几内亚休恩半岛撤退之后，只有 1/5 的日本兵还能作战。被迫穿越欧文 · 斯坦利山脉逃亡的途中，堀井将军也失足落水溺亡。

除非天皇亲口下令，否则日本人绝不会投降。即便裕仁天皇下令，还是有顽固分子躲进山洞，拒绝投降。有人在山洞里待到 20 世纪 50 年代，甚至更久。日军认为被俘虏是屈辱的，有人随身携带自杀手枪，弹夹中只有一发子弹。“二战”中期，眼见大势已去，军官会召集属下进行自杀式冲锋。没有步枪，就用棍棒代替；不能走路，就拿一颗手榴弹或地雷，与敌人同归于尽。没人能够幸免。塞班岛的日军司令年事已高，无法自行了断，就命令他的副官开枪将他射杀。也是在塞班岛，几个 5 岁左右的日本儿童围成一圈，互相投递手榴弹，直至共赴黄泉。

切腹自尽在日本很受尊崇，但对于具有武士道精神的统帅来说，奋战到最后一人也具有军事意义。日军夺取了大洋洲的大面积区域，已超过所需，而所用时间只是预计的一半。日本想通过协商换取和平。本间将军在 1939 年警告：“为了打败美国，我们牺牲 1 000 万人也在所不惜。”佩莱利乌岛阵亡日军的墓碑上写着：“我们要用自己的血肉在太平洋上修筑一道防线”。虽然日本在宣传中一再强调彻底打败美国，但日本内阁其实更为现实。如果美国转而获得战争主动权，日军将领准备打一场消耗战。美国人距离日本本土越近，日本人抵抗得越顽强。日本会动员自杀船只、人肉鱼雷，以及实施自杀式攻击的神风特攻队。如果美军登陆日本，日本全国的口号将是：“1 亿人民骄傲地血战到底！”麦克阿瑟估计，入侵日本首日，美军伤亡人数将达到 5 万，之后有可能是长达数年的战争。日本人以此推断，美国人不会为日本无条件投降付出如此巨大的代价。因此，他们做好海报，准备在最后时刻张贴，海报上写着“美国人来得越早越好”。

太平洋战争异常惨烈，战争中没有多少战俘，因为日本人认为敌人投降同样耻辱。被日军俘虏的士兵遭到惨无人道的迫害。克雷希多岛的战俘被迫进行“死亡行军”，许多病员和伤员在行军中活活累死；在马金岛，日军将抓获的海军陆战队队员斩首；在米尔恩湾，澳大利亚战俘被阉割，嘴上被缝上包皮，身上还挂着一块嘲讽牌子“他们在痛苦中挣扎了很久才死去”。

如此暴行立刻遭到美军的反击。自法国–印第安人战争之后，美军还从未表现得如此残忍（妇女儿童得以幸免）。战斗中没有休战，也没有骑士风度。美国海军毫无顾忌地开展潜艇战。阿德默勒尔蒂群岛的日军宁愿饿死也不愿投降，美军把躲在灌木丛中的小日本当作活靶子，练习射击。这是一场残酷的战争。将军们同普通士兵一样嗜血。莱利斯·J·麦克奈尔中将告诉他的部队：“我们必须全身心地憎恨敌人。我们必须渴望战斗，我们生活的目标就是杀戮。”海军上将威廉·F·哈尔西下令在图拉吉岛架设一块巨型牌子，过往船只都能看到，上面写着：

杀死小日本，杀死小日本

杀死更多小日本

干好本职工作

就是帮助消灭那些杂种

以同样坚决的口吻，麦克阿瑟告诉罗伯特·L·艾切尔伯格将军，如果不能拿下布纳，就别活着回来。1943 年，有间谍报告了日本海军大将山本五十六的位置，美国立刻派出P–38 战斗机前去拦截其座机，并将他击毙。

山本五十六是个天才，号称“东方纳尔逊”。他一手策划了海军多地进攻，6 个月内攻占大洋洲 30 万平方英里①的土地。如果他知道

① 1 平方英里≈2.590 平方千米。——编者注

美国陆军通信兵已经破译日军的“紫色密码”，战争的走向或许会大不相同。他生前差一点儿就消灭了美方全部武装力量。他死后很长一段时间内，美国国防部为了防止悲剧重演，一再提出巨额国防预算。

山本在爪哇战役取得大捷后，旭太阳遮天蔽日。2 月 17 日，新加坡投降（日军中将山下奉文威胁英属马来亚英军总司令白思华中将：“投降，还是不投降”）。那里的 14 门巨型维克斯机枪被转移到吉尔伯特群岛一个名叫塔拉瓦的小岛上。1941 年 3 月的第二周，日军已向曼德勒进军，最终于 5 月 1 日攻占该地，封锁了中国的补给线。

新加坡是战略重镇，它的失守让世人震惊。拉包尔虽没有新加坡出名，但战略意义更为重大，这里是澳大利亚在新不列颠岛的前哨，于 1 月被日军夺取。山本在这里驻扎了 10 万军队，修建了 5 个机场，将拉包尔变成一座无法攻克的堡垒，新爱尔兰岛、所罗门群岛和新几内亚岛一系列前哨都靠这里维系。现在日军飞机能直接攻击澳大利亚了，其北部城市达尔文受到猛烈空袭，不得不弃城。新西兰 65 岁以下男性全部入伍，仅有的 9 架驱逐机也准备好迎敌，澳大利亚总理告诫人民随时准备应对日军入侵。有人提出放弃这两个英国自治领，但遭到新任美国舰队总司令欧内斯特 · J · 金上将的极力反对。罗斯福电告丘吉尔：“太平洋形势严峻。”“东京玫瑰”调侃道：“美国海军陆战队的大兵都藏在哪里？”

除了所罗门群岛南部、莫尔兹比港（位于鸟状新几内亚岛末端）和即将失守的克雷希多岛，中途岛以西、珊瑚海以北的太平洋都在日军控制之下。日军预计闪电战伤亡率在 20% 左右，实际伤亡却很小，其中一支日军舰队击沉 5 艘盟军战列舰、1 艘航母、2 艘巡洋舰以及 7 艘驱逐舰，自己却毫发无损。麦克阿瑟在澳大利亚发出豪言壮语，命令匆忙接任太平洋舰队总司令一职的尼米兹将军“不惜一切代价”

守住中途岛–萨摩亚–斐济–布里斯班一线，但都无济于事。美军在爪哇战役中惨败，被打得七零八落。太平洋的美军遭受了各种打击，其中还包括颠覆活动。法属努美阿美军总部有大量维希政府拥护者，他们把美国船只和部队的调动情况暗中告知敌方。

在美国本土，媒体使用谎言鼓舞美国人的士气。传言美国陆军航空兵的柯林 · 凯利击沉了日军“榛名”号战列舰（其实并没有），美军在婆罗洲望加锡海峡大胜（其实并没有），威克岛的美军发电报：“再来更多日本鬼子”（当然不会是真的）。这些都是子虚乌有。东条英机和山本五十六未被迷惑，信心满满地翻阅着 1938 年日军作战计划。瓜达尔卡纳尔岛和所罗门群岛的图拉吉岛是日军的下一步目标，5 月 3 日，这两个地方被轻而易举地占领。5 月 6 日，克雷希多岛投降。菲律宾彻底陷落。麦克阿瑟在澳大利亚写道：“关于克雷希多岛，我无颜评论。那里血色的迷雾中还回响着枪声，我似乎能看到在那里战斗的人，冷酷憔悴、身材瘦弱，但无所畏惧。”

第二天，日本一支两栖部队开赴澳大利亚东部的珊瑚海，他们旨在夺取莫尔兹比港。征服菲律宾让日军士气大振、耀武扬威。日本海军大将、航母舰队指挥官原忠一日后回忆说，他们患上了“胜利病”。之后的战斗是历史上首次航母之间的较量，也是离奇的决战。美军已陷入绝境，要想保住澳大利亚，就必须守住莫尔兹比港，此时美军从仅剩的 5 艘航母中抽出两艘前去封堵日军。但对于敌人来说，这场战役只是小插曲。山本要为中途岛战役保留实力。即便如此，日军飞机还是在珊瑚海给盟军造成不小损失，他们击沉了“莱克星顿”号，重创“约克城”号。美军则炸毁日军 7 艘战舰，其中包括一艘航母——飞行员电告“报销一个大平面”。这场战役最多算是双方打成平手，但使莫尔兹比港和澳大利亚获得了喘息的机会。日军无功而返。珍珠港的 1 400 名工人昼夜不停地工作，用了不到两周修好了“约克城”号，使其能及时参加中途岛战役。

那时，盟军遇到了太平洋战争开始以来第一个大危机，盟军岛屿几乎全部失守，日军占领了阿留申群岛的阿图岛和基斯卡岛。罗斯福也不得不像澳大利亚人一样，考虑本土遭受攻击的可能性，尽管这难以置信。裕仁天皇的海军信心空前膨胀，日军战舰数量是美军的三倍。1942 年 5 月 27 日，日本大胜俄国海军 37 周年纪念日，当年山本作为一个下级军官参加了这场战争，所以他选择这一天进军中途岛。山本的舰队前行在苍茫大海上，65 艘驱逐舰打头阵，山本率领的“大和”号超无畏级战列舰作为旗舰，率领着 22 艘重型巡洋舰和 11 艘战列舰。这支庞大无敌舰队的周围还有 21 艘潜艇环绕。另外，4 艘快速航母舰队由 700 架飞机空中掩护，80 艘运兵船挤满了士兵。舰队在海面上推进，船员们欢快地唱着战歌，日本还给将要第一批登陆的陆战队员发放了啤酒。6 月 2 日，罗斯福对麦克阿瑟说：“现在看来，日军舰队正前往阿留申群岛或是中途岛和夏威夷，也有小部分可能空袭南加利福尼亚或西雅图。”

这正是山本想要的——对方不清楚日军会打击何处。山本还派出一支部队攻打阿拉斯加，企图诱使美军分散兵力（此时日军战舰之多，山本都有些不知如何是好）。山本大将高估了自己，他并非像自己想象的一般战无不胜。日军“紫色密码”已被美国陆军通信兵破译，并被美军赋予新代号——“魔码”。山本下达命令之后，美国几乎同步将其解码并传送给尼米兹上将，正是他在组织中途岛的防御。岛上每一寸土地都布满军队，每一艘可用的战舰都已下水——7 艘重型巡洋舰、1 艘轻型巡洋舰、17 艘驱逐舰、12 艘潜艇，以及“大黄蜂”号和“进取”号两艘航母，还有经过大修的“约克城”号。

美军开局不利。日军首轮空袭派出100架轰炸机，将中途岛炸得天翻地覆，美国防御力下降，战斗机受到重创。但尼米兹此时有两个优势：其一，“魔码”使他清楚敌人动向；其二，日军对美军动向毫不知情。日军航母指挥官犯了一个严重的战术错误：他命令清空甲板，迎接空袭中途岛后返航的飞机，但美军飞机率先出现了，他们毫无防备。

1942年6月4日清晨，美军鱼雷轰炸机首先发动进攻，它们遭到防空炮火猛烈狙击。42架飞机，只有6架返航，而且没有一次命中目标。这些老式飞机的驾驶员像神风特攻队队员一样，认为自己做了无谓的牺牲。事实上，他们创造了胜利的契机。日军航母疯狂地调整船体以躲避鱼雷，导致战机无法起飞，仅有几架零式战机得以升空，还要低空拦截以身殉国的美军飞行员。在这个关键时刻，克劳伦斯·麦克拉斯基中校率领两队“无畏”式轰炸机从“进取”号航母上起飞，飞到了日军舰队上空，展开俯冲攻击。它们炸沉了3艘航母，下午又击沉了一艘。山本舰队中只有4艘航母，现在全部被击沉，舰队失去了保护伞。他瘫坐在舰桥上，无精打采地喝着米汤。

8个星期后，饱受“东京玫瑰”嘲讽的美国海军陆战队登陆斐济，演练美国“二战”中首次进攻行动。但该行动始终规模很小。现代化武器全部用在欧洲战场，海军陆战队第一师装备的是1903年的斯普林菲尔德步枪，他们的绑腿可以追溯到1918年，勃朗宁机枪和迫击炮从阿尔贡战役一直使用到现在。

攻势中唯一达到一流水平的就是部队的质量。因为海军陆战队是精英部队，被选中参与进攻行动的士兵更是出类拔萃。1942年8月7日，部队登陆瓜达尔卡纳尔岛，但他们立刻就后悔来到这里。正如前英国殖民者所描述，这里是个“血腥、臭气熏天的大窟窿”。无论何时，夺取这里都异常艰难。1942年夏，困难还加重了一层。日军占领爪哇之后，控制了盟军奎宁的来源，而奎宁是当时唯一可以治疗疟疾的特效药。20 世纪 30 年代，德国化学家发现了另一种疟疾解药，名叫“米帕林”。美国公司夜以继日地工作，想合成这种药，但没有成功。当时的命令是，除非体温上升到 102 华氏度（约 38.9 摄氏度）以上，否则不许离开前线。即使这样，到 10 月仍有 2 000 人住院。

美军登陆第一天，还算顺利。登陆行动没有遭遇阻击。一小股日军正在修建 3 600 英尺[①]长的飞机跑道，他们迅速窜入丛林。但第二天晚上，战局演变成一场灾难。山本仍有许多战舰和经验丰富的海军士兵。天黑以后，山本派遣拉包尔的小分队穿过“狭槽”——所罗门群岛间一个狭窄的海峡。萨沃岛上的活火山遮蔽了来犯敌军，萨沃岛战役是美国海军甚至是任何国家海军史上最惨痛的失败。4 艘航母被击沉，1 000 名水兵葬身大海。第二天早晨，剩余的美军战舰向南方撤退，货轮上的货物还没来得及全部卸下，也跟着战舰撤退了。正如海军陆战队将军所说，他的部队“光着屁股”被抛弃了。补给品发放量立刻减半，弹药量也只够 4 天。而此时，被美军称为“东京快车”的运兵船开始源源不断地从拉包尔运来日军士兵，每晚 900 人，有时一晚能运送 4 500 人。

美军通过简陋的机场运输补给品，海军陆战队队员奋战在泥泞的散兵坑，不时遭到敌军炮火轰炸，还要顶住日军的攻击，有时还会下起大雨。将士们不仅遭受疟疾折磨，还要经受痢疾和细菌感染（丛林腐蚀病）的侵袭。渐渐地，全世界都开始意识到瓜达尔卡纳尔岛的重要性。大量部队驻扎在那里，撤出已不可能。到 10 月中旬，麦克阿瑟警告罗斯福：“如果我们在所罗门群岛被打败……整个南太平洋将

---

① 1 英尺≈0.305 米。——编者注

陷入最严重的危机。”罗斯福在给丘吉尔的信中写道：他祈祷将士们能守住滩头阵地。双方都在瓜达尔卡纳尔岛较劲。在东京，裕仁天皇宣布瓜达尔卡纳尔岛战役是“决定性战役”。斯大林格勒和阿拉曼的战斗也在同一时期进入白热化，这座丛林岛屿仿佛一个强大的磁铁，吸引双方投入了与其战略意义并不相符的大批部队。双方都倾其所有，并都坚信这一仗定全局。

麦克阿瑟请求增兵瓜达尔卡纳尔岛的报告言辞激烈，这是他一贯风格。他要求美国将“所有资源”投入西南太平洋。这意味着必须停止给英国和苏联补给，原定开赴欧洲的运兵船全部转向澳大利亚。在他看来，日本的威胁就是这么严重，但总统看问题的方式注定与他不同。有别于战区司令官，总统需要以全球眼光看待这场战争。他需要考虑风险，而最大的风险就来自将所有军力投向日本。即使战胜日本，又能得到什么？万一转身只剩下美国与希特勒单独对决呢？美国需要英苏联盟，就必须坚持大西洋优先策略。只有消灭德军，才能彻底打败纳粹。苏联要求开辟第二战场，罗斯福和丘吉尔就要立刻开辟一个，至少也是类似的战场。罗斯福明白所罗门群岛处于危机之中，也出面支持增兵瓜达尔卡纳尔岛，但总统能做的仅此而已，战场上的美国人和澳大利亚人必须自己想办法。

麦克阿瑟不太可能想到华盛顿发生了什么事。从外表上看，首都华盛顿安静祥和，大街上车水马龙，商店里食物充足，一片歌舞升平的景象。然而政府高层已忙得不可开交，他们正努力解决火烧眉毛的问题。温斯顿 · 丘吉尔即将到访美国，并在国会联席会议上讲话，这是头等大事。大西洋战争不断蔓延，形势迫在眉睫。首先要做的就是关掉电灯开关。像迈阿密这样的城市，沿海 6 公里的霓虹灯能照到很远的海面上，照亮了停泊在岸边的商船，使其成为德国U型潜艇的理想目标。1942年5月，美国开始灯火管制（或称“伯恩斯管制”，以经济动员署署长吉米·伯恩斯命名），使德军潜艇失去这一有利条件。一年之后，随着雷达改进、空中监视，以及新型驱逐舰战术的运用，彻底解决了德国U型潜艇造成的危机。

组建一支1 200万人的军队价格不菲，罗斯福向国会提交了一份史上最大金额——108 903 047 923美元的军事预算案。生产任务也十分繁重。波音公司负责生产B–17飞行堡垒（之后负责生产B–29超级空中堡垒）。美国联合航空公司生产B–24解放者重型轰炸机，北美航空公司生产P–51野马战斗机，沃特飞机公司生产F4U海盗式战斗机。休斯、恺撒和弗雷泽等名字渐渐为人所熟知。记录良好的工厂会被授予陆军–海军优秀锦旗。其中最大的工厂是福特公司的伊普西兰蒂。珍珠港事件发生的那个星期日，这片未开垦的土地只有一条小溪蜿蜒流过，现在已矗立着全球最大的工厂，厂内有半英里①长的装配流水线。福特期望工厂每小时都能生产出一架30吨重的轰炸机。出产速度很快，以至于不必考虑储存时间。飞机直接被送到附近的机场试飞，然后飞赴战场。

像其他东西一样，伊普西兰蒂工厂的合约也在华盛顿某个部门决定。1942年6月中旬，6名会说英语的纳粹间谍乘潜艇在长岛和佛罗里达登陆。两人自首，其余4人被抓获，并上缴了他们携带的炸药包。华盛顿派人审讯他们6人，之后将他们处决。耶鲁大学想用沙袋保护学校的常春藤围墙，也要由华盛顿的某些人批准。有时，一些命令、决定和谈话很滑稽。初夏，陆军妇女团开始穿着由罗德与泰勒百

---

① 1英里≈1.609千米。——编者注

货设计的新制服。《女装日报》写道：“将束身腰带和胸罩作为女兵服饰的一部分，能提高束身衣和胸罩行业的地位。”布鲁克林《简报》则反驳说，陆军妇女团的理念带有颠覆性，而她们的服装设计则带有欺骗性，“妄图打破美国人和基督教反对妇女离开家庭的传统，无性别差异、纵欲、不愿生育的异教徒女性被带回美国，贬损了美国妇女的形象”。甚至带有自由派色彩的《公共福利报》也反对妇女参军。然而，许多妇女依然报名参军。人人都想报效国家，爱养狗的人也不例外。陆军组建了一支由有用的宠物组成的K–9部队，并给这支部队取名“摇尾巴”。《纽约太阳报》宠物狗专栏编辑阿瑟·罗纳德甚至给这支部队写了首进行曲：

我们来自美国各地的狗场，
我们来自家庭的火炉旁，
我们加入狗狗部队，
争做国家栋梁。

菲利浦·怀利克观察到，这一时期的美国以奇特的方式传递爱。例如，一个整编师在游行中组成MOM（妈妈）字样，这在“二战”中绝无仅有。不过琐事有助于掩盖重要的最高机密，有些军事机密需要尽可能地掩护。在田纳西州诺克斯维尔西北方18英里处的橡树岭，工人们在清理一片山坡，并为一系列建筑打地基。没人知道他们要修建什么设施。有人问工人他们在做什么，工人回答说：“每小时给1.35美元。”往西2 000公里，在一座悠闲的新墨西哥州小城圣菲，许多带外国口音的游客来到东宫街109号，之后乘渡轮前往35英里外的营地，当时他们只知道这里叫Y地。这里正是为后人所熟知的美国原子能研究中心——洛斯阿拉莫斯。

太平洋西北海岸正在建立巨大的工厂设施，雇员问老板他们在生产什么，老板告诉他们是“马的前半部分，要运到华盛顿去”，或是“流产的轮子”。其实老板也不清楚他们在干什么。真相只有少数科学家、一名少将和罗斯福总统选出来的几个文职人员知道。20 亿美元的开销被隐藏在联邦政府的多项预算中。参议员哈里 · 杜鲁门本想打探纳税人的钱是否被乱花，白宫直接警告他别多管闲事。

科学家们相信他们在和时间赛跑。英国情报机关报告，柏林要求挪威海德鲁公司生产 3 000 磅[①]重水，之后将订单提高到 10 000 磅。捷克斯洛伐克[②]的铀源源不断地运往德国。1942 年 10 月 15 日晚间，一组突击队员空降挪威，摧毁了部分海德鲁公司的重水。这给盟国以喘息，但纳粹重建该项目只是时间问题。

在这件事上，参议员杜鲁门的时间白费了，但大多数情况下，他办事效率很高。罗斯福总统采用定量配给政策和物资管理制度，这让民众反对呼声高涨，这本在意料之中。而且官僚主义作风比较严重，有些怨言就更无可厚非了。当年春天，出现了史上最长、最拗口的缩写：“PWPGSJSISIACWPB”（战时生产委员会钢铁产业顾问团管线、钢索产品、电镀产品承包商小组委员会）。战时生产委员会下，还有一个所谓战时生产委员会工业产生处烘焙产品组饼干、薄脆饼干、椒盐卷饼小组委员会。12 月第一个星期，物价管理局颁布命令：“圣诞老人应身着红色袍子，佩戴白色胡须，及其他符合其身份并容易辨认的饰品。若他们生性善良、快乐，能够凭借自己在孩童心中的崇高地位传播圣诞精神，则免受 10 月 3 日冻结工资总统令限制。”

这是理查德 · 尼克松对华盛顿最初的了解。作为贵格会信徒，

---

① 1 磅≈ 0.454 千克。——编者注

② 1993 年 1 月 1 日，捷克斯洛伐克和平分裂为捷克和斯洛伐克。——编者注

他不确定是否要参战。所以珍珠港事件之后，他前往东部，加入物价管理局，周薪 61 美元。尼克松大学毕业时是自由派，但正如他日后回忆，看到别人如何执行配给政策，他变得“比较保守”了。尽管到 8 月时，尼克松每星期赚 90 美元，但据说他看到“利用关系进入政府的官员在叠床架屋的行政机构中结党营私”时大为不满，最终选择辞职，违背了贵格会的教条，加入海军。但这点不能说明问题，因为他当时已成为征兵对象，必须义务服兵役。他曾是名律师，参军后可以成为中尉。他被派往南太平洋。那里还有一名中尉，名叫约翰 · 肯尼迪，指挥鱼雷快艇。与肯尼迪不同，尼克松在战争期间大都不在前线，而在南太平洋航空运输组织工作，没完没了地打扑克，并精于向靠港船只索要各种美味甚至威士忌酒。不久他的营房就被称为“尼克松小卖部”。一天，他在布干维尔岛，哈罗德 · 史塔生乘飞机来视察。当时，史塔生是哈尔西将军的参谋，但尼克松知道对方是前途无量的政坛新秀，很可能当选总统，便及时赶到飞机下，热情欢迎。与史塔生坚定的握手让他印象深刻，但战后当他跟史塔生谈起这次会面，史塔生却完全想不起来了。

白宫二层总统办公室旁边，就是哈里 · 霍普金斯的房间。在那里，他正在给未来的总统讲解欧洲战场下一步战略方针。这一战场被“摇摆世代”称为“欧洲战区”。艾森豪威尔当时还籍籍无名，他在 1941 年路易斯安那州的一次演习中才建立了一点名声。罗斯福看了有关报告，并咨询了马歇尔将军，决定将联合作战这一艰巨任务交给艾森豪威尔。

高层人人都知道艾森豪威尔前途无量，但没人因此心生反感。他符合美国人心目中典型的男人形象，就像诺曼 · 洛克威尔发表在《星期六晚邮报》上的人物。他精明、豪爽、敏锐、正直，而且谦逊。他喜欢拿口音开玩笑，将“阿卜杜勒·阿卜·阿米尔”唱个不停。他出生在得克萨斯州，长在美国腹地堪萨斯州的一座小城。大多数人喜欢他，他也喜欢其中的大多数人。在共和党的重量级人物中，为霍普金斯说好话的不多，他就是其中之一。艾森豪威尔说：“霍普金斯能抓住军事情况的要领，这非同寻常。并且他全身心地投入到加快战争胜利的事业中，不遗余力，即使身体抱恙，也不肯遵医嘱卧床休息。”

那已是1942年6月，总统正准备任命欧洲战场总司令。罗斯福曾轻率地许诺莫洛托夫，说斯大林年内有望看到第二战场。珍珠港事件后，美军曾派遣一支象征性部队到爱尔兰，激发叮砰巷[①]创作出一支比较不幸的战时民谣《美国兵约翰在爱尔兰找到一朵玫瑰》。此时，美国大兵已经来到英国本土，但他们被派往偏僻的角落。而且英国人开始抱怨美国大兵到处惹麻烦，说他们“薪水过高，性欲过旺，离我们太近”。显然，他们需要有人指明未来的方向。这时，艾森豪威尔来到英国，在梅菲尔的格罗夫纳广场安顿下来——这个广场后来被更名为艾森豪威尔广场。现在，美军和英军都蓄势待发。

但他们该去向何方？美国人希望从英格兰出发，穿过海峡，而英国人想率先打击丘吉尔所谓的“欧洲薄弱环节”。但此时盟军实力还不足以展开任何一场攻势，双方一致认为首个目标应选法属北非。配合蒙哥马利从埃及发动的攻势，可以一举将纳粹赶出非洲。本次行动的代号是“火炬”。

行动的开始很蹊跷。美国首先攻击的不是死敌德国，而是自己最长久的盟国——法国。1942年11月7日星期六晚，珍珠港事件发生整整7个月后，在阿尔及利亚和摩洛哥的海岸，800艘船满载进攻部

① 叮砰巷：或译为廷潘胡同，位于美国纽约，它不仅是流行音乐出版中心，也是流行音乐史上一个时代的象征和一种风格的代表。——编者注

队。藏匿如此众多的士兵是不可能的，柏林和罗马已经发现盟军，他们试图猜测盟军的目的地，认为盟军会在马耳他或埃及登陆。凌晨3点，当部队被投送到法属非洲时，整个欧洲都目瞪口呆，最震惊的莫过于贝当元帅。9万人的美国军队大举进犯，这让他大为恼怒。罗斯福对法属非洲人民发表短波广播（“我的朋友们……我们来到这里帮助你们击退侵略者……永恒的法兰西万岁！”），让贝当深感愤怒，他给罗斯福写了一封信：“得知今晚我国被阁下部队入侵，我深感震惊和悲哀。你采取的行动竟如此残酷无情。”

美军总司令心境自然大不相同。在位于华盛顿以北60英里凯托克廷山隐蔽地带的香格里拉，总统和霍普金斯及几个好友共度周末。进攻开始时，美国当地时间还是星期六晚上。总统的电话响起，格雷斯·塔利（总统秘书）接听了，打电话的是史汀生。罗斯福用颤抖的手接过电话，听了一阵后说：“谢天谢地。恭喜你。伤亡相对较低——比你的预期低很多。感谢上帝。”他放下电话，转身跟朋友们说：“我军已登陆北非。开始反攻了。”

美军指挥所位于直布罗陀一条潮湿的隧道中，艾森豪威尔在那里指挥登陆行动。11月23日，他把总部转移到阿尔及尔这座洁白山城。即使只为提振士气，他的出现也至关重要。美国人开始明白德军并非浪得虚名，虽然德国人被“火炬”行动打了个措手不及，但他们仍旧行动迅速且高效。趁美军立足未稳，轴心国部队就占领了突尼斯，并从西西里岛调来军队和武器驻防。美军冒着寒冷的冬雨，在泥地里艰难跋涉时，德军斯图卡俯冲轰炸机和克虏伯88毫米高射炮趁机猛烈攻击盟军及其坦克和飞机。之后，德军大举反攻，1943年2月把美军赶回凯萨林隘道。

当时，凯萨林隘道口像是盟军的灾难。后来，这里演变成轴心国部队的灾难。巴顿将军接替了那里的军事指挥官，重新夺回隘道，并同蒙哥马利汇合。当时蒙哥马利把隆美尔的非洲军团从阿拉曼一路驱赶到这里。非洲的德军难逃厄运。隆美尔乘飞机逃走，他告诉墨索里尼和希特勒，他的部队必须从非洲撤离。非洲军团每月至少需要14万吨的补给才能维持生存，而当时地中海已被盟军控制，德军补给量从29 000吨降到23 000吨，最后仅有2 000吨。墨索里尼和希特勒认为隆美尔危言耸听，他们趾高气扬地说，看看凯萨林隘道吧，美国混血杂种碰上雅利安民族就是这个下场。他们还继续运送部队到滩头阵地，这让隆美尔大惊失色。到了5月初，盟军合上包围圈，一网打尽了接近25万德军。再加上阵亡人数，德国在法属非洲损失349 206人。而美军在这次攻势中，仅伤亡18 500人。

战役结束时，巴顿已离开战场，艾森豪威尔派他前去谋划进攻西西里岛。蒙哥马利和巴顿再次在艾森豪威尔的指挥下并肩作战。这次行动的代号是“哈斯基”，参战部队包括法国一个军。尽管美法两国有过节，夏尔·戴高乐还是坚持在后方工作，他运用政治手段，靠坚定的意志力，控制解放了的法国人，激励他们参军入伍。后来马克·克拉克将军谈到戴高乐的部队时说：“如此英勇的战斗组织绝无仅有。”现在，整个盟军部队都令敌人闻风丧胆。欧洲在心理上已经起了变化。德国不仅没有攻克斯大林格勒，还损失了33万人。现在，他们又被赶出非洲，德军不再战无不胜。1943年夏，盟军让敌人不寒而栗，尤其是立场不坚定的轴心国伙伴更为害怕，比如意大利半岛和西西里岛上的人们。

攻打西西里是一场政治战，目的是让意大利退出战争。就这个意义而言，这场战役是成功的。同时，这也取得了军事上的胜利，因为西西里岛山地起伏、荒凉贫瘠，却有25.5万部队驻守，而盟军只用一个多月就征服了这里。在罗马，维克托·以马利国王直截了当地告诉晕头转向的墨索里尼，他不再是政府首脑："军人再也不想打仗了。目前，你可能是意大利人民最憎恨的人。"墨索里尼随即被逮捕。佩特罗·巴多格里奥元帅领导下的政府和艾森豪威尔的代表展开秘密和谈。结果，巴多格里奥同意在9月8日广播宣布意大利投降。当晚，盟军可以在小腿形状的意大利版图胫部的萨勒诺登陆。行动代号是"雪崩"，目标是俘虏惊慌失措的德军，将意大利半岛的轴心国部队全部肃清。

为何盟军认为这样的作战计划可行，不得而知。保守这么大的秘密是不可能的，多嘴的意大利人将整个计划都告诉了盖世太保和纳粹情报机构。9月8日，巴多格里奥如期无条件投降。但那时，德国精锐部队涌进意大利，将曾经的盟友解除武装。马克·克拉克的第五集团军被压制在萨勒诺地区。而美军得知意大利投降，本以为这次行动轻而易举，现在的情况让他们既迷惑又愤怒。敌军的炮火和坦克将他们限制在纵深不及5英里的滩头。每天晚上，一个会讲英语的德国人都会通过喇叭喊话。他好像是好莱坞西部片爱好者，用电影里的口吻向美军叫道："好了，伙计们，出来投降吧。你们已经被包围了。"这种情况一直持续了4个月。在柏林，为戈培尔进行宣传广播的英国叛徒"哈哈勋爵"预言："敦刻尔克一幕将重演。"

这是意大利悲剧的开始——无谓的战斗、没必要的折磨，以及无休止的围攻战。在意大利东海岸，英国第一航空师已经夺取塔兰托海军基地，蒙哥马利的第八集团军迅速转头到意大利东海岸前去与其汇合，接着赶赴亚得里亚海的巴里港。英军加快了前进的步伐，以缓解美军的压力。美国空军轰炸了能俯瞰萨勒诺的山丘。滩头阵地挤满了大炮，直到9月5日，德军终于向那不勒斯缓慢撤退。

连长们知道意大利战场出了什么问题，而将军们则不清楚。第五集团军在和地形做斗争。他们花了三个星期，1.2 万人伤亡，才抵达那不勒斯。亚平宁山脉横亘于意大利中部。这条山脉是意大利河流的源头，因此步兵必须穿过连绵不绝的山谷，其中每一个山头都埋伏着德军。最著名的是卡西诺山，拥有 1 400 年历史的卡西诺寺院就坐落在这里，这也是凯塞林元帅古斯塔夫防线的西部要塞。敌军在寺院周围挖掘战壕，使用迫击炮和“尖叫者”火箭炮（美国大兵给它起的外号）杀伤美军步兵，美军坦克则遭到克虏伯 88 毫米高射炮重创。盟军认为寺庙是敌军观察哨，将其炸成废墟。但这无济于事，敌军炮火依然精准无情。

艾森豪威尔此时被召回英格兰，谋划跨海峡进攻法国，与他一同前往的还有盟军最好的几个将军——巴顿、蒙哥马利和布雷德利，这让意大利盟军的处境更是雪上加霜。在意大利，寒风和大雪在山间肆虐。白天污泥齐腰深，晚上则冻得结结实实。漫画家比尔 · 莫尔丁认为，那里的泥地好像中了邪，他说：“我肯定和平时期的欧洲从未如此泥泞。我同样肯定，世界其他地方的泥没有欧洲的这么深，也没有这么黏、这么湿。欧洲泥的颜色甚至都跟其他地方不同。”消耗战就这样日复一日地持续着。死尸用浸满血的麻布袋或是斗篷裹着，用美国陆军通信兵的线捆在一起，柴火似的堆在一旁。饿狗啃食着死人的喉咙，冻疮和战壕足病随处可见，哨兵在岗哨上冻得瑟瑟发抖。那是人们记忆中意大利最难熬的冬天。

“二战”胜利后，军方通知美国新闻媒体，他们应该停止称呼步兵为“美国大兵”，因为“美国大兵”原意是“一切配给由政府发放”，这“有损人格，有辱身份，有失尊重”。在胜利的鼓舞下，编辑和出版商们很快听从了军方建议。当时看来很荒谬，但时过境迁，这成了好事。正如1918年的美国步兵被称为“炸面团”，越南战争中的步兵被称为“老咕哝”，而“美国大兵”一词，则成为“二战”中士兵的专属词汇。美国大兵就是“摇摆世代”青春的象征。满脸稚气的年轻人穿着宽大的卡其布衣服离开家，23岁回来时，已变得沉默寡言、眼神黯淡。当第三大道的高架电车或者什么别的东西从头顶经过，他们听到呼呼、呜嘘、飕飕一类的声音，或类似帆布撕裂声，就会不由自主地紧张起来。

悲哀的是，几乎没人记得“二战”中美国大兵的真实处境。电视情景喜剧频繁出现“二战”场景，使得小孩子们觉得战争充满刺激，幽默至极。欧洲战场的任何一个士兵都想有一天能回国生儿育女，孩子们问他：“爸爸，大战时你在干什么？”他却没想到孩子们心中已经有了答案——如果爸爸当年是霍根麾下的英雄，或者麦克黑尔的海军战士，那简直棒极了。最让人难以接受的要数后面这句话：“跟巴顿将军一起打仗，肯定特好玩！”人们心目中还有几种对美国大兵的刻板印象，但大多与实际情况相去甚远。在美国革命女儿全国协会、海外退伍军人协会和美国退伍军人协会等组织看来，美国军人都是外表光鲜、无私奉献的英雄。但20世纪70年代的大学生怀疑是否真有那么一段时间，大家自豪地穿着制服，扛着步枪，为了正义而杀戮。

确实有这样的时代，那时的人也确实如此。1943年冬，欧洲战场的士兵已久经沙场。亚历山大大帝或拿破仑都会称赞这样的士兵。这些步兵比他们谦逊（或者说，比传说中的他们谦逊。打过仗的人对这些名将的传说都持怀疑态度），军官上前线一般不佩戴军衔，因为前线的德国佬最喜欢狙击军官。美国大兵打仗时从不刮胡子，也不理发，不是因为他们都是年轻的嬉皮士，而是因为他们没有剃须刀、剃须膏、镜子、热水，更因为他们没有时间。

在意大利淋了两星期的瓢泼大雨，俯卧在满是泥浆的散兵坑内，不断经受着敌人的炸弹、坦克、手榴弹、枪弹、火焰喷射器、诡雷、烈性炸药和磷光弹等的洗礼，人人看上去都像流浪汉。士兵的行为常常很不文明，在众目睽睽之下解手，不时被人指指点点；满嘴脏话，尤其喜欢侮辱没有上前线（后方指挥部）的人。在雨中浸泡时间太长，连作战服都开始残破，身上的味道让人作呕。最要命的是士兵们都累得筋疲力尽。有人用了几年才从疲惫中恢复，有人则再也没有恢复。

当一切战事结束后，将军们已经授衔完毕，互相庆贺——这听起来有点儿冷嘲热讽，不过美国大兵的确是这么说的。要是你不知道美国大兵多么愤世嫉俗，就不能了解他们。当时，有一个军需总队的文职雇员研究了一下历史数据，发现在“二战”中，一个普通美国大兵每天要负重 84.3 磅。这是战争史上负担最重的士兵。这一数据让一些人大吃一惊，其中当然包括不可原谅的将军们。当过大兵的人却并不感到意外，他们知道自己像牲口一样被使唤。上前线时，他带着军服、钢盔和盔垫、M1 步枪、匕首、水壶、掘壕工具（铲镐两用的工具）、刺刀、急救包、网兜腰带，每个兜里都有弹夹，两条载着备用弹药的跨肩直带，系在腰带上的手榴弹，背包用背带束紧以背起，里面有雨披、导爆索、饭盒、香烟、芝宝牌打火机、信纸、家信、各种口粮——C 级口粮、K 级口粮或火腿鸡蛋罐头，都是由获得陆军–海军优秀锦旗的亨氏生产的。另外，士兵还要携带部队配备的重武器：勃朗宁轻机枪或重机枪，或是机枪支架，还有 60 毫米或 80 毫米迫击炮和底座。

这些都必不可少。士兵还要携带防毒面具，但他们离开北非时已经将其丢弃，因为他们多一点儿也扛不动了。而军方则希望他们带更多东西，不是因为军方是虐待狂，而是因为战士们需要这些装备。战士晚上需要一条毯子，还得有顶帐篷，这样士兵晚上睡觉时才不会淋雨。士兵最需要的是多带几双袜子，没有可换的袜子，士兵脚上就会沾满污泥，最后就会患上战壕足病。得了这种病的士兵会脚痛难忍，无法走路，只能爬着去部队急救站，医护兵必须剪开他们的鞋，因为他们的脚往往肿成足球大小，有时不得不截肢。有时冻伤也会发展到截肢的地步。战争后期，一些部队能享用“长筒靴”，这能让脚保持干燥，但也无法替代袜子带来的温暖。

但对于浑身沾满泥土的士兵来说，最让他们紧张的还是德国大炮。美国军事周刊《扬克》引用一个下士的话说：“大炮让你心惊肉跳，我们被告知听到炮弹呼啸声时不要躲避，因为已经来不及。但我们还是会躲避。即使只是迫击炮发射的声音，已经很吓人，我们根本不知道炮弹到底会落在哪里。”纳粹的大炮中，最令人生畏的就是克虏伯 88 毫米高射炮，有时候炮弹好像会拐弯。当时，美国大兵认为没有什么比这种“送达信件”（德军炮弹）更恐怖。但在山的另一头，佩戴铁十字的男人们（德军）可能不这样认为。1944 年，美国的“寄出信件”包括雷达制导火箭弹，无线电引信炮弹和一种火焰喷射器，这种火焰喷射器由哈佛大学化学家联合标准石油公司技术人员研发，是肥皂粉和汽油的混合物，被称为凝固汽油弹。

罗斯福总统有一次抱怨说，怎么没人给这场战争起一个恰当的名字（他本人倾向于叫作“暴君之战”），而且也没有像《蒂珀雷里之歌》和《那时那地》那样激动人心的歌曲。这揭示了战争时期总司令和五星上将都在想些什么，他们根本无法体会到战场上士兵的心情。如果战士们知道他们谈论的就是这些内容，一定会破口大骂。对他们来说，给战争一个编号就可以了。称呼他们为“美国大兵”是“有辱身份”，只给战争一个编号让他们蒙羞，但这些他们都可以接受，因为那是公平的。沃尔特 · 约翰逊指出，尽管艾森豪威尔所写的书名为“欧洲十字军”，欧洲战场却缺乏远征精神。“一战”让人们不再相信任何口号或游行，“‘大萧条’给人们留下的印记仍然深刻，处境艰难的人们看不到未来的希望，战争让他们更加迷惘。渴望荣誉的青年变成了一心想打败敌人的冷血动物，战争的正义性从未受到质疑，但整个国家都在麻木中战斗”。

当时最著名的欧洲战场上美国大兵卡通形象恐怕要数威利和乔了，他们并不滑稽。战争有时荒谬可笑，当欧洲战场变得匪夷所思，威利和乔用讽刺和挖苦应对。但大多数时候，他们很忧郁。这两个角色的创造者当时写道：“我们不需要别人灌输思想，或告诉我们开战了，因为我们知道正在打仗，我们可以亲眼看到。我们很厌恶战争，但没有几个士兵会退缩，所以华丽的宣传有点儿多余。”

讽刺的是，他们这一代人大部分自愿参战，比其他任何一代人都更加心甘情愿，只因他们知道这个工作必须有人做。他们就是这样看待战争的，那是一项工作，一个肮脏、烦人的工作。但除了打仗，一个年轻力壮、营养充足又反应敏捷的年轻人又能做什么呢？的确，有人拒绝参战。诗人罗伯特·洛威尔就是一个恪守良心的反战者。他能够在脑海中看到四肢残缺的空袭受害者，他不想参与其中。但没多少人有他那样丰富的想象力，即便是有，他们也不想把世界拱手让给希特勒。

纽约协和神学院院长亨利·斯隆·科芬博士（一位未来耶鲁牧师的叔叔）警告神学院不能成为“躲避服兵役者的天堂”，“摇摆世代”的大多数人，包括厌恶暴力的人，都同意科芬博士的看法。当然，科芬博士在越南战争时一定会持完全不同的观点，因为这两次战争完全不同。越南战争的美军伤亡人员中大部分是穷人家的孩子，比例之高，令人震惊。1972 年前，大学生免服兵役，他们毕业后还能找到征兵条例中的漏洞。“二战”时，身体健康的适龄人群都踊跃参战，其中不乏社会名流。小亨利 · 卡伯特 · 洛奇中校在非洲沙漠指挥坦克，威廉 · 诺兰是在法国的少校，底特律顶级拳击手汉克 · 葛林伯格是新任陆军少尉，著名电影演员詹姆斯 · 史都华和克拉克 · 盖博都是空军军官，电影导演沃尔特 · 温切尔和约翰 · 福特任职于海军，约翰 · 休斯敦成了少校，达里尔 · 扎努克和弗兰克 · 卡普拉是中校，杰基 · 库根是滑翔机飞行员。保罗 · 道格拉斯年逾40，加入了海军陆战队服役，任二等兵。其他自愿参军的有乔 · 迪马吉奥、雷德 · 斯克尔顿、罗伯特 · 蒙哥马利、小道格拉斯 · 费尔班克斯、亨利 · 方达、路易斯 · 海沃德、泰隆 · 鲍华和戴维 · 尼文[①]。

1942年1月，黑人拳击手乔 · 路易斯击倒巴迪 · 贝尔，用时2分56秒。赛后，他立刻把钱交给海军救济协会纽约分会，然后他参加了陆军，尽管一个骇人听闻的事实是："二战"期间，红十字会将"白人血液"和"黑人血液"分开存放。如果在战场上同样存在肤色差异待遇，有钱有势的人始终待在安全区，那乔说不定不会参军，但事实并非如此。在卡萨布兰卡附近的海战中，总统的儿子小富兰克林 · D · 罗斯福上尉因表现英勇获得嘉奖，当时他是一艘驱逐舰的炮兵军官。著名音乐人格伦 · 米勒少校在空战中随机共亡。战斗阵亡人员还包括著名作家辛克莱 · 刘易斯之子韦尔斯 · 刘易斯少尉、纽约的参议员赫伯特 · 雷曼之子彼得 · G · 雷曼少尉、马萨诸塞州参议员之子海军陆战队中士彼得 · B · 索尔顿斯托尔、那位外交大使之子小约瑟夫 · P · 肯尼迪，还有哈里 · 霍普金斯将军18岁的小儿子斯蒂芬 · P · 霍。

---

① 小亨利 · 卡伯特 · 洛奇、威廉 · 诺兰、保罗 · 道格拉斯后来都是参议员，约翰 · 休斯敦、弗兰克 · 卡普拉是著名电影导演，达里尔 · 扎努克是电影制片商，杰基 · 库根童星出身，乔 · 迪马吉奥是著名棒球手，自雷德 · 斯克尔顿起的诸人都是著名电影演员。——编者注

前线将士们能从《星条报》，或《时代周刊》、《纽约客》的“摘要版”（很小且无广告）读到这些消息。他们为美国的民主军队感到自豪。同时，美军工兵也让大家引以为傲，他们一夜之间就修好了贝雷大桥。英国工程师认为在阿森松岛的群山上修建飞机跑道是不可能的，而美国海军工程队的工兵做到了。他们将山炸平，并修建了一条一英里长的跑道，这也让士兵们自豪。但他们从不吹嘘自己的国家，即使相互之间也如此。遇到任何必须要面对的事情，他们都是一副坚定、不在乎的样子。他们会抱怨后方的娱乐项目从不来前线，比如电影、鲍勃·霍普秀、红十字会女护士，但如果喋喋不休，他们就会嘲笑抱怨的人：“去找牧师吧”、“活该”，或是“你以为这里跟在家一样吗”。

可以供大家一起发牢骚的话题很受欢迎。K–9 军团就是很好的话题，妇女服务队的成员也如此，人们传说女兵都在和军官睡觉。“嘿，你知道哈尔西怎么了吗？他被一个‘浪头’[①]卷到桥底下了！”（海军陆战队没有缩写，他们称呼女兵为“大屁股陆战队”；女兵针锋相对，称男兵为“毛屁股陆战队”。）但最让士兵们津津乐道的要数来自家乡的广告，这些广告能让他们哈哈大笑。摘要版会遭到士兵抱怨，因为上面没有广告，而他们想看广告，他们写信回家要求增加这部分内容，迫不及待地想看看麦迪逊大道的下一件“杰作”。

麦迪逊大道所编写的广告语，如果你相信其内容，那他们可都是在帮助取得战争胜利。“人类母亲的伟大礼物”是一个经典的开头，读完广告前两段，发现所谓礼物就是磺胺药，读完第三段，你才发现，刊登广告的是空调生产商，他们生产的空调给科学家们提供了舒适的环境，帮助科学家发现了磺胺药。受此广告启发，这家空调企业

① 此处以缩略名“WAVE”（浪头）暗指妇女服务队队员。——编者注

的竞争对手声称自己帮助炸沉了日军货轮，因为美军潜艇使用的潜望镜是在空调房里加工的，而他们生产的空调“让这一切成为可能”。

“化肥能打赢战争！”又一条不着边际的广告语。人们认为如果真是这样，那麦迪逊大道确实有助于打赢战争。一个轴承企业向家乡人民保证说，美国大兵“回家路上一定平安”，因为士兵们仍在使用他们的轴承。糖成了纳粹杀手，蓖麻子为意大利安奇奥战役离开家用医药箱，好彩牌香烟也上了战场，吉列刮胡刀成了刺刀，闹钟让将军们准时。广告上写道“棉布有助于赢得空战”，“任何一场战斗都有钢丝绳”，重型装备“承担清除废墟瓦砾和修建更加美好新世界的任务”。金属扣生产商展示了一幅士兵躺在吊床上的图片，解释道：“他的吊床不会出问题，因为他使用了超过规定强度30%的金属扣。”一般说来，广告词越顺口，士兵越喜欢。但有些广告被认为有违人性。一个纽约墓地专门把自己的广告安排在惨烈的战斗后播出，士兵们听说这件事之后，广告被匆忙撤销。另一个令人难以置信的广告是告诫父母要选对眼镜牌子，这样才能看清从战场回来的孩子。同样，表达愤怒的信件暴风雨般涌向广告商的办公桌。一家飞机公司的广告文案中说：“谁怕福克 · 沃尔夫德国飞机？”陆军航空兵的飞行员给这家公司写信道：“我们就怕。”信上附有航空兵每个飞行员的签名，还包括指挥官。

战时最著名的广告要数“4号上铺的兄弟”，广告描绘了一个年轻士兵躺在普尔曼卧铺车上，回味着“汉堡和爆米花的味道……开跑车的感觉……一条狗，好像名叫沙克斯，要么叫斑点，或是叫缠人精比尔”。广告接着说道：“他喉咙哽咽，眼含泪水。但没关系，孩子。那里很黑，没人看得到……”美国大兵认为这是一堆废话，但起码广告的出发点是好的（为旅行中的士兵腾地方），就像鼓励人们购买战争债券、远离黑市、回收废铁、保守军队动向的秘密等。士兵们并不在意这样的广告，真正让他们生气的是，利用战争谋求个人私利，比如一个广告说每天嚼几根箭牌口香糖能增加军工产量。还有万星威打底衣的广告，一个陆军妇女军团的女兵说："别告诉我衣服不平整是爱国！"还有中士跳蚤粉的广告，一个老兵报告："发现跳蚤，已经消灭。"

另一则广告"穿着沾满泥浆的靴子的天使"则更让人心塞。广告中，一个护士搀扶着受伤的美国大兵，小商贩看透了士兵的思想："我记得你……你就是那个健步如飞、带给人们欢笑的女孩……你是我喜欢的女孩，你身上能发出光芒，照亮别人的生活……你并非一直穿着沾满泥浆的鞋子。你曾经穿着闪亮的鞋子，在夏天的草地上奔跑。"这让广告商进入梦境："是的，她长大了……她的鞋子就是她长大的标志。那些手艺高明的男女工匠……当初给她制作了各种色泽鲜艳的休闲鞋，后来为了方便她在泥地里行走，又给她制作了结实的靴子……战争来临以后，还是这些鞋匠，制作了护士的防寒防水鞋、士兵的防寒防水鞋、丛林靴、战时飞行靴、在甲板上能防滑的防滑靴、防寒长筒靴等……将来会有那么一天，女孩回到阳光普照的草坪，满心欢喜，脚上像彩虹一样五光十色。"只是广告商不想让女孩穿"彩虹鞋"，广告商保证："休闲鞋将成为潮流，而且大家会记住这个品牌……"最终人们还是忘记了。

这则广告之所以大煞风景，是因为它利用了士兵们深藏于心底的渴望——爱情和战后的和平生活，士兵们的梦想惊人地相似。经常走在布满磁性地雷的田野里，士兵们都迈着别扭的步伐前进，渐渐地，他们互相同化。威利和乔或许是双胞胎，威利鼻子大，乔鼻子小，但有时，他们的创作者也会将他们搞混。他们在朝夕相处中同甘共苦，他们理想中的天堂趋于一致。这和新闻头条、大报，还有宣传无关，那是将军们的战争。而另一边，正如约翰·斯坦贝克所说，是“思乡心切、疲惫不堪、滑稽可笑又充满暴力的普通人的战争，他们在钢盔里洗袜子，抱怨食物难吃，向阿拉伯女郎吹口哨，或者说，见到女郎就吹口哨。他们干着世界上最肮脏的职业，并且幽默、有尊严、勇敢地完成这项工作。”这是比尔·莫尔丁所描绘的战争，这是厄尼·派尔所报道的战争，这是塞德·萨克所“经历”的战争。士兵们珍藏着《扬克》的封面女郎贝蒂·格莱伯和丽塔·海华丝的画报，这是他们的战争，邮政总局的弗兰克·沃克完全误解了这场战争，他禁止邮寄《时尚先生》，因为他认为杂志会勾起美国大兵的淫欲。

其实，被唤起的是美国大兵对温柔和激情的渴望，对美和温暖的憧憬。他们梦想着真正的女郎取代海报，梦想着部队之外的家。当时刚从史密斯学院毕业的贝蒂·弗里丹后来回忆道：“女人和男人都希望从家庭和子女身上寻找慰藉，我们都很脆弱、想家、孤单、害怕。”芬妮·赫斯特写道，美国女孩“渐渐退回到……家庭”。在欧洲，美国大兵们满怀感伤地聆听着《莉莉·玛莲》的旋律，这是战时最伟大的歌曲，虽然歌词是德语，但其感染力却是无国界的：

> 在兵营前，在大门边，
> 点着一盏灯，她站在灯前。
> 在那儿，我们再次相见，
> 我们要在灯下站着，
> 莉莉·玛莲呀，一如往昔，
> 莉莉·玛莲呀，一如往昔。

而在国内，姑娘们都在翘首期待战后的世界，她们听到的歌是：

我将一个人走，

因为，说句实话，我注定孤独。

我并不在意孤独，

我心里知道，

你也孤身一人。

或者是：

苹果树开花时，我会在你身边，

陪在你身边，直到把你娶回家。

5月的一天，

我会对你说：

“阳光照耀着新娘子的脸。”

或许是因为前线和家乡之间通信频繁，欧洲战场和太平洋战场的年轻男女们不仅向往同样的未来，甚至连些琐碎的细节都想法一致：房子要白色的篱笆，学校走路可达。女孩要有一箱银餐具，当过兵的则要有个自己的小屋。他们幻想着共同种花，男主人或许要乘公交上班，因为他们住的地方是安静的郊区。他们会生儿育女，孩子小的时候招人喜欢，上了小学聪明伶俐，青春时引人注目，高中毕业后上全国最好的大学，并让父母引以为豪。

剪影：太平洋战争

always the rain and the mud, torrid heat and teeming insect life, the stink of rotten jungle and rotting dead; malaria burning the body and fungus infection eating away

Now hear this! Now hear this!
Sweepers, man your brooms!
A clean sweep-down, fore and aft!

In like Flynn

Oh, Captain Colin Kelly
Put a bomb in her belly
And sent the ship Haruna
To the bottom of the sea

```
Corregidor here    Corregidor here    0200 5 May 42    They are not here
yet    We are waiting for God only knows what    How about a chocolate
soda    Lots of heavy fighting going on    We may have to give up by
noon    We don't know yet    They are throwing men and shells at us
and I feel sick at my stomach    They bring in the wounded every
minute    We will be waiting for you guys to help    The jig is up
Everyone is bawling like a baby    They are piling dead and wounded in
our tunnel    I know now how a mouse feels    Caught in a trap waiting
for guys to come along and finish it up    Got a treat    Canned
pineapple    My name is Irving Strobing    Get this to my mother Mrs.
Minnie Strobing 605 Barbey Street Brooklyn New Yo
```

In the film version the charm is heightened by the innocence and utter lack of guile on the part of twelve-year-old Elizabeth Taylor, making her screen debut

Mammoth new Pentagon Building in Washington, D.C. Souwespac will be glad to know the fabulous new building has eight cafeterias and two big chow halls serving 40,000 meals a day

Bell-bottomed trousers, coat of navy blue,
He'll climb the riggin' like his daddy used to do!

WCTU OBJECTS TO NATIVES GIVING GI'S WINE

Mairzy doats and dozy doats and liddle lamzy divey
A kiddley divey too, wouldn't you?

Oh, we sent for MacArthur to come to Tarawa, but General MacArthur said no.
He gave as the reason, it wasn't the season, besides there was no USO.

Dear John,

This is the hardest letter I've ever had to write. But I've been thinking it over and I now see that it wasn't wise for us to be married. I don't want to hurt you but

My mama done tol' me . . .
A woman's a two-face
A worrisome thing who'll leave ya t' sing
The blues in the night

ITALY QUITS!

One Down, Two to Go!

I'll be seeing you
In all the old familiar places
That this heart of mine embraces
All night long

Say a prayer for your pal
On Guadalcanal
He needs God's help it's true

AMBASSADOR KENNEDY'S SON DECORATED FOR "EXTREME HEROIC CONDUCT"

Pardon me, boy. Is this the Chattanooga Choo-choo?
Track twenty-nine. And I can give you a shine.
Can you afford to board the Chattanooga Choo-choo?
I've got my fare — and just a trifle to spare

As we go marching
And the band begins to p-l-a-y
You can hear the people shouting,
"The raggedy-ass Marines are on parade!"

KILROY WAS HERE

第十章　国内战线

1942年3月，全美国都流传着一个小故事：一名女士在公交车上大声说道："打仗以后，我丈夫的工作比以前好，挣的钱也比以前多，所以我想让战争多打几年。"听到这些，另一名女士愤然起身，给了她一记耳光，说道："这一耳光是为我在珍珠港死去的儿子打的。"接着又给了她第二记耳光，说："这一耳光是为我在巴丹死去的儿子……"

这个故事不太可信：什么样的母亲会在瓦胡岛和吕宋岛都有儿子？这个故事之所以广为流传，是因为它反映了战时美国自身的问题。的确，战争对千百万美国人来说就是一个宝藏，它带来了经济复苏，人们在"大萧条"时期的梦想成为现实，但这却让人们充满负罪感。当然，人们还没有内疚到拒绝赚钱的程度——这样的要求有些过分，不符合人类的本性，而且这并不能帮助参战部队。但这种负罪感足以让他们参加回收废铁活动、购买战争债券、为民事防护组织服务，以及偶尔请孤独的士兵喝酒。

每场伟大的战争都会带来社会的变革，像“二战”这样大规模的战争，注定会给美国带来翻天覆地的变化。然而当时，很少有人意识到这一点。《纽约每日新闻》真的相信美国大兵打仗是为了“回来看球赛，并把油箱加满”。有时，美国大兵自己认为他们是为妈妈和苹果派而战，但历史没有这么简单。1941~1945 年，美国经历了变革带来的阵痛，其他任何一个国家都无法像美国这样经历过这些后依然故我。思想、习俗、经济理论、外交政策，以及不同性别和社会各阶层关系都在美国国内展开较量。像基尔罗伊一样的女子铆钉工随处可见，战前女性的形象一去不复返。

产生变化最明显的原因就是紧缩的经济被注入大量资金。1942 年，华盛顿每天给美国市场注资 3 亿美元。到 1945 年战争结束，据统计战争开支达 2 450 亿美元，比 1789~1940 年年度预算之和还多，其间，美国还打过 5 场战争。1939 年，国民生产总值（美国人民生产的产品和劳务的总值）为 910 亿美元。1945 年，则达到了 2 150 亿美元。这是史无前例的巨大飞跃。1940 年，失业人口一度达到 800 万。战后，这一危害美国社会的顽固毒瘤消失了。就业人口从 4 500 万攀升到 6 600 万，其中包括 500 多万女性。保罗 · 班扬①回来了，整个国家的信心复苏了，回到了股市大崩盘之前。1943 年的公司利润就超过了 1929 年的。

约瑟夫 · 保罗 · 戈培尔曾嘲笑说：“美国人孤立无援，以至于他们必须不停地吹嘘自己物资丰富。他们夸下海口，说每天造 1 000 架

① 保罗 · 班扬：美国神话中的巨人樵夫。——编者注

飞机和坦克，但打仗的时候却拿不出来，只能连吃败仗。”戈培尔的话没有经过大脑，甚是滑稽可笑。美国可以派出 1 200 万人的军队，同时和两个强大的帝国作战，建设的海军规模比敌军和盟军海军加起来还庞大。即使这样，1939 年美国国内消费额仍增长 20%。这让人十分困惑。爱德华 · R · 默罗说：“我们生活在阳光下，生活环境相对舒适，安全也有保障。‘二战’开始以来，唯有美国生活条件有所提高，未像欧洲国家一样，被战争所困。”埃里克 · 塞瓦赖德看到，美国国内大部分人的生活都因为战争有所好转，他警告道：“如果苦难会影响人们的思想，那么安逸也会。”

《时代周刊》鼓吹道：“美国突然间富裕了起来——美国各地一夜暴富。”但并没有多少美国人的财富有所积累。许多小企业被高效的大企业排挤，这是事实。然而，纳税申报表显示，战争带来经济增长的真正受益者是普通家庭，他们在“大萧条”时期几乎一无所获。这并不是人为安排好的，发生这一现象的部分原因深藏于美国的国民性格之中。有“20 世纪的托克维尔[①]”之称的 D · W · 布罗根，向欧洲同胞解释说，他们的盟友从另一个角度看待这场战争：“对美国人来说，战争是生意，而不是艺术；他们不在意能否占领道义的高地，只关心能否打赢战争……美国是一个非常非常伟大的公司，公司的股东都希望能盈利，该国的整个历史都证明了这种期望。”

农民也从战争中得到了好处，原因显而易见。“大萧条”时期，产量过剩让农民损失惨重。“二战”初期，由于害怕悲剧重演，农民们有些畏首畏尾，不敢投身于大规模生产。到 1942 年秋，总统终于使他们相信美国必须成为世界粮仓。等他们回到田间地头，粮食产量

① 托克维尔：法国历史学家、政治家，政治社会学奠基人，著有《论美国的民主》等。——编者注

已比之前高出25%。这其中的重要原因之一是，“大萧条”时期，发明家、化学家、工程师和农艺师发明了新型肥料、高产种子、杀虫剂和新型机器设备，科技已经可以改变农田的面貌。其他行业也如此，战争使科学家、军官、经济学家、公司高管、国家公务员通力合作，凝聚各方智慧，不仅寻找解决战时棘手问题的方法，也在寻找应对战后世界各种挑战的途径。20世纪30年代被搁置的发明，这时却有助于取得战争胜利。有管理天赋的年轻人，比如哈佛大学工商管理学助理教授罗伯特·S·麦克纳马拉，认为雷达、装配式住宅、冷冻食品、柴油机以及原油热裂解等战时使用的技术，在和平年代也能帮助人们过上富足的生活。战争已创造了广阔的市场，但人们还能清晰地看到，赢得战争将有更为广阔的市场。弗雷德里·刘易斯·艾伦写道：“显然，战争给人们的思想以相互启发与激励。总的来说，美国科技在战争中经历了如温室培育般的爆发式增长。”

30年后，当年的生产奇迹已经渐渐成为平常事，但其深远的影响开始显现。“二战”使得平等主义盛行，传统的标准逐渐消失，财富、社会地位、年龄、种族、性别和家庭出身不再让人本能地顺从。之前，人们会因为一个人的“背景”而尊重他；现在，詹姆斯·麦格雷戈·伯恩斯所说的“人人平等”摧毁了这一传统。理查德·惠特尼不会再被新新监狱视为座上宾。即使巨大成就赢得了社会地位，也没什么。科学家和工程师帮助解放了美国的生产力，开辟了科学技术的新世界，后来却被遣散，被人们当成“书呆子”。

这些并非都是“二战”的产物，社会变革酝酿积蓄已历经半个世纪。“一战”、禁酒令、“大萧条”，以及之后的冷战，还有核战争乌云笼罩下领袖们的无能为力，这一切都让人们不再相信权威，无论是国旗还是十字架，无论是美国总统还是家中长辈。然而，从珍珠港事件到战胜日本之间的几年具有决定性意义。一方面是由于人们在国家总动员中肩并肩、不分你我，模糊了阶级界限。更重要的是，经济大权转移到了普通民众手中。经济繁荣之前，美国人寻找产品；随着战后消费社会的到来，商品开始寻找人。下层阶级的富裕开始于20世纪40年代工资的积累。那时，人们认为花钱大手大脚是不爱国的表现，而且商品匮乏和反通胀控制也都导致不鼓励疯狂购物。不过，银行存款不断增加让经济学家忧心忡忡。1943年夏，美国财政部估算美国国内现金、支票账户存款、战时债券总额达到700亿美元。财政部总顾问伦道夫·保罗称之为“活性炸弹”，考虑到之后其对美国人性格特质和生活质量的影响，这一说法并不为过。

在取得最后胜利之前，这样的想法只能为当务之急让步。在没有彻底打败轴心国之前，考虑战后和平时期的挑战显得为时过早，甚至很危险。1942年，当局提出让国家资源规划委员会研究战后问题，但国会解散了委员会，这项研究也就不了了之。有时，总统也无暇顾及国内事宜。1943年12月28日，开完新闻发布会之后，总统向一位没有离场的记者透露，他已经厌倦了“新政”这个词语。他说，10年前，“新政医生”是一名内科医生，治愈了国家内部的急性病。但在1941年12月7日，痊愈之后的病人遭遇“严重事故”，“新政医生”不懂如何治疗此类疾病，将病人交给了“外科医生——战争胜利医生”。

社评人们一片欢欣鼓舞。《时代周刊》写道：“揭示死亡：10岁的新政在营养不良的长久病痛中，最终病逝。1932年选举后，新政诞生，经过4年的健康成长，1937年开始在眼部出现黑色斑点，后因战争冲击始终无法完全康复。上个星期，新政之父——富兰克林·罗斯福宣布新政病逝。”他真的这样做了吗？罗斯福只是感兴趣于将其转化成其他形式的改革，他正在起草两个重要法案，并准备提交国会审议。一个是《美国军人权力法案》，为退伍军人提供教育和其他权利；另一个提案是允许每一位军人投票。

想当年，国会议员像聆听圣旨一样听他讲话。然而现在，那样的日子已经不再，他不得不被国会牵着鼻子走。在新任的第78届国会中，保守派势力大增。尽管这样，有一件事值得注意，那就是孤立派已经不再是问题了。参议员阿瑟·范登堡已经慢慢地发生历史性的转变，他支持成立一个世界性组织。只有加利福尼亚州的海勒姆·约翰逊仍旧执迷不悟地坚称美国应该“单干”，他与他的想法正逐渐消逝。1943年秋，约翰逊最后一次发表鼓吹孤立主义的演讲。在随后的投票中，关于“参议院是否应该下定决心参与建立国际组织以维持世界和平”问题上，85票赞成、5票反对、6票弃权。另外，众议院以360票赞成、29票反对通过一项由阿肯色州年轻议员傅尔布莱特提出的类似决议。这为华盛顿敦巴顿橡树园会议扫清了障碍，这次会议拟订了美国参加联合国的初步草案。参议院以89票赞成、2票反对通过了该草案。在新罕布什尔州的布雷顿森林，外交官们字斟句酌地拟订出一个协议，准备建立一个国际银行和世界基金，以维持货币稳定，并为受战争摧残的国家提供重建资金。温德尔·威尔基为其1943的新书取的名字似乎恰如其分——《天下一家》。

与此同时，各条生产线都在加班加点，生产军需用品，供给苏联、英国、英联邦国家、自由法国和美国自己的军队，准备1944年的决战。生产打字机的工厂转而生产机枪，汽车工厂则生产轰炸机。在康涅狄格州，伊格·西科斯基建立了世界上第一条直升机生产线。

另外一个康涅狄格州的工厂坐落于斯特拉特福德城，则生产了6 000多架海盗式战斗机。单是克莱斯勒汽车公司，就为陆军制造了25 507辆坦克。

由于精密机械的复杂性，没办法预计下星期哪种民用物资会出现短缺。敢于领先瞬息万变的市场而囤积货物的人，只有那些人手和资金都很充裕的专业投机者。糖、黄油、酒、肉、香烟，这些物资出现短缺情有可原，战场上的部队和家乡的人民都需要这些东西。但令人疑惑的是，为何这个星期刚有了香烟却没有了火柴，为何政府对汽车轮胎执行配给政策，开车的人进城买自行车时，却发现自行车也开始执行配给政策，战争又为何会消耗卷发夹、假发、厨房用具、割草机、纸张、腰带、茶叶、尿布、铜棺材、烤面包电炉、烘烤模、打蛋器、小锡兵和玩具电车、芦笋夹、啤酒杯、痰盂、雀笼、照相机、调酒器、爆米花机、进口皮草和龙虾叉。任何疑问都会得到同样的回答："你知不知道我们正在打仗？"是的，知道，不过……

这有点儿不合情理，执掌战争动员局的吉米·贝尔纳斯对此心知肚明。他的办公室在拥挤的白宫东区，那里还在装修。（贝尔纳斯的新闻收报机只能放在男厕所里。）生产小东西的工厂多数情况下都在为战争机器服务，所以战时不会生产像游船、烘烤模和龙虾叉一类的东西。但那些小东西的库存没理由不被清理，真正的原因是，全国性的大动员必定会有这样那样的缺点和问题。全美91%的人口，也就是12 260.4万人，都需要发放糖配给证，不能指望发放过程中不出现任何纰漏。错误是难免的，但有些错误让人难以置信。有一次，费城配给办公室忘了给自己发燃料导致其暂时关闭。每个被住房短缺困扰的家庭都听说过一个故事：洛杉矶发生一起谋杀案，当地记者奇克·费尔顿赶到案发现场，确定受害者已经死亡，他立刻前往受害者的住处，气喘吁吁地问房东：“能不能把死者的房间租给我？”房东摇摇头说：“我已经租给刚才过来的警察了。”

除了黑市里的商贩，以及身处战略要地的居民（比如底特律人，他们溜到加拿大境内，将繁荣的温莎市商场里的商品一扫而光，然后带回国内销售），大多数国内战线的民众只能强迫自己执行禁欲主义，虽然他们并非心甘情愿，但也乐意这么做。的确，美国国内人民抱怨生活还是需要一些勇气的，尤其是站在当时的战争债券海报之下。海报里是一个生命垂危的美国大兵，旁边一行字写着“他献出了自己的生命，而你只是借出你的钱”。自然，某些物资的匮乏比其他的容易忍受，比如战时生产委员会从 1942 年秋至 1944 年夏停止供应威士忌酒，但除了流浪街头的酒鬼以外，很少美国人为此感到恐慌。（酗酒成性的酒鬼只能喝奥尔德斯巴德那样的劣质酒，这种酒是从丢弃的土豆和土豆皮蒸馏出来的；吸烟成瘾的人们则绝望地抽佛里特伍德这类没听说过名字的香烟。）

运输则是另一个问题。1942 年 2 月 1 日，最后一条汽车生产线转向战争生产，底特律尚余 50 万辆崭新的汽车。物价管理局将这些车全部征用，存放在政府仓库内，有需要者可申请购买。但申请条件非常严格，像乡村医生这样的人才有资格。到了 1944 年 7 月，也只剩 3 万辆，即使在和平时期，甚至是穷困潦倒的 20 世纪 30 年代，这些车也只是三天的销售量。物价管理局又把每月发放定额缩减 22%。

如果已经有车，你还要面临汽油短缺的问题。不在国防部门工作的普通公民，车的挡风玻璃上都会盖上黑色的字母“A”，代表一星期可加 3 加仑[①]汽油。这就给赛车场和汽车旅馆判了死刑，只能关门歇业。城市里流行电车。路程不远的话，走路也是不错的选择，不过

① 1 加仑≈ 3.785 升。——编者注

即便是步行也面临着问题，平民一年只能买两双鞋。J·埃德加·胡佛报告说，抢劫犯的目标中，鞋子位列第三，仅次于酒和人造纤维。战争末期，美国本土出现了千奇百怪的交通工具：马车、改装的双人自行车、优雅的贝克电动车，以及喷气式的斯坦利蒸汽车，这种汽车最新的一批生产于1925年，斯坦利公司于当年倒闭。

人们厌倦了繁文缛节和官僚气息，年轻的尼克松曾准确地分析了国民的情绪。男人不在乎长裤脚没有翻边，上衣没有翻领；女人也不反对把长筒袜画在腿上，用眉笔在袜子上画接缝；孩子们习惯食物里只有少量的黄油和更少量的牛肉，并且没有培根。但物价管理局发的那些代币和配给票，对很多人来说都是一个谜，连杂货店老板也感到莫名其妙。后来，甚至连肉类、脂肪和乳酪也列入配给，用分数制度限制购买，他们几乎急得发疯了。更让人难以忍受的是，大家都从朋友或是朋友的朋友那里听说，纳粹战俘在战俘营的伙食有多么好。

政府不时感到必须采取强硬措施。罗斯福征用了铁路，并给铁路主管穿上上校制服，只有这样才能让工程师们回到工作岗位。蒙哥马利·沃德公司董事长史威尔·艾佛瑞因拒绝服从战争劳力局的一条命令，他被士兵们抬出办公室。[那个星期流传着一个笑话："你知道蒙哥马利·沃德公司的新产品目录上写的什么吗？'谁的命令（"订单"双关语）我们都听。'"]战时人力资源委员会专员保罗·麦克纳特将60万底特律工匠、11万商船海员和150万飞机制造场工人"冻结"在西海岸。

1942年，在战争最黑暗的日子里，轴心国摧毁了1 664艘盟军船只，总排水量超过779万吨。德国海军上将邓尼茨计算过，如果他的"狼群"战术能够平均每月击沉70万吨，那么英国将物资枯竭。他的计算十分准确。起初的胜利让他满心欢喜，他想把所有的德国U型潜艇都派往美国海域。如果真是这样，战争的走向将大不相同，其后果不堪设想，但希特勒束缚了邓尼茨的手脚。希特勒凭直觉展开了另一个攻势——挪威。他强调说，这个地区将决定战争的命运。挪威？邓尼茨不敢相信希特勒的话。他展开一幅地图，给希特勒解释，只有12艘潜艇埋伏在美国海域，但几星期之内就击沉了近50万吨的货轮，其中57%是油轮。希特勒一脸不屑，看着斯堪的纳维亚半岛。他又重复了一遍："挪威。"就这样，德军剩余的潜艇全都部署在了那里，而这正是盟军想看到的。

当然，盟军并不知道德军如何排兵布阵。大西洋的威胁远没有结束。德国每星期都有新制造的潜艇下水，盟军被击沉船只的总量也在不断攀升。英国处境艰难。美国告诉他们要坚定信心。如果说打赢大西洋战争只有一种方法，那就是建造比潜艇更多的船只。就在这一关键时刻，亨利·J·凯泽出现在了美国的历史舞台上。年近60的他是一位非常有进取心的实业家。凯泽在建造博尔德大坝、大古力水坝、邦威水坝、沙斯塔大坝和旧金山–奥克兰之间的海湾大桥工程中，都曾扮演关键角色。1942年3月，他收购了加利福尼亚州和俄勒冈州的造船厂，正引进革新性技术，采用预先制造的模块组装生产船只，这种方式可以在保障质量的前提下，大规模生产。

凯泽在工业上取得的成功使其成为传奇。以前，从打龙骨到最终交付，造一艘船需耗时超过200天。凯泽把自由轮的平均生产时间缩短到40天。当年9月，也就是开战后第10个月，他的工厂打好龙骨后24天就制造出了自由级万吨货轮"约翰·菲奇"号，这创造了一项世界纪录。当时，大西洋航行着100艘他生产的船只。那还只是个开始。到1944年，他的船厂每星期都有一艘护航舰下水，他和他的造船同行们17天内就生产出了整支货运船队。1945年的前212天里，他生产了247艘船，平均每天超过一艘。但他早已经把目光转移到其他方面，他向华盛顿表示，如果他能生产自由级货轮，为什么不能生产运输机呢？此言论一出，他立刻就被政府的设计师和工程师们包围，告诉他这不可能。然而，完成不可能完成的任务就是他的人生。这次他找到了一个搭档——霍华德·休斯。此人与凯泽的经历极为相似，而且还创造过一些关于飞行的世界纪录。1942 年年末，他们达成协议：两人投资各占一半，利润也对半分。

凯泽和休斯都是天助神佑之人，很快名声大噪，他们应当作为那个时代的代表人物为人们所铭记。数千名兢兢业业的高管、上百万名辛勤工作的工人、一些技术娴熟的退伍军人和一些年轻的家庭主妇，一起完成了生产奇迹。美国的资源和自由将他们团结在一起，他们为了一个共同的目标努力。这是大日本帝国天皇的天威、墨索里尼的雄辩、阿尔伯特·斯佩尔[①]的生产天才都无法比拟的。对于在超音速轰鸣声中长大的一代人来说，一些“二战”时期的奇迹看起来稀松平常。例如，20 世纪 70 年代的航空设计师可能会认为B–17 轰炸机技术陈旧，就像“一战”时的斯帕德战斗机或德哈维兰虎蛾机一样。但在 20 世纪 40 年代，B–17 轰炸机是技术上的突破，它的诞生正当其时。时间的流逝可以让 25 年前[②]“二战”中生产的武器过时，却无法抹去当年奋战在生产线上的工人们的功劳，他们与克虏伯、菲亚特、三菱工厂里的工人竞争，并最终战胜了那里同样努力的工人。

从整体上了解美国军事生产，需要注意的是：1940 年 5 月 10 日，德军冲入低地国家和阿登高原时，发动的闪电战动用了 3 034 架飞机、2 580 辆坦克、10 000 门大炮以及 4 000 辆卡车。但在法国沦陷之后的 5 年里，美国制造出：

① 阿尔伯特·斯佩尔：纳粹德国装备部部长，供应战时物资。——编者注

② 此书原版著于 20 世纪 70 年代初，即“二战”胜利 25 年后。——编者注

军用飞机	296 429 架
坦克（包括自行火炮）	102 351 辆
大炮	372 431 门
卡车	2 455 964 辆
军舰	87 620 艘
货轮	5 425 艘
飞机炸弹	5 822 000 吨
轻型武器	20 086 061 件
轻型武器弹药	44 000 000 000 发

在 1943 年年底的德黑兰，斯大林举杯祝酒："敬美国生产力。没有他们，这场战争早已失败。" 12 年前，美国政府还给时任总司令的主要副官（也是唯一的副官）艾森豪威尔少校发放有轨电车乘车券。1938 年，乔治 · C · 马歇尔将军还证实美国的军队太弱，无力抵御敌人入侵。1941 年 8 月，希特勒跟墨索里尼说美国是个软弱的国家，"这个国家对生活的理解完全来自贪婪的商业活动"。他应该仔细阅读"一战"时上一届总理所写的文章。1918 年停战协定签署以后，保罗 · 冯 · 兴登堡用一句话总结了美国的战争生产："他们懂战争。"

但他们不懂日裔美国人，加利福尼亚州对待日裔美国人的方式只能被认为是美国的耻辱。那些喜欢给公众人物贴上标签的人应该从中吸取教训，因为种族压迫并非从右翼开始。根据自由派的教条，右翼分子中总是潜伏着种族主义者。鼓吹和执行种族压迫的，正是那些因自由和没有偏见而著称的人——厄尔 · 沃伦、沃尔特 · 李普曼、亨利 · 史汀生、艾毕 · 福塔斯、米尔顿 · 艾森豪威尔、雨果 · 布莱克和约翰 · 麦克洛伊等。内阁中有一人请求宽大处理日本移民，他就是司法部长弗朗西斯·比德尔，且获得埃德加·胡佛的支持。一个参议员站出来抗议，他就是共和党人罗伯特·塔夫脱。12.5万名受到迫害的移民中，大部分都已加入美国籍（如果不是带有歧视性质的移民法，他们全都会加入美国籍），许多人的儿子还在部队服役。对他们的迫害侵犯了他们的正当权利，是政府推卸责任的表现。如果说罗斯福和丘吉尔签订的《大西洋宪章》是盟国的共同准则，那么这种行为就是完全背离了整个国家为之奋斗的原则。

珍珠港被偷袭之后，日裔美国人就遭到骚扰。1942年日军一连串的胜利让美国白人产生了盲目寻求复仇的心理——人们就是这样为自己辩解的。如果纽伦堡审判时，法官们裁决战争狂热可以作为减轻罪责的理由，这种说法或许还有些说服力。如果说纳粹因种族问题而惩罚民众，那么美国人也这样做了。可以肯定的是，日裔美国人没有遭到拷打、毒气和焚尸炉，也没有人在他们身上进行医学实验。尽管如此，美国政府的确对他们施加了暴行。这种行为在当时没有受到质疑，但逃不过历史的审判。

为什么西海岸对日裔美国人的迫害尤其严重，这令人费解。在夏威夷，东方人占总人口的比例要高得多，那里的军队行动迅速而且合理。日裔领袖们跟军事情报处和联邦调查局紧密合作，只有几个嫌疑犯受到审讯。没人指责当局种族歧视，甚至连这方面的谣言都没有。但在加利福尼亚州，虽然“一代”（第一代日裔美国人）和“二代”（一世的子女）只占总人口的1%，但麻烦在珍珠港事件第二天早上就开始了。州长卡伯特·奥尔森和州检察长厄尔·沃伦，同各地的警长和检察官一起，树立了极坏的榜样。“一代”和“二代”被开除公职，他们的律师资格证和行医证被吊销，一些社区禁止他们进行任何形式的买卖，以捕鱼为生的渔民被禁止其渔船出海。州检察长沃伦继续使用他令人费解的推理——说国内没有日本人搞破坏，正说明日本人的阴谋是多么险恶（这种方式在他当上最高法院首席大法官之后，被人们反过来利用对付他）。他进一步通知华盛顿："本州司法官员一致认为，美国出生的日本人比日本侨民更危险。"

政府官员发起了反"黄祸"的运动，再加上媒体煽风点火，这场仇恨运动愈演愈烈。1942 年 1 月 29 日，西海岸一家报业集团专栏作家写道："为什么要对日本佬这么好？他们占了停车位，他们在邮局排队时站在你前面，他们在公交车和电车上有座位。让他们受苦、挨饿吧，谁反抗，就让谁死。我憎恨日本人，恨所有日本人。"他主张把所有日裔美国人赶到美国内陆去——所有日裔美国人，包括婴儿和老人，一个不留。他还说："我说的内陆不是山清水秀的地方，把他们集中起来，统统赶到荒凉贫瘠的内陆地区。"韦斯特布鲁克 · 佩格勒说，加利福尼亚州每个日本人都应该被监视，"管它什么人身保护法，应该先消除隐患"。专栏作家达蒙 · 鲁克恩和亨利 · 麦克利莫都表示赞同。

羊群跟随牧羊人（美国谚语）。保险公司取消了日裔美国人的保单，牛奶工也拒绝给他们送牛奶，杂货店拒绝卖给他们食物，沃伦冻结了他们的资产，银行也拒绝兑现支票。1942 年年初，加利福尼亚州白人的恐惧和猜疑与日俱增。州政府建议日裔美国人移居内陆，三个星期内，8 000 名日裔美国人听从了建议。这显示了他们所处的困境。

这并没有解决问题，只是把部分问题转移。种族主义的病毒正在蔓延。内华达律师协会称："我们认为，如果日本佬在加利福尼亚州伯克利很危险，那么他们在内华达州同样危险。"爱达荷州州长蔡斯 · 克拉克跟媒体说："日本佬像老鼠一样生活，像老鼠一样繁殖，像老鼠一样活动。"阿肯色州州长霍尔姆 · 阿德金斯跟着也宣布："对于日本人的习俗，或者说是怪癖，我们的人民不习惯，我怀疑把日本人安置在这里是否明智。”堪萨斯州州长佩恩·拉特纳命令州警察禁止日本人的汽车在高速路上行驶，并说：“堪萨斯州不要日本佬，不欢迎日本佬。”

对于逃难的8 000名美籍日本人来说，生活充满恐慌。理发店窗户上写着“日本佬进来刮胡子，发生意外概不负责”，饭店窗户上写着“本店会毒死老鼠和日本佬”。加油站不给他们加油，他们买不到水，甚至不能去公共厕所。5个“二代”来到新泽西州，被一个农场主雇用，一个治安维持委员会放火烧了他的农场，还威胁要杀死他的小儿子。在丹佛，一个日裔女孩找到工作，想加入教会。牧师挡住了她的去路，问道：“在你自己的教堂不是更有家的感觉吗？”陆军中将约翰·L·德威特是美国西部防御司令部司令，也是个解决菲律宾问题的老手，他认为让日裔美国人游荡在美国乡间是愚蠢的。“日本佬就是日本佬，”他说，“不管他有没有加入美国籍，都没区别。”

加利福尼亚州不断施压，要求联邦政府行动。罗斯福厌倦了此事，又被战场形势搞得焦头烂额，无暇顾及。于是，他让史汀生和后任战争部副部长麦克洛伊去处理，只要求他们处理时尽量理性和人道。史汀生正为地图和战局而忙碌，所以这件事最初交给了麦克洛伊，他成为主张重新安置的主要人物，积极奔走。在德威特将军授意下，战争部侨民管理局局长卡尔·R·本德森少校已经拟定好了撤离方案。他在旧金山对方案进行最后修订时，麦克洛伊于2月8日突然打来电话说：“总统已经给我们全权委托，我们想干什么都行。”德威特立即将已认可的本德森的方案寄往华盛顿。

6天后，司法部长比德尔要求谨慎处理，他告诉罗斯福：“军方还没有通知我他们关于此事的结论。”但这又是在与史汀生过不去，他是内阁的强势人物，支持麦克洛伊和德威特。20年后，比德尔回忆道：“史汀生显然认为日裔美国人全部疏散是没有必要的，如果他立场坚定，总统会听从他的建议。如果……我劝这位部长顶住下属的压力，结果可能会不同。但我是内阁新人，不愿在老资格政治家面前坚持自己的看法。”

那个星期六还发生了其他事情。沃尔特·李普曼发表了一篇专栏文章，比德尔的下属称其文章包含了决定性观点。李普曼在2月14日的专栏中写道：“日本人长期在太平洋海岸开展侦察活动，试探美国的防线，这是不争的事实。”他理解华盛顿不愿采用“大规模疏散和拘留政策”，但“太平洋海岸已正式成为战争区域，任何地方随时可能爆发战斗。宪法中没有给予任何人在战区居住或经商的权利”。德威特将军也不见得有如此强硬的言辞。美国内政部副部长福塔斯和战时安置署署长米尔顿·艾森豪威尔的办公室，都被要求支持这项工作。2月19日，总统签署了第9066号行政命令，授权战争部建立“军事区”，并可以命令“任何人或所有人”撤离。

这不是罗斯福值得夸耀的时刻。他大笔一挥，授权德威特处置无辜又困惑的人民，这些人跟第一代和第二代移民一样，相比故乡，更忠诚于自己的新祖国。珍珠港事件之前，中年“一代”生产的水果占加利福尼亚州水果产量的一半以上。依据传统美国的标准，他们做得很不错。“二代”正处于青年时期，他们生在美国，就读于美国公立学校，言谈举止、穿着打扮都与美国白人无异。

根据第9066号行政命令，德威特如是阐释，自愿迁移截至3月27日。日裔美国人只有48小时处理房屋、产业、家具。迁移过程中，只允许他们用手提包携带个人物品，刀片和白酒全部收缴，投资和银行存款全部没收。驳回申诉权利，甚至无权抗议。“一代”损失的农田和设备价值7 000万美元，水果蔬菜损失3 500万美元，年收入减少5亿美元，存款、股票、债券损失不计其数。

3月30日，从破晓开始，德威特将军的第20号平民禁令，就像防疫通知一样被贴到日裔美国人的家门上。撤离是一个迅捷的军事行动，还没有学会说话的小孩被贴上标签，就像行李一样，运输卡车开到门口，士兵们在人行道上喊道："出来，日本佬！"这种号令声像极了德国士兵的命令"走，犹太人，快走！"。安妮·弗兰克在荷兰街道上听到的就是这种呵斥声。卡车把日裔美国人带到15个安置点，其中有华盛顿雅基马的酿酒厂、帕萨迪纳的玫瑰碗球场，还有圣阿尼塔和坦弗兰的赛马场。赛马场是最糟糕的，日本移民被安置在马厩居住。

这些安置点，正如米尔顿·艾森豪威尔和福塔斯的报告所说，只是临时安置点。囚犯们（日裔美国人现在已沦为阶下囚）持有身份卡，还要定期接受行李和人身搜查。但没有人告诉他们，还有11个大型"战时安置中心"等着修建。州长们觉得没必要说，所有的安置中心都设在整个国家最荒凉的土地上。

总统从来没去过那些荒凉的安置点，但他曾说那些地方是"集中营"。这个词再准确不过了。一个六七口人的家庭住一个"公寓"，面积只有500平方英尺[①]。房间没有炉子，也没有自来水。营房每个区共用一个洗衣房、食堂、厕所和露天淋浴室，妇女不得不在哨兵的注视下洗澡。"一代"和"二代"妇女继承了先辈害羞的特点。但她们提出洗澡的问题后，看守告诉她们休想，还反问道：你们现在不是美国人吗？

在内华达山脉东部荒凉的地带，在加利福尼亚州孤寂的欧文斯谷，在加利福尼亚州北部偏僻的锡斯基尤的图里湖畔，他们要度过未来三年。在铁丝网的包围下，每天晚上强烈的探照灯光都会照进他们的窗户，他们努力找寻珍珠港事件之前的生活：教育子女、举办教堂

① 1平方英尺≈0.093平方米。——编者注

活动、参加各种活动。几年下来，他们总共举办了 2 120 场婚礼、5 981 场洗礼、1 862 场葬礼。

这些日裔美国人的事业应该是每个相信自由之人的事业，美国公民自由联盟将这称为“美国史上最严重的群体性侵犯人权”事件。但当时大多数人不这么认为。如果联邦政府听取加利福尼亚州的民意，安置点可能就成为永久性的了。那里的种族主义者不想让日裔美国人获得自由，他们不管别人怎么说，就连最高法院也只能靠边站。

即使是最高法院，也未能积极维护公民自由。1944 年 12 月 18 日星期一，法院下发了裁决，这一裁决在和平年代是不可想象的。道格拉斯大法官避开了是否符合宪法的问题，布莱克大法官写道：加利福尼亚州受到入侵威胁，军事权威至高无上，日本人并非因为种族歧视而被驱逐（罗伯特、墨菲、杰克逊不赞成这项决定）。在两个问题上，法院提供了不同意见。他们赞成大规模驱逐，认为这是战时合理地行使权力。但同时他们认为，不分青红皂白地拘留无不忠嫌疑的美国居民是不正当行为。12 月 19 日，军方开始将日裔美国人送回加利福尼亚州，他们遭到了 57 次反日裔美国人组织的暴力袭击。这出悲喜剧的顶点是，赫斯特报系大肆报道图里湖营地的囚犯暴动，将这场暴动援引为很好的证据，证明移居内陆的日裔美国人“不忠诚”。

图里湖营地根本没发生暴乱。拘留期间，没有一所营地发生过混乱。极具讽刺意味的是，日裔美国人受到不公正待遇之后，爱国之心似乎没受到丝毫影响。他们清心寡欲、逆来顺受，默认了美国的双重标准。举例来说，一名白人实习医生给病人进行常规检查，做一个小手术，可以获得 500 美元。而旁边“一代”医生，虽然医术精湛，但完成同样的任务只能得到 19 美元。尽管知道自己得不到报酬，一些日裔美国人还是会去植树、做实验研发人造橡胶、画征兵海报。让安置点看守们疑惑的是，每天早上，日裔美国人都会集合升星条旗，并敬礼，他们的童子军打鼓吹号（每个营地只有一个）演奏美国国歌。在托帕茨营，3 250 名成年人选修了营地课程，最受欢迎的课程是英语和美国历史。每个星期六晚上，他们都会唱《美丽的美利坚》。1943 年 1 月 28 日，到了兵役年龄的人所做的就不仅仅是唱歌了。

那个星期四，史汀生宣布军队接受“二代”志愿者。立刻就有超过 1 200 人报名，战争结束时，共有 17 600 名日裔美国人参军。他们在铁丝网环绕的安置点里宣誓忠于美国军队。在意大利，他们所在的第 100 步兵团和第 442 步兵团表现突出。没有一个日裔士兵逃跑。意大利战场上，第 442 步兵团阵亡人数相当于刚组建时人数的三倍，并获得 3 000 枚紫心勋章、500 枚铜橡叶章、810 枚铜星勋章、342 枚银星勋章，47 枚杰出服役十字勋章和 17 枚功绩勋章。在欧洲战场上，这些部队成为传奇。比尔 · 莫尔丁描述日裔美国人部队，“就我所知，和其他无数人在战场上见证的一样，没有哪一支部队在忠心、努力、勇气和牺牲方面可以超过来自海外的军团。他们中的每个人基本上都有两枚以上的勋章，他们的伤亡率也高得吓人”。

同“二代”并肩作战过的人，明白驱使日裔士兵奋勇作战的背后原因。日裔士兵相信，当加利福尼亚州人听说他们在战争中取得的功绩以后，对他们家人的态度能有所好转，同时希望“一代”能够重获战前所拥有的财产，但这只是奢望。日裔美国人的家园、农场、产业都被加利福尼亚州白人霸占了，他们中的大多数人在赫斯特报系的支持下，把属于日裔美国人的财产据为己有。“二代”回到美国后，尽管身着制服，还是被饭馆和理发店拒之门外。《旧金山考察者报》头版头条写道：“小日本的后裔竟被允许在海岸游荡”。之后，一名在欧洲战场上失去一条腿的“二代”遭到公然殴打。这种做法，即使顽固分子也觉得太过分了，于是公开的暴行才告一段落。

如果说加利福尼亚州人全都盲目排外，显然不公正。可大多数人对此都默不作声、视而不见。战争部开始关心"二代"事件，他们派同日裔美国人一起服役过的军官到西海岸巡讲，告诉农民和商人们日裔美国人的英勇事迹。一次，一个身材瘦高的农民问一个中尉："你们连里死了多少日本佬？"中尉回答道："到战争结束时，我们排的日裔士兵只活下来两个。"那个农民说："太可惜了，居然还剩下了两个。"在场的听众们有的望着天花板，有人盯着地板，有人看着膝盖，大家都一言不发。

西部防御司令部的情况危急，这使约翰 · 德威特将军一直坐在办公室。整个战争过程中，他始终远离战场的生死考验。但他倒未被忽视，陆军授予他杰出服役勋章加两枚铜橡叶章，海军也授给他杰出服役勋章，法国奖励他荣誉勋位，墨西哥也授予他阿兹台克鹰勋章。1947 年，他带着满身的荣誉，光荣退伍，后来成为日美协会的一名热心会员。此人很好地展示出西方人的不可思议。

珍珠港事件三个星期后，农业部长克劳德 · R · 维夏德随意给了美国人一个建议。他说，农民要忙着养活军队，喜爱新鲜蔬菜的居民们可以自己种植，他称之为"胜利菜园"。数百万连耙子和铲子都分不清的城里人，只知道"耙子"指埃罗尔 · 弗林（电影演员）那样放荡不羁的人，纷纷开始种地。豌豆、胡萝卜、菠菜、西红柿、小萝卜、甜菜、莴苣、包心菜，什么都种。只要是空地，不管是家里的庭院，还是因为汽油要配给而空出来的停车场或运动场，甚至连芝加哥市的阿灵顿赛马场、俄勒冈州波特兰市动物园、埃利斯岛和恶魔岛，都种上了蔬菜。在农业部和种子公司的引导下，"胜利菜园"的农民们让美国上下欢欣鼓舞。到 1943 年，美国“胜利菜园”的数量达到 2 000 万，其新鲜蔬菜产量占美国总产量的 1/3。

美国人并不喜欢吃蔬菜，但种菜也算是给他们找到了事情做。战时的美国成为一个巨大的中转站，那里的人们不断互相道别，各奔东西，或原地等待，也许只是在等待纸巾和发卡短缺结束之日。中年男子把“一战”时的头盔涂成白色，加入民事防护组织，测试防控警报，把木箱装满沙子，把桶装满水，练习急救，每晚都站岗注视着天空，寻找轴心国飞机的影子。在政府的发动下，妇女儿童四处搜集橡胶废品、废纸、铝、锡罐和牙膏管。家庭妇女回收做饭废弃的油脂，卷红十字绷带——从珍珠港事件到战胜日本，她们一共卷了 25 亿卷。一个西雅图制鞋商捐献了 6 吨橡胶鞋跟，“棉花爱迪”史密斯把心爱痰盂的橡胶垫也献出来了。在波士顿市毕肯山举行了一个废品搜集大会，捐赠的物品中有一支 80 年历史的格林机枪和一辆马车，莱弗里特 · 索顿斯托尔州长把自己的划船运动练习器也贡献了出来。

好莱坞帮助人们在漫长的等待中消磨时光。主要面向美国大兵，好莱坞在战争年间共拍摄影片 982 部，34 232 个拷贝送到海外。电影同样供平民观赏，影院每晚场场爆满。这个年代的优秀影片包括罗伯特 · 杨主演的《富家子的婚姻》，蒙蒂 · 伍利主演的《晚宴的约定》，凯瑟琳 · 赫本、斯宾塞 · 屈塞主演的《时代女人》，维克多 · 迈彻主演的《不是冤家不聚头》，泰隆 · 鲍华、琼 · 芳登主演的《高于一切》，珍妮弗 · 琼斯主演的《圣女之歌》，宾 · 克劳斯贝、巴里 · 菲茨杰拉德主演的《与我同行》，弗莱德 · 麦克莫瑞、芭芭拉 · 斯坦威克和爱德华 · G · 罗宾逊主演的《双重赔偿》，简 · 拉塞尔主演的《不法之徒》，贾莱 · 古柏和英格丽 · 褒曼主演的《战地钟声》和《风尘双侠》，雷 · 米兰德主演的《失去的周末》，不朽的《卡萨布兰卡》，希区柯克导演的《辣手摧花》，还有《小鹿班比》。一如既往，演艺界也有不靠谱的时候，一个经纪人向媒体宣布狗演员莱西生了一窝小狗，后来一个兽医揭露说莱西是只公狗。但影片质量始终很高，要知道许多观众不仅追求影片好看，还要求影片爱国，能同时满足这两点可算成就非凡。多萝西·汤普森百般挑剔影片《救生艇》，因为她认为希区柯克让纳粹比其他乘客更有能力。《纽约时报》的波思利·克劳瑟也表示赞同，并说这部影片"是一部奇怪的不讲民主的电影，即使在我们这种开明的社会，也不能原谅"。希区柯克抗议说他导演的是恐怖片，而不是宣传片，但他的抗议被扔进了垃圾桶。《纽约客》影评人沃尔科特·吉布斯向来以职业和公正著称，但他也说约翰·斯坦贝克所著的《月亮下去了》表现出"对德国人奇怪的温柔"。观众们则更加宽容，他们来看电影不是为了批评。无数人离开家人，远走他乡，电影比以前更能够为他们提供短暂的庇护和宁静。

在那个年代，许多人常年生活和战斗在国外，大众媒体成为他们的纽带。背井离乡的人们几乎一无所有，媒体让他们找到了共同点。媒体上的某些内容甜得有些发腻，《白色圣诞》是战时美国第一首大受欢迎的流行歌曲，这首歌只是表达了顾影自怜的感觉，《我要回家过圣诞节》就更糟糕了。有些歌曲简直令人厌烦。有段时间，吉米·萨沃和全美国人民都在唱着"一个肉丸子换不到面包"，这让很多渴望耳根清净的人难以忍受。《现在没什么区别》和《你是我的阳光》也属于这一类型的歌曲。整个战争期间，尼尔森·艾迪是全美薪酬最高的歌手，这是一个令人失望的事实。然而，百老汇的明天似乎一片光明，《布鲁默女孩》、《慈母泪》、《邂逅的爱情》和《迷离世界》进入了他们的流行期。1942 年夏，两个不走运的人——理查德·罗杰斯和奥斯卡·汉默斯坦二世，开始试着编排一个陈旧的剧本《丁香绿了》。这出剧原本只演出了64场，1931年就停演了。《生活》杂志后来说“Rh因子”[①]把一部失败作品变成了《俄克拉何马》！1944年3月31日，这部剧在圣詹姆斯剧场举行首演。直至1948年停演，共演出2 248场，创下了当时音乐剧演出的纪录。与此同时，一位26岁名叫伦纳德·伯恩斯坦的音乐家创作了一部欢闹的音乐剧《小镇上》。当时，百老汇的小巷子里有很多“黄牛党”，这样的景象15年来第一次出现。

美国国内的人民阅读量比以前大了。柯乐利调查公司和胡珀调查公司报告说，广播仍然是美国主要的娱乐来源，以《费伯·麦吉和莫莉》和《空中市政会议》这两个节目最受欢迎，但还是新闻时段收听人数最多。广播同书店和图书馆一样，内容开始从小说向非小说转换。五角大楼是世界上最大的出版商，仅1945年，它就印发了超过6 000万册的军用册，内容包罗万象。尽管它们出版书籍是双栏格式，看起来很不舒服，但还是有人如饥似渴地阅读，并经常将书寄回家。新书有马里恩·哈格罗夫的《瞧这里，二等兵哈格罗夫》、亚历山大·德·塞维尔斯基少校的《空中制胜》、伊尔卡·蔡斯的《未完成的昔日》、埃利奥特·保罗的《魂断巴黎》、威廉·L·怀特的《菲律宾浴血战》、理查德·特里加斯基斯的《孤岛浴血战》、约翰·赫西的《钟归阿达诺》、威尔基的《天下一家》，以及厄尼·派尔的《这就是你的战争》和《勇敢的人》。战后问题有两本书提到，理查德·赖特的《黑男孩》和莉莲·史密斯的《奇异的果实》，尽管

① 此处用罗杰斯（Rogets）和汉默斯坦（Hammerstain）的首字母R和H双关。“Rh因子”本指一般人具有的Rh血型的抗原物质，缺乏这种抗原的人在怀孕、输血中可能产生溶血反应。这里指这两人使老剧焕发青春，改编后的剧本大受好评，获普利策奖。——编者注

销量很好，但没有引起社会学家们的注意。

销量最好的是杂志。美国境内所有流行期刊的销量在战时都有所增加。1944 年的广告投资比 1942 年多了 1 亿美元。当时，埃里克·霍普金斯又一次准确描述了那时的情况："非小说内容所占比例……稳定增加，原因是 1939 年以后发生的事实超出了想象。"（这个势头还会一直延续下去，到了 20 世纪 70 年代，严肃小说已经完全过时。）女性杂志销量超乎寻常。对妇女读者来说，战争这 4 年无聊到了极点。1941~1945 年，应征入伍的 1 600 万人中，只有 25 万女性。军队中的男性数量始终保持在 1 200 万以上，他们是美国 1.3 亿人中最健康的 1 200 万。美国国内性别比例失衡严重，很多女性找不到伴侣。

与军人相亲时，女孩子们的表现就算不是富有进攻性，也是很主动的。她们把自己的化妆品称为"战妆"，这也不是完全说着玩的。年龄较大的女人会更有技巧。没有法国大设计师的建议，曼哈顿的裁缝们还是模仿了军队制服——从一个侧面说明女性的注意力全都集中在军人身上。当时有一种晚礼服很流行——上面用金钱点缀着空军的机翼形装饰物，从臀部开始，绕着胸部上来，一直延伸到肩膀。艾森豪威尔夹克也成为被模仿的对象，作为女性晚礼服的披肩，或有松紧腰带的女衬衫。人们还模仿英国突击队的贝雷帽，制成时髦的日装。无意加入陆军妇女军团的女孩子们也戴上类似陆军妇女军团队员的帽子，但上面点缀着金属小圆片。甚至布料短缺也不能阻止人们对时尚的追求，一种名叫"迪多"的特大连身衣套装，日间可做便服，晚上则成为睡衣。

军人妻子做得最不得人心的事，就是给在海外作战的丈夫戴绿帽子，反正她也没有什么机会。就像当时流行歌曲《幸运之星》中唱的

“他们不是太老，就是太年轻”。已婚女性只能独守空房，她们中的很多人开始穿着松垮的衣物。对她们来说，国内的生活也不太好过，年轻的少妇常常会受到焦虑不安的困扰。许多婚礼在部队离开前举行，孤独的新娘子们怀疑一时冲动所建立的婚姻能否长久。性情刚烈的女性开始借酒消愁，到了1943年，男女酗酒比例从5∶1变成2∶1。其他妇女则埋头阅读埃米莉·波斯特或多萝茜·迪克斯的作品，或者想象自己就是乌娜·奥尼尔。纽约的史托克俱乐部把乌娜选为社交界的名媛，这让她的剧作家父亲（尤金·奥尼尔）非常反感。众多的目光转向杂志——特别是战时创刊的、以女性的奥秘为着眼点的三种杂志：斯特里特和史密斯公司出版的《小姐》、康泰·纳仕公司出版的*Glamour*以及沃尔特·安纳伯格公司出版的《十七岁》。

另一个战时现象出现了，源于逐渐成长的青年人。“大萧条”的结束，恢复了人们对适婚少女的兴趣。与此同时，许多高中生的母亲在洛克希德公司或是波音公司工作，这些学生回家后，直接用藏在门口垫子下面的钥匙开门。当时经济十分景气，他们既能从家长手里得到零用钱，也能自己赚钱。《纽约时报杂志》编辑莱斯特·马克尔开始试着在文章中使用“十几岁的青少年”一词，但美国人当时还无法接受。高中男生志在参军，看起来冷酷，而不再无忧无虑。女生则更加活泼热情，由于她们都爱穿短袜，所以人们用“短袜女孩”指时髦的女郎。

“摇摆世代”的时尚已经或者正在消亡。马鞍鞋已被平底船鞋替代，宽松的套头毛线衫代替了开衫毛衣，连帽风雪大衣代替了晴雨两用大衣，还跟蓝色牛仔裤（一种新潮流）一起穿。有一段时间，牛仔裤搭配白衬衫成为潮流（衬衣下摆松散地搭在裤外）。战胜日本后，征战海外的父兄们回到家中，却发现衣橱空了。啤酒夹克衫还有人穿，但上了年纪跳吉特巴舞的人已经认不出来，因为时髦女郎们已点缀上男朋友（真实的或想象中的）在部队服役时得到的各种各样的徽章。还有一个潮流是戴黑玉石戒指，象征她们的男朋友在军队服役。放学以后，“短袜女孩”们聚在一起闲谈，当时还没有“闲扯”一词，要是问她们在干什么，她们会回答说“瞎混混罢了”。

溜溜球、睡衣派对、尺码不合适的鞋和袜子、条纹棒球长袜，他们创造时尚的能力和20世纪30年代中产阶级年轻人一样大而无聊。但也有不同的地方。美国已经不同了。美国的长辈们更倾向于观察年轻人，倾听他们的想法，并且放任他们的行为。在某些问题上，各个年代的人意见统一。一个就是对工会组织的看法，他们对工会持反对态度。看看工会战时的记录，就会疑惑为何如此。陆军后勤部长布里恩 · 萨默维尔将军对参议院的一个委员会说：“不要搞错了，没人感到供应不足。凡是能运到前线的，任何东西，都已给前线士兵运到了。”但矿工联合会不合时宜地要求加班费和涨工资，注定会损害工会的声望。而音乐家工会头头詹姆斯 · C · 皮特里洛也是一样不识时务，“短袜女孩”们尤其讨厌皮特里洛。他要求广播在播放乐队和交响乐团音乐时，支付版税，以致连续27个月，公众都没听到流行音乐。对年轻人而言，这似乎是有意打击流行音乐，其实真正的受害者还是那些著名的摇摆乐乐队。受到皮特里洛的禁令、配给政策、公路旅行高昂成本和公众品味改变等因素的影响（“短袜女孩”们现在喜欢多愁善感的民谣歌曲），伟大的乐队分崩离析，美国大兵们喜爱的摇摆乐渐渐淡出人们的视野。

做父母的高兴了，他们一直喜欢民谣。儿女们参加回收橡胶和废纸的运动，这让父母感到骄傲。许多新的年轻人的文化也让他们感到欣慰。1944年，美国的最佳单曲名为“在一颗星上摇摆”，这首歌颇具新意，最受广大“短袜女孩”喜爱。因为大学里基本没有男生，所以大学里很少见到运动健将（西点军校除外，它组织起一支以布兰查德和大三的戴维斯为中心的球队，所向披靡，平均一分钟得一分）。这样，人们的注意力就都转移到了高中球队上，规则做出调整后，篮球首次成为激动人心的观赏性运动。父亲和儿子可以一起看比赛，就像妈妈和女儿一起看*Glamour*杂志一样。年轻人总是喜欢尝试新鲜事物，1944年夏，一位流亡阿根廷的匈牙利人发明了一种新笔，用滚珠代替了原先的笔尖，年轻人是最先尝试使用。这种笔的进口品牌名为思加图笔，但人们只把它简单称为“圆珠笔”。后来，成年人也开始购买这种笔。不管从政治还是从书写工具来看，国内战场的两代人似乎是和平共处。

接着却出现一个了巨大的裂痕。罪魁祸首是一名歌手，他身材瘦弱、面色苍白、打着领结，耳朵一大一小，体重只有135磅，一脸饥饿相。他的名字是弗兰克·辛纳屈。本书上次提到他时，他还在跟着哈里·詹姆斯乐队后面跑。在他的崇拜者看来，他很脆弱、单纯，好像还是青少年。其实完全不是这样，他出生在霍博肯一间出租屋内，父亲是西西里最轻量级职业拳击手。他生性倔强、喜欢独处，常常出言不逊。他相信自己有过人的天赋，将来必会成为明星。遇到任何对手，他都会咆哮：“不管哪一天，我都能把这个小兔崽子唱下台。”他实际年龄25岁，早就不是高中生了。他这样解释别人的误读：“我25岁，但面相看起来像19岁。大多数孩子觉得我是他们的同伴，好像隔壁邻居。他们觉得认识我，我就喜欢这样。那又能怎样，他们都是好孩子。”

辛纳屈的健康状况达不到参军标准，他有残疾，耳鼓穿孔，他弥补自己的方式就是飙车。不过，他真正渴望得到的是名望。摇摆乐伴奏乐手常常会陷害主唱，有一次巴迪·里奇想捉弄辛纳屈，于是在歌曲唱到温情阶段时，来了一段明快的鼓点，结果演出结束后，里奇被他打得鼻青脸肿。辛纳屈对成功的痴迷决定了他无法长久待在乐队领队光环的阴影下。同詹姆斯共事6个月后，他转投汤米·多西。他重新演绎了《傻爱成真》、《日日夜夜》以及《白色圣诞》等经典曲目，并引起一些人的注意。之后他赔钱终止了同多西的合同，还雇用了一个经纪人，准备好单干。1942年12月30日，在纽约派拉蒙剧院，他正使出浑身解数在舞台上挥洒时，观众人群里第12排一个女孩因为没有吃午饭晕倒了——或者是“昏厥”。另一个女孩见状，吓得站起来失声尖叫。接下来的几秒钟，大家都没弄清楚到底发生了什么事。辛纳屈继续演唱，他绝不会因为人群中发出刺耳的尖叫声而停下自己的演出。等他演出结束，剧院里一片喧闹，所有女孩都站起来厉声尖叫。

刺耳的尖叫声像瘟疫一样蔓延。从此，他以“声音”著称，不管他出现在哪里，随之而来的都是一场混乱。他每星期能收到5 000封邮件，美国成立了2 000个弗兰克迷俱乐部。索要签名的人跟随他到药店、餐馆、杂货店和他的家。他们爬上他家的屋顶，往卧室里面瞅。如果他从泥地里走过，人们会把他在泥里留下的脚印挖出来晒干并收藏。喜欢他的人不全是小孩，也不全是好人。有两次他差点因为歌迷想要拉扯下他的领带占为已有而被勒死。歌迷试着脱掉他的衣服，而且就要成功了。一个40多岁、凶神恶煞的女人把他堵在华道夫饭店，这个女人把自己的上衣扯开，坚持让他在自己的胸罩上签名。1944年，他重新回到派拉蒙剧院，参加为期三个星期的演出，3万名嚎叫的青少年簇拥着他。为控制这些青少年，出动了421名防暴警察、20名女警和20多辆巡逻警车。

“声音”，也就是弗兰克·辛纳屈，人称“晕厥之王”，短时间内变成了富翁，他发家致富的速度比美军夺取西西里还快。辛纳屈签了很多合同，每星期都能在好彩牌香烟的《流行歌曲选播》节目中演出，每年参演一部雷电华电影公司的电影，哥伦比亚唱片公司给他支付的版税空前的高。辛纳屈年收入超过 100 万美元。尽管有战时控制政策，他似乎还是挥霍了大部分收入。他在好莱坞盖了一所粉色的房屋，里面各种设施应有尽有，甚至有些当时前所未有。为了省去起身拉窗帘的麻烦，他安装了一套价值 7 000 美元的设备。辛纳屈定制的服装全部都很浮华，而且尺寸十分夸张，从宽大的领结、高腰松腿裤子，到鼓鼓的垫肩，无不如此。辛纳屈的身边聚集了一大群朋友，整天围着他转，就像臣子侍奉国王一样。他们觉得成为他的朋友就高人一等，而他以另一种方式让朋友们开心。他有许多独特的癖好，其中之一就是把价值 150 美元的金制打火机随便分送别人，就像鲍斯少校在部队中随便散发火星棒一样。他的红颜知己也在不断更迭。战前，他与儿时恋人南希·巴百图结婚。在他成名早期，凡是有记者问他有关婚姻的问题，他都用一句话回答：“我妻子南希是第一位的。不管是现在还是将来。”之后，他不再回答有关婚姻的问题。后来他又先后娶了艾娃·加德纳和米娅·法罗。

辛纳屈有没有天赋，就像巴顿将军扇士兵耳光一样，成为热议话题。《时代周刊》说：“辛纳屈的声音成为国家符号，就像约塞米蒂山谷”。而《时代周刊》的姐妹刊《生活》杂志却认为，“这个使人神魂颠倒的歌手的每首歌都差不多”，因为他只知道一个调子，那就是葬礼进行曲。《纽约先驱论坛报》引用了国会议员的话，“独行侠和弗兰克·辛纳屈是美国青少年犯罪的主要诱因”。艾尔莎·麦克斯维尔斥责辛纳屈是“音乐文盲”，并建议他的歌迷服用“抗辛纳屈素”。甚至他的前老板哈里·詹姆斯也承认，弗兰克的新衣服让他看起来像“一块湿抹布”。有人对平·克劳斯贝说：“像辛纳屈这样的声音，一辈子才能听到一个”。平回答：“确实是，但他怎么偏偏就出在我这一辈子里了。”

家长们既生气又困惑。当时的英雄应该是身材魁梧、戴着钢盔的美国大兵，他们全副武装，准备登陆敌军控制的海滩。而弗兰克，拿当时的一句话来说，就像在避孕套里挤着的样子。从欧洲逃难到美国的青少年认为他就是个吵闹的怪胎。一位从德国集中营里逃出来的17岁女孩问道：“就没有什么办法让这些孩子们恢复理智吗？他们在派拉蒙剧院外浪费的时间可以用到其他事情上，比方说，帮助打赢这场战争。”她的美国同龄人还是继续尖叫，人们对于辛纳屈魔力来源的好奇心有增无减。《新闻周刊》评论道：“从表面上看，辛纳屈能成为女性的偶像，这让人很疑惑。”

精神病学家和心理学家们认为他们能解开这个谜题。他们试图用中世纪对舞蹈的狂热来解释这一现象，还提到“乳腺过敏”、“母性渴望给饥饿儿童喂奶”、“群体性爱失落”和“群体性催眠状态”。一些对弗兰克持批评态度的人则说得更加直截了当：“他好像不是靠声音吸引人，而是身上能分泌麝香”，还有“我们认了吧——辛纳屈可能是留在国内的唯一一个男人。”最后这句话比较接近事实。女孩可能会为远在新几内亚岛丛林中的男孩歌唱“他在军队是一等兵，在我心中排第一”——但一男在手胜过二男在林。另外，这不像跟一个身体不健全者约会那样奸诈。这只是“短袜女孩”们的风气。

如果年长的人无法理解这种仪式，被辛纳屈取代的军人们倒是可以理解。战争结束以后，辛纳屈成为陆军、海军、空军和海军陆战队最恨的人，这种说法并不为过。和“短袜女孩”一样，穿着军装的弗兰克迷把“声音”当作一种象征，对她们来说，辛纳屈就是平民男性的代表。弗兰克只参加过一次在意大利举办的美国劳军联合会组织演出，还是在欧洲战场取胜以后，那时轴心国的大炮已经被封存。演出结束后，他立即离开，还嘲笑说美国劳军联合会组织的演出都是些不入流的演员。《星条旗报》评论道：“老鼠也能让女人昏过去。”经常在前线参加演出的玛琳 · 黛德丽说：“你不能指望欧洲战场的演出像在派拉蒙剧院一样。”

从在弗兰克演出中第一个女孩晕倒那天算起，整整 5 周之前，约翰 · 麦克洛伊命令征用洛斯阿拉莫斯农场学校的男孩，那里正是罗伯特 · 奥本海默儿时受教育的地方。奥本海默之所以推荐洛斯阿拉莫斯是因为那里几乎与世隔绝，盟国科学家们一直认为他们必须保密，才有可能赶在纳粹之前建造出原子弹，但当时他们中的大多数人觉得这种可能性非常小。到了 1942 年年末，美国科学家和他们来逃难的欧洲同行都有些绝望。尽管罗斯福总统鼎力支持，原子弹的研制还是没有取得什么进展。艾伦 · 杜勒斯从瑞士发来报告：每星期都有大量铀和重水进入纳粹德国。德国拥有全世界最顶尖的原子物理学家。另外，美国的科学家们怀疑他们的计划已经被泄露。那年秋天，在田纳西州橡树岭附近的野山里抓获两名德国间谍。他们如何到达的那里，又受到了怎样的处置，这些问题华盛顿至今仍三缄其口。但结合其他证据，科学家们的噩梦似乎更加真实，不久的将来，希特勒拥有了核武器，而盟国一无所有。

现在有一件事情他们可以肯定，原子弹是可以制作出来的。理论从最开始就很完备，但要将理论转化为现实，有一个困难需要克服。理论上，当中子进入铀 235 堆之后，链式反应就会发生。中子使铀235中每一个原子分裂出1~3个中子，分裂产生的中子又去分裂其他原子，这个过程不断延续，直到达到临界质量。当然，他们不能在实验室中形成临界质量，所以使用石墨来减慢中子的速度，以便于观察反应过程。实验中，他们发现一些中子偏离，还有一些中子被原子堆“吞噬”。只有连续“几代”中子数量不断扩大，链式反应才可能发生。这被称为K系数，也被人们称为“伟大的K神”。裂变发生需要满足以下条件：100个中子撞击100个铀235原子产生第二代中子，若其中105个中子能够继续引发裂变，比例就是105∶100，K系数的值就是1.05。第三代中子的数量就是105乘以1.05，反应继续，直到达到临界质量。正如威廉·L·劳伦斯所说：“当K系数大于1时，原子堆就会发生链式反应，因为中子生成的速率大于消亡的速率。”相反，如果100个中子撞击只产生了99个，K系数就是0.99，就不足以发生裂变反应。早期实验中，通过提纯石墨，生成率最多能达到0.87。科学家们面临的最大问题是铀的纯度不够。阿瑟·H·康普顿博士打电话给西屋电气公司研发部部长说：“西屋电气公司多久能生产3吨浓缩铀？”电话那头的人哑口无言。当时，全世界的浓缩铀加起来重量只有几克。但西屋电气公司给予的答复显示了“二战”时期美国工业的巨大潜力。铀产量从一天8盎司[①]猛增到500磅，到了1942年11月，西屋电气公司已生产3吨铀。

交付地点非常不起眼。芝加哥埃利斯大道在第55大街与第56大街之间，芝加哥大学哥特式风格的建筑上布满常青藤，向远方延伸的院墙有一个缺口，里面是一扇门。门里面是一个大型壁球场，战争爆发以来，这个球场就不再使用。球场恰好在施塔格运动场西边看台

① 1盎司≈28.350克。——编者注

下面。因为学校不再举办校际橄榄球比赛，很少有人会到这里来。11月，就是在这个地方，一个用独特纯度材料制作的超大反应堆在这里落成。两家碳棒公司，同国家标准局合作，生产出非常不易与中子反应的石墨。局里其他科学家连同艾奥瓦州立大学的弗兰克·斯佩丁教授，进一步优化西屋电气公司生产的铀。通过新方法，铀金属转化成一个个小块，这被人们称为“斯佩丁蛋”。最后，工程师们将反应堆装进一个巨大方形气球内，抽出气球中的空气，这样中子就不会被氮吸收。康普顿博士预计反应堆K系数可达1.04~1.05，其他人则认为能达到1.07。

反应堆成功指日可待，但又产生了新的问题。之前，有人成功分裂原子，但历史上还没人成功实现链式反应，所以无法确定减速方法的有效性。“伟大的K神”可能会冲破科学家们设置的限制措施，使整个芝加哥甚至伊利诺伊州被吞没。为了降低风险，科学家们又用7根镉条和3根硼钢棒穿过反应堆——镉和硼都能消耗大量中子，帮助“弗兰肯斯坦”们束缚住他们正在创造的怪物。但没人确定这是否可以成功，两名年轻物理学家自愿组成所谓的“敢死队”。这两个人要站在脚手架上，提着几桶镉溶液，俯视着反应堆。如其他控制措施无效，反应堆失控，他们就把这些溶液泼到反应堆上。

反应堆层层扩大，随着反应堆的增大，中子计数器上面显示的增殖速度值越来越大。1942年12月1~2日夜，第12层就位。那时，整个装置重达12 400磅，计数器不断跳动，说明反应无误。W·H·律恩后来告诉威廉·L·劳伦斯：“当时我们知道，只要拔出控制棒，反应堆就会爆炸。”第二天下午3点半，费米亲临现场，“敢死队”也在反应堆上方就位，除了一条镉金属条，其他控制棒全部拔出。之后，最后一根镉金属条也被部分移出。中子计数器的跳动声使人异常紧张，让人想到牙医使用的电钻。K系数直线上升，从0.98、0.99、1.00一直升到1.07、1.08、1.09、1.10。他们成功了，新产生的中子数量总能超过上一代。科学理论已成为现实，链式反应已可不断持续下去。现在将其转化为可携带的炸弹，只是技术问题了。

12月2日同天，有关技术问题的讨论在三个街区外展开，讨论地点就是芝加哥大学埃克特大楼的209房间。两组人在同一个城市工作，却互不知道对方的存在。遵照罗斯福总统的指示，保密措施非常严格。总统对曼哈顿计划的态度有些矛盾，这与他的许多其他特质一样，是美国国民性格的反映。他本能上信任他人，喜欢分享知识，希望美国为世界知识宝库做出贡献。可是当他一方面谈四海之内皆兄弟，并且真正认为应该如此时，另一方面又喜欢保密。正如詹姆斯·麦格雷戈·伯恩斯所说："罗斯福既是现实主义者，也是理想主义者；既是终结者，又是传道者；既是王子，又是士兵。他之所以有这样的性格，不仅是因为他自己的思想和背景，还因为他成长的社会及其传统。美国人长期以来就有既讲道德，又务现实的传统。"

总统在芝加哥奉行实用主义，壁球场和埃克特大楼虽然位置近在咫尺，实则远在天边。尽管如此，他们其实都在为同一个目标努力，那就是把原子弹装进B–29轰炸机的炸弹舱，这一计划在31个月后得以实现。格罗夫斯将军以检阅"芝加哥大学冶金实验室"的名义，把这些人召集起来。他们都是美国技术精英，其中有工业巨子，还有来自加州理工学院和麻省理工学院的教授。他们要靠自己的信念，完成将军给他们布置的任务。将军要求他们生产前所未见的材料，而生产目的却并未告诉他们。技术精英们只知道这个计划是取得战争胜利的关键，而且华盛顿不惜重金。

他们接受了任务。当日，科研团队就同政府签订了合约，但其中的条款非常模糊，这在劳动法中绝无仅有。格罗夫斯答应以分期付款的方式先支付 4 亿美元，最终开支可能超过 20 亿美元。除此之外，科研团队几乎一无所知。少数知道一些机密信息的人被要求绝对保密，甚至不能跟自己的妻子提及。妻子也无法跟科学家谈话，因为科学家们已与社会隔绝，他们的家人只知道他们的地址——美国陆军邮政信箱 1663 号。

对于在洛斯阿拉莫斯工作的科学家来说，这样严格的保密措施似乎有些过分。其中某些措施看起来有些荒唐。受到最严密监视的人就是罗伯特 · 奥本海默，监视他的是一个名叫鲍里斯 · 帕什的人，他身材臃肿，曾经是好莱坞高中的橄榄球教练。美国远征部队情报机构把他训练为对付“共产主义渗透”的专家。奥本海默战前为自由事业慷慨解囊，而且两次差点儿娶了旧金山心理医生珍 · 泰特洛克博士，珍是一名共产党员。当帕什听说这些情况以后，就死死盯住奥本海默。1943 年，奥本海默来到珍在电报山的住处，接她一起出去吃饭。他告诉珍由于他要出去工作，所以可能几个月甚至几年都见不到他了，但是工作内容和地点都不能告诉她。之后他就消失了。7 个月后，由于一直没有奥本海默的消息，珍在绝望中自杀。那时，帕什一直在暗中监视他们，完全误解了他们两个的会面，他认为奥本海默悄悄给共产党泄露消息。他告诉自己的上司说自己识破了奥本海默的小把戏，要求立刻开除这位物理学家。格罗夫斯回复道，开除奥本海默是不可能的，他说：“不管你搜集到奥本海默的什么消息，他在这个计划中必不可少。”

所有这些监视活动本可以像滑稽戏一样被人忘掉，但当时的现实情况却让人难以安心。受控于莫斯科的共产党间谍在洛斯阿拉莫斯周围建立了极其专业的间谍网，受控于阿纳托利 · 雅科夫列夫。此人独立于苏联驻纽约领事馆行事。雅科夫列夫通过哈里 · 戈尔德活动，后者是费城人，曾是工业间谍。雅科夫列夫的间谍网里还有一条情报线，通过纽约的朱利叶斯和艾瑟尔 · 罗森堡夫妇连到艾瑟尔的弟弟戴维 · 格林格拉斯。格林格拉斯是在洛斯阿拉莫斯工作的军方高层，他几乎能接触到任何一张图纸、草图，或是有价值的文件，而且他也足够聪明，能够看出哪些文件苏联人感兴趣。不过，格林格拉斯还不是雅科夫列夫最重要的情报来源，真正的无价之宝是克劳斯 · 艾米尔 · 福克斯。和奥本海默、康普顿和费米一样，福克斯也是一个极具天赋的原子物理学家，是洛斯阿拉莫斯中心的核心人物之一。福克斯是土生土长的德国人，当纳粹开始搜捕反对者时，他逃到了英国。他对希特勒的憎恨，以及对于盟军的忠心从未受到质疑。作为英国的自然归化公民，他已得到官方绝对信任。没人怀疑为什么纳粹会追捕一个理论物理学家，这样的问题当时还没人提起。直到战争结束以后，苏联特务组织瓦解，福克斯的朋友们才知道，他原来是个全心全意的共产党人。

通常哈里 · 戈尔德会派人取格林格拉斯的情报，但他经常亲自和福克斯见面。有一次，他同时见到这两个人。他会见戴维 · 格林格拉斯和其怀有身孕的妻子露丝，人们因为覆盆子果冻盒盖记住了这一事件，就像希斯–钱伯斯事件因为南瓜留在人们的记忆中一样。朱利叶斯把果冻盒盖撕成两半，分给自己妹夫戴维了一半，然后对他说如果有人拿着盒盖的另一半出现，戴维要告诉他所有已知情报，“为科学目的分享信息”。因此，当戈尔德来到格林格拉斯在阿尔布开克市北高街 209 号楼上的住处时，戈尔德说，“朱利叶斯派我来的”，然后拿出了另一半果冻盒盖，他受到了戴维的欢迎。戴维拿出一摞纸，纸上都是他获得的情报。情报价值很高，工作在洛斯阿拉莫斯最小的技术间里的戴维记录下最高机密——引爆原子弹用的扁平透镜模型实验的图解。这种透镜与外行所了解的透镜完全不同，它是用高爆炸药混合而成的，就像玻璃透镜聚焦光线一样，它能聚集爆震波，从而引爆原子弹。苏联人获得这张图纸，就能省去昂贵且耗时的实验阶段。格林格拉斯将草图交到哈里·戈尔德的手上时，他创造了历史，同时也让自己的妻子看透了他的行为。在那之前，他用模糊的解释让妻子相信，他是为了人类共同利益分享信息。但当戈尔德递给他装有 500 美元的信封时，他妻子如梦方醒。戈尔德走后，他妻子喊道："我明白你在搞什么名堂了，你出卖情报。为什么这么做？这分明就是一手交钱，一手交货。"洛斯阿拉莫斯与莫斯科的间谍网中，出现了薄弱环节。

戈尔德没有给福克斯钱。上一次，戈尔德给了福克斯 1 500 美元，但被他礼貌地拒绝了。他不是能被收买的，他有自己的原则。福克斯按照计划在圣塔非埃勒米达奇街与戈尔德接头，开着他那老旧的雪佛兰轿车带戈尔德去乡间兜风。他们两人分别之后，戈尔德手上拿了厚厚一摞打印的资料，内容关于如何把理论上的原子裂变应用到制造原子弹上。资料技术性非常强，远远超出了戈尔德的理解范围，但莫斯科得到资料之后高兴极了。雅科夫列夫得到指示，他告诉戈尔德："两方面的情报都非常优秀，而且价值极高。"6 年后，有人把格林格拉斯拷贝的图纸复印件给原子能委员会生产主管看，主管说："这些图很好地展示了如何制造原子弹，近乎完美。"

这个间谍网加上苏联另外两个间谍莫顿·索贝尔和阿伦·纳恩·梅为苏联提供的有价值的情报，究竟在多大程度上帮助了苏联制造原子弹，即使是科学家们也无法回答这个问题，只能猜测。情报只是让苏联缩短了制造原子弹的时间，苏联人有足够的理论储备以及技术人员，他们迟早会发现“伟大的K神”。或许格林格拉斯给苏联人的材料中其实并没有什么有价值的信息。制造原子弹只有一种方法，在洛斯阿拉莫斯早期的一次学术会议上，爱德华·泰勒这样描述原子弹的基本原理：把两个半球放在一起接触，直至质量达到临界点，就会爆炸。当然除此之外，还需要很多复杂的细节：需要多少铀235、两个半球有多大、它们需要以何种速度碰撞、散射角如何控制、链式反应发射出来的中子量如何控制等。莉泽·迈特纳①的侄子O·R·弗里施博士是这个任务的主管，在一次实验事故中几乎丧命，而另有两名物理学家真的在事故中丧生了。

哈里·达尼安是第一个在实验中牺牲的物理学家。他意外触发了链式反应，幸好当时他只持有少量的裂变材料，否则在他身边工作的其他科学家也要遭殃。裂变只持续了几分之一秒，他立刻就被送到医院，但他的右手已完全被辐射渗透。几小时内他就失去了触觉。伽马射线穿透了他的皮肤，内脏在迅速衰竭。他神智昏迷，头发脱落，白细胞增多，最后在极度痛苦中去世。这个事故发生以后，弗里希的实验室紧张程度骤升。整个区域的人都坐立不安，尤其是实验室中有一个名叫路易斯·斯洛廷的加拿大年轻人，他莽撞又一心只想寻找“惊险”。斯洛廷其实是在玩火，他称自己的工作为“摆弄龙尾巴”。假如他当时出现了重大失误，整个实验室将无人能够幸免。洛斯阿拉莫斯被夷为平地，而广岛和长崎则不会遭到原子弹攻击。历史也将改写。

斯洛廷是个冒险家，也是正义的追随者。西班牙内战时，他为共和国政府战斗；不列颠之战中，他又参加英国皇家空军。由于眼睛近视，他被迫停飞。他接受过对口的科学训练，所以自然而然便加入

① 莉泽·迈特纳：奥地利物理学家，关于她的故事请参阅《光荣与梦想1》第七章。——编者注

了曼哈顿计划。在弗里希的指导下，他找到了自己的专长，但他的同事们则强烈希望他回去驾驶喷火战斗机。他将两个半球穿在一根横杆上，用螺丝刀将两个半球推向对方，他在一旁全神贯注地观察。这就像俄罗斯轮盘赌。依据概率，他迟早会无法及时分开两个半球。意外的确发生了。一天，螺丝刀脱手了。两个半球过于靠近对方，耀眼的蓝光瞬间吞噬了实验室。他徒手将两个半球分开，中断了反应，才得以拯救这个区域。他明白这么做意味着放弃生命。在去医院的路上，他对在他身边的工作的同事说："你会好的，但我一点机会都没有了。" 9 天后，他在痛苦中死去。被派去调查这场事故，并研究能从这场事故中吸取什么样的教训的人，正是克劳斯 · 福克斯。

实验室大多数科学家都在抱怨保密措施，尼尔斯 · 玻尔从来都不习惯他的代号"尼古拉斯 · 巴特勒"，总是想不起来。但福克斯知道其中的隐情，很少抱怨什么。或者说，福克斯只知道一半内情。纳粹德国尖端武器研究进展情况仍然是个谜。希特勒总是在谈论秘密武器，早在 1944 年，他已经放出了三种秘密武器：喷气式战斗机、装有通气管的潜艇和 V–1 导弹，也就是第一批喷射推进式导弹，人们也将它称为"嗡鸣弹"。美国科学家们之前推断希特勒要么已经拥有原子弹，要么马上就能拥有。从德国传来的情报中，没有一项能推翻美国科学界的假设。他可能已拥有一武库的原子弹，作为最后一道防线。希特勒这个人不择手段。这位德国元首带来的恐怖、憎恨和畏惧，今天已经不可能重现。但如果不想象当时人们所面临的恐慌，就难以理解美国科学家们在新墨西哥州的沙漠里制造原子弹的动机。

有关原子弹的问题，最高层领导们在华盛顿和伦敦分别进行过讨论（但没有在莫斯科进行，这情有可原，因为罗斯福和丘吉尔认为，斯大林大概也不会与他们分享苏联实验室的最新发现）。1943 年秋，一支特别情报小组将在诺曼底登陆，其代号为“阿尔索斯”，即希腊文的“小丛林”（也正是“格罗夫斯”一名的意思）。小组成员虽穿得像士兵，但作战服上佩戴着识别徽章，徽章上有白色的希腊字母 α 和一条红色叉状闪电。他们的任务就是搜集纳粹德国核武器研究进展情况的资料。小组的一位资深科学家会在现场翻译并评估发现的文件。这位科学家就是荷兰的塞缪尔 · A · 古德斯密特博士，他是一名杰出的实验物理学家，业余爱好则是研究刑事侦查方面的新进展。

1943 年 1 月 7 日星期四，美国总统向参众两院联席会议发布了第 10 次国情咨文。“轴心国知道如果不能在 1942 年取得战争胜利，他们最终将一败涂地，”他说，“我不说大家也知道，我们的敌人没有在 1942 年赢得战争。”星期六傍晚，首都一片宁静，一队豪华轿车从白宫南门驶出到第 15 街右转，在铸印局附近一条少有人烟的铁道旁停下。总统专列已经在那里等候。总统走进了自己的专属车厢“斐迪南 · 麦哲伦”车厢，跟随他一同进入的有哈里 · 霍普金斯、罗斯 · T · 麦金太尔博士，还有几名军章闪烁的陆海军高级将领。在迈阿密，泛美航空公司的“飞剪”号班机正在等候总统一行，准备带他们飞过大西洋，到卡萨布兰卡和温斯顿 · 丘吉尔会见。

盟军峰会将在这一年频繁举行。卡萨布兰卡一役，罗斯福高估了艾森豪威尔的能力，在那之后，他提出了极具争议的轴心国国家“无条件投降”的要求。这位盟军总指挥在魁北克（又是和丘吉尔）、华盛顿（和丘吉尔以及盟军将领）、开罗（和丘吉尔、蒋介石）、夏威夷（和尼米兹、麦克阿瑟）、德黑兰（同丘吉尔和斯大林），然后又回到开罗（再次和丘吉尔），进行会谈。那一年，战争领导权的火把已经从英国首相传递到了美国总统手里，两个人都心知肚明。领导权的转移和个人能力没有任何关系。美国在战争中投入了更多的人力、物力，而且美国的将领，尤其是艾森豪威尔，将会在伟大战役到来的时候指挥联合军队作战。

并非没有人批评罗斯福作为盟军总指挥的表现。实际上，他的一生都饱受批评。斯大林认为罗斯福坚持“无条件投降”的要求只会让德国人更加团结，延长战争。大多数历史学家都同意斯大林的这一看法。在太平洋战场，也许罗斯福总统给了麦克阿瑟太大的权力，而太平洋战场实际上是海战，应由尼米兹上将来赢取。但没有人质疑，从 1943 年开始，罗斯福就是盟国陆军和海军的总指挥。早在 1942 年 11 月，罗斯福的特别助理威廉 · D · 哈西特就在日记里写道：“总统正在成为这场全球大战的中心人物，他提出倡议并决定采取什么行动，他也要承担相应的责任。”路易 · 强森从新德里发来电报称：“罗斯福的名字在这里有特殊的魔力。”大多数职业军人都佩服罗斯福的领导力。艾森豪威尔写道：“尽管罗斯福先生的很多政治决策，我都不敢苟同，但是我知道他作为领导一个国家进行战争的统帅的能力——在我看来，他的表现完全达到了所有人对他的预期。”史汀生说：“这是美国陆军有史以来最优秀的总指挥。”乔治 · 菲尔丁 · 艾略特少校写道：罗斯福总统对全球战略的出色把握使他成为“最伟大的战时总统之一”。在所有“二战”参战国当中，美国的伤亡人数比例最小。1944 年海军节时罗斯福总统可以说，1943 年美国武装部队曾经在敌人的滩头阵地前参加过 27 次登陆战，而且“这 27 次登陆战每次都取得了巨大胜利”。

罗斯福总统看上去一点也不像军事天才。视察军队的时候，他的穿着总是一成不变：一件法兰绒的衬衫、一顶旧帽子、随意系着的领结。他看起来更像是一个衣着随意、精神饱满在周末要去钓鱼的老爷爷。话说回来，他统帅的军队战士们也很随意。美国不是一个欧洲国家，其性质完全不同。没有人比住在白宫里的总统更能代表美国。戴维·利连撒尔写道："罗斯福是全世界最英俊的军事领袖。"艾森豪威尔将军或许也被罗斯福对乡村地形和特点的深刻记忆和理解所折服。然而对美国大兵和水兵来说，罗斯福总统送给他们最好的礼物就是他的关心爱护，以及作为一个实干的总统领导着实干的美国出现在世界舞台上。乔纳森·丹尼斯写道：再没人像他一样始终能够唤起藏在美国人民恐惧之下的自信，因为他坚信美国人民具有尊严，所以要求或期待美国人民拿出勇气时，他无所畏惧。"要说罗斯福对人民的需求把握敏锐，他去夏威夷医院视察的那次是最具说服力的。当时，他和陆军、海军将领进行了会谈，制订了击溃日本的宏大进攻计划。在离开之前，他要求坐着轮椅穿过那些作战中失去上肢或下肢的老兵病房。他微笑着挥手，一语未发，但他的行为说明了一切：这也是一个双腿不能正常行走的人。他懂得这些老兵的痛苦，他也经历过。但他战胜了这些痛苦，成为美国总统。这些老兵没有理由绝望，应该继续追求自己的理想。

从罗斯福的外表就能看出，他现在十分疲惫。白宫记者们深知罗斯福不会在 1944 年寻求连任。罗斯福本人也给民主党全国委员会主席罗伯特·汉尼根写了信："我心里唯一的愿望就是回到我哈得孙河畔的故乡。"但压力迫使他继续执掌美国政府，和任何一位总统一样，他也在思考历史对他的评价。对于战后美国的发展，他有计划，他要像前总统威尔逊忠于国际联盟一样忠于联合国。罗斯福也收到了很多来信，有人在信中说："在这全世界充满悲伤、满目疮痍的时刻，罗斯福总统请不要让我们失望，现在是我们最需要你的时候。我从心底里认为是上帝派你来引领我们前进。”还有许多请愿书，其中一封有6 000多名钢铁工人联名签署，上面写道：“我们知道你很疲惫，但是我们不能接受你从总统的位置上退下来。”道格拉斯·钱德勒从第三帝国传来声音：“把那个人从一直是白色的房子里赶出去。”此人曾工作于赫斯特报系，后叛逃，在柏林广播化名为保罗·里维尔。

作为政治家，罗斯福不会被这些呼声影响，丝毫不会。罗斯福对温德尔·威尔基（共和党总统候选人）望眼欲穿。他们拥有类似的远见，而且私底下彼此互相敬仰。罗斯福把萨姆·罗森曼叫到办公室，请他担任与威尔基沟通的特使。罗斯福说：“我们应该有自由和保守两派，但现在因为意见不合，两派内部都出现了分裂。”罗斯福认为在总统大选之后两派应重组，他让罗森曼用自己的想法试探威尔基。威尔基对罗森曼说：“你告诉总统先生，我已经准备好用我的一生促成此事。”1940年，还有可能做出些成绩——尽管现在也很难想到如何做，但如今已经是4年后了。那时候威尔基在威斯康星州共和党预选中败下阵来，得票数落后于杜威、麦克阿瑟和史汀生。他也觉得疲惫了，同时对共和党保守派很生气，也对所谓的政治程序不再抱有幻想。他身体虚弱，在经历了三次心脏病之后，于10月8日去世。

威尔基是自1916年的休斯之后，共和党最有影响力的总统候选人。他的离世在共和党中掀起了“反威尔基”元老的一系列报复行为。他们轻蔑地说威尔基奉行“世界大同主义”。劳伦斯·丹尼尔斯、伊丽莎白·迪林夫人、约瑟夫·麦克威廉姆斯，这些极右派代言人在珍珠港事件之后全部哑口，1944年又“重出江湖”，暗讽罗斯福是“犹太国王”。直到1941年11月，仍有国会议员利用自己邮寄信件方面的权利与纳粹的宣传机构联系，议员菲什的秘书因为在这件事上做伪证而被定罪。一些纸媒，比如《芝加哥论坛报》、《纽约每日新闻》，还有艾林诺·佩特森（“西西”）旗下的《华盛顿时代先驱报》以及赫斯特报系都拒绝隐瞒军事情报。美军破译了日本的“紫色密码”，一位《芝加哥论坛报》的记者在报道中泄露了这一情况，但日本人没有看到这篇报道。总统认为司法部应该在这件事上采取强硬态度。政府也遇到了严重的煽动事件，但是司法部长比德尔认为在选举年抓捕一些保守派的媒体人士会对赢取选民产生不利影响，所以他将罗斯福的意思撇在了一边。但是，这件事仍然让总统坐立不安。孤立派仍然在媒体和国会中地位坚固。如果就这样算了，他们可能在美国得到更多的支持，进而破坏美国的外交政策。这个威胁的出现具有决定性作用。在民主党全国代表大会召开的前一周，罗斯福在给汉尼根的信中写道：

> 如果我的人民要求我继续执政，那我就像那些在前线战斗的士兵一样，没有权利退出。
>
> 至于我本人，并不想继续执政。到明年春天，作为总统和武装部队总司令，我已经服务了12年……
>
> 即使我不情愿，但是作为一个斗士，如果我们共同的总司令——所有神圣的美国人民有这样的要求。我将重申继续执政的承诺。

7月20日，在芝加哥召开的民主党全国代表大会正在提名罗斯福作为总统候选人之时，他正坐在高峻的加利福尼亚州的悬崖边，视察一场1万余名海军陆战队队员从希金斯艇铰链船头登陆的两栖作战演习。在他看来，那些与会的政客们在走所谓的政治流程时，他在工作。然而，4年召开一次的民主党全国代表大会从不只是走流程。党内在提名罗斯福的事情上达成一致，但是对副总统人选产生了分歧。

罗斯福可能忽略了这个问题，也可能是因为他还没有最后决定，各种现象表明后者的可能性较大。罗斯福认为亨利·华莱士的工作不当，未能尽责，还不必要地触犯了国会领导人。但罗斯福又不愿意让他从副总统的位置上退下来，华莱士本人则认为自己有足够的理由继续担任副总统。罗斯福在写给民主党全国代表大会主席的信中说："华莱士是我的好朋友，我喜欢他，也尊敬他。因此，如果我是大会代表团成员的话，我会投票再次提名他为副总统的候选人。"

但威廉·道格拉斯和阿尔本·巴克利都各自认为罗斯福肯定会提名他们，而吉米·伯恩斯也认为自己已经得到了罗斯福的绝对支持。哈里·杜鲁门认为伯恩斯有内部消息，他也同意提名伯恩斯。但罗斯福在副总统人选上无所谓的态度让民主党全国委员会决定找一个对罗斯福权力和威信影响最小的人，他们选定了杜鲁门。杜鲁门是忠诚的民主党人士，在国会上也坚决拥护通过行政管理法案，他的老家在美国中西部边境上的州。在与战争相关的一次艰难的调查任务中，他领导委员会的表现老练而得体。罗斯福不认识杜鲁门，甚至几乎都没听说过这个名字。当汉尼根提出这件事的时候，罗斯福嘀咕道："对……对……是我让他领导那个战争调查委员会的吧？"当然，罗斯福和这件事没有任何关系。但汉尼根列出提名杜鲁门的很多理由，从政治的角度上看，都站得住脚。罗斯福同意了，就是杜鲁门。

这位密苏里州参议员听到被提名的消息时大吃一惊，说道："我的天啊！"杜鲁门本人甚至都没有考虑过参选副总统。他向朋友四处求证，直到和罗斯福通过电话，他才肯相信。他极具个人风格地向朋友问道："为什么他不一开始就告诉我这个消息？"然后他去找伯恩斯进行政治交易。尽管得到了罗斯福的支持，大会还是经过两轮投票才成功提名杜鲁门。然后罗斯福在圣迭戈的海军陆战队基地通过广播宣布自己接受了对杜鲁门的提名。美国人都在互相问“杜鲁门到底是谁”。《纽约时报》称，杜鲁门能被提名是“密苏里州的第二次妥协。”詹姆斯·E·海杰蒂写道：“大佬们的胜利。”杜鲁门的竞争对手、共和党副总统候选人约翰·布莱克说：“杜鲁门，是叫这个名字吗？”他挠了挠头，嘟囔道：“我总是记不得这个名字。”7月31日出版的《时代周刊》轻蔑地把杜鲁门称为“来自密苏里州的不知天高地厚的灰头发参议员”。

托马斯·E·杜威是共和党中最有希望成为总统的候选人。他智慧、勇敢，人们有足够的理由相信他可以成为一位优秀的总统。但此时民主党实力太过强大。国家经济已经开始复苏，民众仍然将共和党与胡佛联系在一起，军方每日捷报频传，罗斯福也已成为美国历史上迄今为止最有经验的政治家。罗斯福曾经对《时代周刊》说：“我就是喜欢激烈竞争。”时间流逝，他对竞争的喜爱却与日俱增。他所谓的“竞争”是和共和党元老派对抗，而不去理会他真正的竞争对手。这一招成功地打击了胡佛、兰登和威尔基。在一次庆功演讲中，罗斯福展现出了打击竞选对手更新、更致命的绝招——嘲笑对手。国会中有三个人总是阻挠政府通过法案，那就是乔·马丁、布鲁斯·巴顿和汉密尔顿·菲什。罗斯福在国会上为自己的成就辩护，并说：“大家都同意，除了马丁……巴顿……和菲什。”“马丁……巴顿……菲什”，当他第三次说起这句话时，听众已经耳熟得把握了它的节奏，并开始跟着他唱和：“马丁……巴顿……菲什”。这很有趣，说实话，这也是一种有效的政治良方。更有力的是，他揪住一条关于共和党的传言：罗斯福把自己的苏格兰梗犬忘在了阿留申群岛，后来居然派了一艘驱逐舰把那条狗接回来。对此，罗斯福通过广播，面对卡车司机工会和全国人民，话中带刃地讽刺道：“这些共和党领导人从来都对攻击我乐此不疲，这还不够，他们还攻击我的妻子、儿子，甚至不放过我家的小狗法拉……对我家小狗所遭受的诽谤言辞，想必我有权表示愤怒和反对！”

杜威怒火中烧，总统的话正好刺中了他。从那时起，便有人说，总统竞选成为“罗斯福的狗与杜威的羊”之间的较量。似乎罗斯福竞选的每一步都比上一步走得更艰难，总统的政治手段好像被一种隐形而邪恶的力量压制。这种痛苦愈加强烈，双方都不好受。西德尼 · 希尔曼成为共和党的攻击目标，他是美国产业工会联合会（简称“产联”）政治活动委员会的负责人，正组织工人们给罗斯福投票。当时，杜鲁门将代表民主党参选的消息四起，罗斯福说：“去找西德尼求证。”于是，美国大大小小的广告牌上写满了“去找西德尼求证”、“西德尼 · 希尔曼和厄尔 · 白劳德的共产主义分子都登记了，你呢”。在选举的最后几个星期里，杜威反复提到共产主义的问题，要是放在10年以后，这种指控会让政治家们胆寒，但这是在1944年，苏联是美国反法西斯的盟友，这就不一定那么有效了。

幸运之神偏爱共和党。现已晋升为少将的时任征兵局长路易斯 · 赫尔希公开发表不当言论，说让士兵继续留在军队里，或者遣散部队再成立一个机构管理退伍军人也好，花费都差不多。赫尔希将军的名字本书会再次提及，他的蠢话使得后来好几任总统尴尬不已。在这种情况下，罗斯福立即制止了他。史汀生受总统之命让他闭嘴了。另外，史汀生还澄清道，政府正准备快速复员。无论如何，一名满嘴跑火车的将军还没本事把杜威送进白宫。不管是对小狗法拉还是对西德尼的诋毁，杜威只需要一个能引起热议的话题，而罗斯福却把它们挨个扼杀在了萌芽状态。

罗斯福在芝加哥军人球场内，站在他的车上发表演讲，体育场里有 10 万人，还有 10 万人站在外面听他演讲。总统说这是他竞选生涯中经历过最怪异的一次竞选：共和党一边贬斥民主党的无能，一边又称民主党通过的法律政策。他们高呼“好争吵的疲惫老人”建立了世界上最强大的海陆联军，这一事实无可辩驳，但又说“所以，现在是该改变的时候了”。罗斯福说：“实际上，他们还说，那些江郎才尽的狂想家果真开始为建立持久和平的世界打基础。如果你选了我们，我们对此不会做任何改变，但他们又低语道：‘我们这样做才能不失去民意，甚至得到杰拉尔德 · 奈和杰拉尔德 · 史密斯的支持，我们不会失去任何孤立派竞选资助者的支持。为什么？因为我们甚至能让《芝加哥论坛报》满意！’”

对手掌握了一个重要把柄：罗斯福的身体状况。如果所有医学证据被公之于众，引起广泛讨论，那么选举结果也许会完全不同。但这在当时是绝对不可能的，因为没人知道总统的身体状况究竟怎么样，包括总统自己和他的私人医生。而且，倘若公开讨论这种问题，不可避免地会受到各种指责。反对罗斯福的报社疯狂谴责他，可以说到了丧心病狂的地步。“别那么拘谨”成为《纽约太阳报》10 月的头版社论：“是惯例而非宪法，抹杀了人们公开谈论副总统战胜总统的可能性，美国历史上已有 6 位总统在任期内去世。”《纽约每日新闻》每期都会提及，富兰克林 · 罗斯福已经 62 岁高龄，而托马斯 · 杜威才 42 岁。《时代周刊》说：“62 岁的富兰克林 · 罗斯福的的确确是一位老人了。”

罗斯福的私人医生——麦金太尔医生代表白宫对总统的健康问题做出回应，他本人对此负重责。他像总统的大多数私人医生一样，有海军中将的军衔，是一名优秀的眼科和耳鼻喉科医生，成功治愈了罗斯福的鼻窦炎。对于罗斯福的健康问题，麦金太尔医生对媒体说：

……体重和以前相比下降了八九磅。老实说，我希望他能增重几磅。在去魁北克之前，他就不再游泳，但是现在他将重新开始游泳。他是一个游泳健将，游泳对他来说也是一个很好的锻炼方式。水的浮力可以让他的腿活动，这是其他任何运动都达不到的效果。他的器官没有任何问题，完全健康。他每天的工作量都很大，但是他完全可以负担，这是非常惊人的。传言说他健康问题堪忧，大选期间出现这种传言不难理解，但是这些都不是真的。

医生认为解释过后，这种传言可以平息，但罗斯福并不满意。或许是因为自己患有麻痹症，总统对关于他身体状况的传言高度敏感。为了证明医生没有半点儿虚言，他甚至宁愿选择忍受身体上的折磨。第一次瓦解谣言的机会是纽约的一次竞选活动，他要带领车队从布鲁克林的艾必斯野场穿越皇后区到布朗克斯区，然后再去哈莱姆区和曼哈顿中心，经百老汇大街到炮台公园，全程长达 4 个小时，途经 50 英里。那天下着大雨，一场连绵不断、冰冷刺骨的秋雨，让所有人湿透衣衫，痛苦不已。这样站在车上淋雨穿行，简直是疯了，然而此时罗斯福并未考虑结束，甚至未考虑过缩短行程。他只是短暂地停了两次，一是在布鲁克林的海岸警备队车库，二是在其妻子位于华盛顿广场的公寓，他擦了擦身，换了套干衣服。其余时间，他都站在车上微笑，挥舞着他的软呢帽，那场景的确让人心疼。

妻子埃莉诺坐在后面的美国特勤局的车里，心痛不已。她淋不着雨，因为这辆车上有帆布顶棚，而总统的车上也有，她原以为丈夫起码会撑起帕卡德车的顶棚挡雨。同样十分担心的还有拉瓜迪亚和瓦格纳，他们两人坐在罗斯福前面的活动座椅上，浑身都湿透了。倾盆大雨越下越大，总统的披风湿得仿佛镀了一层银。比起上一次选举，他的头发又稀疏花白了许多，现在全都湿淋淋地贴在头皮上，他的夹鼻眼镜也起雾了，几乎什么也看不见。成千上万的美国人民为了有幸一睹这个全美最有名的微笑，有伞的撑伞，没伞的就顶着湿淋淋的报纸，在大雨里哆嗦着等待罗斯福的车队。而他宁愿咬紧牙关坚持行完全程，也要让全美人民看到他的微笑。6 天后，他又在费城巡演，同样冒着冷雨在敞篷里，一站就是好几个钟头。从那以后，所有报社记者都说罗斯福简直就是活力的象征，连反对罗斯福的报社记者都大为惊叹。

11 月 7 日，罗斯福照常和埃莉诺出现在位于海德公园的投票点。他告诉主持官员他是“种树的”，又庄严地确认自己是第 251 号选民，而后被带到投票机前。这是他第一次投票，他不知该如何操作，只听帘幕后传来拍打机器的声音，他喃喃自语：“这该死的家伙不管用！”后来有人指点了他一下，他便顺利克服了选举那天唯一的困难。目前，即使暂时不算国内的军人票数（他们是罗斯福的强烈支持者），罗斯福也赢得了选票总数的 54%。选举人票数结果是罗斯福 432 票、杜威 99 票。阿肯色州的傅尔布莱特和康涅狄格州的麦克马洪沾他的光成为参议员，海伦 · 加哈根 · 道格拉斯和亚当 · 克莱顿 · 鲍威尔也进入了众议院。汉姆 · 菲什和杰拉尔德 · 奈都被打败了，尽管约翰 · L · 刘易斯在各矿区支持杜威，民主党还是拿下了这些区的选票。罗斯福兴奋不已，不断告诉选民这次选举不仅是总统的选举，也是对美国是否将加入联合国的投票。这一问题曾如魔鬼般困扰着伍德罗 · 威尔逊，直到其去世也未可知，现在终于得到了解决。

竞选虽然胜利，但总统仍然对竞选中遭受的种种卑劣手段耿耿于怀。他曾说过，杜威给对手扣赤色分子的帽子，这种行为“十分无耻”。凌晨 3 点，共和党宣布竞选失败，当时总统还在纽约，他坐着轮椅到卧室去休息时，对身边的哈西特说“我仍然认为他就是个狗娘养的”。当然，这种话总统不会在公开场合说。从一切表面迹象看来，美国平稳渡过了战时的选举难关，选举过程也没有留下伤痕。

但是……

如果罗斯福在演说中提到他的宠物狗法拉，使杜威颇为恼火。那么，杜威嘲讽罗斯福年老体弱，暗示罗斯福的身体状况无法胜任总统一职，不仅让罗斯福很心痛，而且这种感觉久久不能消退。每次在公开场合露面，他总要刻意表现得生气勃勃、精神饱满。当年，他回到首都华盛顿，就像恺撒大帝凯旋一样，华盛顿又下着瓢泼大雨。说来奇怪，不管他到哪个城市，那里总是会下雨。10 年前，罗斯福每次访问都能带来倾盆大雨，农民们对此雀跃欢呼，而他的部下们也认为罗斯福就是有这样的好运气。但现在，对于像他这般年纪的人，雨水就算不上好运了，甚至可能是危险的。总统叫人们不用担心，并命令把帕卡德汽车的篷顶放下来。到了联邦广场，3 万人被浇得湿淋淋，站在那里等着看他。他坐在杜鲁门和华莱士之间，拿天气开玩笑。接着他的轿车缓慢地沿着宾夕法尼亚大道行驶，公路两旁 30 万华盛顿居民夹道欢呼。罗斯福（包括杜鲁门和华莱士）浑身都被雨水浸透了，但到了白宫，他还是容光焕发，甚至可以说是兴高采烈，好像从没有像现在这样健康过。

但是……但是……

有一段时间，亲近罗斯福的人都十分担心他的身体健康。那年 10 月,《时代周刊》报道鼻窦炎是“最令罗斯福不得安宁的健康问题”。其实情况要严重得多，他的整个心血管系统都令人担忧，而在这方面，麦金太尔医生没有经过专业的训练。早在 1937 年，总统就被诊断为患有收缩期高血压，更严重的是，4 年后又患了舒张期高血压。

尽管麦金太尔的这位病人锻炼越来越少，担心的事务越来越多，麦金太尔医生仍然表现得非常乐观。罗斯福并非公众想的那样健壮，那只是医生做出来的假象。早在 1943 年，他就两次被重病折磨：一次流感和一次莫名其妙的感冒（他自己说是北非之行引起的）。从德黑兰回来后，他又感冒了一次，晚上还会头痛。他即使前夜睡一个好觉，工作到上午仍会疲惫不堪，有时还会说着说着就睡过去了。有一次他正在签字，不知不觉就睡着了，钢笔掉在纸上，弄脏了文件。女儿安娜和秘书格雷斯·塔利都被吓坏了，赶紧私下找麦金太尔医生说明情况。医生说他也同样担心，并建议总统去医院做一次体检，但一想到要让自己那个顽固的病人面对如此严重的情况，又似乎十分害怕。最后，安娜把事情告诉了母亲，埃莉诺则轻描淡写地告诉罗斯福，他需要去贝蒂斯海军医院体检。1944 年 3 月 27 日，他乖乖来到医院，这次为他做检查的可不只是一个医生，而是整个医学专家的团队。

其中一人是海军少校霍华德·G·布鲁恩，心脏病主治医师、贝塞斯达医院心电图仪部主任。布鲁恩对罗斯福的状况非常震惊：总统发着烧，还受支气管炎的折磨，已经耗尽精力。更糟糕的是，他的心脏扩张，四周血管膨胀起来，血压也高出警戒线。在检查报告中，布鲁恩指出罗斯福患有高血压、高血压性心脏病和心力衰竭，其他医生也一致同意。他们建议罗斯福好好休息，他也谨遵医嘱，前往伯纳德·巴鲁克在南卡罗来纳州的种植园修养。他之前每天要抽二三十支烟，现在减到了五六支，晚餐前的鸡尾酒也减量到一杯半了（睡前也不再喝）。他在给霍普金斯的信中写道，他对假期非常满意，晚上能睡 12 个小时，白天就在园里晒太阳，他在渐渐控制自己的脾气，还说“让我忘记其他所有的事儿吧”。秘书露西·拉瑟弗德经常去看望他。

作为一个病人，他好奇心并不强，从来不问他吃的那些绿色药丸是干什么用的，其实那是洋地黄。布鲁恩少校和贝蒂斯海军医院的医生们本可以向罗斯福解释他的情况，但在医学院没人学过怎样告知美国总统他已病入膏肓。而且，他们军衔不够，这在战争时期是非常重要的。因此，关于病情的所有图表资料都移交给了海军中将麦金太尔。贝蒂斯海军医院的医生们以为麦金太尔会把病情转告罗斯福，但没有任何迹象表明他这样做过。离开南卡罗来纳的日子，总统从未像病人一样休养过——那年，他出行里程达50万英里，指挥了两场战事，还准备再次竞选。同时他还要监督（战争）后方工作，处理总统桌上大大小小的国事。1944年，他的工作日程表上包括：接管芝加哥的蒙哥马利·沃德公司、起草美国大兵权利法案、劝说参议院民主党领袖阿尔本·巴克利收回辞呈、批准按照田纳西河流域管理局模式成立一个密苏里河流域管理局、劝说史汀生部长不要退休、提出史无前例的巨额预算案、在纽约市长竞选期间到纽约市发表演说、研究保险公司延期偿付权问题、签署一个战后科学研究项目、跟有关核裂变的秘密工厂中的劳资双方进行秘密协商、对一名海军陆战队队员击毙一头受伤的小牛的军事法庭判决进行复审，还要从马歇尔和艾森豪威尔中选择一人指挥欧洲登陆战。这些事要总统亲自处理还算合情合理，但极不合理的是，只有总统才能说服海军部与陆军部共用五角大楼（海军将领想要属于自己的大楼），也只有总统能决定是否取消海军和陆军的娱乐比赛。史汀生事后说："仅凭一己之力不可能完成所有的事情，事必躬亲的富兰克林·罗斯福害死了自己。"

白宫的来访者都看见了总统脸色有多糟糕。7月，詹姆斯·罗斯福见证了预言成真的那一刻。就在海军陆战队于加利福尼亚州海岸开始准备演习之前，儿子詹姆斯在"费迪南·麦哲伦"号陪着父亲。

突然罗斯福面无血色、疼痛难忍，闭着眼睛挣扎着说："吉米（詹姆斯的昵称），我不知道我是否能扛过去了，实在是太痛了。"儿子想把这次父亲的公开露面取消，但罗斯福很快恢复了过来，否决了儿子的提议。我们无法知道这次病痛的原因，因为没有报告给布鲁恩医生。但第二次发病，正发生在公众的视野中。总统离开加利福尼亚州，来到西雅图演讲。特勤局人员建议他去附近的一艘驱逐舰上演讲，可以以大炮为背景。总统喜欢这个想法。一切准备就绪，但演讲刚一开始，他就发病了。当时没有人注意到，他承受着心绞痛的折磨，胸腔持续剧痛 15 分钟，全身都痛感强烈。难以置信的是，他居然还可以站得住，甲板是倾斜的，支架本就不稳固，还要演讲。

只有罗斯福本人知道当时的疼痛，而站在罗斯福背后的布鲁恩，丝毫没有意识到有什么不对劲的地方，直到很久以后才得到罗斯福心脏病发。至于现场民众，只是为听了一场有史以来最差劲的演讲而感到沮丧。那次演说，罗斯福咬字不清、毫无生气，有时候甚至听不到他在说什么。演讲内容毫无章法，也没有任何道理可言。人们听不出是罗斯福在讲话。萨姆 · 罗森曼听着广播，双拳紧握为他着急。总统已病入膏肓的消息传播开来。不幸的是，一张罗斯福呆滞懈怠、面容枯槁、脸色惨白的照片更残酷地印证了这一消息。美国特勤局的麦克 · 莱利告诉罗斯福，一些记者坚持认为罗斯福是在住院而不在南卡罗来纳州。罗斯福坚定地说："麦克，这些记者就是一群该死的食尸鬼。"

罗斯福的反应可以理解，但又稍显唐突。有时候，在一个重要人物行将去世的时候，新闻界有责任加以密切注视，这次就是这样的情况。长期以来，由于记者对罗斯福非常敬爱，所以很少报道他的外表如何。那位拍摄罗斯福这张可怕照片的摄影记者，已遭到同行们的排斥。然而，总统的内阁成员和老朋友们却直白得多。多年来的工作压力已经使罗斯福苦不堪言，现在似乎要一下子爆发出来。一位观察员写道：仅仅在一个星期里，总统仿佛“从壮年步入了老年”。劳工部长弗朗西斯·珀金斯对于有关罗斯福（和她自己）的流言从来都置之不理，更不相信关于罗斯福健康日益恶化的一切传言。但是在罗斯福第4次就职典礼之前召开的内阁会议上，她着实大吃一惊。他两眼呆滞，看上去就好像挨了一拳似的，脸色苍白、面容憔悴。他穿的衣服似乎大了一号，两手颤抖，嘴唇发青，似乎不得不用手托住他的头。迪安·艾奇逊在他的回忆录中写道：“总统的样子使我们都大吃一惊。他消瘦、憔悴，两眼下陷，眼眶发黑。只有他得意地拿起那个烟嘴的动作，和他漠视困难、轻松愉快的态度，才使人想起当年的罗斯福。”第二天，约翰·甘瑟看见罗斯福后写道：“我看见他的样子就感到很震惊。我确信他时日不多了。皮肤已经毫无光彩，就像在发暗电灯泡上面的羊皮纸灯罩一样。他变了形的面庞使我久久难以释怀。他的脸色灰暗，憔悴且松垂，嘴唇的肌肉似乎已经有点儿不受控了。”甘瑟又写道，他已经筋疲力尽，“连简单问题都难以回答，胡话连篇”。

两个星期后，在克里米亚举行的雅尔塔会议上，安东尼·艾登发现罗斯福在晚上的初次见面时迷迷糊糊的，精神状态不好。丘吉尔的医生莫兰爵士只看了罗斯福一眼，便认定他的时日已不多。他们的这种印象，和华盛顿方面对罗斯福健康情况的印象凑在一起，就使人们后来形成一种论调：罗斯福这个“雅尔塔会议上的病人”，被狡猾险诈的苏联人骗了；他的亲友们让他竞选第4任总统，不仅对不起他，也对不起美国。按照共和党20世纪50年代的说法，雅尔塔会议“出卖”了美国的国家利益。

但是还有一些疑问无法解答。首先，这里有个假设，就是有人可以说服罗斯福放弃竞选。1940 年的竞选，埃莉诺就曾再三劝他放弃，但他没有同意。其次，他的病情变化无常。可能今天布鲁恩医生的检验结果说明总统已病危，明天他又显得精力充沛。布鲁恩在他的检查结果与病人的实际病情之间，找不出任何变化规律。显然，他在大雨中的那次竞选活动消耗了他大量精力，在那之后，他脸色不再红润，常常食欲不振。但他的血压却有所下降（到 210/112），肺部也没有炎症，而且一切迹象表明连他的心脏也非常健康。他在布雷默顿离开驱逐舰的甲板后，就把心绞痛的情况告诉了布鲁恩。一小时内，布鲁恩就测量了罗斯福的血细胞数值并做了心电图。结果显示，一切正常。

罗斯福总统在关键时刻振作精神的能力让人不可思议。艾伦 · 哲瑞当时是合众社的记者，参加了一年一度的白宫记者宴会，当看到罗斯福坐着轮椅进入会场时，哲瑞感觉罗斯福健康状况很不好，整个人显得老态龙钟。但是在总统退场之前，他仍然“像从前一样回应记者们的欢呼，因此我们最后看到的富兰克林 · 罗斯福，还是头往上一仰，顿时笑容满面，举起手向大家致意，一举一动和过去的他没什么区别”。1944 年 9 月 25 日，在华盛顿新竣工的斯塔特勒酒店，罗斯福给工会领袖和民主党党员发表演说。罗森曼和总统的女儿怀着紧张的心情很早就来到现场。那天早上，罗斯福的健康状况很差。安娜细声问罗森曼：“爸爸能坚持下来吗？如果他讲得不好，那这场活动效果会很糟糕。”听众也很紧张，因为大家都听说罗斯福病得很重，他在加利福尼亚州颤颤巍巍的样子被拍到的那张照片，民众都看到了；在驱逐舰上无精打采的那段演讲，民众也听到了。罗斯福坐着开始发言，头几个字听起来有点儿奇怪，按照伯恩斯的说法，“仿佛总统只是在动嘴巴，却没发出声音”。但是后来，他恢复过来，发表了斗志昂扬的演说，简洁明快，声音洪亮，就像他第一次就职演讲时一样。

在雅尔塔会议上，罗斯福的随行人员（哈里曼、伯恩斯、海军上将威廉 · D · 莱希、爱德华 · 斯退丁纽斯）都认为他能精明而有效地维护美国利益。在会议初期阶段，罗斯福夜间经常咳嗽，但布鲁恩为其检查时还是显示肺部状况良好，心脏和血压也正常。2 月 8 日（跟斯大林在波兰问题上争吵以后），罗斯福的血压出现异常。医生为此担心起来，于是调整了罗斯福接下来两天的治疗方案和日程安排，但之后这些病状又消失了。这时，艾登对罗斯福的看法也发生了变化，他觉得自己对罗斯福的第一印象必然是错误无疑的。在艾登看来，尽管罗斯福面色不好、体重下降，但他在谈判中展现出的精明果断非同寻常。他不但在工作强度上和丘吉尔保持一致，而且还能找出时间，和斯大林举行小型会议，就美苏在亚洲的角色问题进行会谈。

毫无疑问，雅尔塔会议加速了总统的死亡。1944 年，他与一个强硬的共和党对手竞选，并且要保持旺盛的精力，担任三军总司令，指挥战事。这两个因素同样也加速了他的死亡。人们将来会怀念雅尔塔会议，因为总统在那里做出了巨大的牺牲。此外，他再没牺牲过其他。

剪影：国内战线

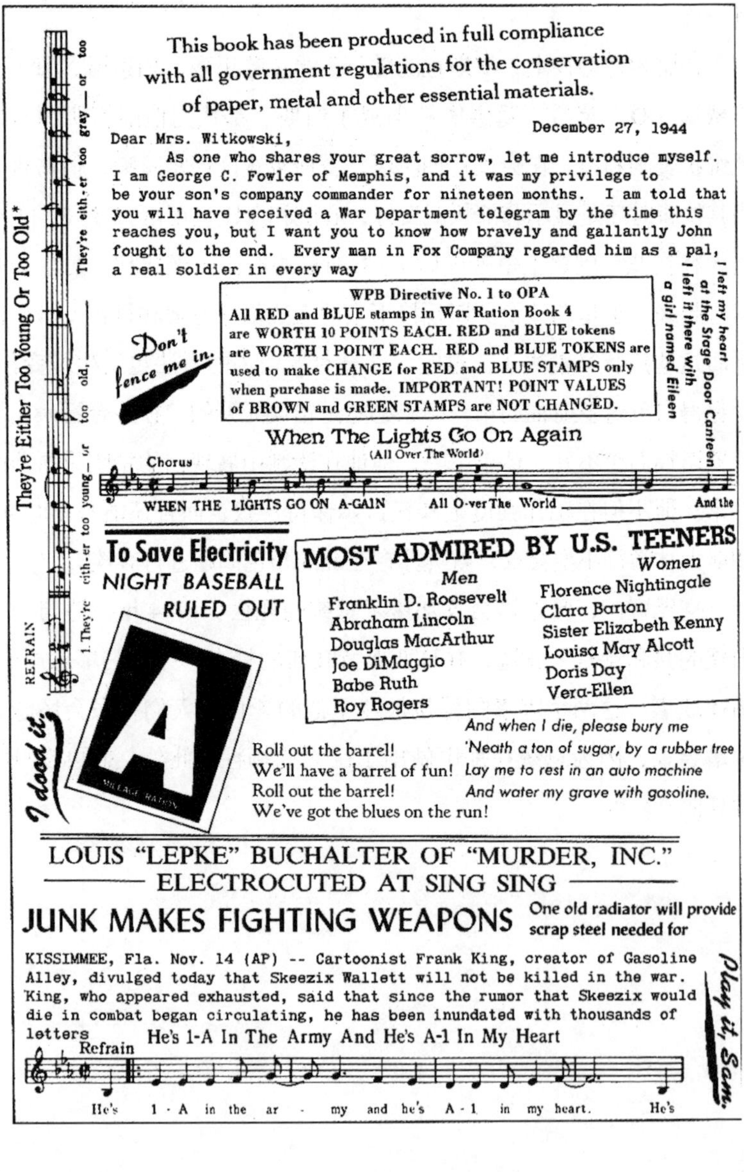

This book has been produced in full compliance with all government regulations for the conservation of paper, metal and other essential materials.

December 27, 1944

Dear Mrs. Witkowski,

As one who shares your great sorrow, let me introduce myself. I am George C. Fowler of Memphis, and it was my privilege to be your son's company commander for nineteen months. I am told that you will have received a War Department telegram by the time this reaches you, but I want you to know how bravely and gallantly John fought to the end. Every man in Fox Company regarded him as a pal, a real soldier in every way

They're Either Too Young Or Too Old*

REFRAIN

1. They're eith-er too young — or too old, ___ They're eith-er too grey — or too

Don't fence me in.

WPB Directive No. 1 to OPA

All RED and BLUE stamps in War Ration Book 4 are WORTH 10 POINTS EACH. RED and BLUE tokens are WORTH 1 POINT EACH. RED and BLUE TOKENS are used to make CHANGE for RED and BLUE STAMPS only when purchase is made. IMPORTANT! POINT VALUES of BROWN and GREEN STAMPS are NOT CHANGED.

I left my heart at the Stage Door Canteen
I left it there with a girl named Eileen

When The Lights Go On Again
(All Over The World)

Chorus

WHEN THE LIGHTS GO ON A-GAIN All O-ver The World ___ And the

To Save Electricity
NIGHT BASEBALL
RULED OUT

MOST ADMIRED BY U.S. TEENERS

Men	Women
Franklin D. Roosevelt	Florence Nightingale
Abraham Lincoln	Clara Barton
Douglas MacArthur	Sister Elizabeth Kenny
Joe DiMaggio	Louisa May Alcott
Babe Ruth	Doris Day
Roy Rogers	Vera-Ellen

A
VILLAGE RATION

I dood it!

Roll out the barrel!
We'll have a barrel of fun!
Roll out the barrel!
We've got the blues on the run!

And when I die, please bury me
'Neath a ton of sugar, by a rubber tree
Lay me to rest in an auto machine
And water my grave with gasoline.

LOUIS "LEPKE" BUCHALTER OF "MURDER, INC."
ELECTROCUTED AT SING SING

JUNK MAKES FIGHTING WEAPONS

One old radiator will provide scrap steel needed for

KISSIMMEE, Fla. Nov. 14 (AP) -- Cartoonist Frank King, creator of Gasoline Alley, divulged today that Skeezix Wallett will not be killed in the war. King, who appeared exhausted, said that since the rumor that Skeezix would die in combat began circulating, he has been inundated with thousands of letters

He's 1-A In The Army And He's A-1 In My Heart

Refrain

He's 1 - A in the ar - my and he's A - 1 in my heart. He's

Play it, Sam.

第十一章　小院丁香花开时①

1943年，美军登陆意大利。从那以后，美国大兵始终在意大利蒙特卡西诺山山脚下的泥地里摸爬滚打，渴望天气转暖，并希望尽快打开突破口。新的一年没有带来什么改观。德军依然占据意大利国土面积的2/3，其中包括罗马。1944年1月22日，盟军试图派出一支两栖部队在安奇奥登陆，迂回到敌军后方，从侧翼包抄敌军防线，但指挥部队的美国将军却软弱无能。他没有在突袭后乘胜追击，而是在海滩上就地驻扎，观察情况，直至德军元帅凯瑟林率军将他们围困于海滩。安奇奥成了血淋淋的陷阱，盟军无法摆脱德军的进攻，进退不得。他们被困滩头阵地4个多月，伤亡人数不断攀升。盟军没有取得

---

①　本章章名出自美国诗人沃尔特·惠特曼的《小院丁香花开时》。原诗是悼念林肯的挽诗。——编者注

任何进展，只得充当德国狙击手的活靶子。一名记者写道："那里的盟军就像原始人一般，挥舞木棒或许比用机关枪更像样。常人无法想象他们在寒冬经历了怎样的痛苦。"

春天来了，连绵降雨导致的山洪冲垮了贝利桥。冬天路面上的车辙冻得如钢铁一般坚硬，现在又变得泥泞难行。毫无意义的围攻仍在继续。在意大利之足部分的亚平宁山脉东西两侧，盟军部队展开攻坚战，来自美国的第五集团军和来自英国的第八集团军伤亡惨重，血流成河。他们最多只能拖住德国几个师团，消耗他们的实力，使其无法支援希特勒的大西洋壁垒——这一壁垒马上就要受到跨海峡打击以测试其军力，但双方都在消耗自己的实力。更糟的是，进攻方往往要比防守方付出更大代价。盟军伤亡持续增加，士气随之下降。盟军内部的摩擦渐渐增加，这是个危险的信号。除了被反法西斯的意大利人软禁的墨索里尼，马克·克拉克中将要算意大利半岛上最不受欢迎的人。他把轰炸蒙特卡西诺山的罪责归咎于伯纳德·弗赖伯格将军，而这位将军是新西兰人心中的英雄。他这样的行为很不体面，无非就是推卸责任，而且在当时看来，轰炸是必要的军事行动。

安奇奥的盟军部队急需支援。盟军高级将领们只能想到一种解救被围困盟军的方法：大举进攻罗马。1944 年 6 月 4 日晚上 7 点半，克拉克充当先锋，率领美军第五集团军几个分队开进永恒之城的中心——威尼斯广场。人们用鲜花、掌声和亲吻欢迎征服者，还给他们送上了多到拿不了的基安蒂酒。任何士兵都会陶醉于这样的时刻，但克拉克不知道适可而止。第二天早晨，克拉克召集部队指挥官们开会，他们到齐之后才发现克拉克叫他们来是充当新闻发布会背景的。克拉克摆出各种英武的造型以满足摄影师的需求。他的下属们，有美国人，也有盟军其他国家的军官，则尴尬地深感汗颜，甚至一些战地记者都羞红了脸。克拉克却没有注意到他们的不自在，甚至还决定发表简短的演说。“今天，”他说道，“是第五集团军取得胜利的日子。”

记者们目瞪口呆。愤怒的英国记者互相嘀咕，“第五集团军的胜利，那第八集团军呢？”第八集团军可是一路从开罗打过来的啊！还有波兰人的部队呢？其他国家的部队呢？除了这些，埃里克·塞瓦赖德还在想，对希特勒的胜利难道不是欧洲所有受奴役人民的胜利吗？难道不是受纳粹屠杀的犹太人的胜利吗？难道不是全世界为战争献出生命和仍在遭受战争折磨的人民的胜利吗？但克拉克不管这些。他只想让摄影师和记者们拿到所需的照片，并为他们腾出通信电缆，以确保第二天早上有关他的新闻能顺利送达编辑手中。新闻稿如期而至，但克拉克想上报纸的愿望却落了个空，因为第二天是 1944 年 6 月 6 日，诺曼底登陆日。

索斯威克庄园是一座富丽堂皇的英格兰豪宅，坐落于朴次茅斯造船厂正北方。庄园附近的榛树林里有一辆破旧的拖车，里面有两件不同寻常的摆设：一部红色电话，用来与华盛顿进行加密通话；一部绿色电话，是直通唐宁街 10 号的专线。正是通过这里，英美两国策划了史上最大规模的两栖攻击。在一个狂风四起的日子里，已升任四星上将的德怀特·艾森豪威尔将军草拟了两封电报。第一封如今已为人熟知（“你们马上就要踏上征程，参加一场伟大的圣战”），如果他的部队登上诺曼底海岸，并且建立据点，就会发送这条信息以示庆祝。如果登陆不利，敦刻尔克事件重演，那将播送以下消息：

我军在瑟堡–阿弗尔地区登陆，但没能开辟据点。我要求撤回部队。基于现有信息，我决定在此时登陆攻击此地。陆海空

所有参战部队英勇作战、恪尽职守，完成了自己的使命。这次行动失败的责任将由我一人承担。

历史事件发生很长一段时间以后，人们会觉得其本身具有一定的必然性。一想到诺曼底登陆，我们就会认为在法国的德国军队毫无胜算，艾森豪威尔拥有庞大的军队和源源不断的补给。海峡上又有英美联合舰队护航，空中有战机掩护，这场战争已经胜券在握。甚至了解当时情况的人事后也是这种想法。蒙哥马利后来写道："这场战役完全是按照计划进行的。"但实际情况则并非如此。

人们认为当天的风浪对盟军不利，影响了登陆行动。其实这是上天的眷顾。因为天气恶劣，登陆行动开始时，德军几名重要将领不在指挥部——希特勒手下最具天赋的将领隆美尔当天休假，在乌尔姆为妻子庆祝生日。虽然德国有 10 支高机动性的装甲部队可以将入侵者赶回英吉利海峡，但诺曼底登陆日当天，只有一支部队参与了战斗。即使这样，这支部队也在卡昂攻破了英军的防线，将英军赶至海滩。但他们毕竟数量太小，著名军事战略家李德哈特在书中写道：如果有三支装甲部队投入诺曼底战役，"盟军据点将被拔除，他们根本无法联结、整合"。

隆美尔如果不是如此称职的丈夫，就有可能留在法国，盟军也就有可能被击溃。当然，隆美尔元帅首先要将战场情况电话告知希特勒，但元首已经认定必须把跨过英吉利海峡的敌军抵挡在海滩以外。他相信这样就能阻止罗斯福再次当选总统，而罗斯福即使"幸运"的话，也只能在监狱中度过余生。有趣的是，希特勒的直觉告诉他，登陆可能发生在诺曼底。但他听从了顾问的建议，改变了自己的主意。"加来，"他说，"盟军主力将在加来附近登陆，诺曼底只是个幌子。"

这对于艾森豪威尔来说是最幸运的消息。他的部队所面临的任务已够艰巨。此前一年，德国一直在海岸布雷，将反坦克三脚架植于地表内，修筑墙体厚达 6 英尺的混凝土碉堡，加固水泥隧道，将军事障碍物编织起来，形成自然防御网。纳粹使用苦役完成此项工作。一开始，英军在计划时间内攻占了朱诺滩和斯沃德滩，而美军付出惨重代价才夺取了奥马哈滩和犹他滩。接着，士兵们向内陆挺进，途中遇到诺曼底的灌木丛，这里本是负隅顽抗者的理想之地。

大西洋彼岸的美国，1 亿美国人守在收音机旁边，等待法国传来的最新消息，富兰克林 · 罗斯福也是其中之一。总统始终关注这一庞大准备工作的每一个细节。他知道登陆船只在密歇根湖制造，沿伊利诺伊河和密西西比河出海，向东航行到英国港口装载美国大兵。每日简报使他了解登陆舰（登陆船和坦克）在加利福尼亚州的建造情况，以及这种船只如何带着坦克、推土机和卡车试航。艾克（艾森豪威尔的昵称）推迟登陆日期，军事气象学家伤透脑筋却又无法准确预报天气，这些罗斯福都随时了解。还有人向他汇报艾森豪威尔将军如何在拖车外的煤渣路上徘徊踱步，手中揉搓着进攻北非和西西里时的幸运币。盟国远征军最高统帅部发来信息，艾森豪威尔用沙哑的声音说："我确定我们必须下令……我虽然不喜欢这样，但必须要这样做了……"而后，他用右拳击打左手掌，说："好吧，我们行动。"

随着艾森豪威尔一声令下，欧洲反攻希特勒的大幕拉开。爱德华 · 默罗，一个不喜欢异想天开的人，看着开往法国的轰炸机群带着轰鸣声从头顶飞过，脑海里回响起《共和国战歌》的旋律。总司令离战场较远，他在做的也是唯一能做的就是祈祷。那个周末，他在军事副官"伯伯"沃森位于夏洛特维尔的家里重读《公祷书》，为登陆日寻找祈祷文。6 月 6 日星期二晚，他通过广播带领全国人民共同祈祷。"我们的儿女，国家的骄傲……为他们指引出路吧，”他说道，“让他们的四肢充满力量，内心坚定不移，信念矢志不渝。他们需要你的祝福。他们前进的道路漫长而艰辛。敌人很强大，他们会阻挡我们部队的前进。成功不能一蹴而就，但我们会一次又一次地发动进攻。”然后，他乞求像他一样在国内观战的人能得到指引：“给我们信心，让我们相信你的存在，相信我们的子女，相信彼此，相信联合进攻能取得胜利……”

与此同时，决战在诺曼底的树篱间和罂粟花丛中展开。经过 11 天的激战，布雷德利报告了他的部队的首批伤亡情况：阵亡 3 283 人、受伤 12 600 人。他的战果并不明显，但伦敦要求战绩又有了新理由。6 月 14 日，韦纳·冯·布劳恩教授[①]开始用V–1 导弹袭击伦敦，从纳粹在法国和比利时建立的发射点发射，造成大规模的平民伤亡。盟军需要一场胜利，将军们需要一个大型港口，所有人都想结束桥头堡战役。瑟堡港直到星期二才被攻克，而德国人已想尽办法把这个港口破坏无遗。他们推倒了防波堤，摧毁了吊车，在各个码头遍布水雷和诡雷。直到 8 月，陆军工程师们才将这里清理干净。目前，远征军只能依靠代号“桑葚”的人工港运输物资。他们将人工港带到阿罗芒什，在那里抛锚组装。

尽管如此，补给从未中断。7 月 4 日，艾森豪威尔向华盛顿报告第 100 万名士兵在法国登陆，另外还有 566 648 吨物资，以及 171 532 辆车。此外，桥头堡战役最后也成为对盟军有利的事件。激烈的战斗将西线德军的大部分兵力都吸引到科唐坦半岛。德军为了堵住防线上的缺口，装甲部队分兵作战，结果被各个击破，让纳粹失去了机动能力，这导致纳粹在以后的战役中处于被动局面。在法国开阔的内陆地

① 1955 年，韦纳·冯·布劳恩加入美国国籍，成为航天项目领导者之一。15 所美国大专院校授予他荣誉学位。

区作战，纳粹最需要的就是机动性。同时，希特勒下令寸土不让，束缚了军队指挥官们的手脚，让他们无法做出战术撤退。7 月 9 日，英军攻占卡昂。7 月 25 日，美军攻占诺曼底与布列塔尼地区之间的交通枢纽圣洛。这时，巴顿将军亲自指挥部队一路猛攻。7 月 25 日，他率领强大的装甲部队奔袭阿夫朗什，冲进布列塔尼地区。8 月 10 日，他切断了布列塔尼地区与外界的联系。比维布鲁克勋爵的伦敦《每日快报》说："美国人证明了自己能征善战，位列各国部队之首。"

8 月 25 日星期五，勒克莱尔将军的自由法国吉普车队进入巴黎城郊。星期六，戴高乐以胜利者的姿态进入巴黎。大西洋彼岸的美国，莉丽 · 庞斯穿着美国劳军联合组织的制服，在曼哈顿洛克菲勒广场高唱《马赛曲》。那是激动人心的时刻，但在巴黎的观察员发现，巴黎的解放比他们想象的复杂。戴高乐的支持者和在法国内地军的地下分子有一个黑名单，上面记录了 70 万名叛国者的姓名。同德国人睡过觉的法国妇女必须自首，然后还要把头发剃光。但许多叛国者逃过了审判，或是花钱买到了自由。巴黎让一些美国人不安，它根本不像一座受奴役的城市。同伦敦相比，那里可谓一片繁荣。大街上衣着华丽的女子数量之多，让爱德华 · 默罗感到惊讶。战争期间，法国不仅纺织业欣欣向荣，还研发出了第一套电视信号发射机和电视机。莫利纽克斯、浪凡、斯奇培尔莉等著名服装店依然照常营业，顾客们还能买到花冠裙和宽袖衣服，当时美国和英国妇女受到布料配给政策的影响，早已无法穿着这样的衣服。一位巴黎服装设计师同美国记者谈到解放时，叹了一口气并两手一摊道："解放搞得我没法做生意，我的顾客都被关进集中营去了，因为他们为维希政府服务。"

伦敦面临的险境比巴黎更加严峻。9 月 8 日，经过 1 843 个漫漫长夜，英国首都重新在夜间点亮灯火，8 岁的朱莉 · 安德鲁斯自打记事以来，第一次看到闪烁着灯光的城市。但灯光没有持续多久。当晚，冯 · 布劳恩开始向英国发射V–2 导弹，英国人称这种导弹为“鲍勃 · 霍普弹（Bob Hopes）”——找角落低头隐蔽并祈祷不要被导弹击中，同时再次进行灯火管制，这似乎合情合理。几星期来，在法国的部队和在英国的平民都奔走相告，战争就要结束了。被打得支离破碎的德军看起来似乎气数已尽，人们甚至认为希特勒自己可能也意识到他已经输了。9 月 12 日，美军越过边界，在奥伊彭和特里尔附近进入德国境内，他们还试探性地攻击了齐格菲防线的外围，盟军也正式进入德国西部。那年秋天，盟军接连展开攻势，加拿大军消灭了斯海尔德河口附近的德军，美军第一集团军占领亚琛，并一举突破齐格菲防线，巴顿的美国第三集团军攻占梅斯和斯特拉斯堡，其他美国军队也到达罗尔河。那时已是 12 月 3 日，不到两星期后，希特勒突然大举反攻，打了盟军一个措手不及。德国精锐部队猛然扑向美国部队，耳畔还回响着格尔德 · 冯 · 伦德施泰特元帅战前响亮的动员讲话：“考验你们的时刻到了。今天，强大的进攻部队着英美联军进发。我无须多言，你们可以感觉到，成败在此一举。你们肩负着神圣的使命，为了我们的祖国和元首，你们一定要血战到底。”

这就是阿登战役（1944 年德军西线最大的阵地反击战）的序曲。会说英语、身穿美军军服的德国士兵给美军制造了很大的混乱，第 101 空降师拼死守住巴斯托涅，围困他们的德军下达最后通牒，麦考利夫准将以“放屁”回敬，巴顿将军调动装甲部队解救巴斯托涅被围的美军，指挥先头坦克发起进攻的是第四装甲部队大名鼎鼎的克赖顿 · 艾布拉姆斯中校，年仅 30 岁，这一切都已成为美国军事史上的经典。这是美国军队在欧洲战场上最辉煌的时刻。有人问蒙哥马利，是谁改变了战局，他回答道：“是具有良好战斗素养的美国士兵。我为他们脱帽致敬，向英勇作战的美国人致以崇高敬意。我很荣幸，能跟如此优秀的军人并肩作战。我试着把自己也想象成一名普通的美国士兵。”

阿登战役是希特勒最后的豪赌，之后他的帝国慢慢瓦解了。1945年1月，苏联人展开最后攻势。从2月初开始，盟军攻占了荷兰，之后占领萨尔河，在雷马根夺取了一座德军来不及炸毁的桥梁，又在莱茵河上架设桥梁，比德国曾经拥有的桥梁总数还多9座。之后，他们包抄了鲁尔河，俘虏32.5万人。随后又夺取曼海姆和美因河畔的法兰克福。战争已接近尾声，所有欧洲人都能感觉到这一点。尽管伦敦的灯火管制还有一个月才能结束，巴黎已于4月第一个星期再次成为法国的光明之城。柏林、汉堡、德累斯顿、埃森、杜塞尔多夫、纽伦堡和法兰克福都被炸成一片废墟。再过两个星期，就是希特勒56岁生日，但没有任何为他庆祝生日的计划。

1945年4月11日中午，美国第九集团军到达易北河。4月12日早上6点，罗斯福总统还在沃姆斯普林斯的一间僻静的卧室中休息。昨天晚上睡觉之前，罗斯福料想早上就能获得进展的最新消息，但邮件有所延误。他平时习惯阅读《纽约时报》、《纽约先驱论坛报》、《巴尔的摩太阳报》和《华盛顿邮报》，今天这些报纸还没送到，他只能拿起《亚特兰大宪政报》阅读，报纸的头条是：

第九集团军距柏林57英里

以每天进军50英里计算

美苏会师时间将提前

太平洋方面的消息是：

海军陆战队在冲绳取得突破

双方激烈交战

150 架超级堡垒轰炸机重创东京

此次日间空袭持续两小时

4 月初，佐治亚州的天气比往常更暖和。山茱萸和野生的紫罗兰都已经开花了。一位邻居正打算给罗斯福办一场户外烧烤，在一棵老橡树下面摆上一张椅子，他就可以坐在那儿欣赏山谷里令人叹为观止的美景了。自从邮件延误后，他每天需要批阅的大量文件也就没有按时送到，罗斯福总统除了坐在那儿让别人给他画像就没有其他事情了。两年前，露西 · 拉瑟弗德委托一位画师为他画过一幅水彩像，如今，他自己又请那位画师为他再画一幅，以此作为送给露西女儿的礼物。

总统住到这里之后，比尔 · 哈西特和布鲁恩医生也松了一口气，尽管他们已经开始不再对总统的康复抱有希望。3 月 30 日那天，在沃姆斯普林斯火车站，当随行人员把罗斯福总统从火车上抬到月台上时，人群中发出惊讶之声。把他放到轮椅上后，他整个人就瘫坐在轮椅里面，头随着轮椅晃动，俯仰已不由自主。这段时间，他的病情稍有缓和，所以才能坐车到这里来，然而他们对这种短暂的好转已习以为常。一到晚上，罗斯福总统休息之后，他们总是极度痛苦地面面相觑。哈西特说，罗斯福总统不过是在慢慢走向死亡罢了。他那充满活力、派头十足的签字已经大不如前，看起来甚至连伪造的笔迹都不如。他是美国总统，如今却连自己的名字都签不了了。作为心脏病专家，布鲁恩医生告诫：除非让罗斯福总统摆脱工作的压力，否则他的病情将无任何希望。哈西特说那根本不可能，因为任何一位总统都不可能享受绝对的清静。两个大男人无计可施，几近落泪。哈西特在他的日记中写道：

> 看到他那憔悴、困倦而又疲惫的样子时，我被吓到了。早上见他的时候，看起来还好好的。他的体重不断下降，他告诉我，他已经轻了25磅，而且没力气、没胃口，容易累。中午过后，见到他，这些症状就更加明显了。布鲁恩医生再度得知这些情况后，也认为这非常令人担忧。

然而这天早上，他们都认为罗斯福总统的气色好多了。因为传来的都是好消息，这有助于他保持好心情。而且，邮件又没按时送到，这简直就是天赐良机。他们又如之前几个星期无数次做过的那样互相安慰，总统也许有希望康复，尽管种种迹象表明这已不可能。

放在华盛顿总统办公桌上的那堆文件中，有一封阿尔伯特·爱因斯坦寄来的紧急信件和一份利奥·西拉德随信附上的备忘录，此二人均请求罗斯福总统立即下令停止研制原子弹的所有相关工作。他们解释说，世界局势已经改变了，他们曾以为理所应当的事情如今证实并非如此，且不再是相关的理由。美国利用核武器可能获得的任何短暂的军事优势都会被政治与心理上的损失以及对美国声誉的损害所抵消。爱因斯坦辩称，美国可能会触发一场世界性的核武器竞赛。

显然，希特勒统治的帝国里，一定发生了某些事情，或者该发生的事未能发生。不过，实际的情况是纳粹并没有核武器。起初，盟国的科学家们以为德国企图哄骗他们，因为这看起来似乎令人费解。塞缪尔·A·古德斯密特是代号为“阿尔索斯”情报小组的元老级成员，该情报小组曾参与诺曼底登陆。直到20世纪70年代，他依然坚信卡尔·冯·魏茨泽克和诺贝尔奖得主马克斯·冯·劳厄、维尔纳·海森堡，这三位最出色的德国物理学家得到国家的支持，完全可能已经制造出原子弹。情报小组问德国的科学家们，究竟怎么回事?

那个年代，德国人把所有事都怪到希特勒头上，但在这件事上，他们的理由貌似是可信的。希特勒倡导反犹主义，导致那些才能卓越的人才都被驱逐出国，而纳粹的官僚政治对长期的研究漠不关心，技术设备也非常短缺。纳粹机构重叠，各部门存在不正当竞争，有个典型的例子：原子研究是由教育部、陆军部以及邮政部这三个极不协调的部门联合负责的。1942年6月6日，美国科学家们也即将取得重大突破，而此时，德国在铀研究上迎来了重要的转折点。那个星期六，海森堡向希特勒的帝国装备部长阿尔伯特·斯佩尔简要报告了德国在铀研究中的进展。他说，有确切的证据表明，德国拥有建造铀反应堆并从中获取核能的技术，而且从理论上来说，有这样的材料就可以制造原子弹。下一步将是研究制造技术问题，比如临界质量的大小以及链式反应的可能性。那时，他和冯·魏茨泽克所讨论的是：铀反应堆不仅自身可以成为武器，而且它还可以作为武器制造的主要原动力。斯佩尔初步批准了他们可以继续从事研究，但是规模要小些，并且他们的目标应当是使其可以产生原子能。斯佩尔只是在附和希特勒罢了。希特勒确信自己能够快速取得胜利，因此已下令终止了所有新的武器项目，除了那些能够在6个星期内派上实际用场的武器项目。

斯佩尔后来在纽伦堡被定罪，并作为战犯在那儿服刑20年。他说，希特勒曾经向他提起过制造原子弹的可能性。1942年5月6日，斯佩尔与希特勒交谈时提出了倾尽全力制造原子弹这一问题。他建议请戈林担任德意志帝国研究院的主席，以示重视，这个建议被采纳。

1942 年 6 月 23 日，斯佩尔又向希特勒汇报此事。希特勒对该项目仍有兴趣，但他并不了解物理学的基础理论，因而此事就被搁置了。德国的物理学家们向斯佩尔谈到 3~4 年内制造原子弹的计划。但据他回忆："我授权让他们开发一个铀能源发动机以用作舰艇推进器。海军对此颇感兴趣，因为该发动机可用来驱动潜艇。"斯佩尔毫无疑问地表示，如果他曾想到美国在进行曼哈顿计划，那么他一定会不惜一切代价追赶上美国。他后来还定期跟进这方面的情况，但当时，希特勒却让他泄气了。希特勒的顽固派们嘲讽美国进展缓慢，他也跟着别人将所有的物理学叫作犹太物理。可是，如果德国独裁者能像罗斯福一样给予他的科学家们放手大干的权利，那么欧洲的版图乃至整个西半球的版图可能都会发生翻天覆地的变化。

直到 1944 年 11 月 23 日巴顿将军攻下斯特拉斯堡之前，上述情况都不为德国以外的世界所知。"阿尔索斯"情报小组径直前往斯特拉斯堡大学及其新实验室。古德斯密特去寻找斯特拉斯堡大学的理论物理学教授冯 · 魏茨泽克，但这个情报对象在三个星期前就已经逃走了。当古德斯密特考虑是否质问其他斯特拉斯堡大学的物理学家们时，德国科学家们拒绝与敌人打交道，只好放弃。

经过"阿尔索斯"情报小组的搜索，斯特拉斯堡可谓满城风雨，不过最终居然找到了冯 · 魏茨泽克的私人文件。伴随着莱茵河右岸上大炮的响声，古德斯密特和他的助手借着蜡烛的光亮翻译这些文件，寻找这个线索、那个暗示，还有学术引文和不经意间的引用。突然，他们高兴得跳了起来，发出了胜利的呐喊，以至于旁边的美军都机警地拿起 M1 步枪和手榴弹。原来科学家们刚刚翻开了厚厚一捆排版紧密的纸张，正是德国铀计划和铀协会的全部资料。当然，有些页面已经缺失了，并且没有任何最近三个月内的更新，但是所有的证据都表明，这是欧洲有关纳粹铀研究最完整的文件。

直到那晚之前，盟国的科学家都认为德国物理学家已领先他们一大步。在摇曳的灯光下仔细研究冯·魏茨泽克的手稿时，古德斯密特认为，纳粹明显落后洛斯阿拉莫斯中心的研究人员两年。德国缺乏制造钚 239 和铀 235 的工厂。显然，他们连所谓的铀反应炉都没有。当他致电华盛顿，报告他的发现时，有人提醒他说冯·魏茨泽克的文件可能是一个诱饵。他回复说，文件里的证据是真实的，文件本身是严肃的事实。陆军部提醒他可能有其他德国人在其他地方制造了原子弹。古德斯密特尖锐地反驳道："一个使用假支票的工人可能会幻想他一夜之间变成军事天才，一个喝着香槟酒的游客也有可能把自己伪装成一个外交家。但是，那样的门外汉是绝对不可能获得足够的科学知识来制造原子弹的。"

尽管如此，搜寻还得继续。海森堡热衷于研究核武器，因此他有可能和其他同样热衷的科学家们无视政府对核裂变可能性的漠视，在一个秘密实验室里开展工作。事实上，类似这样的事情的确发生过。1943 年冬，在不断的空袭中，海森堡和他的职员们曾用 3 吨铀和重水在达勒姆学院建起了一个小型反应堆。后来为了躲避轰炸，他们将实验室搬到了一座高高的库房里。该库房归斯图加特啤酒厂所有，位于德国西南部士瓦本阿尔卑斯山的丘陵地区。他们把啤酒桶搬出来，并用锡箔纸把库房里的墙面糊了一层，配上功率强大的发电厂，还在一家纺织厂的侧楼里建起了车间。

但是一旦希特勒的欧洲堡垒崩溃，即使在这个地方避难，他们也完全有可能被发现。像其他同盟国人员一样，海森堡和他的同事们担心安全问题，于是又搬到了图宾根附近一个从岩石上挖出来的大洞里。1945 年 2 月，也就是在这个岩洞里，德国人建造了一座大型反应堆——几乎可以和同盟国科学团队在施塔格运动场下面废弃的壁球场里建造的一个大型反应堆的规模相比。到了春季，已经建成了一座铀反应炉，包括重水、铀块和石墨减速设备。德国人以超快的速度积累着临界质量。每天，都有船队从图林根林山运来铀块，在那里，卡尔 · 迪布纳博士建成了第二个铀反应炉。在进展速度上，海森堡和奥本海默之间还是有一些差距，但是这个差距正在一步步快速缩小。让古德斯密特非常烦恼的是，他认为应该把所有的实验数据保留下来，但美国的“阿尔索斯”情报小组名义上的指挥官是一名陆军上校，他派了一小支突击队突袭了这个山洞，并命令他们摧毁德国的设备。派军队去确实是一个明智的做法，因为海森堡的工作人员在忙乱中把这些铀块放到了一个牛车的干草堆里，打算偷偷运出去，但有些铀块被黑兴根农民偷了过来，他们并不知道这是什么东西，只是想着肯定值钱，可以卖给法国人。最终，铀块都被找回来了。当时，所有的纳粹物理学家都被盟军关押起来，包括难以捉到的海森堡。古德斯密特有点儿得意忘形。他对一位刚调过来担任联络员的普通陆军上校说：“德国人没有了原子弹，真是太好了，现在我们也不需要用我们的原子弹了。”少校很惊讶，回答道：“古德斯密特，你一定要明白，如果我们有这样的武器，我们就一定会使用的。”

从那时起，参与曼哈顿计划的官员和科学家就分为两派，一派支持原子弹制成后投入使用，另一派则表示对这种想法很恐惧。这种分歧并不只存在于军人和文职人员之间，爱德华 · 泰勒一开始就坚持走强硬路线，而最初就主张禁止使用核武器的却是核物理学家们。甚至在德国已有原子弹的传说还未澄清以前，他们中的一些人就已深信美国应该与世界科学家们分享这个新发现。在他们的催促下，1944 年 8 月 26 日下午 4 点，尼尔斯 · 玻尔拜访总统，讨论这一问题。派玻尔完成这件事其实并不是一个明智的选择，因为他很啰唆。总统的时间本就宝贵，他却啰唆了一个半小时才进入正题。无论如何，罗斯福并未同意玻尔的意见，就把他送走了。然后，玻尔向丘吉尔求助，丘吉尔听他讲了半个小时后，生气地向带他进来的查韦尔勋爵问道："他到底在说什么？政治还是物理？"

其实他两方面都谈了。很多（或许是大多数）科学家们都认为，制造原子弹对全人类来说都要求道德责任。应对希特勒所拥有的炸弹是一回事，应对日本人是另一回事。1945 年的日本在物理学理论和科技方面并不先进，所以他们争论说：既然日本人自己不可能制造出这样的武器，美国人就不该用这样的武器攻击他们。这个问题的提出就把政治和物理提升到了科学治国的高度。这种情况史无前例，而且在战争期间，特别是太平洋上正在进行毁灭性空袭期间，思考这类问题确实不是个好时机。亚历山大 · 萨克斯作为一名使者，比玻尔要强些。他是总统的好朋友，5 年前，就是他说服总统启动了这个 20 亿美元的研究。萨克斯现在和玻尔的意见一致。于是，1944 年 12 月，他去白宫拜访了总统。据说，他与总统谈了很久，内容就不得而知了。罗斯福总统去世后，萨克斯说，总统同意：如果试验成功，就应邀请同盟国和中立国的科学家们共同进行第二次试验，并应就核武器所产生的影响写一份详细的报告，供同盟国和中立国科学家们传阅；迫使敌人撤离指定区域，向敌人展示原子弹的威力，之后给他们最后一次机会，如果还不投降，那就即刻歼灭。

一年后，萨克斯将这份非同寻常的备忘录上交给了新任战争部长罗伯特 · 帕丁森。但罗斯福并没有在上面签字，而且这次谈话没有任何在场证人。前任战争部长史汀生是罗斯福关于 X 计划（史汀生总把曼哈顿计划称为 X 计划）的联络人，但他从未向史汀生提及此事。

萨克斯为人正直，显然不会无缘无故编造出这样一件事。但总统非常善于跟别人说他们想听到的话，而且还留有余地，通过举出一些假设的情况或恰到好处地运用一些虚拟法，他就可以免于承担责任。对于这件事，他可能尚且没有做出决定。他就是这样一个人，不到逼不得已，几乎不会下定决心。萨克斯的这份备忘录并没有比史汀生在1945年3月15日所写的日记更具有说服力。那是罗斯福最后一次与他谈及X计划。史汀生写道："假设原子弹确实可用，那么对于战后原子弹的控制问题，我跟他讲了目前存在的两种观点。一种观点是让目前正在研发原子弹的国家对此事保持高度机密，不让别国参与控制；另一种观点是在科学自由的氛围下，由全球共同控制。我告诉他，在原子弹投入使用之前，他必须要解决这些问题，而且他必须准备一份声明，原子弹一旦研制成功，就要公之于众。他对此表示赞成。"

在斯大林格勒战役全面爆发的同时，瓜达尔卡纳尔岛的战争依然在进行，这场战争已经持续了将近6个月——从1942年8月中旬到1943年2月初。海军陆战队在兵力相差甚远的情况下继续英勇作战，实在深得人心，但是具有决定性作用的却是双方的海军力量。6次交战中，双方海军都拼命争夺制海权。"继续开枪啊，法兰那根！"19世纪的水兵会如此称呼这种战争。双方均损失惨重，各损失了12艘战舰，令人震惊。船员们把瓜达尔卡纳尔岛、图拉吉岛和萨沃岛之间的海域称为"铁甲海域"（不易通过），海军陆战队队员则称它们为"不眠的咸水湖"（日夜作战）。如果以损失的吨位来算，双方的海上战役可以说是打成平手。但事实并非如此，因为到了最后，美国海军陆战队依然占领着瓜达尔卡纳尔岛及其机场跑道，而日军却正在撤离，已有2.5万人丧生。即使是这样，日本仍然认为自己是不可征服的。他们加固了新乔治亚岛上的蒙达基地，这样他们的零式战斗机和“齐克”战斗机飞向斯洛特炸毁美国海军陆战队时，就可以先停留。但战争已经发生转折，开战以来，日本第一次进入防守状态。

问题远不止于此。当时为了保卫澳大利亚，太平洋上同时进行两场战役，后来均取得成功。瓜达尔卡纳尔岛战役是其中之一，另外一场战役发生在麦克阿瑟指挥战区的新几内亚岛。珊瑚海海战的失败并没有打击日军的士气。1942 年 7 月，日军占领了在新几内亚岛尾部巴布亚北边沿岸的一排村庄，计划从海陆两面夹击，全面围攻位于南岸的莫尔兹比港。英国殖民地官员躲在丛林中充当海岸岗哨，手拿无线电发报机提醒美国，日本的海上突击正朝向半岛尾部的米尔恩湾。美国军舰最先到达，并击退了此次突击。日本陆军从一个叫布纳的村庄起飞，从这里直线飞行到莫尔兹比港只有 100 英里，但到达后须徒步跨越 1.3 万英尺高的欧文 · 斯坦利山脉，实在是令人生畏。在莫尔兹比港 20 英里外的地方，澳大利亚阻截了日本，和美军第 32 师一起开始了反击战。

这场战争比瓜达尔卡纳尔岛战役的伤亡还要惨重。1943 年 2 月，日军在山区中节节败退，艾克尔伯格将军进入布纳山村，标志着战争的结束。两星期后，澳大利亚人夺取了附近的萨南纳达地区，但日军却正在求助援军，并准备以 8 艘运输船登陆该地区，以发动反击战。3 月 3 日，B–25 轰炸机在俾斯麦海发现了日军的护航队，于是把 8 艘运输船和 4 艘护航军舰全部击沉，7 000 名日军全部沉没海底，一些游上岸的，也被岛上的原住民根据当地习俗砍头示众。最后，东京郑重宣布，莫尔兹比港已没有任何军事意义。

不过拉包尔还是有军事意义的。日本想要保住拉包尔，实际上是想控制南太平洋地区。拉包尔本身国防力量就很强大，不易攻陷，所以美国就把它中立化了。1943 年夏，美国陆军和海军陆战队开始进军新乔治亚地区，准备突袭蒙达基地。他们不得不穿过丛林，越过洪流，才能向穿着钢甲背心的日军发起攻击。然而 8 月，日本还是未能守住机场，美军在斯洛特狭道站住了脚。他们先后攻陷维拉 · 拉维拉岛和科隆班加拉岛，肃清了所罗门群岛中心区。11 月 1 日，海军陆战队第三师进入布干维尔岛的奥古斯塔皇后湾，并在新月初上的第三天登陆该地。就当年太平洋战争的形势来看，这对美国来说的确是跨出了巨大的一步。如果海军和陆军工程兵们可以在这片绿泥地里建立一个大型机场，那么拉包尔就在美国战机的攻击范围之内了。

日军并不这样想。他们分别从海上和空中打击敌人，但把最精锐的军队都留了下来，认为美国人会运用这个海湾来攻击其他地方。圣诞节那天，美国工程兵完工了，他们在皮瓦河岔口上游修建了一个大型简易机场，取名为“皮瓦大叔”。“亚美利喀”部队①和第 37 师重兵层层保护这个机场，所以当日军最后带着精英部队第六师团来势凶猛地攻击此地时，却碰了一鼻子灰。到了这时，拉包尔已被包围。埃密劳岛和格林群岛已被美军占领，第 112 骑兵师已到达阿拉维，海军陆战队第一师拿下了新不列颠地区的格鲁斯特角，第五骑兵师（罗伯特 · E · 李将军建立的部队）和第七骑兵师（卡斯特将军的部队）已在阿德默勒尔蒂群岛上岸。从“皮瓦大叔”机场起飞的大规模美军部队层层突围拉包尔，让日军已无计可施，只好放弃拉包尔。日军撤离了所谓的“慰安团”（朝鲜慰安妇），留下日本驻军独自遭受美军的炸弹袭击。美军的轰炸机无须护航队，也没有人反击，每天飞到拉包尔上空，投尽所有炸弹。

---

① “亚美利喀”部队的命名源于其编组地新喀里多尼亚，25 年后，小威廉 · 卡利于此师任下级军官。

与此同时，战争的特点开始发生变化。大势所趋，必须改变，到目前为止，美国军队只是在打击日渐扩张的日本帝国的外缘地区。他们用了 9 个月的时间才往所罗门群岛中心前进了 250 英里，而东京依然在 5 000 英里以外。幸好，国内运送来了新型设备。现在，火箭、两栖履带式车辆、有轮子的船（水陆两用运输车，代号“鸭子”）和可拐弯的火焰喷射器，取代了临时使用的“一战”武器——因为优先考虑欧洲战场，这里原来使用的是旧式武器。海军还有更多新式武器：50 艘运输舰，由巡洋舰前身转化而成，并由独立级战艇快速带领。只要尼米兹指挥的舰队可以更靠近日本一点儿，他的潜艇（曾击沉过 100 万吨敌人的供应物资）就可以摧毁日本的商船。日本和英国一样，四面环海，所以这与当年在大西洋之战中德国U型潜艇取得胜利是一个道理。若有距离更近的基地，还可以空袭东京。第一批B–29 超级空中堡垒拥有 1 500 海里的航程范围，很快就会出击。所以，解决这个问题的方法就是在太平洋中心开辟一个新战场。1943 年 11 月 20 日，海军陆战队第二师执行了这项任务。这确实不是一件容易的事。所有人都知道吉尔伯特群岛上布满了日本守军，但没有人预料到塔拉瓦（吉尔伯特群岛首府）战役。

塔拉瓦战役中，美军几近失败。日军司令官自吹自擂地说，比托岛是环状珊瑚岛里的关键岛屿，就算给 100 万大军 100 年，都不可能占领。历史学家塞缪尔 · 埃利奥特 · 莫里森说：“相比之下，克雷希多岛是一个开放的地方。”进攻的美国海军陆战队也遇到了其他问题，海军炮击不够，海上的潮汐也对他们不利，因此错过了最佳攻占时间。第一天结束时，他们的滩头阵地只有 20 英尺宽。官员们站在齐腰深的水里，边用无线电指挥战争，边祈祷日本不要反攻。其实日军之所以没有实施反攻，只是因为通信中断了。第二天，海军陆战队驶入，切断了日军的防御战线，但美军因此也伤亡了3 000名士兵。接下来的一个月，他们攻占马绍尔群岛中的夸贾林岛和埃尼威托克岛，损失相对小一点儿。不过从一开始，太平洋战区的战争就历时较短却损失惨重。海军陆战队第四师血战夸贾林岛，全程只用了61天，但伤亡人数达全师兵员的75%。

美军伤亡人数骤然猛增有几个原因。瓜达尔卡纳尔岛战役中，日军曾经被突袭过，所以这次他们肯定不会再毫无准备了。此外，在马绍尔群岛和马里亚纳群岛战役中，他们虽然遭到了美国军队的猛烈袭击，但自“一战”后，这些群岛就归日本统治，将近25年内，他们在这里修建了许多战壕。不过，太平洋战争伤亡惨重的最主要原因是日本作战策略的突然转变。这些善于海陆两栖同时进攻的日本人已经转为巩固防御。日本帝国总司令部用无线电下达命令，要求士兵到前线放哨，并做好准备，即使只剩下一人，也要顽强抵抗。有一个前哨做的远不止于此。新几内亚的版图很像一只鸟，比亚克岛是新几内亚尾端的一个小岛，上面有1万名日军。他们的司令官葛目直幸大佐认为，既然横竖都是一死，死在内陆总比死在海滩上要好，因此他们灵活运用了岛内的岩洞和悬崖，这样就可以多拖延些时间、多杀些美军，日军在日记里将这些被杀的美军轻蔑地称为“蓝眼睛的美国佬”。

葛目的这种办法使这场战役成为当时众多岛屿战中美军伤亡最惨重的一场。要不是比亚克岛正好在麦克阿瑟进攻菲律宾的路线上，也许东京根本就没注意到这件事。1944年春，麦克阿瑟肃清了新几内亚的尾部岛屿后，开始攻击腹部地区，而且运用了新的军事战略——“蛙跳战术”。美国是在夺回阿拉斯加群岛中的阿图岛和基斯卡岛的过程中偶然想到的这个战术。当时山本在中途岛战役中占领了这两个岛屿，主要目的是误导尼米兹。美军由于军事力量不足以同时进攻两个岛屿，所以指挥官下令绕过基斯卡岛。结果发现，夺回阿图岛后，日军已经悄悄撤离了基斯卡岛。麦克阿瑟这才一下子反应过来。4 月底，他抛开其他岛，跃进荷兰迪亚。一个月后，第 41 师袭击比亚克岛。在这之前，美军的进攻损失还比较少，但是自从陷入葛目的悬崖-岩洞防御战术后，美军伤亡惨重。在比亚克岛战役完全结束之前，总伤亡人数已接近塔拉瓦战役。

情况可能还会更糟。日本的海军整整隐匿了一年，正准备出动，以加强驻军。6 月中旬，这些船舰已经准备好出海了，但是海军中将小泽治三郎接到通知说，尼米兹发动的中太平洋进攻正指向马里亚纳群岛中的主要岛屿——塞班岛、提尼安岛和关岛。这是更大的威胁，于是舰队集体转向另一边。结果，菲律宾海海战又是一场双方远程轰炸机之间的战斗，这让那些海上列队战斗的老兵们很失望。即便如此，美国在海上取得的胜利仍令人惊叹。"地狱猫"战斗机击败了敌军以关岛为陆军基地的空军力量。在连续 8 个小时的空中战斗里，日军发动 4 次大规模反袭击，但接连败退。这是所有战争中使用航空母舰最为壮观的一次。到了第二天快结束时，小泽的空军力量已从 430 架战斗机减少到 35 架。这次"马里亚纳射火鸡大赛"（海军飞行员们这样称呼此次战争）最后，小泽撤退了，留在塞班岛上的日本士兵被切断与外界的联系。

日军曾发誓要让美国在塞班岛战役中付出最惨重的代价。日本的守军比美国情报部门预计的多出一倍，美军的伤亡人数让华盛顿政府愕然。战争中，3 000 名日军齐声高喊着"万岁"，向美军大举进攻，就这样把美国大兵赶到了惊涛骇浪的岸边。幸存的士兵和水兵继续歼灭剩下的敌人，或者只等日本人都自杀。两星期后，又有一批海军陆战队队员全面扫荡关岛地区。关岛战役中的损失比在塞班岛少了一半，可能部分原因是日军高喊的"万岁"没有塞班岛上的有效。美军在提尼安岛的损失更小，因为日军没有料到美军会在北岸登陆。即使如此，马里亚纳群岛战役还是造成了 2.5 万美军阵亡。不过这些群岛确实有重要价值，B–29 轰炸机有了第一个能够直飞日本本土的基地。塞班岛战役的美国指挥官“嚎叫的疯子”霍兰德 · 史密斯海军中将说，这次战争是太平洋战争的决定性战斗。日本也同意此说法。德国在日本的海军军官向柏林报告说：这次岛屿战争“被认为是决定生死之战”。日本内阁倒台了，美国第一次看到太平洋战争胜利的希望，一时间信心百倍。

最初，麦克阿瑟就反对海军进攻瓜达尔卡纳尔岛。到目前为止，中太平洋本来就与他在太平洋西南部的指挥区距离较远，这时再直入那里，就更不合他意了。现在，他轻蔑地称这个战略为“跳岛战略”，而且在他看来这就是浪费时间——尽管这个战略与他自己提出的“蛙跳战术”并无多大区别。1944 年夏，海军上将金提议美国的军队应绕过菲律宾，麦克阿瑟对此怒不可遏。麦克阿瑟坚持认为美国应信守对菲律宾的承诺，这是信用问题，金则反驳说这是感情用事。最后两人不得不同意诉诸罗斯福。

总统当时本应该应政治顾问们的邀请，在芝加哥参加民主党全国代表大会，但最后他却去了夏威夷，因为他不得不先把这一军事问题解决。7 月 26 日，关岛激战之时，总统的飞机抵达希凯姆机场。尼米兹和麦克阿瑟刚从澳大利亚赶到，说明了各自的观点。在一次私人谈话中，麦克阿瑟竟然威胁总统，要是不采取他提出的战略计划，他就进行政治报复。如果他要返回菲律宾的诺言未能实现，“我敢说，这一定会引起美国人的反感情绪，那么在今年秋天的大选中，他们就不会给你投票”。他这种说法实在傲慢无礼，而且还可能是错误的。

但是罗斯福似乎已预料到会出现这个问题，并在离开白宫之前就已做出决定。他回答道："我们不会绕过菲律宾，继续执行你目前的计划吧。愿上帝保佑你。"

但是参谋长联席会议对此并不满意。他们在华盛顿争论了两个月，才同意麦克阿瑟反攻菲律宾的计划。与此同时，哈尔西提出了一个令人咋舌的提议。反攻菲律宾的原计划是先在贝里琉岛、雅浦岛和棉兰老岛登陆，但是哈尔西从其空中攻击看出其空军力量已经比较薄弱，所以他提议跳过这些，直接深入莱特岛，发动空袭。大家采纳了他的这项提议。不过，对于贝里琉岛的任务，现在取消也来不及了，所以就继续按照原计划进行，但这场战争的结果是惨烈的。在日本人眼中，比亚克岛就是一座有魔力的岛屿。他们把葛目的经验传递给贝里琉岛的司令官，于是他也让人挖掘洞穴。他们潜伏在天然的石灰岩岩洞里，地下有隧道连接，上面又有层层珊瑚砂和混凝土掩护，以此把美国海军陆战队第一师打得落花流水，让美国士兵们开始品尝痛苦的滋味。

贝里琉机场北部的山岭形状如同锯齿，待美军把那里的日军肃清时，4 个美军师才涌上莱特湾的海滩。1944 年 10 月 20 日，美军登陆一小时内，第 382 步兵团就升起了星条旗。4 天后，沃尔特 · 克鲁格将军在岸上建立了第六集团军指挥站。山下带领的第 35 军正在进行反攻。此后，克鲁格将军似乎就困在这里了，并且在莱特湾上演了一场最大规模、前所未有的海军战役。

山本虽然已经死了，但是日本海军依然想完成他的愿望，和美国在海上一争高下，最好能够利用美国军舰忙着登陆的时间。这样说来，现在正好是个机会。4 支日本特遣舰队在海上围攻哈尔西的主力舰队，而此时哈尔西的主力舰正忙于执行莱特岛的任务，还要保

护托马斯 · 金凯德上将带领的旧式战舰和较弱的小型航空母舰队，因为它们力量薄弱。日军将领知道自己与美国的新武装力量无法抗衡——美国有 218 艘战舰，而日本只有 64 艘，所以他们策划出了这样绝妙的计划。莱特湾可以通过两条海峡抵达，一条是北部的圣贝纳迪诺海峡，另一条是南部的苏里高海峡。日军的主要力量由海军上将栗田健男带领，准备前往圣贝纳迪诺海峡；从南面而来的两支舰队驶入苏里高海峡，与此同时，小泽的第 4 支特遣舰队把哈尔西引到北部。这样金凯德的舰队就无计可施了。日军又要高喊“万岁”了！

日本派往南部的舰队有些倒霉。杰西 · 奥顿道夫将军已经封锁了苏里高海峡。日军的第一支舰队因遭受鱼雷和炮火的袭击，已经全军覆没；第二支舰队朝雷达图像上显示的区域开火片刻之后，发现那里只是些岛屿。一开始，栗田的运气似乎也很差。在去往圣贝纳迪诺海峡的途中，他的两艘重型巡洋舰被美国潜艇摧毁，最大的战列舰也被美国飞机击沉。然而事实上，这些损失却给栗田带来好运。哈尔西和他们交战之后，觉得他们该完蛋了，所以当他们看到小泽的舰队，就立即上钩，朝着这个诱饵猛追——圣贝纳迪诺海峡就完全没有防守了。10 月 24 日夜间，栗田的军队摸黑潜入海峡。第二天天刚亮，他们就朝着毫无掩护的金凯德的航空母舰发起狂轰滥炸。

保护这些航空母舰的唯一屏障是驱逐舰和护航驱逐舰。这些战舰平常只用于反击潜艇，易受攻击，而且舰上的士兵大多都是婚后刚入伍的新兵。这些驱逐舰向栗田的战列舰发起反攻，那些英勇的护航驱逐舰，甚至连作战队型都没有学过，就冲进了日军的枪弹炮火之中。一些护航舰开始下沉，浓烟滚滚，栗田的战舰也同样陷入了一片混乱。美国航空母舰队起飞了所有能够起飞的飞机，栗田虽然率领着中途岛战役中日本最强大的战舰，还是掉头逃跑了。这次日军彻底受到打击。

因为哈尔西还没反应过来小泽的船舰是诱饵，一直穷追猛打，彻底击溃了这支舰队。最后，日本在莱特湾战役中共损失3艘战列舰、4艘航空母舰和20艘其他各种战舰。日本帝国的海军彻底被毁灭了。

在莱特岛上，美国第六集团军和第八集团军正在逐步围攻敌军。圣诞节时，山下在马尼拉私自决定，放弃莱特岛。但是直到第二年的圣帕特里克节（3月17日），莱特岛才正式解放。那时，山下已经无能为力，黔驴技穷。12月12日，美国军舰袭击了棉兰老岛。三个星期后，美军4个师登陆吕宋岛仁牙因湾，几乎未遇到任何阻挠。他们绕过山下的北部防线，进攻巴丹，之后又攻击科雷希多岛，最终于3月初解放了马尼拉。

正如一个陆军军官当时挖苦道，在巴丹和科雷希多岛上，美国“正好回到了战争最开始的地方”。即便B–29轰炸机已开始轰炸日本本土，但东京毕竟在大洋彼岸。使战线更加靠近日本是美军的另外一个任务——中太平洋美军已经从塔拉瓦穿过马绍尔群岛，到达塞班岛了。他们的下一个目标就是火山堆积的硫磺岛，就像海军上将金所说的，这是“通向小笠原群岛的阶梯”。从塞班岛出发，B–29轰炸机可以袭击日本首都，但是航程也只是刚刚够，而且炸弹负载总量也仅限于2吨，如果中途遭到袭击而损坏，那就飞不回来了。但是，硫磺岛距日本只有660英里，如果美国占领了那里，B–29轰炸机就可以装载7吨炸弹，同时也切断了日军从硫磺岛给东京发送空袭警报的机会。

日军对只有8平方英里的硫磺岛看得很重。美国海军进攻前，炮击持续了74天，却并没有吓倒日军防卫者，因为他们的驻兵营压根儿就不在地面上，多数岩洞上面都有至少35英尺的覆盖物做保护。日本几乎每种武器都可以打到海滩上。美军首次登陆后的两个小时内一片寂静，没有任何反应。之后，滩头阵地突然就遭到日本迫击炮的地毯式轰炸。即便如此，在战争的最初阶段，美军还是占领了折钵山和元山一号机场。这要是发生在大战的第一年，那就是离胜利不远了。每个人都在等待日军伴随着“万岁”的喊声冲进战场，这样美军就能将其一举歼灭。但是，他们现在却没有这样做。经过比亚克战役，日本士兵已经训练有素，他们死守着自己的碉堡和峡谷。3 月底战争结束时，残酷的数据表明，美国海军陆战队伤亡 1.9 万人。

至于日军的伤亡数据，更是惨不忍睹。在日本，也有种说法叫“祸不单行”。超级空中堡垒现在低空盘旋于日本本土上空，开始有策略地对日本的 80 个城市进行轰炸。1945 年 3 月 9 日，美军就在对东京的轰炸中炸死了 10 万人。哈尔西的航空母舰已闯入中国南海，切断了日军石油和大米的供应链。裕仁天皇的商船也只剩残骸碎片。很快，美军潜艇击沉船只的累计数量就将达 1 000 艘。横滨和大阪遭受空袭后，到处都是刚搭建起来的简陋小屋，很多日本人都染上了肺结核和疟疾。他们就算是有配给票，也领不到食物。日本司令官从中国东北发来可怕的报告：苏联军队正在边境移动。这还真是“祸不单行”！

但是，日本人的士气看起来没有受到任何影响。老人和妇女们都手持用竹子做成的长枪。“来打我们啊”，“东京玫瑰”还敢这样挑衅。若作战，美军还需一个进攻基地——冲绳岛。冲绳岛的司令官牛岛满将军在 3 月时就已经猜到 4 月 1 日会有敌人降落在读谷机场附近。他不仅猜对了，还准备给他们一个“惊喜”。4 月 1 日这天是复活节，但对刚刚上岸的美国陆军和海军陆战队来说，更是愚人节。上岸后，他们并没有发现附近有任何敌军。但谁也没有想到，他们用近三个月的时间才征服了这个岛屿，也没有想到冲绳岛战役竟然会成为太平洋战争中最血腥的一场战斗。事实上，牛岛将军在冲绳岛南面 1/3 地区集合了 10 万大军。到了 4 月 12 日，大家都已心知肚明，这可能是第二个硫磺岛战役。冲绳岛的墓穴都改建成了碉堡，山洞里也安装了重型大炮，并可以用铁轨移进移出。牛岛也期待胜利。日军的计划是，等到美军全部上岸，就用神风特攻队自杀式轰炸机将美国舰队全数歼灭，然后就可以轻松地屠杀美国陆军和海军陆战队了。

在佐治亚州的沃姆斯普林斯，罗斯福总统衣着整齐地坐在他的皮革扶手椅上，从这里看，全球形势充满了希望。在与露西·拉瑟弗德和两位来访的表姊妹玛格丽特·萨克利小姐和劳拉·德拉诺小姐的聊天过程中，总统始终面带微笑、积极乐观。从战略上来说，美军在各条战线都处于绝对优势。德军战线已被拦腰截断，除了一小部分被困军队还在顽强抵抗之外，德军正面临崩溃，成千上万的士兵纷纷投降。当然，打败日本要更艰难些。硫磺岛已经攻陷，冲绳岛很快也会被攻占。胜败已定，毋庸置疑。然而，截至1945年4月12日，在与轴心国的战争中，美军共阵亡196 669人，伤亡总数更高，达899 669人——其中6 481人牺牲于刚刚过去的一个星期。这些伤亡都是无法被忽视的。经历了如此巨大的牺牲，罗斯福告诉身边的人，以后一定要保证世界绝对和平。

接近中午时，比尔·哈西特来了，还拖着从华盛顿来的邮件皮革袋。对于刚到的邮件，哈西特建议总统吃过午饭后再处理，但罗斯福说他要立即处理。于是，哈西特呈上一份国务院的文件，待他批示。罗斯福兴高采烈地对身边的小姐太太们说："典型的国务院文件，什么都没说。"他接着批阅剩下的文件，其中包括邮政局局长的任命通知、对优秀的盟军政治家授予功绩勋章以及日常的信件等，然后虚弱地签下他的名字。白宫一直认为圆珠笔只是一时流行的小东西，但钢笔的墨水又容易弄花文件。于是，一边总统批阅文件签字，另一边哈西特把签过的文件放在长沙发、空椅子或地毯上晾干。当他批阅到参院第298号法案决定延长农产品信贷公司法的期限时，对露西·拉瑟弗德眨了下眼睛，然后说："这就是我制定的法律！"这时，外厅传来声音，原来是肖像画画家伊丽莎白·邵曼托夫夫人来了。她往里看了看，被到处都是文件的情景搞得不知所措。这时，罗斯福叫她："哦，快进来吧！比尔正在等他的东西晾干呢！"

于是，哈西特迅速收拾好这些东西，看都不看邵曼托夫夫人一眼，因为对她全无好感。他觉得，邵曼托夫夫人总是让总统分心，不仅要测量总统鼻子的高度，让他转来转去，甚至干涉他的着装。比如，这天早上，总统穿着一件背心，打了一条哈佛领带，哈西特就都不喜欢。对哈西特来说，这些都是"对病人的不必要的束缚"，他甚至不觉得邵曼托夫夫人算得上是一位艺术家。不过，露西喜欢她，罗斯福也喜欢她。哈西特把一批国务院的报告上交给总统之后，就离开了。邵曼托夫夫人竖起她的画架，把一件海军斗篷披在总统肩上。总统就立即投入到国家文件中去了。

罗斯福之所以如此投入，一方面是因为这些都是外交文件，另一方面是因为他对苏联这一星期以来表里不一的行为感到困扰。（不到两小时前，他还致电丘吉尔说："我们必须坚定。"）如果说罗斯福在他生命的最后时刻在反思两个月前在克里米亚举行的雅尔塔会议，这绝对不是毫无根据的。他去参加雅尔塔会议是因为他的顾问们告诉他这有必要。麦克阿瑟将军、阿尔伯特·魏德迈将军和三军的参谋长们一致认同要求苏联对日作战，并认为就算不惜一切代价，也是值得的。在此时，知道曼哈顿计划的人，都认为它不值一提。原子弹投入使用的6个月前，人们并不知道它会彻底改变战争和地缘政治的性质。罗斯福总统的参谋长、海军上将莱希就写道："原子弹永远都爆炸不了，我是作为爆破专家说这话的。”

雅尔塔会议上，罗斯福和丘吉尔从斯大林那儿得到的好处比他们预想的要多。过去，他们以为这位苏联的独裁者是一个在谈判中不易退让的强硬派。他总是坐在那里，面无表情，说的又是大家都听不懂的斯拉夫语（他的英语词汇量仅限于“那又怎样”、“这是你说的”、“厕所在那儿”、“这到底是在搞什么”）。但就目前的处境来讲，他本可以心满意足、冷眼旁观。近三年来，苏联都是三国中最弱的一方，虽然央求英美在欧洲开辟第二战场，却又给不出什么交换条件。现在，它们却得反过来求它。尽管如此，斯大林毕竟还是老于世故的。他秘密同意加入抗日联盟，但条件是苏联能够得到在中国东北的一些特权（特别是西伯利亚大铁路东段的一半利益）、千岛群岛、库页岛的一半（日本北部的另外一个岛屿）、朝鲜的占领区、大国在联合国的否决权等。还有另外一项秘密协议，其中包括同意乌克兰和白俄罗斯取得联合国的席位，这在美国国内引起不小的争议。此外，英美两国还同意承认外蒙古独立。

波兰的边界也需要重新界定，原属德国的部分地区划入波兰的领土范围。斯大林和盟国共同保证，包括波兰在内的所有东欧国家都有权利通过自由选举选出本国领导人和政府。很久之后，人们都还责怪美国总统和英国首相过于幼稚，对这样一个与民主国家不共戴天的敌人，当时怎么能够相信他的保证呢？实际上，他们已经别无选择了。当时英美正与日本作战，但苏联没有。苏联红军不管有没有承诺，都可以自由行事。当时，斯大林正沉浸在欧洲的胜利中，满心欢喜。其实，雅尔塔会议的最大受益者似乎是蒋介石，斯大林与蒋介石签订了一项协议，承认他是整个中国的统治者，并答应说服以毛泽东为首的部分中国人同意与蒋介石合作。

帕特·赫尔利和亨利·卢斯高度赞扬了雅尔塔协定，英美新闻界也给予肯定。但是，经验丰富的苏联问题专家埃夫里尔 · 哈里曼和乔治 · 凯南对此持怀疑态度。不过在 1945 年年初，他们两人的观点并不是主流思想。温斯顿 · 丘吉尔还力劝艾森豪威尔“在易北河以东尽可能远的地区与苏联会师”，艾克不同意。他撤销了派遣巴顿将军去布拉格的命令，还撤回了易北河以西的美军，允许苏联解放捷克斯洛伐克、德国东部和柏林。访问莫斯科后，艾森豪威尔宣称“苏联政策的制定主要以美苏之间的友谊为基础”。

在沃姆斯普林斯，罗斯福活动了一下，看了一眼表。正是下午 1 点。他对邵曼托夫夫人说：“我们只剩下 15 分钟了。”

她当时也没画多少，总统一直埋头于政府文件中，而她也不敢要求总统摆好姿势，所以就只好利用这点儿时间给画上色。

年纪较大的黑人仆人莉齐 · 麦克达菲在门口停了下来，往卧室里看了看。只见露西 · 拉瑟弗德正面对着总统，总统刚说了句玩笑话，露西正笑着。她之后回忆说：“那是我记忆中最后一次看到罗斯福总统的画面。我对总统最后的记忆是：他正看着一位美丽女人的笑脸。”

罗斯福把一支烟放进了烟嘴里，然后点燃了它。这时他的动作与绘画时需要摆的姿势相差甚远，邵曼托夫夫人也不再期望他能重新坐好。她看着总统抬起左手，然后按了按太阳穴。他好像还想捏捏自己的额头，但是手滑了下来，手指抽搐了一下，好像是在摸索什么东西。萨克利小姐把钩针放下，走过去问道：“你掉了什么东西吗？”他用左手在脖子后面压了一下，闭上眼睛，轻声地说“头很痛”（声音小得只有她可以听得见）。说完，他的手臂就滑了下来，头倒向左边，前胸陷了下去。当时是下午 1 点 15 分。

玛格丽特 · 萨克利立即致电布鲁恩医生，并让邵曼托夫夫人去找最近的美国特勤局人员。这位肖像画画家听完后，立即向她的车走去。露西·拉瑟弗德也跟着她匆忙出去了，一定不能让埃莉诺·罗斯福知道她在这里。总统肯定会康复过来的，当总统生病的消息传遍白宫时，所有人都是这样认为的。一个没有富兰克林·罗斯福执政的美国，该是多么无助。那些在海外打仗的年轻人记忆中的美国总统一直是罗斯福。他的病很快就会好转，医生也会医治好他，大家都以此互相安慰、勉励。所有人都对此深信不疑，除了医生。

根据麦金太尔医生的任命，布鲁恩医生实际上已经成为总统府工作人员，他总是随叫随到。早上 9 点 30 分，总统吃早饭前，布鲁恩医生已经对总统进行完各项检查。罗斯福的心脏没有任何异常，血压偏高（高压 180，低压 110~120），但并不危险。他的血压偏高已经持续一段时间了，也并无大碍。此前一星期，他与医生谈话时，总会深恶痛绝地批判斯大林自雅尔塔会议以来的所作所为，但今天早上他却丝毫没有提及此事。这时，布鲁恩医生疾步走进来，看到罗斯福总统深陷在椅子里，靠着两边的扶手支撑着，而罗斯福的表姊妹们则坐在沙发上，呆若木鸡。

总统的呼吸时而中断，时而又变得十分急促，他的舌头阻塞了自己的喉咙。他的脖子变得僵直，血压上升到了 300，左眼大睁。究竟发生了什么事？原来罗斯福大脑中的一条动脉发生穿孔，可能是因为老化而脆弱易破。血液从穿孔流出渗入颅腔，人的大脑对任何异动都敏感至极，于是发出剧烈疼痛的信号。他的眼睛已变形，人感觉眩晕，呼吸也变得更大声，听起来像是在打呼噜。医生明白，这些信号只意味着一种情况：病人出现了严重的脑出血。此时，尽管布鲁恩无法估量严重程度，但他立即采取了紧急救援。他迅速剪开罗斯福的衣服，从总统的手臂上注入了适量的罂粟碱以及亚硝酸异戊酯，然后又给他穿上蓝色条纹睡衣，在一名男佣人和一名每天负责给总统按摩的海军物理治疗师的帮助下，轻轻地将总统抬到他的槭木床上。屋外的人只能听到他那粗重的喘气声和痛苦的鼾声。

布鲁恩致电华盛顿的麦金太尔医生，他十分认同布鲁恩的诊断和治疗。若是放在今天，医生们会犹豫是否使用亚硝酸异戊酯，因为这种药物会抑制血压升高，同时减少流入大脑的血液，但当时对总统已无计可施。他已昏迷了 50 分钟。布鲁恩报告说总统已出现严重的血管收缩和局部瘫痪。麦金太尔医生打电话求助一位杰出的亚特兰大专家詹姆斯 · E · 鲍林医生，恳求他尽快赶到沃姆斯普林斯。鲍林马不停蹄，走小路，抄近道，全速前进，不到一个半小时便赶到了沃姆斯普林斯。正如他后来所说："随时可能被交警拘留。"他在给麦金太尔医生的报告中解释道："我到达时，总统已病危。他一身冷汗、面色黑灰、呼吸困难，胸腔中发出众多杂音……我进入房间不到 5 分钟，所有的生命迹象都已消失，当时是下午 3 点 35 分。"

总统的小狗法拉一直静静地蹲在卧室里。如今，它也似乎感觉到了某些异样，突然从角落里一跃而起，"唰"的一下拱开纱门，跑了出去，疯狂地叫着，朝着最近一座山丘的山顶奔去。在那里，它停止了吠叫，站立着一动不动，守灵一般。

总统的卧室内，第一个向遗体告别的人是秘书格雷斯 · 塔利，"没有跟在场的任何人说一句话或是看一眼，我走近病床，俯身下去，轻轻地吻了下总统的前额"。无论出于礼节还是规定的程序，都要求第一夫人和副总统（也就是新总统）必须首先知道真相，国家新闻界才可以发布此事。哈西特和布鲁恩请麦金太尔医生帮他们拨通了白宫新闻发言人史蒂夫 · 厄尔利的电话。厄尔利抑制住自己的悲痛，要求他们在未得到第一夫人埃莉诺 · 罗斯福的准许前，不得向外界透露只言片语。

那一刻，第一夫人正准备在华盛顿西北马萨诸塞大道 1801 号萨尔格雷夫俱乐部的年度茶会上发表演说。下午 3 点多一点儿，也就是总统昏迷不醒 45 分钟后，劳拉 · 德拉诺从沃姆斯普林斯打来电话，小心翼翼地告诉她，总统已经“昏迷”。几分钟后，麦金太尔医生也打来电话说，不用恐慌，他已派遣一架海军飞机载他们一道去佐治亚州。第一夫人询问是否需要取消演讲，他忙说无须如此，因为那可能会招致谣言。听从麦金太尔医生的建议，她完成了关于联合国问题的发言。随后，钢琴家伊华琳 · 泰纳开始演奏经典选曲。罗斯福夫人再次接到电话，这次打来的是史蒂夫 · 厄尔利，用夫人的话说，他“极度悲伤”，请她“尽快回家”。她有一种不祥的预感，“可怕的事情发生了，但是又不能不注重礼节，所以又回到聚会上”。她听完泰纳小姐奏完一曲后，便道歉地告辞：“现在，我要赶回白宫，请原谅我在这个令人陶醉的音乐会结束前便先行离开。”

总统的专车正在外面等候着她。她“坐进车内，紧握着双手，一直到白宫。我内心知道可能发生了什么，但实际上一个人还是不敢确认这可怕的想法，直到有人告诉我那是真的”。在白宫二楼的起居室，她派人把厄尔利叫来。后来，援引她对媒体所说：“相比我们自身而言，我更为这个国家和世界的人们感到难过。”这句话当然妥帖适当，但事实上她从未说过这样的话。这是厄尔利的主意。埃莉诺真正说的是，她想立刻见到哈里 · 杜鲁门。

表面上，背靠红色大理石壁柱和用蓝色天鹅绒点缀的镶金边挂毯，60 岁的第 32 任副总统①正主持美国参议院会议。事实上，他正信笔写道：

① 原著为“第 34 任副总统”，疑有误。——编者注

亲爱的妈妈和玛丽：

我今天是在参议院议长的座位上给你们写这封信的，因为一个夸夸其谈的参议员……正就一个他丝毫不理解的话题发表主题演讲，不过之前一位来自亚利桑那州的资历不深的参议员已经发表了一些看法，他倒是言之有物。

他希望家乡云淡风轻（华盛顿正“阴雨蒙蒙，雾气缭绕”），还告诉他们，星期日早晨他将飞去普罗维登斯。他又补充道：

明晚9点30分打开收音机，能收听到哈里向民众发表的杰斐逊纪念日演说。我想届时所有的广播网都会播放，所以要收听到应该不难。在我之后致辞的是总统，我要隆重地介绍他出场。

希望你们一切安好

爱你们

有空回信

参议员亚历山大·威利发言之后，阿尔本·巴克利建议先休会，第二天再继续。下午4点56分，这位副总统结束了一天的工作（他完全不知道自己在一个多小时前就已经当上了美国的第33任总统），他还到众议院议长萨姆·雷本那里喝了点儿酒。他在那儿正喝着掺水的威士忌时，白宫的总机电话打来。厄尔利说：“请你立刻到这里来，从宾夕法尼亚大道正门进来。”杜鲁门有点儿莫名其妙。他以为总统可能提早从沃姆斯普林斯回来了，想和他讨论些小事。但上楼后，当他看到埃莉诺·罗斯福的表情后，就知道这绝对不是小事。埃莉诺轻轻地把手放在他的肩上，平静地说：“哈里，总统去世了。”杜鲁门一时有些不知所措，问她有没有需要帮忙的，埃莉诺说：“现在是你有没有需要我们帮忙的，你才是真正处于困境的人。”

17分钟后，下午5点47分，白宫总机通知美联社、合众社和国际新闻社[①]召开一个紧急的电话会议。这三家新闻社的记者接起电话，听到下面一段话："我是史蒂夫·厄尔利。现有急电一则。总统于今天下午猝然离世，时间是……"

这就足够了，赫斯特的国际新闻社第一个发出电讯：

急电

国际新闻社4月12日5点47分华盛顿报道：罗斯福去世。

30秒后，合众社紧接发电：

急电

华盛顿报道：罗斯福总统于今天下午去世。

两分钟后，下午5点49分，美联社发电：

急电

华盛顿报道：罗斯福总统下午在佐治亚州沃姆斯普林斯去世。

合众社华盛顿分社的一个新闻改写员，正在用记者的速记手法将厄尔利口述的消息记录下来：

在佐治亚州沃姆斯普林斯，死于脑溢血——杜鲁门副总统已知，白宫，罗斯福夫人通知——国务卿已知——已召集内阁会议——在部队的4个儿子已由母亲去电通知——总统已于下午逝世。他恪守职责到最后，这也正是对你们的希望。上帝保

① 后两社后来合并为合众国际社。

佑你们。我们爱你。罗斯福夫人署名“母亲”。①

罗斯福夫人、麦金太尔中将、史蒂夫·厄尔利下午一同乘飞机离开华去沃姆斯普林斯——（史蒂夫说）我们预计于明早离开沃姆斯普林斯，乘火车返华盛顿——殡仪事宜星期六下午白宫东厅——星期日下午海德公园安葬——详细事宜及具体时间还未确定。

详情向沃姆斯普林斯人员询问。

在纽约大街和西北第14街的WRC电台办公室内，24岁的戴维·布林克立正值班。他听到国际新闻社的电传打字机的铃声响了4下，忙撕下新闻稿，递给上司。现在正是电台播放儿童节目的时间：全国广播公司正播放儿童连续剧《轰动一时的法雷尔》，哥伦比亚广播公司播放的是《荒野之路》，美国广播公司正在播放《米德奈特船长》，共同广播公司播放的是《汤姆·朱克斯》。然而，5点49分，评论员们的声音响彻各大广播电台和地方广播站。接下来的4天内，广播电台取消了所有的商业广告，没有任何其他消息值得谈论。有人问纽约一名布朗克斯区的家庭主妇是否收听到收音机里播报的公告。她哭着说：“我还需要一台收音机吗？看着人们的表情就知道了。”大家不管是否认识，都相互转告，或打电话给自己的朋友，或打长途电话给自己的亲戚。在沃姆斯普林斯的大多数人都还未搞清楚发生了什么事时，总统去世的消息已经在伦敦和莫斯科传播开，甚至包括东京和柏林。在德国，夜幕已经降临，艾森豪威尔将军与巴顿和布雷德利将军召开会议，结束后正准备睡觉时，巴顿突然想起自己忘记给手表

① 电文原文：亲爱的孩子们，爸爸今天下午长眠了。他恪尽职守直至生命最后一刻，这也正是他希望你们能够做到的。保佑你们。最深切的问候。母亲。

上发条，便打开收音机对时间。他听到了英国广播公司评论员用深沉惋惜的声音说道："我们很遗憾地宣布，美国总统已经去世。"巴顿立刻叫醒了布雷德利，又一起叫起了艾克。几乎同一时间，在佐治亚州梅肯市附近的一条高速公路上，露西·拉瑟弗德询问邵曼托夫夫人是否可以打开车上的收音机，这位画家点了点头。她们正在听轻柔的音乐，突然节目就中断了："我们暂且中断节目，给大家播报一条特别急电……"露西喘息着，用双手紧紧捂住脸。

在给儿子们的电报中，埃莉诺·罗斯福强调说他们的父亲一生尽忠职守，他也希望他的儿子们能将这一点继承下去。她秉承维多利亚时代的传统，具有强烈的责任心。她离开萨尔格雷夫俱乐部时就小心翼翼，不想中断会议进程或惊扰任何人。她崇尚礼节和得体，也相信儿子们会理解她。在冲绳岛外海域上，美国海军后备队中尉约翰·罗斯福正站立在航空母舰"黄蜂"号的指挥台前查看，此时他接到了来自驱逐舰乌尔沃特·L·穆尔的语音消息，内容来自海军后备队中尉指挥官小富兰克林·D·罗斯福。在敌方水域，要辨别说话人的身份是不可能的，但也无此必要，毕竟有着格罗顿学校和哈佛大学口音的人并不常见。"你这是要回家了吗，老兄？"从驱逐舰发出询问。"没有。""黄蜂"号上一个男人答道，"你呢？"年轻的小罗斯福说："不，让我们先把这里清理干净再说吧。再见，老兄——语毕。"约翰·罗斯福回道："再见——挂断。"

听闻罗斯福逝世，美国人个个疑虑重重，又颇感震惊，但最重要的一点是恐惧。罗斯福总统带领了他们这么长时间，现在谁又会接手？《纽约时报》记者卡贝尔·菲利普斯回忆说，当大家开始意识到这一点时，白宫记者团都惊呆了："天哪！杜鲁门将成为新总统！"但在当时，外界无所谓也根本不可能想到杜鲁门会成为新总统。罗斯福去世的消息犹如一团黑影笼罩在美国的土地上。埃莉诺后来承认，只有到那时，她才意识到罗斯福与美国人是多么心心相通。安妮·奥黑尔·麦考密克曾在《纽约时报》中写道："他一生鞠躬尽瘁，用自己的人格魅力赢得尊重，任总统12年，就连其他国家的人们也尊称他为'总统'，就好比他是世界人民的总统。他从不奴颜婢膝、巴结讨好，也从不目中无人、自命不凡。他遇事从容、泰然自若，不屑于阿谀奉承或抨击报复任何人。他的去世令这些伟大品质都显露无遗。"

一些人的反应出乎意料。罗伯特·A·塔夫脱震惊得声音颤抖："他是当之无愧的战斗英雄，他全心全意为美国人民服务，死而后已。"《纽约时报》发表的讣告社论饱含悲伤与沉痛："当一个强大无情的野蛮文明扬言要接管西方世界时，幸得富兰克林·罗斯福掌管白宫。百年过后，人们依然会为此跪在上帝面前感恩戴德。"自亚伯拉罕·林肯于1865年去世后，纽约爱乐乐团第一次取消了卡内基音乐厅的演奏会。在伦敦，丘吉尔步入他在唐宁街10号的书房内，获知了此消息。他说他"仿佛感到重重的一拳打在自己的身上，犹如五雷轰顶"。白金汉宫的《宫廷公报》发表讣告，此前从未有一位外国国家元首而又非皇室成员的讣闻被登载。莫斯科的国旗镶上黑边，降半旗致哀。《泰晤士报》记者报告称，英国人奔走相告"我们失去了一位挚友"。

在华盛顿，迪安·艾奇逊从行政办公大楼的窗户往下看，密密麻麻的人群聚集在白宫前。"没有什么可看的，"他在自己的回忆录中写道，"我肯定他们也并不奢望能看到什么东西，只是静静站在那里，惘然若失。" 在柏林，苏联的炮弹纷纷投落到元首的居所外面，戈培尔依旧喋喋不休地说："我的元首！祝贺你！罗斯福已命赴黄泉！星宿显示，4月后半月我们将苦尽甘来。今天是4月13日星期五，这正是我们的转折点！”希特勒听后也颇为所动。另外一边，东京广播电台却让人深感意外，它引用首相铃木贯太郎海军大将的话：“我必须承认，罗斯福确实领导有方，为美国赢得了当前的有利形势。考虑到这一点，我很理解他的辞世对美国人民的沉痛打击，为此，我深表同情。”随后，一名播音员补充道：“为纪念这位逝去的伟人，现在我们特别播放几分钟的音乐。”

默默无闻的哀悼者则以其特有的方式寄托哀思。圣迭戈市有一位名叫佩特罗斯·普罗托帕帕扎基斯的人，向法院申请改名为佩特罗斯·罗斯福·普罗托帕帕扎基斯。纽约消防队的所有消防站进行“四五长鸣”——消防队哀悼消防员因公殉职的仪式。芝加哥一名小男孩在自家的后院摘了一束花送上，附上小条写着他不能参加葬礼，深表遗憾。晚饭前，格罗顿学校学生得知总统去世的消息后，饭也没吃，就跟随校长前往礼堂哀悼这位1900届校友。海德公园深处的圣詹姆斯教堂为他们教区的这位委员敲响了钟声。《纽约邮报》言辞恳切，总统若是有灵，也会为之感动，该报在每日伤亡栏栏首发布了这样一则消息：

> 华盛顿4月16日电：以下是最近一批逝去的英烈及其亲属的姓名。
>
> 陆军–海军阵亡烈士
>
> 白宫：富兰克林·德拉诺·罗斯福，总司令。妻子：安娜·埃莉诺·罗斯福。
>
> 地址：白宫。

军事周刊《扬克》的一位编辑写道：“我们调侃过罗斯福，总拿他来打趣……但他毕竟是罗斯福，一个领导我们成长的人……他不仅是军队总司令，还是我们这代人的总司令。”佐治亚州一位年长的黑人说：“走投无路时，罗斯福让民众有了活路。”很多与罗斯福素未谋面的陌生人向记者约翰·甘瑟倾诉：“我从未见过他本人，却感觉像是失去了我最要好的朋友。”起初，甘瑟自己也不理解这出人间悲剧：“他走了，让人难以置信。他相信人性本善，致力于改善穷人的生活。他有雄才伟略，又足智多谋。他相信人民，是号召人民奋发的旷世奇才。现在，这一切都成为过去，让人难以接受。”国会山上，议员林登·B·约翰逊声音哽咽，断断续续地说：“他总是如慈父般待我。无论何地，他是我认识的所有人中唯一一个从未有所畏惧的人。上帝啊上帝——他是如何把我们所有人的担子全担起来的啊！”

当然，也有许多美国人并不认为他是战时英雄，也感觉不到像是失去了最好的朋友，更不用说视他为慈父。他们的情绪往往悲喜交加。有一位曾反对他的人怯怯地说：“现在我们终于自己做主了。”有的人为此欢欣鼓舞。噩耗刚刚传来时，公园大道一家酒店的电梯内，华尔街一位著名律师的妻子紧张不安地拽着一只手套，她已经迫不及待地想要冲到收音机前。突然，身后传来一位男子的怪叫：“他终于死了，死得真是时候！”这位女士转过身来，用手套直直地扇了他一个耳光。

罗斯福是美国人民永远的总统。所有的悼念中，恐怕以塞缪尔·格拉夫顿的悼词最为贴切：“人们回忆他，如一位面带笑容的公交车司机，嘴上总翘着烟嘴。他习惯了在急转弯时听到车上传来一阵嘈杂声，乘客习惯于埋怨他不该这样驾车，但只有他自己知道他可以安全地继续驶向下一个转角，同时也明白哪些嚷嚷声为真、哪些为假，因为他热爱车上的乘客。现在他走了，车也停了，离天堂之门还很远，乘客们紧紧地拽着彼此，不知如何成功转过下一个弯道。”

康涅狄格大道4701号二楼的一套公寓里，20岁的玛格丽特·杜鲁门正在为晚宴盛装打扮。电话铃突然响了，据她后来的回忆说："电话里，父亲的声音紧张又奇怪。"但她当时正为晚宴兴奋不已，因此并未多加注意，还高兴地说："喂，爸爸。"

"叫你妈妈来听电话。"

"你晚上回家吃饭吗？"

"叫你妈妈来听电话。"

"我只问一个简单的问题！"

"玛格丽特，请你叫妈妈来听电话，行吗？"

听到这句话，玛格丽特很委屈，双眼含泪，径自回到梳妆台前。过了一会儿，她瞥见母亲站在门口望着她，或者说，只是望向她这个方向。

"妈妈，出什么事了？怎么了？"

母亲贝丝·杜鲁门轻轻地回答："罗斯福总统去世了。"

"去世了？"

贝丝给一位朋友打电话，门铃响了，玛格丽特打开门，看见一个陌生女人站在门外。

"是杜鲁门小姐吗？"

"没错！"

"我是美联社的记者。我想……"

没等她说完，玛格丽特就"嘭"的一声关上了门。因为她这才意识到自己穿着衬裙开的门，同时也意识到自己不再有清静日子了。她向窗外望了望，一大群人围在楼下，有记者、摄影师、朋友以及好奇的路人。公寓管理员后来发现，许多人来申请租这套空出来的套房，这里宽敞宜人、交通方便，每月房租120美元，属租金管制公寓，现在上门求租的人可谓络绎不绝。

第一夫人的专机在本宁堡的飞机跑道上空盘旋，准备降落。与此同时，比尔·哈西特正在亚特兰大帕特森殡仪丧葬公司购买棺木。哈西特想买一副内里镶黄铜的结实红木棺木，但这家公司没有，因为黄铜都用于战事了。后来，他又要求棺木必须长6英尺4英寸，因为富兰克林·罗斯福着实块头不小，但似乎这样的要求也不能得到满足。这家殡仪公司确实有一副较长的红木棺，但已经答应要卖给新泽西的一家殡仪馆。双方僵持不下，但这位精明的佛蒙特州人仗着总统的声望，最终揽得这家公司最好的棺木。10点45分，棺木由两辆灵车护送到达沃姆斯普林斯。40分钟后，埃莉诺·罗斯福、麦金太尔医生和史蒂夫·厄尔利赶到。

罗斯福夫人同格雷斯·塔利以及到场的表亲聊了很久，不知是谁告诉她关于露西·拉瑟弗德当时在场的事，这是最不恰当的时机。当时她直发抖，平静下来后，径直回到卧室，5分钟之后才露面，庄严肃穆，没有了眼泪。这时要计划筹办葬礼，包括拟定送葬的路线、确定丧葬仪式、指明牧师人选、选定颂词，还要按照国家礼节确定出席葬礼的人员，因为白宫东厅只有200个座位。这无先例可循。上一任过世的在职美国总统是沃伦·G·哈定（1923年），而国务院才发现哈定葬礼的相关材料已然遗失。所以一切都要仓促决定，由总统遗孀全权负责。①

结实的灵柩上装饰有厚厚的佐治亚松枝，盖有海军陆战队深绿色的专用毛毯，停放在总统专用列车的最后一节车厢上。灵柩中，总统

① 据说，一份有关罗斯福葬礼的复本存档于国务院。18年后，也就是1963年11月末，杰奎琳·鲍维尔·肯尼迪曾参照此复本安排肯尼迪总统的葬礼。

遗体的下半身盖着他的海军斗篷。罗斯福夫人点头同意后，一面国旗便盖住了灵柩。在熠熠夜光下，空气中弥漫着浓浓的金银花的香味，他们忙了一个通宵。4 月 13 日星期五上午 9 点 25 分，送葬队列出发，灵柩置于炮架上，以本宁堡乐队敲着低沉鼓声为先导，在红泥道上缓缓向火车站方向前进。弯弯的道路两旁，佩戴头盔的伞兵列队肃立。士兵们有的脸色苍白，有的面带泪痕，有位士兵在灵柩经过时站立不稳，昏厥在地，滚入路旁的水沟。总统最喜欢的黑人手风琴家格雷厄姆 · 杰克逊奏着一曲《回家》，恭送总统。军队的护柩人将灵柩送上列车，司机发动了火车，顺着坡势渐渐滑向远方。这是罗斯福专车的第 400 次旅程，也是最后一次。火车的最后两节车厢对调了，罗斯福夫人所坐的"斐迪南 · 麦哲伦"车厢现在是倒数第二节。最后一节是罗斯福曾经用于办公的车厢，现在他的灵柩正停放于此。卫兵在两旁肃立，列车继续行进。其他车厢的窗帘大都垂下，唯独这节车厢的窗帘拉开着。国旗覆盖的灵柩上面，亮着灯，整夜未灭，以便车外的路人瞻仰。

列车沿途都是露宿的哀悼者，没有人估算过到底有多少人。在亚特兰大，人们不准靠近铁轨。火车轰鸣着沿轨道缓慢行驶在 9 号公路上，沿途戴着白手套的士兵队伍高举带刺刀的步枪致敬。尽管如此，对总统忠心耿耿的人民还是纷纷前往，涌上街头，交通一度瘫痪。四处的车库、仓库、工厂和楼宇屋顶上，男男女女、老老少少神情凝重地望着远处的列车。私人飞机在上空盘旋，久久不愿离去。这天下午，列车驶离亚特兰大后，每个十字路口都站着静静默哀的人群。当列车驶向盖恩斯维尔时，梅里曼 · 史密斯在列车里喊道："快看！"棉花地里，一群戴着印花头巾的黑人女佃农双膝跪地，紧握的双手伸向列车志哀。

列车在南卡罗来纳州的盖恩斯维尔短暂停留，补充燃料，工作人员换班，又由新司机在车头上挂上一面国旗。至少 5 个街区的人群伫立在铁路两旁，全部睁大双眼，目不转睛地望着列车。接着，一队童子军开始吟唱《信徒精兵歌》。梅里曼 · 史密斯后来回忆道："刚开始唱得并不整齐，随后，声势渐渐壮大起来。不久后，近万人同时唱响，声音顿时如管风琴般响彻耳际。"列车继续缓缓向北行驶，埃莉诺 · 罗斯福后来回忆道："整晚我都在铺上躺着，望着窗外渐渐昏暗的天色，看着丈夫曾经无比热爱的国土，我的目光转向站在车站和十字路口的人群，他们远道而来，彻夜未眠，只为聊表自己对总统最后的敬意……我的确感到震惊，一路上，不管是车站，还是十字路口，都站满了人群。这一切都超乎我的想象。"她一向喜欢米勒德 · 兰佩尔悼念林肯的诗。望着窗外的夜色，法拉伏在她的脚边，这四行诗一直萦绕在她的脑海中：

凄寂的列车行驶在凄寂的轨道上
7 节车厢漆黑发亮
缓慢、肃穆的列车
载着林肯回到了家乡……

星期六早上 6 点 20 分，列车驶过弗吉尼亚州夏洛茨维尔市。曙光微明，又是春日里明媚的一天。森林中开满了山茱萸，如弥漫的粉红色薄雾，遍地都是盛开的杜鹃花和紫丁香。不到 4 个小时后，杜鲁门总统来迎接列车，仪仗队沿着特拉华大道前行，然后向西转到宪法大道。富兰克林 · 罗斯福曾经沿着这条路走过无数次，笑容满面地朝欢呼的人群挥舞自己竞选时的软呢帽。今天，在场的人更多，却异常安静，只听见空军 24 架解放者重型轰炸机从上空飞过。

这样装备盛大的葬礼在首都史无前例。头戴钢盔的士兵列队站在两旁的人行道上，一队警察骑着熠熠生辉的摩托车在前方开路，海军和海军陆战队的乐队演奏着肖邦的《送葬进行曲》、《信徒精兵歌》以及选自宗教清唱剧《扫罗》的《死亡进行曲》，海军军校的学生也在队伍中。队伍里还有坦克、运兵车、载着步兵的卡车、陆军妇女团、海军志愿紧急服役妇女、海岸警备队妇女后备队。解放者重型轰炸机又在上空出现，突然间，载着覆盖黑丝绒棺木的灵车出现在人们眼前，由6匹白马牵引，车后还跟着一匹马，都戴着眼罩、马镫倒悬、指挥刀和靴子倒挂在马镫上——标志着战士阵亡，源自成吉思汗时期。阿瑟·戈弗雷正在向全国实况转播，当他看到灵柩时，声音哽咽了，忍不住抽泣。伯纳德·阿斯贝尔写道："一切都太突然了。灵柩静静地前行。它看起来是那么小，只是一个大轮车，盖着国旗的灵柩徐徐走过，并非人们想象的那般高大宏伟。和一般人的安身之所一样小。"

队伍向右转入第15街，又向左转上宾夕法尼亚大道，经过一群不断抽泣的妇女。"他走了。永远离开了，再也不回来了。我是多么敬爱他"，"上帝啊，他走了，永远离开了我们"。而后，灵柩到达白宫，从西北门进入，直上北边的门廊。海军乐队开始演奏美国国歌《星条旗》。这时，一个敏捷的身影从人群中悄悄离去，匆忙回到了总统办公室——哈里·杜鲁门已经开始埋头工作了。当然，没有人注意到他，因为所有人的目光都望向门口。仪仗队正抬着灵柩进入白宫东厅，后面跟着总统遗孀。

那也许是战争期间最宁静的一个下午。全国各地的百货公司都挂上了黑布，林林兄弟巴纳姆-贝利马戏团取消了日场演出。停止营业的电影院，仅在纽约就有700家。报社当天未登广告，很快就编辑完成。就连杂货店也在下午2~5点关门。下午4点，仪式在白宫东厅举行，整个美国都停下来了。美联社、合众社、国际新闻社的电报缓缓打出：肃静。公交车和汽车停靠在路边；电车停止运行；空中的飞机只在上空盘旋；已经着陆的飞机停在跑道上，并未驶向航站楼；收音机停止播放。此时此刻，没有电话服务，甚至拨号音都没有。纽约的地铁隧道里，505 辆地铁列车在运行中暂停。到处都能见到男士们脱帽，女士们屈身。那一刻，所有美国人都像聚集在白宫东厅的 200 名哀悼者一样静默。

东厅四面摆满了百合花，足有 10 英尺高，遮住了墙壁，散发出浓郁的香味。当杜鲁门总统进来时，人们竟忘记起立，没有人留意到这点儿礼节上的疏忽，连杜鲁门自己也未察觉。除此之外，整个仪式进行顺利。罗斯福的轮椅静静地放在临时祭坛旁边，让人不禁想起他一生克服了重重困难。在罗斯福遗孀的请求下，所有宾客唱起了海军赞歌（“永恒圣父，恩能无边……”）。圣公会主教安格斯·邓恩致悼词，并引用了罗斯福在演说中最常说的那句话“我们唯一恐惧的就是恐惧本身”。祝福祷告仪式在下午 4 点 23 分结束。仪式后，罗斯福夫人率先离场，而后，楼上罗斯福一家的房间里就传出她同安娜的争吵声。罗斯福夫人离开的那段时间，女儿充当家里的女主人。当时，罗斯福总统曾询问安娜，自己能否同“一位老朋友”——露西·拉瑟弗德共进晚餐，安娜迟疑了，因为她知道个中含意，但最后还是同意了。埃莉诺觉得他们两个人都对不起自己，但后来她想通了，擦干眼泪后，下楼来到东厅，向遗体做最后的告别。工作人员打开了棺木，她放进去一束花后，棺木便永远地盖上了。

联合车站上，两辆列车等候着将宾客送往海德公园。第一辆列车负责运送罗斯福一家、杜鲁门一家、最高法院工作人员、内阁成员以及总统生前好友，第二辆列车负责运送国会议员、外交官以及新闻记者。晚上 9 点半，送葬队伍沿着早晨的路线返回，道路两旁士兵肃立，人行道上的人群静默。但政治人物就是政治人物，列车开离华盛顿后，政客们就谈论起政治。在“斐迪南 · 麦哲伦”车厢里，哈里 · 杜鲁门认真地同詹姆斯 · 伯恩斯交谈着，希望他能接任国务卿一职，因为伯恩斯参加过雅尔塔会议，对那里签订的协议了如指掌，没有人比他更合适。哈罗德 · 伊克斯是列车里声音最大的一个，他肆无忌惮地调侃杜鲁门，又同妻子吵嘴。亨利 · 华莱士脸色阴沉，闷闷不乐地一个人待着。星期三晚上摩根索还在沃姆斯普林斯见过罗斯福总统，他表示：那晚总统倒酒时，手确实比平时颤抖得厉害些，但头脑依然如往昔般灵活。哈里 · 霍普金斯则忙着告诉别人，新总统可不是 5 个月前“信手拈来”的，罗斯福观察了他好长一段时间，见杜鲁门确实领导有方，将委员会管理得不错，又广受参议院欢迎，而以后的和平协议正要提交参议院批准，所以才选他为副总统候选人。

到了布朗克斯，列车短暂停留。当离开莫特港公园时，第二辆列车调到第一辆列车前方，这一消息通过电报迅速传到哈得孙河的另一边，为总统志哀的纽约人民认真地聆听着一举一动。破晓时分，《纽约客》的《城中话题》栏目的一名记者出现在西点军校河对岸的纽约加里森火车站。他向铁路岔口的看守打听总统的车什么时候经过，那人回答：“到这儿是 7 点半到 8 点。载有国会议员的列车先到，大概 15 分钟后，总统的列车通过这里。”人群开始聚集过来，一位父亲带着个浑身打哆嗦的小男孩：“孩子，你要记住今天看到的一切。”但儿子却回答说：“冷死了！”

过了不久，又开来二三十辆轿车，从福特 A 型到 1942 年凯迪拉克均有。车主们看起来与其说是伤心欲绝，倒不如说是很激动。这名记者突然意识到，这说不定才是罗斯福希望看到的，因为“富兰克林·罗斯福情愿走得热闹一点儿，而不希望看到哭哭啼啼的场面”。这些人一边等，一边窃窃私语。(“星期五那天，我没告诉贝尔登太太，怕她受不了这样的打击。”“要是上帝能让他挺到战胜德国就好了！”“我倒想站台上所有人都站到一处，这样对他的敬意显得更大些。”）一批格伦可列夫修道院的教士身穿棕色教袍和凉鞋，恭恭敬敬地站成一排，如士兵一般整齐。一位妇女紧张地说道：“要是见不到他就糟了！”旁边一位男士安慰道：“放心吧，会见到的。”

车子果然慢了下来。第一辆列车过后，第二辆列车也缓缓驶来，车头还冒着缕缕白烟。男士们纷纷脱下帽子，就像80年前林肯的灵柩经过这里时一样。一开始，一个身穿红蓝格短外套的加里森青年大喊了一声，人们立刻齐齐望向列车里国旗覆盖下的灵柩以及守灵的仪仗队。

一个小女孩尖叫道：“我看见他了，真的看见了！”

女孩的母亲尴尬地说：“孩子，你看不到的，他正在国旗下面安睡呢！”但小女孩又重复了一遍：“我看见他了！”

人群散得很慢，好像拿不定主意接下来要做什么。那位父亲带着浑身打哆嗦的男孩离开时，男孩转头跟父亲说：“我都看见了。”父亲回答道：“那就好，一定要记住。”

冷泉、波基普西、切尔西、培根……这些名字都是罗斯福再熟悉不过的了——随着队伍的前行，都退向后方。星期日早上8点40分，列车从罗斯福的庄园旁转入海德公园私家轨道。列车一停，就响起了礼炮声，每15秒一响，连放21响。西点军校乐队引领着仪仗队前行，沿着土路，走上弯曲陡峭的斜坡。1870年，罗斯福的父亲詹姆斯·罗斯福开辟了这条非常宽敞的路，罗斯福小时候将它称为“河道”。就在这里的河边，孩童时的罗斯福学会了游泳、划船，又在阳光普照下的高地上学会了骑马。如今，只剩一匹马驮着空空的马鞍和倒挂的马具，一步步踏上岸边高地。

罗斯福庄园在山顶上。10英尺长的篱笆围在玫瑰园外，花园里已挖好一座新坟。一个简单的下葬仪式准备在这里举行，罗斯福的亲人、高级官员和友邻都被护送到这里。护柩的军校学生手持长枪，6名军人将灵柩抬进花园，埃莉诺·罗斯福紧随其后。花园里立着一个用绿叶编织成的十字架，海德公园圣公会主教来为吊唁者领祷。玛格丽特·杜鲁门在当天的日记中提到：仪式“很简单，但很感人”。当护柩者将灵柩缓缓放进墓穴时，主教举起手祷告：

为人的苦难结束了，
争执的日子结束了，
抵达上帝的彼岸，
结束一生的旅途。
上帝啊，愿你的孩子安息吧，
我们在这里，愿你的奴仆安息吧。

一架飞机在上空孤独地盘旋，军校学生整齐地踏前一步，向空中连放三响礼炮。小狗法拉吓坏了，狂吠、打滚、缩成一团。司号员吹响号角时，法拉仍被吓得惊慌失措，不住地颤抖。

埃莉诺·罗斯福缓缓地离开了丈夫的墓地。回到纽约，她在黑色丧服上别上了珍珠鸢尾花，这是罗斯福当年送给她的结婚礼物。对着围拢过来的一群记者，她只说了几个字：“一切都结束了。”

剪影：第二次世界大战欧洲战争

I've got sixpence, jolly, jolly sixpence
I've got sixpence to last me all my life
I've got tuppence to spend
And tuppence to lend
And tuppence to send home to my wife
Poor wife

PATTON SLAPS GI
FUROR AT HOME

I'm dreaming of a white Christmas
Just like the ones I used to know

She Copies Nearly Everything
with COPYFLEX

"Just gimme a coupla aspirin. I already got a Purple Heart."

O.K., you guys. Reveille. Drop
your cocks and grab your socks.

I'm a sa-a-ad sack!

Out of Wartime Needs
Has Come Startling
Progress in Dry
Batteries

"You'll get over it, Joe. Oncet I wuz gonna write a book exposin'
the army after the war myself."*

*Unattributed quotations in this montage are captions from Bill Mauldin cartoons and appear in his *Up Front* (Holt, New York, 1945).

"Oh, I likes officers. They make me want to live till the war's over."

VICTORY
and a
BURBERRY
To many a truly discriminating
man, not the least of the fruits
of Victory will be the privilege
of buying a Burberry topcoat . . .

```
Radio Warsaw, this is Radio Warsaw. We lack food and
medical supplies. Warsaw is lying in ruins. The
Germans are murdering the wounded in the hospitals.
They are driving women and children before their tanks
as screens. Our sons are dying. Hear us, Holy Father,
Vicar of Christ.
```

cornball

and then Hope said, "Were the soldiers at
the last camp happy to see me! They actually
got down on their knees! What a spectacle!
What a tribute! What a crap game!"

"This is Fragrant Flower Advance. Gimme yer goddam number."

I wouldn't give a bean
To be a fancy-pantsed Marine
I'd rather be a dog-faced soldier boy.

While on pass you will be observed by civilians who will judge the United States Army by your appearance and conduct as an individual. Failure on your part to conform to regulations with respect to wearing your uniform and to live up to the highest traditions of the service will result in unfavorable criticism of the Army, your organization, and yourself.

I have read and understand the above statement and am familiar with the provisions of paragraphs I to 59 of the Soldier's Handbook.

Situation
Normal
All
Fucked-
Up

Man Going on Leave

So what? I'm free, white,
and twenty-one.

"Th' hell this ain't th' most important hole in th' world, I'm in it."

"This damn tree leaks."

PARIS LIBERATED!

Picasso Well, Busy In Rue Saint Augustin Studio

"Th' krauts ain't followin' ya so good on 'Lili Marlene' tonight, Joe.
Ya think maybe somethin' happened to their tenor?"

flaking out

```
It's almost over and I'm almost home
and I'm scared that maybe just a
lucky shot will get me.  And I
don't want to die now, not
when it's almost over.
I just don't want to
die now.  Do you
know what I
mean?
```

shackup-job

"Beautiful view. Is there one for the enlisted men?"

I'm just a dog-faced soldier with a rifle on my shoulder
And I eat a kraut for breakfast every day
So feed me ammunition — keep me in the Third Division
Your dog-faced soldier boy's oh-kaaay!

"Ever notice the funny sound these zippers make, Willie!"

第十二章　新世界，新风向

1945 年 4 月 13 日星期五，风和日丽。这一天，《我的日子》专栏作家（罗斯福夫人）并未发稿。早上 6 点半，在西北区康涅狄格大道 1701 号公寓里，哈里 · 杜鲁门辗转反侧，恍若觉得有特别紧急的事情在催促着自己。他突然想起来，自己已是美利坚合众国的总统，立刻从床上一跃而起，抓起旁边的衣服，好像要立刻行动起来。正如他之后在回忆录中解释的，他长期观察罗斯福总统，从而坚信罗斯福所言："当总统就如同骑老虎，要么抓住不放，要么被吞进肚子……我从未觉得自己放松过，哪怕是一秒。"

杜鲁门绝对是一个坚毅的骑手。密苏里州农场上长大的孩子具有中部边地的顽强力量和敏锐的头脑，相比于包括罗斯福在内的大多数总统，杜鲁门对于世界历史有更透彻的理解，只是当时尚未引起注意。《时代周刊》写道："上星期，杜鲁门的朋友几乎一致认为，他不会是一位伟大的总统。"众议院议长萨姆 · 雷本认为，杜鲁门"大事都正确，小事错误多"。他刚当上总统那段时间，没什么大事发生，国民都认可罗伊 · 罗伯特刊登于《堪城星报》上的评论："哈里 · 杜鲁门不是一个捣乱的人。"对于罗伯特和其他保守人士而言，他们的新总统是个脾气好、能力差、衣冠楚楚的政客，以前只是个男装商人，讲起话来不温不火、不痛不痒，而且还带有浓重的中西部口音，比艾尔弗 · 兰登的口音还要重。于是，谣言四起：让他做满罗斯福总统的第 4 个任期吧，以后再没有人记得他了。

他们就是这样看待新总统的，这也正是杜鲁门最开始给人的印象。那时候，美国政界相信，杜鲁门成为 1944 年副总统候选人是党内力量妥协的结果，罗斯福对此也从未予以否认。如果回忆录中的内容真实可靠，那么罗斯福和杜鲁门共同竞选成功后，确实很少提及杜鲁门这个人。结果就是，杜鲁门入主白宫，成为美国历史上最缺乏准备的总统。

任何转变总要经过一段艰难时期。罗斯福的光环的确无人可及，而他的继任者给人的印象，活像是个来华盛顿短期旅行的乡下表弟，自惭形秽。根据杜鲁门自己的回忆，当上总统的第一天，美国特勤局人员来住处接他下楼，他竟然不觉得自己已是美国的最高领导人。一位新闻记者尊称他"总统先生"，他却回答："我倒希望你别这样叫我。"在白宫匆匆宣誓就职后，他发表了第一次公共演讲，他说："我将尽我最大的努力，按照我们的总统的做法继续下去。"于他而言，或是对绝大多数选民来说，那位在沃姆斯普林斯去世的男人仍是他们的"总统"。

上任后的第一个星期五的早晨，杜鲁门在人行道边招呼一名美联社记者："喂，托尼，你若是去白宫，不如和我一起走吧。"特工人员很头疼。来到市中心，总统又坚持要步行去银行办事，这让特工人员紧张起来。这些特工人员还不习惯一位总统到处走来走去。新总统喜欢步行的消息很快传遍了附近的几个街区，也造成了有史以来最严重的交通堵塞。杜鲁门只得妥协，承认警卫的顾虑是对的——总统是不能亲自去银行的，只能让银行来找总统。他享受人们对他的敬意和顺从，但当有人提及他的新职务时，他就会向白宫记者团抱怨："如果当记者的也能祈祷的话，伙计，帮我祈祷祈祷吧！"

从实际情况看来，他的行为还算正常。罗斯福的离世使每个人都焦躁不安。前一天，杜鲁门正式宣誓就职（此前，为了找一本《圣经》而弄得人仰马翻），一名糊涂的最高法院大法官以为总统的中间名"S"是"希伯"的缩写，但事实上它只是一个字母而已，不代表任何意思。之后，杜鲁门深情款款地亲吻了《圣经》。那时，杜鲁门对于指挥战争的认识，不比《华盛顿邮报》的日常读者多。事实上这份报纸是他获得战事消息的主要来源，罗斯福从未向他透露过任何战况，他也从未踏入过白宫作战室半步。更让人难以置信的是，上任的第一天，他还从未听说过原子弹，而约瑟夫·斯大林对于曼哈顿计划几乎了如指掌。史汀生本想向杜鲁门就相关情况做简短的汇报，却无奈没有时间。正如杜鲁门所言，第二天，吉米·伯恩斯来找他，但并未透露太多细节，只是表情严肃地说正在制作一种炸弹，威力足以摧毁整个世界。当时，来自密苏里州的杜鲁门只是惊奇地望着眼前这个人。将近两星期后，他才听到关于洛斯阿拉莫斯进展情况的全面汇报。后来，上将莱希又一次以爆炸专家的口吻提及此事，称这个计划纯粹是在浪费纳税人的钱，"史上最愚蠢的事莫过于此"。

在华盛顿，那些老练世故的人热衷于谈论关于杜鲁门笨拙的传闻。但是这些传闻并未掺杂着反对罗斯福那样的恶意，有时还充满了滑稽。新总统在一场音乐会后，被邀请到后台与演奏家见面。杜鲁门当副总统时，曾被拍到与女明星劳伦 · 白考尔一起弹奏钢琴，白考尔坐在钢琴上，细长的双腿暴露无遗。演奏者礼貌地低声说："我知道总统你也会弹钢琴。"总统谦虚地回答："哦，不，哪能跟大师你相提并论。"这些趣事背后真正的意义在于，杜鲁门总统也会和别人打趣，嘲讽丝毫不会影响他。他有自知之明，这样的性格在华盛顿确实很少见，他以自己的朴实无华为荣，这种品质更是少见。

可以肯定，杜鲁门确实缺乏魅力，处事不够老练，不具备总统该有的才华和魅力。但千百万对罗斯福高高在上的庄严感到畏惧的人，却为哈里 · 杜鲁门的质朴和谦逊感到愉悦。罗斯福打算同胡佛竞选总统，事前连自己的妻子都不知情；而杜鲁门宣誓就职后，给住在密苏里州格兰德维尤的 91 岁的母亲打了个电话。自从罗斯福去世的消息从沃姆斯普林斯传出后，杜鲁门位于格兰德维尤的老家就被新闻记者和摄影记者重重包围，不断有人打来电话、按门铃，或是从窗外往里偷窥。老杜鲁门夫人全然不在意这些。她接了儿子打来的电话，儿子尽量安慰她说一切都好，只简单说道："妈妈，我太忙了！可能有一段时间不能给你写信了。"杜鲁门回到家里，一放下文件，就同贝丝和玛格丽特来到好客的邻居家。用他的话说："他们晚饭吃了火鸡，留下了一些给我们，我可是从中午到现在一点儿东西都没吃啊。一躺在床上就睡着了，把当天的事情全抛在脑后。"杜鲁门一家人从没想过麻烦白宫的厨房，更不会想到派人去饭店点些饭菜回来。和大多数"大萧条"时期过惯苦日子的家庭一样，精打细算是必不可少的生活课题。在他每星期寄往密苏里州的信里描述了得知罗斯福总统辞世，他心里是何等的谦卑——"我到了宾夕法尼亚大道上那个通往美国最著名宫殿的入口，两个接待员来迎接我……”又说起康涅狄格大道上的公寓：“我们的家具还在那儿，可能有一段时间不会回去住……这个月的房租我已缴，如果白宫的房子下个月还没有布置好，我还要再缴房租。”杜鲁门在信的最后写道：

> 过去的6天是我一生中最难熬的日子。4月12日晚上7点9分，我宣誓就职，现在是4月18日晚上9点，我做了6天的总统，真难以置信。今天也很不寻常。我准备睡觉了，但还是想先写完这封信。等我在白宫安顿好后，你们俩可以来看看我们。忧虑重重的儿子和兄弟向你们问好。
>
> 哈里

埃莉诺·罗斯福迁出白宫前，杜鲁门一家住在宾夕法尼亚大道上白宫对面的布莱尔国宾馆。玛格丽特在日记里回忆道：“这儿非常漂亮，古雅而又名贵。来访的高官都在这儿下榻。但下榻于此的美国总统，父亲还是第一个。”后来几天，她一直都兴高采烈。她在4月22日的日记中写着：“今天我和爸爸、妈妈去了沃尔特·里德教堂，还去拜访了潘兴将军。我真是太开心了！”1945年，像“装模作样”和“平庸”这样的贬义词还没有出现，但“乡巴佬”却被华盛顿那些好事之徒扣在玛格丽特和她整洁的父亲头上。杜鲁门成了他们嘲讽的对象：双排扣灰色西装，配上双色花男鞋。杜鲁门第一次对全国发表演说时，竟忘记了先让议长萨姆·雷本介绍，雷本只得硬着头皮打断讲话：“哈里，等我先介绍一下你。”华盛顿政坛俏皮地说：“犯错误对杜鲁门来说是常事。”至于贝丝·杜鲁门的事情，则鲜为人知。后来，一位记者从密苏里州独立市找到了她儿时的玩伴亨利·奇利斯，才了解到了贝丝的一些情况。“她是个了不起的女孩，”奇利斯兴奋地说，“我认识的女孩中，她是第一个会用牙缝吹口哨的。”

哈里 · 杜鲁门通常不会在意外界对自己的批评，但谁要是诋毁了他的妻子和女儿，可就不同了。玛格丽特首次以职业歌手的身份在宪法大厅演出后,《华盛顿邮报》音乐评论家保罗 · 休姆称总统之女“唱得不好，许多地方含混不清，她的歌声没有向听众传达出任何感情”。这份报纸送抵白宫后不久，他就收到了白宫总统的亲笔书信：

> 我刚看到你对玛格丽特表演的蹩脚评价……给我的感觉是，你只不过是一个受到挫败的糟老头子……有朝一日希望有机会遇上你，到时候，小心你的鼻梁会断，还要用鲜牛排来敷你那瘀青的双眼，说不定还需要个护腰。
>
> 哈里 · S · 杜鲁门

玛格丽特觉得很没面子，她告诉记者：“我相信父亲绝对没说过那样的话。”说完就哭着跑上楼。杜鲁门也只得承认“有时人性的弱点左右着我”（休姆在第二天的评论中，以“如果我还能斗胆发表言论的话”开篇）。但没有人留意，大家以为这件事就这么过去了。然而，包括国会议员理查德 · M · 尼克松在内的共和党人，都认为当总统应该做得更体面。

对杜鲁门的批评者而言，他就是个笑话，还是个低级的笑话。罗斯福的言谈举止至少像位国家元首，总不会忘了自己的身份去呵斥一个音乐评论家，也不会在另外一份公文中怒气冲冲地说美国海军陆战队“有一架宣传机器，可以与斯大林的相媲美”。一走出华盛顿，杜鲁门的举止就像出席全国代表大会的退伍军人协会会员。在佛罗里达州，他头戴白色帽子，身着五颜六色的夏威夷花衬衫，手持特大号手杖；同温斯顿 · 丘吉尔前往密苏里州富尔顿途中，他竟然戴起了列车司机的帽子，还兴致勃勃地开着列车；在堪萨斯城，他又钻进了弗兰克 · 斯皮纳的理发店，还同弗兰克开玩笑说："别用任何香波，我受不了那股味道。"报界把这些都刊登出来，包括他登上"圣牛"号时和母亲吻别，以及他母亲最后说的话："要做个好人，也要带点儿刚强劲儿。"

罗斯福下葬后的那段日子里，没人对新总统有过多的期望，只有小部分人渐渐得出结论：从某些标准来着，杜鲁门也算是个好人，也带点儿刚强劲儿。讨论战事时，马歇尔和莱希只要汇报一次，他就能弄明白；军队、战舰名、作战计划、敌人部署以及后勤供应的数据，他都能记得一清二楚，而且在分析时还能准确引用。上任第一个星期还未结束，杜鲁门就着手处理棘手的巴勒斯坦问题，准备参加在旧金山召开的第一届联合国会议，改组了华盛顿的官僚机构，还调遣了三名内阁成员。他差一点儿否决了艾森豪威尔的意见：主张派遣美军前往柏林和布拉格。这也是他一生中难得没有听从自己直觉的一次，否则欧洲的历史可能要改写了。驻莫斯科大使埃夫里尔 · 哈里曼对这位新任总统一无所知，坐着飞机横跨亚欧大陆和大西洋回国汇报（当时是创纪录的）。4 月 23 日星期一，哈里曼来到白宫椭圆形办公室：

> 我仅和杜鲁门总统谈了几分钟，就发现他对形势了如指掌。真不可思议！我顿时也觉得松了一口气。数月来，我发给国务院的所有报告，他都看过。他非常清楚战争的情况，而且深刻理解其意义。

罗斯福曾尝试过博取苏联人的欢心，但杜鲁门对他们却直言不讳。V · M · 莫洛托夫和安德烈 · 葛罗米柯一道走进总统办公室，杜鲁门直截了当地告诉二位，美国和英国都遵守了雅尔塔协议的各项规定，但信守承诺不是单方面的。莫洛托夫回答说，苏联同样忠于自己的诺言。杜鲁门坚决反驳，立刻告诉莫洛托夫，在波兰的事情上，苏联并未如此，如果红色傀儡继续霸占着东欧不放，波兰就绝不会被允许加入联合国。而且杜鲁门希望莫洛托夫将这些话原封不动地带给斯大林。莫洛托夫愤怒地回答："有生以来，还没有谁这样对我讲话。"杜鲁门冷冷地回了句："遵守协议就不会有人这样对你讲话了。"陪同总统会见的哈里曼后来回忆道："总统对莫洛托夫的态度非常坚决，事实上，我当时真有点儿担心。但我不得不说，我为这位新总统感到自豪。"

从海德公园回来后，杜鲁门邀请伯恩斯加入新内阁，出任国务卿。以总统的话说，伯恩斯"几乎跳起来表示不同意"。4 月 30 日，新任副国务卿迪安 · 艾奇逊给儿子写信说："新总统干得十分漂亮。"他还说，罗斯福辞世两天前，自己偶然有机会和杜鲁门详谈过。"从此就对他有了深刻印象：杜鲁门为人耿直、有决断力、老实诚恳……我想他会很快上手，取得人们的信任。由他而不是亨利 · 华莱士做总统，这是美国人的福气。"

马歇尔、莱希、哈里曼和艾奇逊等人很快就为杜鲁门所折服，其他人则需要较长时间才佩服他。然而，还有一些人需要当头一棒才能觉醒，杜鲁门正好专精于此。杜鲁门决定任命密苏里州的一位老朋友约翰 · 斯奈德出任财政部长。他叫来了前任部长耶西 · 琼斯，告诉他这个消息。琼斯感到很突然，他本以为事先会和他商量一下，便问："是'总统'生前的决定吗？"

杜鲁门回答道："不，是总统刚决定的。"

4 月底，《日内瓦论坛报》头条醒目地写着：战事发展迅速，节节胜利。5 月 1 日，德国元首的死讯传来。当晚，朱莉 · 安德鲁斯第二次见到伦敦灯火通明。5 月 2 日，柏林被攻克。稍后，在意大利的德军投降。两天后，驻扎在荷兰、丹麦和德国西北部的德军司令们纷纷投降。5 月 7 日，德国最高统帅部参谋长阿尔弗雷德 · 约德尔将军偕同其属下在法国兰斯签署了无条件投降协议书。与此同时，在柏林，德国最高统帅部长官、陆军元帅威廉 · 凯特尔在苏联元帅格奥尔基 · 朱可夫面前同样不好受地签署了投降书，正值夜里 11 点半。这是人类历史上的第一次，整个国家的全部武装力量，包括服役士兵、海陆空三军，都沦为战俘。接下来的一星期里，所有司令员、军官把军队撤回到指定地点，取消所有命令，校准手表以便同时全面停火。1945 年 5 月 8 日是第二次世界大战欧战胜利纪念日，也是哈里 · 杜鲁门的 61 岁生日。上午 9 点，杜鲁门通过广播讲话。（同一时刻，丘吉尔在伦敦、斯大林在莫斯科向国人宣布胜利的消息。）杜鲁门第一句话是："盟军经历了无数的牺牲和英勇奉献，在上帝的保佑下……"几乎没有人记得他接下来说了什么。人们聚集在大街上和时代广场上，华尔街上的大厦窗户里扔出整卷彩带，芝加哥卢普区、波士顿公园、好莱坞和文兰城、印第安纳波利斯的战争纪念碑周围，以及华盛顿各大商场、学校、军工厂里，只要有地方就有欢呼舞蹈的人们，有时没地方也能跳，比如商店橱窗、电话亭、电梯里。男人想亲吻，女人想被亲，此时此刻，他们有权利忘记在大洋彼岸还有一场更令人头疼的战争。那个帝国比德国法西斯更强大，更有决心继续作战，甚至不惜战斗到最后一个人，以迫使敌人付出最大代价。欧战胜利并没有击垮日军的士气，天皇仍然高高在上，整个民族都甘愿为他卖命，这是不朽的保证。东京对所有爱好和平者的诉求，都一样回答：不投降，永不投降。

自 12 月 26 日巴斯托涅解放以来，历史飞速前进。9 月里，胜利接踵而至，当时的幸存者往往并不了解战争情况，因为许多人根本没时间也没心思收听新闻。士兵仍留在兵员补充中心、食堂、医院、驾驶舱中或战舰上，他们正在怀念死去的战友，正在术后休养，正在重读亲人的来信，或是请同伴签名留念，以打发这段无聊的时间。在美国国内，家中的母亲、妻子迎接受伤的儿子或丈夫归来，或是忧虑地查看伤亡名单上是否有亲人的名字。这时，广播电台评论员广播往往没人听，到处都扔着没人看的报纸。几个月的时间里，人间活像一个万花筒，混乱不堪。

混沌中，震惊世界的大事发生了。《联合国宪章》在旧金山签订；温斯顿·丘吉尔这一美国人眼里坚韧不拔的化身，在英国工党以压倒性优势获得选举的胜利后，被扫地出门；麦克阿瑟重新占领菲律宾群岛；战争实验室里提炼出神奇药物（当时“药物”还是褒义词[①]）；当了 11 年纽约市长的菲奥雷洛·H·拉瓜迪亚也下台了；为人所熟悉的“债券”牌子（号召民众购买战时债券）从时代广场撤下。人们听闻纳粹集中营屠杀了 600 万犹太人和日本神风特攻队驾驶装满弹药的战斗机冲向美国军舰的滔天罪行，已无心了解所谓无人驾驶的 V–2 导弹。最终，日本两座城市被美国完全摧毁，一座城市如丹佛大小，另一座则比纽瓦克市还要大些。

欧战的胜利虽然让夏威夷以西的人们看到了希望，但还不至于令他们欢呼雀跃。欧洲战场似乎是其他人的战场，对这些岛上的人来说，欧战胜利的意义只是早日从欧洲得到增援而已。太平洋战场的老

① 原文为drug，现多指毒品。——编者注

兵总念叨一首打油诗："45 年活着回家，46 年重返乡下，47 年回到天堂，48 年抵达金门。"那些与日军交战的士兵都明白，除非幸运地受伤（伤势严重到不再能参战，但其他事都能做），否则能回家的希望非常渺茫。与日军作战的士兵，都知道 45 年、46 年甚至 47 年都不大可能回家。大多数人只企盼能在 48 年回家。但战斗一场接一场，重伤牺牲的可能性不断增加。华盛顿参谋长联席会议也认同这样的看法。攻占不足 8 平方英里、满是火山灰的硫磺岛，就赔上了 25 849 名士兵的性命，占登陆部队总人数的 1/3；攻打冲绳岛，牺牲了 49 151 名士兵，神风特攻队在冲绳上空向美国战舰俯冲，炸沉 34 艘军舰，还重创 368 艘舰艇。如果日军在其防御边界的外围岛上就能造成如此重大的伤亡，那么在日本本土 142 007 平方英里的领土上，他们会是多么可怕！恐怕就和在塞班岛的情况一样吧，每个拿得了手榴弹的平民百姓，都会和军队一起作战。①

雅尔塔协议保证英美联军将获得苏联的全面支持，参谋长联席会议做出了有根据的预测。如果 11 月 1 日成功登陆日本九州岛，在仲冬进攻本州岛，预计阵亡人数将超过欧洲战场和太平洋战场牺牲人数的总和。史汀生在 1947 年 2 月的《哈泼斯》杂志上写道："我听闻此次作战，光美国士兵伤亡人数就可能有 100 多万。"（"二战"中，美军为攻破日本在太平洋的外围防线，伤亡总计 170 596 人。）麦克阿瑟将军对此更加不乐观，他说，到目前为止，和美国陆军与海军陆战队作战的都是孤立无援的岛上驻军。而日本陆军有五六百万人，数千

① 日本国土由四大岛屿组成：九州、本州、四国和北海道，首都东京位于本州岛东南部。1945 年，日本人口为 72 598 077。东京广播所提及的"1 亿"日本人实际上包括了塞班岛等殖民地的人口，根据《凡尔赛和约》，这些殖民地由日本管辖。

吨弹药藏于地下洞穴，还从未在战争中失败过。他们正在从中国战场撤回军力保卫日本本土，并挖掘战壕。除非将日本所有岛屿封锁，饿死所有人（但这是最不人道的做法），否则总得对付这些部队。麦克阿瑟预言，这将是人类历史上最惨烈的杀戮。他预料在11月1日完成抢滩时，伤亡就会有5万人左右。进攻本州岛之前需要精密部署，因为藏匿在地下飞机库的5 350架神风飞机随时可能会同许多舰艇同归于尽。最后，麦克阿瑟提醒华盛顿政府，还有可能找不到有组织的敌军作战，因为日军可能隐藏于山林，打游击战，到时这场战争可能会持续10年之久，盟军的伤亡量将难以预计。

带着他的预想，杜鲁门准备前往柏林西南17英里、波茨坦的勃兰登堡参加会议。那时候，他已经决定争取同苏联红军合作。巴顿将军向英国人宣布，英美应加强战后的双边关系，“因为，毋庸置疑，统治世界是我们的历史使命”。史汀生连忙做出回应，告诉媒体巴顿所说的只是他的个人看法。美国报界劝巴顿注意自己的公开言论，他的发言应只限于“齐步走”、“刺刀”和“射击”这类口令。马歇尔将军告诉记者，如果苏联不与美国结盟，还需要增加一倍的美国士兵奔赴欧洲战场。当时，艾森豪威尔将军飞往苏联克里姆林宫，希望进一步加强莫斯科和华盛顿的合作关系。苏联将军敬佩他，政治委员们欣赏他，约瑟夫·斯大林也面带微笑地欢迎这位尊贵的客人。斯大林还把自己的照片送给艾克，亲自授予他苏沃洛夫勋章和胜利勋章。胜利勋章是一枚华丽的装饰物，这可能是除了荷兰威廉敏娜女王授予的镶有珍珠的金剑之外，他收到的最贵重的奖章。这个星形的白金勋章，直径约3英寸，镶有91颗重达16克拉的钻石。然而，这竟然成了历史的一大讽刺：这枚名贵勋章的获得者，后来当上了美国总统，竟然让一切受过苏联奖章的人流离失所，被国会委员会恐吓，被邻居们当街驱逐。但 1945 年，这一切都还只是难以预知的未来。这时候，世界上的两个新晋超级大国还能暂时和平共处。艾森豪威尔博得了斯大林的欢心，为美国立下了功劳，如果这一年夏天没有那两朵蘑菇云的出现，这一功绩也许会更显著一些。

斯大林当时可闲不下来，要在克里姆林宫接待盟军的最高统帅，又要在波茨坦对美国新任领导人做出估量，还得忙着研究美国尚未测试的超级武器的情报，英国称其为“合金管”，史汀生称之为“X”，参谋长联席会议叫它“S–1”，橡树岭那些少数参加此计划的科学家称之为“S–Y”，而在其存放地——洛斯阿拉莫斯技术区的更少数科学家却称之为“新玩意儿”。

这个科学界最伟大的成就，将成为史上最昂贵、最有效的大规模杀伤性武器——如果它能成功爆炸，但没有人敢保证。同时，军事保卫部门还不知道福克斯–戈尔德–罗森堡–格林格拉斯的泄密事件，所以做的安排依然滴水不漏，甚至未透露这种“新玩意儿”真实存在。当年春，75 名飞行员被选中派往美国犹他州的温多弗机场，组成第 20 航空队第 21 轰炸指挥部第 313 飞行联队第 509 混合大队。没人知道第 509 混合大队的任务是什么，队员都是自愿参加的，如若问他们自愿服务什么，得到的答案只是：这一组织“将执行某种特殊任务”。

他们知道是特殊任务，他们的飞行训练与众不同。一架B–29 轰炸机要模拟独立高空袭击，另外两架战机观测是否有异常天气，尤其是闪电风暴。负责轰炸的单机并不携带B–29 轰炸机常规携带的巨型高性能爆破弹，取而代之的是一个巨大的奇形怪状又威力一般的炸弹。事实上，这颗炸弹是洛斯阿拉莫斯所造装置的外壳的精密复制品，是按照那个装置蓝图制造的。与此同时，第一颗原子弹就快完成了，第 509 混合大队摸不清这是什么门道，甚至在被派往距日本射程很近的提尼安岛执行任务时，仍然一无所知。他们在岛上继续训练的同时，年轻的核物理学家菲利普 · 莫里森博士在岛上主持修建一个先进的实验室。飞行员不认识莫里森博士，对他们来说，说不定他只是在这里建立一个随军小商店而已。更荒唐的是，他们不断接到危险警告，但就他们所知，这些危险根本不存在。华盛顿的某些人觉得他们会面临失明的危险。他们在飞行过程中，被要求戴上电焊工用的护目镜，当投弹手打开弹仓后，绝不能往轰炸目标方向张望。

每晚黄昏时分，B–29 轰炸机起飞前往日本执行任务。莫里森博士之后告诉参议院委员会："我们常坐在珊瑚礁上，观看第 313 飞行联队的实战演练。"大部分战机将于第二天清晨返回，排成一条长线，就像项链上的珠子，从头顶到天际，一字排开。一眼望去，能同时看到 10 或 12 架飞机，每两架之间相距两英里；一架飞机着陆，另一架立刻接上，视野中永远有同等数量的飞机。空荡荡的场地顿时停满了战机，一两个小时内，所有的战机就都返回了。

对于莫里森而言，这一幕非常壮观，但对第 509 混合大队而言，这简直就是每日的难堪。他们都是最优秀的飞行员，安逸会消磨他们的士气。他们飞抵提尼安岛时，"东京玫瑰" 指名他们队伍的番号问候他们，也许其知道情况。更让他们难堪的还是来自第 313 飞行联队其他飞行员（负责夜袭日本领土）的奚落。他们每晚都要在"帝国"（这是飞行员们对日本的称呼）上空闪避高射炮火，有的牺牲了，有的负伤而归，但是第 509 混合大队的飞行员执行任务的地点只是日本贫瘠的荒芜地带，又是毫无战略意义的地区，因此，根本没有遇到过高射炮。他们会不时接到投炸弹的命令，但不过是一种小型炸弹而已。对于他们而言，如此令人困惑的任务简直有辱飞行员的身份。更大的侮辱是，另一组投弹手编了一首打油诗嘲笑他们：

秘密大队飞向天空，
无人知晓他们行踪。
明天又会平安归来，
谁也不知去了哪里。
请别问我有何结果，
除非你想自找麻烦。
但知情人会告诉你，
第 509 队将决定胜负。

“东京玫瑰”似乎无所不知，也不知从哪里得到这首讽刺的打油诗，嘲笑“第 509 队将决定胜负”。

5 月底，提尼安岛上被遗忘的人迎来了一位高个子科学家，名叫路易斯 · W · 阿尔瓦雷茨。岛上没人知道阿尔瓦雷茨的经历，即使知道，也不会相信。他冒的生命危险比任何人都要大，他在遥远的峡谷工作，离住宅区和洛斯阿拉莫斯技术区都很远。他完善了原子弹复杂的冲放装置，称其为“枪式”装置。这个炸弹内有两半，一半的铀 235 充当子弹去撞击另一半铀 235。阿尔瓦雷茨装置现在能精确到百万分之一秒，这种完备的技术设施足以解答一年半前芝加哥阿隆索 · 斯塔格运动场空旷看台下解决不了的问题。

以下是 1945 年春炸弹的形态及其研发秘诀：

黑色“鲸型”精密加工，直径 28 英寸，长 10 英尺。整套装置重 9 000 磅，其中大部分是压舱物，铀芯仅重 22 磅。（假设爆炸 100% 有效，2.2 磅的含铀量已足够，但研发初期，能达到 10% 的成效就已经很不错了。）不仅要将 22 磅重的铀分离处理，而且，使导弹内核质量不相等也很重要。“子弹”部分约重 5 磅，“靶子”部分约重 17 磅。显然，将两部分分隔开的隔屏（或叫封套）至关重要，它的首要作用是使分裂铀 235 原子的快中子不能直接冲击。如果隔屏失效，那第 509 队就什么也做不成——连同那些爱起哄的人，以及整个提尼安岛都将被炸为乌有。芝加哥的反应堆里，提纯过的石墨用于防止中子冲击，但要制造一枚炸弹可比建立反应堆困难得多。当德国的核物理学家第一次听说美国成功爆炸了一枚原子弹时，古德斯密特报告，他们相信“美国扔向广岛的只是一个完整的铀反应堆而已”。因为便携式炸弹中的石墨并不能发挥功效，在新墨西哥州的盟国科学家花了数月时间，搜寻其他能压制中子冲击的物质，洛斯阿拉莫斯技术区称这种物质为“融合芯”。这种中子反射器必须是高密度的金属物，黄金是可行的，奥本海默就曾认真考虑过申请一些黄金，后来一种合金也被证明可行，于是原子弹两个半边的铀 235 就用合金缠绕着，外面是一层层的弹片，直到 B–29 轰炸机的炸弹舱被整个塞满。和普遍认识相反，这种炸弹不是用降落伞投向目标的。B–29 轰炸机速度很快且飞得很高，有时间让飞行员及机组成员逃离现场，因此原子弹可直接投掷，但并未接触地面。根据阿尔瓦雷茨原理，为了发挥最大功效，原子弹在目标（洛斯阿拉莫斯术语称目标为“零点”）上空就会触发爆炸。真正的导火线是戴维 · 格林格拉斯为哈里 · 戈尔德在报纸上画的那种透镜，现存于莫斯科。在这种神奇的微力矩作用下，通过远程控制炸弹，使中子迅速聚结，千万分之一秒内，原子弹即可被引爆。

无论格罗夫斯将军有何顾虑，他还是不得不假定这种装置不会走火。格罗夫斯是一名军人，为人忠诚。这个项目已经耗费了 20 亿美元（这笔钱分散在诸多拨款项目中，瞒着国会弄来的），已经别无选择，只能硬着头皮走下去。早在 1944 年 12 月 30 日，巴斯托涅的居民还实行着定量减半的食物配给制，太阳旗还在硫磺岛和冲绳上空飘扬，格罗夫斯在给马歇尔将军的书信中写道，他“有理由相信”一种枪式原子弹将在下一年投入使用。那时，格罗夫斯认为初步的测试完全没有必要。据他估计，第一颗原子弹将在 1945 年 8 月 1 日准备就绪，第二颗将在 1946 年 1 月 1 日研制成功，第三颗则再迟一些，时间尚未确定。

4 月 24 日，史汀生和格罗夫斯来到椭圆形办公室，杜鲁门第一次听到了有关曼哈顿计划的完整汇报。总统听完后，顿时瘫坐下来。史汀生告诉杜鲁门，方案有少许变化：7 月中旬，将在靠近洛斯阿拉莫斯无人居住的沙漠地区进行一次测试。史汀生表示，如果成功，试验装置将释放出 500 吨 TNT 当量，而第一次在实战中爆炸的原子弹的威力将是其两倍，相当于 1 000 吨 TNT 当量。如果要显示这些人对即将诞生的怪物知之甚少，这些数据就足以说明，因为实验证明第一颗导弹释放出了 20 000 吨 TNT 当量。尽管如此，杜鲁门还是很谨慎。4 月 24 日的新闻稿中出现了杜鲁门对这颗原子弹的首个决定：探索是否有其他办法。由两组人员研究，一个是军方和非军方人员组成的临时委员会，一个是科学专家组。5 月 31 日和 6 月 1 日，两组人员会面时发现，他们分别独立工作但得到的结论一致。

道德影响是不容忽视的。临时委员会（包括史汀生、马歇尔将军、詹姆斯 · F · 伯恩斯、范内瓦 · 布什、卡尔 · 康普顿以及哈佛大学校长詹姆斯 · 布赖恩特 · 科南特）对于原子能的影响非常敏感，他们“认为原子能不能简单地作为军事武器考虑，还应被看作人类与世界的新联系”。与此同时，调查人员也意识到，每个工业化国家都有核物理学家团队，无论美国如何抉择，核武器的研制都是迟早的事。临时委员会和科学专家组（包括奥本海默、费米、E · O · 劳伦斯以及阿瑟 · 康普顿）都已做过研究，寻找其他替代方法。提前详细预警原子弹的威力或是在无人区进行爆炸试验，但两种方案皆因不可行而被取消。原子弹爆炸的情形还不为人所知。即使洛斯阿拉莫斯即将举行的试验取得成功，也不能保证B–29 轰炸机上投放的炸弹就能顺利引爆。在沙漠的测试是静态的，根据一种复杂而又未经试验的装置在既定高度投放炸弹，并不能给技术人员提供任何有关原子弹引爆问题的新信息，在实战中失灵是极有可能的。如果美国警告日本人后投放下一枚哑弹，那只会让敌人的士气更高昂，加强他们孤注一掷、殊死搏斗的决心。而且，美国也没有多余的原子弹可以浪费。除了用于沙漠爆炸测试的静态装置，只有两枚原子弹："小男孩"和"胖子"。

因此，6 月 1 日，杜鲁门的顾问团建议"尽快轰炸日本"，而且应选定有双重意义的目标——邻近其他更容易被摧毁的军事设施，并且"无须提前警告"。4 位科学家一致认为："我们不能保证仅用技术示威就能终止这场战争，除了用于军事外，没有其他切实可行的办法。"史汀生在稍后呈交杜鲁门的备忘录中写道："一旦开始实际进攻日本本土"（如果杜鲁门不同意使用原子弹，就要立即准备进攻），"我认为这场战争将比与德国的战争更加惨烈。这种尝试……反而会激发敌人的民族团结和同仇敌忾，迥异于德国的情况"。一年后，卡尔 · 康普顿在《大西洋月刊》中谈起原子弹："我相信，没有人会放着这样的炸弹不用，否则事后如何向自己的国人交代？"康普顿并非不了解炸死广岛 8 万人的惨状，但他提醒批评者应该铭记德国德累斯顿和汉堡市的大火，以及B–29 轰炸机在东京上空的两次燃烧弹袭击，一次杀害了 12.5 万人，另一次则近 10 万。如果可以用数字评判道德，那么，决定对日本使用核武器的人也算不上最大的战争罪犯。

7月13日星期五，正好是罗斯福在沃姆斯普林斯去世三个月的日子，试验装置的两半边铀235、融合芯和起爆装置，从洛斯阿拉莫斯技术区的“后门”步上一条直达路，通往位于美国新墨西哥州阿拉莫戈多50英里外半沙漠地带的S发射场。距此地最近的村庄奥比斯库罗（西班牙语为“黑暗”之意），被当地人称为“死亡地带”。这一巧合并未在核物理学家当中引发黑色幽默，因为他们很清楚自己正在向未知的领域迈进。他们警告第509混合大队当心闪电并不足为奇，但闪电的危害是无法估量的。一场暴风雨中的一道闪电就能将他们分崩离析，而且由于链式反应的范围究竟有多大还不可知，摧毁整个地球也并非不可能。虽然科学界大部分人不赞同这种猜测，但没人能保证完全不可能。深夜里，科学家们驱车经过奥比斯库罗，一路无语。

在“死亡地带”的中部地段，靠着一所旧农舍正面，修建了一个100英尺高的铁架。弹芯将在这里组装，但要等到最后时刻才能完成。这时，对闪电的恐惧与日俱增。7月，这种贫瘠的荒漠地带经常会出现雷暴天气，几天前，在这里完成了普通炸弹的预演，刚把炸弹装好，突然一道叉状闪电划过，将炸弹引爆了。支架和农舍是绝对的“零”。洛斯阿拉莫斯炸弹物理组的负责人罗伯特·F·巴查博士正在农舍里安装炸弹，黄昏时分，他觉得很不顺手，每个零部件的精度都极高，但其中一个零部件卡住了，他等了一会儿，再试，再继续等，试了很多次，终于完整契合。

此地西南方10英里外，奥本海默和科学指挥团的其他成员在那里静候佳音，B–29轰炸机则在上空巡航，随时用无线电报告天气状况。奥本海默S–10碉堡是指挥中心，也是总指挥部，其他三个加固的混凝土要塞建在其他方向上，每个要塞都距离“零”地带1 000码。初步设定于凌晨4点引爆，但天气总在恶作剧，每次天一放晴，B–29轰炸机的飞行员就报告天边出现新闪电。爆炸推迟到凌晨5点30分，风暴迹象完全消失。7月16日凌晨5点29分15秒，原子时代到来前45秒，加利福尼亚大学的物理学家轻轻拨动了主发射器，每个事先搜集的电子都在微秒时间内准确地进入了指定位置，开启第二、三级链式发射器。

5点29分50秒。

一个声音响起：“倒数10秒！”这还是第一次倒数计秒。每个人都在无声地默数着——5时29分51秒，5时29分52秒，5时29分53秒，5时29分54秒，5时29分55秒，5时29分56秒，5时29分57秒，5时29分58秒，5时29分59秒——5点30分，一切同时发生。人类根本无法辨别出百万分之一秒，所以没人见识到原子弹的第一道闪光，但他们的确看见了远处山坡上耀眼的反光。所有人都为之震惊，奥本海默在要塞里抱住了柱子。30秒后，迎面吹来了一股飓风，接着，震耳欲聋的巨响扫过整个荒漠。与此同时，空中不断上升的放射性物质笼罩着“零”地带，把它的发明者惊得目瞪口呆。威廉·L·劳伦斯写道：

> ……这是人类前所未见的日出，眨眼间，一轮绿色巨日爬上8 000英尺的高空，越来越高，直到触及云端，炫目的光辉点亮了大地和天空。这个直径有一英里长的巨大火球不断上升，颜色渐渐发生变化，从深紫色到橘黄。球体不断上升，也不断变大。如同某种自然力挣脱了千万年的困顿。转眼间，颜色变得异常幽绿，如同日全食时的日冕一样。似乎地球已被打开，天空像被撕裂。如同创世之时，上帝说：“让世界有光。”

气体不断上升，巨大的内压使气体不断膨胀，形成巨型蘑菇云，继续上升，又形成一朵蘑菇云，上升到4.1万英尺的夜空，比珠穆朗玛峰还高，最终消失在天际。奥本海默想起了《博伽梵歌》中的两段文字——“如果千万太阳同时在天空照耀，它们的光灿或可与至尊者的宇宙形体相仿”和“现在我变成了死亡，世界的破坏者”。其他人也在欢呼，一位高官声嘶力竭地叫着：“天啊，那些长头发的人肯定失去了控制！”一位欢欣鼓舞的物理学家高喊着：“太阳的光芒也不能与之相比。”的确如此，5点30分时，“零”地带的温度高达华氏1亿度（5 556万摄氏度），是太阳中心温度的三倍，表面温度的1万倍。在新墨西哥州和得克萨斯州西部沉睡的人们也被这种神秘的闪光惊醒，接着那股暴风强烈拍打他们家里的窗门，人们无不为之惊恐。

现在，“零”地带看不见任何东西。费米坐在铅质内衬的谢尔曼坦克里向“零”地带开进，用一个机械铲采集样土，以用于实验室检测，但由于辐射过强，深入研究只能推迟。等到科学家能够安全进入时，才发现“零”地带方圆一英里内的所有生命，无论动物还是植物，如响尾蛇、仙人掌以及沙漠里的绿草全部被摧毁。B–29轰炸机群曾在几英里外发现的一群羚羊也消失了。新墨西哥州其他地方的牛，皮毛上也长出了灰色斑点。距离“零”地带800码处的32吨重铁塔现在成为一摊扭曲的废铁，而“零”地带周围冲压成了一个直径约800码的白热大圆碟，连一粒沙都没留下。高温将沙熔成了不知名的翠绿物，如同一个笨重又折不断的塑料一般。农舍和支架不知所踪，已化成气体随风而去了。

格罗夫斯将军第一个回过神来，告诉身边的副官：“战争结束了，只需一两颗这种炸弹，日本就玩儿完了。”身旁的科学家并没有说什么，有一个人把手指十字交叉（祈祷幸运之意），因为“一两颗”是他们的所有。洛斯阿拉莫斯试验的代码是“三合一”，意指现有的三个“新玩意儿”。如果东京方面揣测出真相（一位天皇的军官后来确实怀疑过），美国的境况就危险了，因为再造一枚原子弹需要多耗费大半年的时间。但现在两次爆炸，或许就能带来瞬间的和平。

只有一个人能决定下一步如何走。当杜鲁门乘船前往波茨坦时，试验准备已进入最后阶段。他后来在回忆录中提及，当时“很急切地等待着消息，因为没人能确定原子弹完全爆炸的结果”。7 月 16 日早上，两个临时代码组成的文件由信使飞机送到波茨坦。第一封是格罗夫斯将军向总统的汇报：“手术上午完成，后续诊断仍在继续，但结果非常理想，甚至超过了预期。”第二封是战争部长用私人信封写给丘吉尔的信件。史汀生写道：“婴儿圆满诞生了。”丘吉尔首相喃喃自语：“基督在愤怒中复临了。”据杜鲁门回忆，他只是向斯大林元帅“顺便提到”，美国研制出一种具有超凡杀伤力的新型武器，这位苏联人补充了些什么，但没表现出太大兴趣，只简单回答很高兴听到这个消息，希望美国能“好好利用这一武器打击日本”。

杜鲁门总统椭圆形办公室的书桌上放着一张小标牌，上面写着：“重任止于此。”现在，他就担着这样的重任，并且不能分担给其他任何人。他的临时委员会顾问刚刚发来电报：“目前，没有任何技术手段能结束这场战争，除直接用于军事外，无其他办法可行。”在杜鲁门看来，也别无选择。军事顾问一直在催促他执行他所谓“现有的进攻日本本土”的决议。

8 天后的 7 月 24 日，总统初步批准了实施原子弹打击计划：“只要天气情况允许，就立即执行。1945 年 8 月 3 日前后，第 20 空军第 509 混合大队将携带第一颗原子弹前往下列目标地之一：广岛、东京、小仓、新潟、长崎……实施轰炸。”杜鲁门认为这样的白纸黑字非常残忍，史汀生也有同感。早在 6 月 19 日，战争部长就在日记中提到，一定要给东京一次“最后的警告”。后来，在总统的建议下，杜鲁门本人、丘吉尔和蒋介石通过广播向日本发出了后人所称的《波茨坦公告》。公告前 7 条具体保证人道主义，不打击报复，允许日本建立“新的和平、安定和公正的新秩序”，建立言论、宗教和思想自由，建立新工业，“加入世界贸易”，对日本国内战略要点进行有限度的占领——一旦局势稳定，将迅速结束占领。第 8 条即最后一条要求日本所有军队无条件投降，否则将对其实施“迅速且彻底的打击”。

这段广播在东京引起了各种看法，有人认为，这是在向日本许诺，美国军队撤离后，可由日本人决定成立自己的政府，事实也的确如此，这正是杜鲁门想要传达的。但日本的武士道影响太深，日本外相东乡茂德想用拖延战术，他表示内阁中的军人们一定会拒绝执行这样的要求，所以不如不表态，但首相铃木贯太郎大将犯了一大错误。在 7 月 28 日的新闻发布会上，铃木贯太郎指责《波茨坦公告》只不过是老调重弹，日本不屑理会。伯恩斯告诉记者，这个消息“令人沮丧”。但杜鲁门仍希望敌人能三思而后行，因此迟迟未对提尼安岛开绿灯，直到 8 月 2 日，他乘坐“奥古斯塔”号回国时，才发布命令。命令被编码后，通过无线电广播发往地球的另一端，一切已成定局，再也不能挽回。

“小男孩”由三架超级空中堡垒运往提尼安岛，8 月 5 日星期日下午，经过部分组装，原子弹悬挂于“艾诺拉 · 盖”号 B–29 轰炸机的炸弹舱里。“艾诺拉 · 盖”号是第 509 混合大队指挥官保罗 · W · 蒂贝茨上校的专机，他很早以前便以他母亲的名字为其命名。曾有人告诉他，一天时间内，他和他的战机都将载入历史。现在，手下的士兵也猜测到闲散的日子终于要结束了。运送高级军官的吉普车来来回回，格罗夫斯的副将T · F · 法雷尔准将刚从洛斯阿拉莫斯抵达此处，正在向威廉 · S · 帕森思上校解释装置。这位海军军械专家明天将登上“艾诺拉 · 盖”号轰炸机飞往“帝国”，指导此次袭击任务。帕森思听得越多，眉头皱得越紧。他到达这个岛后，曾见过几次B–29轰炸机执行任务，但如果要用超级空中堡垒运载组装好的原子弹，恐怕会造成历史上最惊人的事件。法雷尔称，现在只能祈祷战机不会出事。帕森思坚持认为：“如果要让我离开岛后，再来组装原子弹，就不会发生这样的事了。”法雷尔问道：“你之前组装过类似的炸弹吗？”帕森思回答没有，但自己有一整天的时间来学习。这个决定同时也意味着，他是“艾诺拉 · 盖”号上唯一全面了解这种武器的人。假如命运不济，他可能会落到敌人手里。为保险起见，他向一位年轻的情报官借了一支手枪。

这天晚上，第509混合大队在会议厅集合，陆军上校蒂贝茨首次向士兵们说明了任务：“我们要执行的任务是投掷一颗炸弹，这种炸弹你们从未见过，也从未听说过。炸弹的杀伤力是两万吨TNT当量。”

他停下来，等着下面发问，但没有人提问，飞行员都惊呆了。

他继续讲非凡的武器需要配合非凡的战术，这也是他们的演练如此特别的原因。几小时后，凌晨1点45分，三架超级空中堡垒起飞前往日本，转播目标地和替代目标地的天气情况。2点45分，第二批三架B–29轰炸机起飞，黎明前15分钟，帕森思将驾驶“艾诺拉 · 盖”号轰炸机在硫磺岛与两架护航机会合，一起执行投弹任务。午夜12点，收到最终作战指示，洛斯阿拉莫斯将发来报告，解释为何会让一位海军军械上校登上主轰炸机。这一晚，无人入眠，大家都在猜想帕森思上校能否在空中将原子弹组装好。而帕森思自己比任何人都想知道。

一切似乎都很顺利。黎明前，他们在星空下飞翔，绕过小笠原群岛南部厚厚的积云，在硫磺岛成功会合，然后一个大左转转向西北，朝日本方向飞去。蔚蓝的天上，除了高空中一片薄薄的云朵之外，几乎空无一物，也没有发现敌人的战机。机组成员有些坐立不安，没有任何对话或玩笑。

从蒂贝茨的副驾驶员罗伯特 · A · 刘易斯上校此时写给父母的书信里，可以看出他们当时的心情。他在战机上写着："4 点 30 分，我们看见东方的天空依旧高挂着月亮。我想，向小日本扔下炸弹返航时，每个人都会如释重负。当然，回家路上的感觉会更好。" 5 点，刚刚破晓，近一个小时后，刘易斯写道："此刻（5 点 51 分）看来，我们还要在晴朗无云的天空中飞行一段，投弹手汤姆 · 费比一直没有说话，我想他的思绪一定回到了美国中西部的家乡吧。"一分钟后："5 点 52 分，我们离硫磺岛仅有几英里。现在我们要上升到新的高度，并且要保持在这个高度，直到距离'帝国'一小时的路程。"

在本州岛上空，帕森思开始默默地组装设备。副驾驶刘易斯的手稿也开始凌乱潦草："……帕森思上校将完成组装的最后部分。战机的承载重量已达到极限，炸弹装好了，它就在你的身后，感觉很不自在。愿上帝保佑……启动了自动装置，我们已飞达适当的高度……不远啦，亲人们……"

他们绕着目标又飞行了 4 英里。费比目不转睛地盯着瞄准镜上的十字线。9 点 15 分，他按动了触发器，原子弹被释放，不到 60 秒的时间，原子弹落了下来（地面上的各种计时器，甚至一些是断肢上的手表，都证明了投弹时间）。坠落过程中，原子弹自动调试齿轮和进程，准确无误地顺利引爆。刘易斯上校刚刚给父母写道："轰炸目标过程中，有短暂的间歇。"然后，他潦草地涂写着："天啊！"

透过护目镜，他们第一次见到了一团紫红色的火点，千分之一秒内迅速沸腾、翻滚、膨胀成一个半英里宽的大火球。紫色的大火球继续上升，周围形成了巨大的灰色烟圈，升入1万英尺的高空，形成了翻腾的第一朵蘑菇云。火柱下方约有三英里宽，目标"零"地带剩余的一切均被吞没，一切可燃物体瞬间化为灰烬。5万英尺的高空中形成了第二朵蘑菇云。"艾诺拉·盖"号和两架护航机快速拍下几张照片后，就迅速撤离了。距离广岛270英里远时，他们仍能望见蘑菇云继续上升至平流层，发出五彩斑斓的射线。

9点20分，蒂贝茨向提尼安岛发电："任务胜利完成。""胜利完成"似乎并非合适的词语，但再也找不到更合适的词了。忽然，蒂贝茨意识到第509混合大队的飞行员突然成了提尼安岛的英雄，后方的人再也不会嘲笑他们了，美国的百万民众也会相信他们已经取得胜利，或离胜利不远了。但似乎也失去了什么。上午9点14分，广岛这座富饶的城市里还居住着34.4万民众，9点16分，就有60 175人死亡或失踪，4平方英里的居民区顷刻间化为乌有。远在华盛顿的杜鲁门总统不久后宣布："16小时前，一架美国飞机向日本广岛投下一枚炸弹……我们开始驾驭宇宙的基本能量——太阳也从中获得能量，是为了反击将战争带到远东的人。"这听起来是对的，但当他继续说，"美国花费了20亿美元下了科学史上最大的赌注——终于成功了"，这简直大错特错。将这样的大屠杀看作赌博赌赢了，极不得体。监押中的赫尔曼·戈林野蛮地讽刺道："我无法承受这样的'伟大胜利'。"

这一天，人类进入了原子弹时代。时代伊始，因缺乏了解，闹出了很多粗俗的笑话。原子概念实在太大，人们无法立即消化。据说，根据爱因斯坦的方程式，1 克该物质（大约是一枚美国硬币重量的 4/10），可以将 100 万吨的重物举到 6 英里高的山顶，或者说其一气所能提供的燃料，足够一架大型飞机日夜飞行一年。当然，说是一回事，接受这样的事实又是另外一回事。脱衣舞女王在广告里将自己标榜为“原子弹”，萨姆 · 戈德威错误地以为：“原子弹，实际上就是炸药！”正如阿肯色州纽波特的一位农民不知道核裂变为何物，以为橡树岭真有一家“原子弹公司”，于是写信给这个并不存在的公司说：“我想把地里的树桩清除，你们有合适的原子弹可用吗？如果有，请回封邮件给我，我想知道价格。相比炸药，我想原子弹会更好用些。”消息传出后，很多人都嘲笑阿肯色州这个无知的农民，竟然连链式反应都不知道，但也有许多人并不相信或是不肯相信这样的链式反应。《纽约时报》的威廉 · L · 劳伦斯准备随“胖子”到长崎，用好奇的眼神看着它。他认为原子弹“如此精巧的设计，任何雕刻家要是能塑造出这样的杰作，肯定会为之骄傲”，他虽然曾亲眼见证了在阿拉莫戈多沙漠的试验，但依然怀疑：“这物体看似无害，设计精美又操作安全，它真的会在眨眼间就摧毁整座城市和居民吗？”答案是肯定的。8 月 9 日，原子弹在第二个目标城市爆炸，夺走了 3.5 万条生命。甚至到现在，仍有人对其持怀疑态度。太平洋战略空军司令卡尔 · 斯帕茨中将在提尼安岛查看从新墨西哥州带来准备飞往长崎的铀 235 箱子的大小，对康奈尔大学的查尔斯 · 贝克博士说：“这里面东西的原子是导火线，引爆长崎空气中的原子。”贝克却说：“将军，事实并非如此。爆炸完全是从箱子里的物质发出的。”斯帕茨将军惊奇地盯着他说：“年轻人，或许你信，但我不信。”

第二颗原子弹爆炸后，从长崎归来的机组成员听闻苏联正在进攻中国东北。此时，B–29 轰炸机盘旋于日本本土上空，撒下数以百万计的传单：

告日本人民书

美国请你们立即注意这张宣传单上的内容。我们现在拥有人类历史上最具杀伤力的武器……

传单警告日本人，“我们已经开始动用这种武器攻打你们的国家”，又劝告人民停止抵抗，否则将被全部摧毁，督促他们“向天皇请愿，结束战争”。但是，这些西方人看起来合理的思想却使东方人困惑。日本裕仁天皇是他们的神，并非统治者，神是不会被凡间的诉求和民意影响的。而且这种宣传在当时根本没有必要，世界主要国家都已向日本宣战，日本政府已经失去理智。人民的各种情绪将事情引向不同方向。想活下来的人和想死的人之间产生了最剧烈的斗争。很久后，美国的学者才发现，当时有人让整个日本民族殉国的诉求近乎成为现实。

裕仁天皇和希特勒一样，在宫殿下筑有防空洞，8 月的第二个星期，在群情激昂和恶语相向中，大多数重要会议都在这里举行。一开始，日本政府并不清楚广岛已被夷为平地。8 月 6 日一整天，东京都无法与广岛取得联系，没人知道原因。第二天黎明时分，日本陆军副参谋长河边正三中将收到一份对他而言毫无意义的报告，仅有一句话：“一枚炸弹在顷刻间将广岛整座城市夷为平地。”随后的细节报道对河边正三来说，简直是胡扯。原来，与之后的很多说法正相反，广岛并非不具有任何军事意义，日本陆军第二集团军就驻扎在那里。8 月 6 日早上 9 点 15 分，整个部队正在大型操练场上做徒手操。突然间，“小男孩”在头顶爆炸，让一切化为乌有。这是诸多送到河边正三手里的报告中的一份，其令人难以置信的程度犹如五角大楼收到消息：美国海军陆战队在练习翻筋斗时，一秒钟之内全军覆没。

日本虽然自己未造出核武器，但也有一位享誉世界的核物理学家——仁科芳雄。那天上午9点，日本总参谋部传唤仁科，并交给他一份广岛的情况概述。自从珍珠港事件后，仁科就与海外同行失去了联络，但他一直担心人类终有一天会造出核武器，还粗略地估计过这种武器所带来的破坏效果，并做了记录。他所预料中的一切，如今都真实发生了。仁科的报告并未让参谋部的人安心，便被打发回去了。日本官方新闻社同盟通讯社的一位记者前往仁科的实验室采访：“美国人宣称自己拥有原子弹，这不可能吧，可能吗？”仁科转过身去，并没有回答记者的提问。现在他几乎可以确定，那肯定是原子弹。之后，日本政府派他随同飞机前往广岛上空勘测。仁科后来告诉质询他的美国官员：“当我从空中看到下面的一片废墟，一下就确定了，只有原子弹才能有如此大的威力。”

8月9日星期四，黎明前最黑暗的时刻，斯大林向日本宣战的消息传到东京。第二天上午11点1分，一个更可怕的噩耗又传到了正在进行的日本最高战争指导会议上，第二颗原子弹在长崎爆炸。与会人员立即前往宫城（“二战”时改称“皇居”）商议，裕仁天皇给铃木首相发出密令，要求他立即接受《波茨坦公告》。日本天皇、首相以及民事顾问一致同意这个决定。世界上除日本外任何一个国家在这种情况下都会立即决定投降，但日本不会，即使整个国家已成废墟。但按照传统，日本人非常注重颜面，特别是裕仁的颜面。如果全国上下一致，这也不是不可能。天皇可以若无其事地躲在自己的宫殿里，似乎战争与他并无任何关联。

然而，还有一个阻碍——军队不支持这样的决定。宫城里，军人们手持镶有宝石的武士刀，一个个笔直地站在那里，向政府提出条件。陆军大臣阿南惟几大将、陆军总参谋长梅津美治郎上将、海军参谋长丰田副武大将，坚持要求华盛顿接受三个条件才肯投降，即由日本政府自行解散军队、战犯在日本法庭接受审判、军事占领必须提前做好限定。若战争不是如此野蛮，这些条款有可能接受，但从一开始，这场战争就残酷无情，美国人根本无心讨价还价。正如东乡外相所说，日本已战败，必须立即恢复和平。此时，阿南、梅津和丰田面色铁青，抱着胳膊一句话也不说。会议陷入了僵局。

内阁会议在激烈争吵中持续了7个多小时，其间暂停了几次，只因广岛、长崎和中国东北前线送来了紧急文件。8月9日晚上9点半，铃木和东乡向天皇汇报，最高战争指导会议和内阁意见不合，陷入僵局，他们建议最高战争指导会议前往宫城的防空地堡作为帝国会议召开，天皇出席。裕仁天皇同意了，会议在晚上11点半开始。经过几个小时的争吵，会议仍在继续，日本人民的命运就捏在这两位陆军将军和海军将军手里。等到要拿出解决方案时，他们的回答揭示出麦克阿瑟对敌人的想法简直了如指掌。到目前为止，他们还是固执已见，认为战争还未到决定性时刻。目前的局势对日本来说是最好的时机——“引诱”美军上岸，将其一举歼灭，就像1281年神风特攻队初建时摧毁忽必烈大军一般。这听起来就像是，罗斯福逝世时，约瑟夫·戈培尔对希特勒的鼓励之词。当有人提醒这也是他们为保卫硫磺岛和冲绳所采取的战略时，他们愠怒地回答，无论发生什么，“国家的荣誉都要求我们在日本领土上决一死战”。铃木最后请求天皇做出“圣裁”，这是史无前例的一次请求，“天子”出席会议就是在为众人赐福了。但“天子”立即回复了，裕仁起身回答，唯一的选择就是立即结束战争，说完就离开了。会议结束时，铃木宣布："天皇的决定就是会议的决定。"

表面上看，军队被打败了。但要说起顽固不化，谁也比不上那些军阀头目。从外表看来，他们的确认真遵循了协议中的细则。会议结束后，内阁继续开会（那时已是 8 月 10 日星期五凌晨 3 点），一致同意发送电报到华盛顿、伦敦、莫斯科和重庆，宣布接受杜鲁门提出的《波茨坦公告》，条件是保留天皇的统治地位。电报于早上 7 点发出。基于对政变的担心，这一重大消息并没有向本以为自己在打胜仗的日本民众披露。事实上，这样的顾虑是正确的。同一天早上，日本帝国最高武将阿南将军将东京所有中校以上的军官召集起来，告诉他们这个消息。如果仇恨的种子需要土壤，那他们就是这片土壤。种子生了根，当天晚上，陆军部和军舰上都传来骚动不安的消息。阴谋叛乱的人需要的只是时间，而美国人在不经意间给足了他们时间。杜鲁门、伯恩斯、史汀生、福雷斯特和莱希都在揣测当美国人知道要保留日本天皇时，政界会做出什么反应。重责再一次落到了杜鲁门肩上。他决定允许日本保留天皇，并通过瑞士通知铃木这一决定，那是 8 月 11 日星期六。但事情并没有那么简单，更让人恼火的是，裕仁天皇似乎在拖延。之后的三天，日本的无线电广播沉寂了，如此不祥的预兆让杜鲁门考虑恢复暂停的大规模轰炸。有一次，1 000 多架 B–29 轰炸机正全速飞往日本时，他改变主意取消了命令。

就我们所能解释的来看，裕仁天皇已经下定决心要说服阿南、梅津和丰田这些激进分子。在宫城的防空地堡里，双方持续争吵了三天三夜，仍不罢休。在场人士中至少阿南将军一人清楚，东京某处的官员已经蠢蠢欲动，想要夺取政权，虽然暂时还没有以他的名义行动。8 月 14 日星期二午后（华盛顿时间仍是 8 月 13 日），裕仁天皇在东京行使了皇权，为日本人民录了一段广播（从前，日本普通平民根本不允许听到天皇的声音），要他们向即将到来的征服者低头，最后说："我忠实的子民们，请顺从我的旨意。"一旦美国同意按照约定履行投降相关事宜，录音就会在第二天中午由东京广播电台播出。

杜鲁门听闻日本在星期二下午 3 点 50 分投降。下午 7 点，他向美国人民公布了此消息，并宣布举国上下放假欢庆两日。

但来自东京的危机仍然没有解除。8 月 14 日夜——在天皇已决定投降但还未向民众宣布之前，煽动叛乱者依旧在计划推翻日本政府。他们想方设法接近天皇的近卫师指挥官，要他命令部下拒绝服从天皇下达的立即投降的命令。指挥官拒绝后，被迫害致死，之后他的两名手下加入了叛军，并伪造了天皇命令，以隔离天皇，并收缴了天皇宣布投降的录音。早上 8 点，假命令做好后，叛军又盖上了伪造精致的天皇印章，确保万无一失。正值此时，另一个近卫师将军赶来将他们逮捕。

星期三的整个上午，东京广播电台都在提醒国民中午将有"极重要的广播"。在此之前的这段时间动荡不安，鲁莽之人试图刺杀铃木及其他两名内阁成员。阿南将军不忍看着民族尊严被毁，绝望之下，切腹自尽，4 位高官也随他而去。那位当天早上 8 点带兵压制住叛军的将军竟然也切腹自尽了。对于西方人而言，这根本无法理解。罪有应得的是，神风特攻队之父——海军中将大西泷治郎也切腹自尽了。

日本人驯从地接受战败的态度着实让美国人为之惊讶，或者说觉得奇怪。其实当时危机重重，只是美国人不知道罢了。日本高级军官纷纷选择自杀，而年轻官员的叛变与反叛变一直进行到 8 月 28 日。当日，美国军舰"密苏里"号抵达东京湾准备接受日本投降，全副武装的海军以及海军陆战队第四师抵达横须贺。走投无路的日本叛军誓死要消灭登陆的“侵略者”，神风特攻队的轰炸机也在厚木机场时刻准备起飞，机舱内乘坐的飞行员誓死要捍卫国家荣誉，准备向“密苏里”号俯冲，与其同归于尽。如果军舰果真下沉，那么其他轰炸机就会随机扫射东京湾，直到包括尼米兹上将和麦克阿瑟上将的船上所有人都毙命为止。假如他们真的得逞，美国人一定会认为这是最恶毒的阴谋，一旦美国复仇，结局不堪设想。然而，这一切竟几近成真。正式投降前的最后时刻，裕仁天皇不断派出皇族成员前往各大要塞据点，要求保证执行天皇的诺言。天皇的弟弟高松宫宣仁亲王及时来到厚木机场，劝说叛军熄灭飞机引擎。战事一触即发。后来有人问起，是否真有必要轰炸广岛和长崎，塞缪尔·埃利奥特·莫里森回答说，根据当时的情况来看，“胜利有如摇摇欲坠的拱门，而原子弹是拱门的基石”。

9月2日，投降仪式在美国“密苏里”号战舰上举行，标志着“二战”正式结束。《纽约时报》评论道：自1939年9月1日以来，第一次世界各地都没有发表战报。伦敦的报刊头条写着：这是6年来第一次未经审查的每日快报。政府宣布战争胜利了，人们却还未迎来和平。对于非职业士兵来说，只有踏上回家的旅途，才是结束战争的时刻。1944年盟军就制订了合理的士兵复员计划，欧战胜利10天前，最英勇和伤势最重的美国大兵踏上了回国之路。

此计划就是著名的“点数制”。每服役一个月积1分，海外服役一个月另加1分。上战场加5分，负伤或得勋章各加5分。因此，40个月前应征入伍的士兵，海外服役32个月，出战6次，受伤2次，回国时获得112分。其他的美国大兵只要达到85分，陆军妇女团的女兵只要达到44分，也可回国。对于有孩子的父亲、嫁给将复员士兵的女兵和未合法结婚而怀孕的女兵还有特殊优待。

本来这种制度再公平不过了，却让海军和海军陆战队队员很愤怒，因为他们的军种根本就无此安排。那年夏天，美国海军部终于抽出时间来宣布实行点数制，但标准过高，几乎没有人合格。6 名海军陆战队士兵写信给国会议员抗议，结果被关了禁闭。与此同时，史汀生降低了最低限制，因而更得人心。直到 1945 年 7 月，经过一系列繁文缛节，开始将大批士兵运送回国。有一天，纽约港迎来了 7 艘运兵船，共 31 445 名美国大兵，“伊丽莎白王后”号运回了一整师的兵力，“玛丽王后”号也是。72 小时内，陆军运输航空兵总队从欧洲和地中海战区运回 125 370 名陆军士兵。这年夏天，超过 50 万美国大兵回归家园，尽管联邦政府的预算还在持续增加，预计对日本长期作战。

原子弹改变了形势。投掷原子弹之前，又有几个师的兵力乘坐攻击作战运输舰被派往太平洋战场，而点数较高的军人正在法国布雷斯特和勒阿弗尔等候登上两艘王后号或是空载的C–54 运输舰。原本驶向国际日期变更线的军舰也返航了，如“亨利 · 泰勒将军” 号由莱纳德 · 乔登船长掌舵，踏上回国的旅途。战胜日本几天后，军舰由东向西穿过巴拿马运河，驶向夏威夷群岛，突然间，扩音器传来声音：“注意！我是船长，看看这艘舰的舰影吧。”他停顿了一下，说：“轮船即将转向，返航纽约。”这时，从欧洲战场调往亚洲的 3 000 名士兵高声欢呼起来。现在他们终于相信，战争真的结束了。现在要回家了，虽然家已经变了模样，不再是他们记忆中的样子。不经意间，世界变了，美国变了，尽管他们还没注意到，但其实“亨利 · 泰勒将军” 号上的士兵也变了。

美国人小像：红发佬

无巧不成书，沃尔特·鲁瑟恰出生于1907年劳动节前夕。沃尔特的祖父雅各布是社会民主党人，为逃避普鲁士主义的迫害，1892年从德国的农场移居到美国。雅各布的儿子瓦伦丁成为美国社会党员和酿酒厂工会的领导人。瓦伦丁从小就培养儿子，希望他们成为尤金·德布斯和大比尔·海伍德[①]的信徒，坚信社会公平。后来沃尔特和弟弟维克托从西弗吉尼亚州的惠灵市来到底特律，注定要与汽车工业的巨头们“杠上”。

他们白天在工厂做工，晚上读书，高中毕业后考入了韦恩大学。大学期间，成功领导学生抵制预备役军官训练营。1932年，诺曼·托马斯竞选总统，沃尔特为其发表演说，被福特解雇。于是，两兄弟拿出所有积蓄，买了统舱票，坐船前往欧洲。在德国时，他们公然反对纳粹。在一家苏联工厂待过两年，后来经西伯利亚大铁路横穿亚洲，后在“胡佛总统”号中当船员，跨越太平洋，回到美国。当他们到达底特律时，正赶上静坐罢工。

第一批静坐罢工时，沃尔特担任领导，被推选为产联的全美汽车工人联合会第174地方分会主席。他借了300美元，雇了辆宣传卡车，又租了间办公室，坐在电话旁指导工作。弟弟维克托在凯尔–西海斯工厂找到了

① 此二人均为美国社会党领导人。——编者注

工作，主要做冲床加工，时薪36.5美分。在维克托的怂恿下，装配线的工人开始静坐示威，一名人事处的职员惊慌失措地来哀求维克托让工人回去工作。维克托回答："只有沃尔特·鲁瑟能做到。"那人毫无预见性地又问道："沃尔特·鲁瑟是谁？"沃尔特接到电话后就赶来了，他站在一个包装箱上，劝诫这些工人加入第174分会。焦虑不安的职员说道："叫你来是让他们回去工作，而不是把他们组织起来。"沃尔特两眼炯炯有神地回答道："不把他们组织起来，我怎么劝他们回去工作？"

最后，他们达成协议，工厂同意设定最低时薪为75美分。不到6个月，工会成员从78人激增至2 400人，一时间，到处可见"红发佬"在活动，城里的汽车工人几乎都被吸收进了工会，谋划如何罢工。沃尔特成为当地尽人皆知的人物。1947年5月26日，他正在迪尔本市福特荣格工厂外发放全美汽车工人联合会的传单，遭到公司打手用橡胶管和金属棒袭击，他和另一位工会领导被狠揍一顿。一年后，福特的枪手闯进鲁瑟在拉萨尔大街的布里瓦德公寓，扬言如果他继续工会活动，就要他性命。

结果，"红发佬"在底特律工人中声望更高了。1939年，鲁瑟成为全美汽车工人联合会在通用汽车公司总部的主管，1946年出任全美汽车工人联合会主席。两年后的4月，一个凉爽的夜晚，他正在厨房与妻子梅聊天，突然一位受雇杀手手持两把装有铅弹的10号散弹枪，站在几英尺之外朝他们开枪。沃尔特中弹倒地，他的右臂几乎断裂，情况非常危急。在他住院期间，弟弟维克托又被刺客射瞎右眼。还有人试图一举炸毁全美汽车工人联合会的总部。

凶手始终没有抓住，但他们未必是那些资本家所雇，因为沃尔特树敌不少。他将共产党人驱逐出工会，又将几名股票掮客赶出车间。在全美汽车工人联合会社交活动中，他反对一切形式的种族隔离，那些顽固分子自然要与他为敌。他的名字引人攻击，如富兰克林吸引雷电的铁棒一样。吉米·霍法视其为小偷，约翰·刘易斯视其为“伪知识分子”的笨蛋，亨利·华莱士认为他是美国进步党的“最大障碍”。但同时，作为美国人争取民主行动组织、全国有色人种协进会以及联邦制拥护者国际联合会的领导人，他也受到很多崇拜者和追随者的爱戴。担任美国产联主席后，英国工党知识分子认为他是最能鼓动人心的美国人。崇拜鲁瑟的人包括切斯特·鲍尔斯、贾瓦哈拉尔·尼赫鲁和埃莉诺·罗斯福。埃莉诺认为，他完全够格当美国总统。

相比其他工人领导贪图享乐，世人都认为沃尔特是真正的禁欲者——从不贪图安逸，有时甚至不喜欢交际，也不张扬。九死一生后，他倒承认应该找些保镖。可当工会在帕卡德为他定制了一辆价值1.2万美元的豪华装甲车护送他出行时，他却反对：“不能让人知道我乘坐豪华轿车。”他也真的做到了这一点。去城里看电影，他要在小巷子里下车，走路前往，连起码的随身保镖也不准同行。最后，车子在加拿大发生事故，把另一辆汽车撞坏，他终于忍不住跳出车门，“砰”的一声关上门，怒吼道：“受够了，再也不坐这车。”他坐公共汽车完成了此行，从此再也没有坐过那辆豪车。

工会为鲁瑟及家人安排一处安全的住宅，倒进展得很顺利。工会在郊外为他修了一所避暑小屋，完全独立于其他建筑，容易保卫。沃尔特就是沃尔特，开始思索如何将小屋打理得更好。医生建议他经常活动受过伤的手，否则可能会变成爪形手。经过4年，他终于把小屋装点得宜居。刚开始时，只是在小屋周围新建了几个房间，有厨房、卧室和书房，后来又修了第二层，还在门廊弄了个纱窗。他甚至自己做家具，还包括一套精美的高传真度收音机。到最后，他的手完全康复，家具也齐全了。原建筑只剩下客厅里的手工横梁以及屋子里面的排水管，其余全是新的。

他总是精力充沛，思维活跃。别人通过密友、烈酒和烟草找到欢乐，他无需这些，他能从思想中找到快乐。他对任何东西都能滔滔不绝地谈论。默里·开普顿曾说，沃尔特是他认识的唯一一个对未来了如指掌的人。《圣路易斯快邮报》的斯宾塞·麦卡洛克曾说过：“如果你问沃尔特时间，他会告诉你如何做出一块手表。”有时谈得兴起，他也会突然蹦出令人费解的隐喻。有一次，沃尔特指责霍法、戴夫·贝克和乔·麦卡锡三个人“同睡一张床，相互勾结”。还有一次，他形容一名企业谈判代表“心脏是个计算器，不断往外喷冰水”。

谈判代表可不会觉得好笑。要说讨价还价，“红发佬”

鲁瑟的发言可是有力武器。同一天，在城里的不同地点，工会与福特、通用和克莱斯勒三家汽车公司的巨头谈判，这就是沃尔特“逐个击破”战略的一部分。这三家汽车巨头之间存在的竞争性矛盾大于它们对全美汽车工人联合会的不信任，基于这一点，沃尔特认为，将其分开谈判更有利，因为它们之中谁也不想因罢工停业，眼睁睁看着其他两家抢占自己的市场。这种战略的确有效（当沃尔特把公文包和牙刷放在一个桌子下面时，就意味着他想要争取的利益已经到手），当然获得成功还得归功于他雄辩的口才。经过一个小时又一个小时的紧张谈判，沃尔特始终不断鼓动自己的腭肌，建议这，建议那；又是细说，又是反驳；时而发脾气，时而又致歉；时而指责，时而劝说，到最后，谈判者一个个都哑口无言。

有时候，虽然他们一个个不出声，但心里都憋着闷气。工会的霍法和贝克相信，工会的责任是为工人争取资金，至于是由股东还是公众来付，应由资方决定。沃尔特却不同意。他认为如果工厂提高车辆价格，推动通货膨胀进一步加剧，会导致生活费用上涨，那么只是单纯地增加工人的些许收入，并不能解决问题。因此，他要求三家汽车公司的巨头在产品不涨价的前提下，增加工人工资。这对于董事会来说，简直就是公然剥夺老板们的传统特权。更麻烦的是，沃尔特还要求查看公司的账目，以证明他的建议是合情合理的。（这就是鲁瑟低音号般的声音所言的“经济领域的民主”。）他虽没能达到目的，却帮助工人改变了劳资关系的概念。

也正因为这样，其他工会领袖嘲笑他是“书呆子”，总是幻想“天上掉馅饼”，资方的发言人则讽刺他是《爱丽丝梦游仙境》里的人物，总是异想天开。但这位来自惠灵市的“红发佬”最终说服了他们，让他们相信除了帮助底特律工人从凯迪拉克公司争取金钱补助外，工会还有更多事可以做。在保障工人年薪又提出按生活费升降的伸缩条款（帮助很多蓝领的无产阶级劳动者成为中产阶级）后，沃尔特领导的工会又开始着手解决更多问题，如消除贫民窟、为老年人争取娱乐活动、在无线电广播中增设全美汽车工人联合会的节目、增设工会报刊和成立跨种族保龄球联盟。工人们一直追随着他，他们有时会困惑懊恼甚至不满，但尽管如此，他们还是追随他，朝着他父亲所说的“人人皆兄弟”不断迈进。

1970 年 5 月 9 日，沃尔特及妻子梅 · 鲁瑟乘坐的包机在密歇根州的佩尔斯顿失事坠毁，夫妻双双遇难。沃尔特的灵柩上盖着全美汽车工人联合会的会旗——蓝色背景衬着一个白色的齿轮。马丁 · 路德 · 金的夫人致悼词，最后，所有哀悼者同时唱起工会最动人的歌谣：

从圣迭戈到缅因州，
哪里有矿场和工厂，
哪里就有“红发佬”。
哪里有工人捍卫自己的权利，
哪里就是乔 · 希尔所在的地方。

第十三章　胜利旗帜的光芒不再

1945年印第安的夏天（10月小阳春）。

哈里·杜鲁门每天6点前就起床，在黎明前审视一番白宫放满食物的冰箱。为方便起见，冰箱就放在总统卧室的一旁。杜鲁门洗漱刮胡子后，穿着仍如整洁的商人——白衬衣、蝴蝶领结、双排扣外套。按照惯例，总统旁边有贴身男仆服侍，但他对此非常不屑，习惯于自己照顾自己。他迅速翻了翻晨报，匆匆忙忙对下属交代一些事务，就笔直地坐在书桌前，摆出一副小学生学写字时养成的书法姿势，规规矩矩。他总是在7点整出门，在人行道上进行早餐前的例行晨练。身边有几名美国特勤局的保镖陪同，还有几名跑得气喘吁吁的记者。杜鲁门习惯晨练，以每分钟120步的速度，穿过拉法叶广场，沿着康涅狄格大道往上来到K街，往东转向第15街，又往南来到纽约大道，向下经过财政部大楼和约翰 · W · 斯耐德将来的办公室。弗雷德 · 文森被提拔到最高法院后，杜鲁门打算让斯耐德出任财政部长。总统顾问团认为，斯耐德过于保守，不适合做民主党内阁成员，但杜鲁门自己不这么认为，还提醒他们，斯耐德就如同自己的军事副官哈里 · 沃恩将军，都是他的老朋友。这位新总统对自己的老朋友充满了依赖与信任。

8 点整，第一家庭开始吃早餐，有水果、烤面包、培根、牛奶、咖啡等，谈话间，一家之主还不忘撒上胡椒粉。杜鲁门告诉贝丝和玛格丽特，他希望吉米 · 伯恩斯不要再把他当作初出茅庐的参议员；亨利 · 华莱士别再那样轻信苏联人；麦克阿瑟则最好别老在东京以总督自居，不干实事；至于那些讨人厌的海军上校们，尤其是该死的雷德福，但愿政府计划将军队统一化时，他真的能压制住海军叛乱。

当时总统还没有提到如下内容：激进的学生、黑人权利运动、妇女解放运动、总统所得税申报、劫机、换妻、海洛因泛滥、心脏移植、学生争取民主社会组织的捣毁行为、太空飞船、种族融合、内乱、低级色情书刊、经济博弈计划、办公室爆炸、美国中央情报局、中东、中国问题、中南半岛问题、抗癌特效药克力生物素、法律与秩序、声障、爆粗口的学院女生、难管制的城市、共生解放军、避孕药、生态学和领袖气质（这两组词语只可能出现在《星期六评论》的字谜栏里），以及约翰 · 伯奇协会，等等。

那天早上，摩斯大学 1939 年毕业生、27 岁的上尉约翰 · 伯奇残缺不全的遗体安葬在郁郁葱葱的山坡上，俯瞰着山下的中国苏州。伯奇是浸礼会原教旨信徒，也是勇敢的战略情报局军官。许多熟人都认为他的结局是命中注定的。此前，他的指挥官古斯塔夫 · 克劳斯曾在日记中写道："伯奇是位好军官，但有时过于鲁莽，容易招致麻烦。" 1945 年 8 月 25 日，这位过分热心的上尉遇上了中国共产党军队的巡逻队，并与对方队长大吵起来，接着，对方全扑上来。克劳斯后来回忆说："亏我还提醒他在混乱情况下，要用外交手腕处理问题，伯奇却让那位共产党队长在部下面前丢了面子。从军事角度看，约翰 · 伯奇是在自寻死路。"

那年秋天，曾于 1942 年以最优等的成绩从史密斯女子学院毕业的贝蒂 · 戈德斯坦对她在加利福尼亚大学伯克利分校的心理学研究感到失望。大学期间，她把自己的名字改写为贝德。她主张女性独立，如果哪位男士帮她开门，她会反过来踩他一脚。回到美国东海岸后，她与一名夏令剧制片人结了婚，丈夫名叫卡尔 · 弗里丹。弗里丹后来做了广告生意，买了一栋漂亮的大宅，能俯瞰哈得孙河，屋子里请了佣人，三个漂亮的孩子成了他和妻子共同的骄傲。在邻居的眼里，与那些郊区妇人和母亲相比，贝蒂（不再叫贝德）的生活是那么美满。闲暇时，贝蒂 · 弗里丹开始为一些女性周刊撰写以女性为主角的短篇小说。

艾伦 · 金斯伯格在哥伦比亚大学读书时，开始在布鲁克林海军造船厂当焊接工，半工半读，一心想成为市场调研顾问。他很少骂人，每天都把胡子刮得干干净净。

弗吉尼亚大道上的新国务院大楼内，特别政治事务办公室主管阿尔杰 · 希斯正搬进一间更大的办公室。他刚刚完成了在旧金山联合国会议上担任秘书长的工作，现在是联合国大会美国代表团的首席顾问①。

诺玛·琼·贝克因在战争时做工人而获得了优异奖，同时还为《扬克》周刊拍摄照片。照片引起了蓝皮书模特公司的注意，战胜日本当日，诺玛·琼正在上模特培训课。当时，她丈夫仍在海外服役，对她的情况一无所知。她一面做着战时工作，一面每月请10天病假当女招待，赚回培训的100美元学费。

约瑟夫·麦卡锡从海军陆战队退伍，1945年被选为巡回法官。上任后，立即着手计划于第二年展开州内巡回演说，竞选参议员，口号是："参议院中需要有一名威斯康星州的机尾炮手"，吹嘘自己在太平洋战争中出生入死。事实上，麦卡锡根本没上过战场，他做的是办公室行政工作。身为侦察轰炸中队第235分队的情报员，麦卡锡只是坐在书桌旁听取执行任务归来的飞行员汇报而已。他所谓的在"战争中受伤"，也就是他的那条断腿，是一次在水上飞机供应舰的聚会中，从楼梯上跌下来时受的伤。回国后，他不断向失去亲人的民众倾诉，在战壕和防空洞里他是如何熬过无数个漫长黑夜，替手下牺牲的士兵给家里人写信，又发誓要肃清国内的政治混乱，好让倒下的烈士们安心，因为政治混乱是如此让"我的兄弟们痛心疾首"。有时他瘸着摔坏的腿走路，但有时兴许是没留意，竟然瘸上了另一条腿。

在波士顿，一名28岁瘦骨嶙峋的前海军中尉回到家，他是国际新闻社的记者，刚在旧金山采访完联合国成立仪式，又在伦敦报道了

① 作者视角以原著成书时间（1974年）计，全书同。——编者注

英国大选情况。新闻行业的未来充满了不确定性，而他又没有研究生学历，进不了大学当教师，经商又不是他的喜好。约翰 · F · 肯尼迪想了想，决定参选马萨诸塞州第 11 区议员，他主要的资质仅仅是父亲的积蓄，以及他祖父在他童年时曾做过波士顿的市长。他在鲍登街 122 号租了第 36 号公寓，就在金顶国会大厦所在街区的拐角处，作为正式的住址。数量惊人的高贵的年轻女性在这里进进出出。

在加利福尼亚州第 12 国会选区，共和党急需培养一位像模像样的候选人，希望他与现任议员杰里 · 沃里斯——厄普顿 · 辛克莱自由派的得意门生，角逐下一任该区议员。1945 年春末，共和党民意测验委员会的一名委员在报纸上刊登广告征求一位有资格参选的候选人，但没人回应。惠蒂尔学院院长提到他们的校友理查德 · M · 尼克松。共和党派两名民意测验员访问尼克松的父母，他们回来报告说，这位年轻人仍在服役，目前正在巴尔的摩商谈海军服役合同，等候退伍。调查委员会的另一位委员是一名银行家，名叫赫尔曼 · 佩里，他向马里兰州打了一个非常具有历史意义的长途电话。原来佩里觉得非常不安，因为进一步了解后才发现，尼克松虽然身为律师，但 25 岁了都未曾真正投过票，就连他属于哪个党仍然是个谜。通话中，尼克松很肯定地表示自己愿意参选。佩里问道："你是共和党人吗？"尼克松停顿片刻后回答说："我想是的。上次大选，我给杜威投了一票。"佩里觉得这就再好不过了，并叫他尽快飞往西部。就这样，民意测验委员会找到了一名候选人，虽然他的竞选技巧还有待提高，但总算找到了，总比没有强。他当时想到的竞选方式是身着藏青色军服，等在工厂大门口，等那些当过兵的人下班出来，和他们四目相对，伸出双手，一本正经地说："我是海军少校理查德 · 尼克松。"

来自华盛顿的另一名前海军少校林登 · B · 约翰逊，再次出任得克萨斯州第10国会选区议员。约翰逊谴责和平后立即复员的做法。他在众议院大声呼吁："我们要保持强大的军队，才有实力履行我们对世界的道义责任。今天，我们的最高职责就是保证未来。只有拥有强大的警力才能对付犯罪，只有拥有强大的海军、陆军部队才能履行我们协助联合国维护世界和平的承诺。"

第4名海军军官，班杰明 · 斯波克少校，曾是康奈尔医学院的儿科讲师，现在是一名海军内科医生。他的第一本书《婴幼儿保健常识》已经完成，正在做最后的润色。

在遥远的河内，日本军队刚撤退，法国殖民军接踵而至。胡志明是当地一位政界人士，他的背景很复杂。一星期接一星期，他一直要求法国正式承认他受人拥护的越南独立同盟，但戴高乐将军的代表蒂埃里 · 达尚利尔海军上将却拒绝接见他。胡志明当时还没有依附哪个大国，主张和平解决，于是他辗转去了法国巴黎，希望能得到认可。他已经下定决心，如果再不成功，就让手下炸毁河内水库，上山打游击。

就在胡志明于巴黎下榻地的几个街区之外，陆军战史组负责人、37岁的陆军少校威廉 · F · 诺兰刚接到通知，被选为美国参议院有史以来最年轻的议员。加利福尼亚州州长厄尔 · 沃伦提拔他接替去世的海勒姆 · 约翰逊，他相信诺兰是再适合不过的人选。诺兰的优势是年轻，服过兵役，在州立法机构任职6年，又是慈善机构的组织者，信誉良好，家庭美满，妻子贤惠，膝下三个孩子，父亲约塞夫 · 拉塞

尔 · 诺兰家产过百万美元，是沃伦州长政治活动的主要资金来源。

1945 年 5 月，意志坚强的寡妇玛格丽特 · 奥斯瓦德再婚，但到秋天就后悔了，她觉得这次婚姻本身就是一个错误。新婚后的玛格丽特走到哪儿，都要带着 5 岁的儿子李，于是丈夫和儿子竟然争起宠来。李本来很喜欢这位继父，却不明白父母为什么老是争吵不休，于是变得郁郁寡欢，不爱说话。

这年秋天，新闻界对于如下人物都还不了解：简 · 阿尔珀特、马克 · 拉德、斯托克利 · 卡迈克尔、安吉拉 · 戴维斯、黛安娜 · 奥顿、伯纳丁 · 多恩、H · 拉普 · 布朗、凯西 · 布丁、索尔达德兄弟、比尔 · 艾尔斯、休伊 · 牛顿、杰里 · 鲁宾、琳达 · 菲茨杰拉德、威廉 · L · 卡莱、汤姆 · 海登、凯思琳 · 威尔克森和派翠西亚 · 坎贝尔 · 赫斯特等，因为他们还未成名。

早上快 9 点时，第 33 任总统乘坐总统寝室内的小型电梯下楼，跨步进入白宫西厅的椭圆形办公室，迅速投入工作。此时的他对工作充满热情，作风直爽。罗斯福喜欢要些伎俩，摆弄些花招，杜鲁门则喜欢干脆利落决定，越难的决定，他越上心。为免误解，他会把所有决定写下来。他从来不会为自己的决定后悔，也从来不为此失眠。他绝不容忍拖拖拉拉，甚至有些鄙视。他的习性就如同一位谨慎的商店老板，事实上，每天来拜访他的客人，从安东尼 · 艾登到美美家禽周的赞助者，在总统眼里，都是他的“顾客”。每位顾客都应受到欢迎，有力地握两下手并招呼他们坐到总统的办公桌前。世界和平后的最初几个月里，杜鲁门的桌上摆了一个微型犁头，换下了战胜日本之前摆放的模型枪。他总爱让来客看看这个犁头模型，还简洁地说："别看它小，意义可大着呢。我喜欢身边有些小东西，感觉心里踏实。"

他乐观的性格反而引起见多识广的看客的担忧，他们担心或许杜鲁门哪一天也会碰上"大萧条"，因为这一切看起来都像是必然要发生的。弗雷德里克·刘易斯·艾伦在1940年出版的《仅仅是昨天，从大繁荣到大萧条》一书中说过："战时繁荣，战争会让一切进步成果付诸东流。"在《哈泼斯》杂志中，伯纳德·渥托提醒读者，准备迎接即将重现的劳动力迫害、库格林神父和街头肉搏，伴随着美国今后几年内一波接一波的反动浪潮冲击。利奥·彻斯洞察到，将有一阵刺骨的"寒风"横扫美国大地。饥饿难耐的退伍军人将成群结队地上街游荡，他预计："不久，就能看到他们罢工、骚乱……新成立的职业介绍所会首当其冲地慢慢失去作用……偶尔还会在街角见到退伍军人在贩卖'欢迎回家'纪念章，另一些则会穿着军装开始挨家挨户推销。"有的经济学家预计将再次出现一个1932年，到时候，又有1 500万人失业。政治学家则谈到变革。1945年，科幻作家赫伯特·乔治·威尔斯临终前推断，人类对于科学进步渐渐失去信心，已经到了"山穷水尽、走投无路"的地步，注定很快会灭绝。

形势越严峻，企业主越相信，现在要将产业的超强生产力成功地转向和平生产而又不陷入危机，根本无路可走。上次的股市大崩盘及其严重影响，他们仍然心有余悸，但他们忽略了一个事实：哈里·杜鲁门和赫伯特·胡佛政府所在的时期存在巨大差异。1932年，人们不能去商店购物，因为身上一分钱也没有。如果艰难的日子并未让他们学到什么，那么起码存钱的重要性已植根于他们心中。珍珠港事件后，美国人每星期的平均收入几乎翻了一番，每星期工作48小时，工资从24.2美元增加到44.39美元。而杜鲁门在联邦政府内部开启先例，将工作时间缩短为每星期40小时，工资不变。一方面，“大萧条”让每个人都学会勤俭持家；另一方面，商店的货架上物品奇缺。4年战争期间，美国人购买了大量的战争债券，银行存取窗口前总是排着长队，约有8 500万美国人持有这种债券。战争结束时，美国人的存款额和流动证券金额高达1 364亿美元。这确实是很大一笔随时可以流动的钱，真正让政府困扰的是如何阻止这笔钱用于在黑市到处抢购，而这不可能让每个人都满意。

认为失业的退伍军人会成为美国工厂的噩梦纯属多虑，那只是20世纪30年代那段风雨飘摇的日子所遗留下来的恐惧。那段触目惊心的岁月终究还是过去了，失业补助和政府颁布的《退伍军人权利法案》都可以证明。要为退伍军人找到工作需要一段时间，但他们可以自己学手艺，做生意，或是去大学深造。毕竟，那时的工作也不是那么紧俏，因为数以百万计的女性离职回家生孩子了。

《纽约每日新闻》的头条标题：

价格猛涨，买主气胀，
牛肉价高，高过月亮。

在堪萨斯城，美国总统参加退伍军人协会的游行。他大摇大摆地走在前头，穿过闹市街区。路边上杜鲁门在男装店的老同事埃迪·雅各布森喊了一声：“哈里，不会发生通胀吧？”

杜鲁门回答道：“我已经注意到了。”

他的确需要有一双慧眼来注意。经济情况瞬息万变，似乎是要跟上黑市商人的步伐，沿街叫卖5美元一双的尼龙袜，15美元一件的衬衣，20美元一个的再生轮胎。战争已成为历史，但社会调整的动荡却处于高峰期。富裕一定会在将来实现，但实现这个目标的过程注定是一场痛苦的挣扎。文森曾经预言，将来我们要学会繁荣了一半的窘境生活，但他没有提到，人们首先要面临的不是繁荣，而是物资缺乏、动乱、罢工以及战后通货膨胀导致的物价飞涨。

政府控制让矛盾不断激化。战争结束前，物价管理局成了政府中的独立王国，雇用 7.3 万名全职员工、20 万志愿者，办事处遍布至城镇的每个社区。它跋扈专政，是对自由制度的嘲弄，以当时的情况看来，却又别无他法。无论如何，物价管理局总算将物价控制在 1939 年水平的 130%之内。但实际上，1946 年的经济就像是被花花绿绿的配给票背面的胶水黏在一起似的。尽管如此，国内情况依然混乱不堪。当时，有成百上千种办法规避物价管理局的管理条例，钻空子的人确实都一一试过了。比如，给领班的服务生 20 美元小费，就能吃到一盘选材精美的烤肉；用汽车换公寓，或是以车用电瓶交换苏格兰威士忌，至于那瓶威士忌的来源，可能是买一箱红酒或是啤酒才能搭买的，这种伎俩被称为“搭售”，各种销售伎俩千变万化，无奇不有。比如在俄克拉何马城，汽车商卖给你一辆汽车，但前提是你要以 400 美元买他的狗，而后，狗自己会找到路回家，其他汽车商可能会卖给你新车，条件是你以 2 美元的折价把旧车卖给他；在辛辛那提市，一位异想天开的顾客对汽车经销商说：“我跟你赌 700 美元，我能憋气 3 分钟。”此外，还有数不清的“酬金”，例如房东太太以 80 美元一月出租一间只供应冷水的公寓给你，你还得支付 150 美元的酬金；如果肉贩从店里的冰箱挑出一块厚牛排给你，酬金是 3 美元。

严厉的罚款和重刑根本不能捣毁黑市买卖，而且战争胜利后，要想维持两党共同控制局面，也不可能。共和党再次表现得咄咄逼人。1945 年 8 月，共和党人无奈之下，勉强同意杜鲁门“坚守防线”的行政命令。这个命令实施后，美国人工资和物价控制水平逐渐降低。

到了 9 月，两党在这一问题上的矛盾明显尖锐起来，这是自珍珠港事件后的第一次。国会召开特别会议，总统要求扩大行政权力。他希望继续执行定量配给（战争结束 6 个月后，一部分控制权力自动终止）。此外，他向国会提议通过一项社会和经济方案，其中最引人注目的措施就是实行每小时 65 美分的最低工资标准、将房屋建筑工业收归国有、加大自然资源开发力度、由联邦政府控制失业补助的发放，以及一项严格的公平雇用实施条例。这次共和党人拒绝讨论这一议题。少数党领袖乔 · 马丁指责总统的做法“比新政还要新政”，查理 · 哈勒克说：“开球了，1946 年竞选运动拉开帷幕。”

1946 年 1 月 14 日，国会复会，聆听杜鲁门的第一次国情咨文。核心内容之一便是请求允许物价管理局再运行一年，随着各类商品供需水平恢复自然，再逐渐取消商品管制。早在 1945 年 9 月，他就对外施压，如今与之对抗的是一个强大的联合阵营，包括美国全国制造商协会、美国商会以及共和党领导层。他们早已准备好了一大堆复杂难懂的图表，希望能说服委员们：除非国会打破“美国商业的枷锁”，否则国内的自由企业在劫难逃。参议院的大理石会议室外，各个企业的公关人员为了争取卖方市场正在组织游行，包括企业员工、底层管理者、牧师、医生、美国退伍军人协会会员、扶轮社会员和报童。这些人对约翰 · 斯图亚特 · 密尔[①]赞赏有加，把卡尔 · 马克思视为真正的敌人。这些人中，有一群愁眉苦脸的破产商人，嘴里念叨着在自由市场时期他们生意兴隆，但胡搅蛮缠的物价管理局人员将一切毁于一旦。

两边的游说都很激烈。物价管理局局长切斯特 · 鲍尔斯派出了团

① 约翰 · 斯图亚特 · 密尔：英国哲学家、经济学家，主张经济自由和功利主义。——编者注

队里的专家，去国会做见证。杜鲁门的国会联络员蜂拥而至将国会议员们团团围住，各路联合会、消费者团体以及妇女团在外面的广场上游行示威，支持物价管理局的标语高举在空中。4月19日的这一幕被《纽约时报》在第二天报道为“消费者‘十字军东征’的高潮”。代表各个州的1 000多名家庭主妇向国会山浩浩荡荡前进，她们要求不要通过修正案，从而使物价管理局再掌控一年。《纽约时报》报道：

> ……关于物价管理局，多年来国会里里外外都存在各种怨恨、阻碍和困惑，一直未能得到解决……全国制造商协会带头将矛头指向物价管理局……肉类工业、零售贸易、房地产及其他行业反响热烈……对峙愈演愈烈，双方信口雌黄，相互谩骂，也出现了一些不文明行为。

面对如此野蛮的斗争，国会只得妥协，正如鲍尔斯所指出，控制工资和物价要么全面实施，要么全部撤销。物价管理局已奄奄一息，通货膨胀也接踵而至。一个月的时间里，食品和物价翻了一番，愤怒的消费者自发形成了激进的“消费者权益协会”，纠察商店。家畜养殖商将牛圈起，等牛肉价格突破一美元一磅时再屠宰上市。生活成本上涨了33%，后来上涨了75%。8月，焦虑不安的国会议员再次开会，并通过了新的控制法案，终止了塔夫脱的修正案，但为时已晚。此时，物价管理局已经失去了对经济的控制力，经济已不可能自己从旋涡中挣脱。10月，杜鲁门只得向这种不可抗力低头，开始逐一取消物价管制。两年后，选民对物价管理局的印象越发淡薄，这时，杜鲁门便可以大大方方地提醒选民，他一直在为价格调控不断努力，但共和党人却站在全国制造商的一边唱起反调。而此时，他已经顺应时势了。至于塔夫脱和杜鲁门的第一次正面“交锋”，两人最多算是打个平手。民意支持率显示，总统的声望已大不如前。

幸好杜鲁门并不在意民意测验。总之，他的性情适合做出艰难抉择，即使是在战后动荡不安的那几年里，他的决定甚至伤害到了他的政治支持者的利益，也依然如此。对于民主党最高领导人来说，与全国制造商协会和美国商会较量，并不算难事，但管教组织起来的劳动者就另当别论了。不仅因为劳动者是富兰克林 · 罗斯福一手组织形成的政治联盟中必不可少的因素，也因为 1944 年工会领导人曾参与建议罗斯福选杜鲁门担任副总统一职。若没有工会支持，恐怕到现在他还只是一名参议员，取代他入主白宫的不是吉米 · 伯恩斯就是亨利 · 华莱士。现在就物价管理问题责备资方，根本于事无补，除非当局准备对工资水平也采取同样强硬的态度。如果工人继续罢工，任何强硬态度都于事无补。1946 年，似乎正是这种情形。战争胜利后的一年中，前前后后参与罢工的工人总数将近 500 万，损失了 10 747 600 个工作日，越来越多的工人加入罢工的浪潮，加剧了中产阶级与劳动者的对立。等待买第一辆车的年轻夫妇，看见汽车工人罢工的照片就愤怒不已。这些人一直以双重标准看待问题，他们对待工会比对待那些老板更加苛刻。中产阶级一贯如此，即使是代表中间派的杜鲁门，对白领阶层也比对蓝领阶层更客气。

事实上，对于发生在 1941~1945 年的生产奇迹，蓝领工人的贡献应该得到更多的认同。海陆军的生产优异锦旗是他们的功劳，因为被雇用者也有雇用者对于和平和胜利的期盼，长时间辛苦地工作，答应加强生产强度，自愿加班，赚了钱又继续购买战争债券。日本袭击夏威夷的那个星期，罗斯福总统呼吁工会停止罢工，支持战事。所有的劳动者领导人一致赞同，除了两次煤矿罢工以及铁路工人威胁要罢工之外，1943 年一整年，工人们都遵守自己的诺言。即使算上为数不多的自发性罢工，损耗的生产时间也不过只有百万分之六。但战胜日本后，积蓄已久的不满再也按捺不住了。

1945 年 9 月第一次出现混乱迹象，一大批供应商屡次自发罢工，导致福特公司停产。1946 年，继通用汽车公司工人罢工后，一浪高过一浪的罢工潮席卷了从蒙陶克角到马里布海滩的美国大地。一时间，石油工业、木材工业、纺织工业和电力工业全部瘫痪，各大报刊都开始谈论工人“造反”以及工会“叛乱”。很难相信，这样大范围的动荡未经事先预谋，而是战时紧缩政策造成的适得其反的结果。至少能确定一点：停产累积的影响正日益威胁着和平生产的恢复。如果罢工潮触及公共利益，总统可能需要采取更长远的措施，而不会指望无能的委员会解决问题。事情果真发展到了这步田地，杜鲁门的声望也因此达到了其执政生涯的最低点。

他的气愤是可以理解的。通用汽车公司的罢工浪潮刚刚平息，75 万名钢铁工人又开始停炉封火，80 天后才恢复，还没等这个国家喘口气，21 个州的 40 万名烟煤矿工又开始罢工。4 月 18 日，矿工罢工潮还未平息，两大铁路工会宣布将在 30 天内举行大罢工，到那时，整个美国的交通网将陷入瘫痪。两大工会的领导人一直以来都是民主党派的盟友，罢工结束期限的前三天，杜鲁门召集他们到白宫商议，并提出了宽厚的仲裁条件，希望他们能接受。没想到，他们竟固执地摇摇头拒绝了。

杜鲁门说道：“如果你们觉得我会坐在这里，任由你们使全国交通瘫痪的话，那简直是疯了。”

其中一位回答道：“总统阁下，我们必须坚持下去，这是工人们的诉求。”

杜鲁门站起来，厉声道："好吧，我把决定权交由你们。你们只有 48 小时的时间，到星期五这个时刻解决问题，如果还解决不了，我就以政府的名义接管铁路部门。"

48 小时过去了，僵局仍未打破。1946 年 5 月 17 日星期五，杜鲁门签署了一份行政命令，由政府正式接管铁路部门。现在他以工人们新雇主的身份又给了 5 天的宽限时间，但还是毫无动静。他的仁慈换得的只是一份简短的通知，末尾写着："你的要求我们不能接受。"此时已是第二个星期的星期五。煤矿工人罢工的影响开始蔓延到城市。为保存仅有的一点儿储煤，有些城市已实行特定时间断电。在这个节骨眼上，铁路部门罢工无异于全国性大罢工。杜鲁门不能让事情再继续恶化，这时，比采取何种措施更重要的是如何采取措施。他采取的方法可悲可叹。

他立即召开紧急内阁会议，声称将出席星期六的两院联席会议，请求授权他将所有铁路工人征召入伍，不分年龄、职位。司法部长说道："这不符合宪法规定。"杜鲁门厉声说道："先将他们征集入伍，再谈法律的问题。"他告诉自己的新闻发言人查尔斯 · G · 罗斯，于当天晚上向全国发表炉边谈话，并交给他 12 页写在横隔线便笺纸上的手稿，补充道："这些就是我想说的，给我打印出来。我非得给这帮孙子一点儿颜色瞧瞧。"

回到自己的办公室后，罗斯开始看这份手稿，他简直不敢相信自己的眼睛。这也许是他任职白宫以来所见过的言辞最犀利的谩骂，甚至与事实不完全相符，有诽谤中伤的意味，而且信的结尾还带有煽动群众的成分。杜鲁门是要告诉整个国家，"当美国士兵冒着枪林弹雨拼死赢得胜利之际"，煤矿和铁路联合会的领导却在背后搞小动作，"拿着枪威胁政府"。这无异于说他们"从背后射杀了我们的士兵"。

他还说，这些人都是骗子，还专门点名约翰 · L · 刘易斯以及“默里和他的共产党朋友们”，称这些人曾威逼“软弱的国会”。紧跟着他说了这样一句不同寻常的话：

> 每位罢工者和他们奉为神的领导都生活奢侈、养尊处优，高兴起来才干活，他们的工资却比士兵多 4~40 倍不等。

结尾处写着：

> 让国家回到人民手中，让交通和生产恢复正常，绞死几个叛国者[①]，保护我们国家的民主制度。来吧，兄弟们，让我们动起手来！

这还不如用“冲呀”来结尾。居然有这样的总统，鼓励绞死工会领导人从而将权利回归人民，恢复民主。即使是 1937 年那段最黑暗的日子里，格罗斯角那些富丽堂皇公馆里的汽车商也没有这样咒骂工人。罗斯不觉得杜鲁门真想煽动工人吊死工会头目，至少不会真的那么做，克拉克 · 克利福德也这么认为。他俩试图说服总统修改讲话稿。但即使这样，总统依然言辞苛刻：“珍珠港事件的危机是外国敌人造成的，而今晚的危机是国内一小部分人造成的，这些人想要把个人利益置于国家利益之上。”他宣布将召集国会于星期日下午 4 点开会，如果到时火车司机和铁路工人还不复工，就把他们交给赫尔希将军处理。

杜鲁门的顾问团私下都觉得，政府经营铁路的情况确实少有，但总统坚持这样做。到了星期日下午，工会仍不肯妥协。工会领导人都

① 此处着重号是作者加的。

被锁在K街与第16街交叉路口的斯塔特勒酒店，他们在和一位施压的政府人员谈判时渐渐动摇。这时，杜鲁门总统坐车沿宾夕法尼亚大道来到了众议院，穿过议长办公室，径直走进会议大厅，然后一跃走上讲台，以三军统帅的身份希望众议院授权，“将反对政府的所有罢工者征召入美国军队”。在雷本的办公室里，克拉克·克利福德守在电话旁，寸步不离。杜鲁门开始讲话不到5分钟，电话铃响起。负责谈判的政府人员说道：“他们签字了！”克利福德疯狂地在一张纸条上写下：“总统阁下，协议签字了，罢工结束了。”并将纸条送到了讲台上。杜鲁门瞄了一眼，抬起头，微笑着望向会议厅内挤满的议员，说道：“各位，罢工已经平息了。”

全场顿时欢呼起来，杜鲁门继续讲下去，要求通过法案，如果未来有罢工者危害公共利益，众议院授权总统，将其征召入伍。议员们大声赞成，当场通过。这还不是杜鲁门得意的时候。为了平息这次罢工浪潮，杜鲁门使工人运动、美国公民自由联盟、自由派人士以及每一位曾读过杜鲁门宣誓就职时发誓要维护的那部宪法的保守派人士，都拒他于千里之外。参议院的罗伯特·A·塔夫脱并非任何联会的领导人，却以自己的影响力将这一法案搁置不提，还宣称该法案“不仅有违宪法，还有违美国共和党赖以存在的每一条基本方针。禁止罢工必然会侵犯美国政治制度的基本自由，而基本自由正是我们国家赖以生存的基本”。怨愤的铁路工会主席宣布，工会4 700万美元经费的每一分钱都会用于阻止杜鲁门于1948年当选。在纽约，美国产联污蔑总统是国家的“头号工贼”，约翰·L·刘易斯在西弗吉尼亚州的山林别墅中叫喊：“别指望用刺刀就能挖出煤来。”

可能是挖不出煤，但这位喜欢为人民利益较劲儿的卫士已经放开胆子，准备奋力一搏。刘易斯这是在自找麻烦。杜鲁门可以容忍别人给他冠上“工贼”的名号，他后来否决了反工会法案以及《塔夫脱-哈特莱法》，又重新赢得了工人的支持。他不能容忍的是矿工领导人的狂妄自大，以及越来越不负责任。他指责刘易斯“为满足自我，在战争期间发动两次罢工”，这已经非常接近事实真相了。刘易斯带领着40万名矿工上街游行示威，丝毫不顾及远在海外的美国大兵们还在为胜利殊死搏斗，这些都是广为人知的事实。1943年《星条报》中东版上有一篇社论是这样结尾的：“为美国大兵说句公道话——约翰·刘易斯，去死吧，你的灵魂像那煤炭一样黑。”民主党并不亏欠这个老戏子，他已有10年不支持民主党候选人了。因此，这两位怒发冲冠的领导人之间的对抗条件也已成熟。罢工之所以会引起联邦政府的干预，是因为煤炭仍旧是美国经济的基础。美国62%的电力以及55%的工业能源依靠煤。如果矿工不工作，只让铁路工人回到工作岗位，根本于事无补，因为在美国，每20辆火车机车中就有19辆是烧煤的。

杜鲁门要压倒刘易斯的决心已定，所以没等到工会就犯，就展开了攻势。工会领导人在斯塔特勒酒店让步的5天之前，杜鲁门就签署了一项行政命令要接管煤矿。此时，刘易斯领导的罢工已进入第6周。起初，杜鲁门所做的努力看似并不能吓退刘易斯，过去历次都如此。刘易斯朝一位记者怒吼道：“杜鲁门质疑我们的要求具有合法性？他知道什么是合法吗？”杜鲁门这次清楚地知道要更谨慎小心。杜鲁门将他的内政部长置于管理资方的位置，又答应了矿工联合会的大部分要求。（而付工资的是资方，他们当然感到愤怒又无助。在这场较量中，理直理亏、是否符合宪法，似乎都已不再重要。）然后，总统就等着矿工联合会那个头头采取下一步行动。刘易斯趾高气扬地大吵大闹，肯定是在找空子，找不到空子，就平白杜撰一个。刘易斯竟然拿节日薪资来说事。10月，他否认集体合同的有效性，并宣称要就合同所有相关条例展开谈判。他要求工人工资按照“从口到口”计算（即从矿场门口走到矿井口的时间也要计算在内）。杜鲁门不允许内政部让步，他和刘易斯一样也找到了发难的借口。但负责新政事项的律师震惊地发现，除了反工会的法院禁令外，找不出别的借口。而这项禁令的法律效力早已被《诺里斯–拉瓜迪亚法》和《瓦格纳法》（即《美国劳工关系法》）否定。

杜鲁门并未惊慌失措。他发布命令，表明上述法案针对的是私营企业主，而非政府。这样的解释难免有些牵强，但既然决斗已公开，哪一方退让必定有失颜面。到后来，即使法院的文件传到了刘易斯位于第15街和I街交叉口的矿工联合会总部，他的助手仍然在矿上高喊着口号“没有合同，就不上工”。他自己躲进了亚历山德里亚的府邸，煤矿却一个接一个地关闭。10天内，城市再次被迫断电，工厂关闭，火车和空荡荡的煤车搁置在轨道上。这时候，斗争已达到高潮，矿工联合会的律师们已黔驴技穷。11月21日星期四，联邦地方法院法官艾伦·戈尔兹巴勒称刘易斯藐视法庭。11月26日星期二，戈尔兹巴勒宣判，“被告约翰·刘易斯以及美国矿工联合会屡教不改，已犯下并一直犯有民事与刑事性质的藐视法庭罪”。罚款351万美元。

刘易斯惊得目瞪口呆，瘫坐下来。这是劳工史上最高的一笔罚款，刘易斯似乎并没有其他选择。他不能像德布斯和冈珀斯那样选择坐牢，因为政府已撤回对他刑事性质藐视法庭的指控。他甚至可与法官为敌，或许在他用低哑的声音说着“法官阁下，你已经判了我藐视法庭……”时，已这样打算好了。但他说着说着又停了下来。律师把他拉回自己的座位。能宣判上百万的罚款，这位法官可是不好惹的。肯定免不了上诉，但这也只是拖延判决而已。与此同时，法院的判令、传票、诉书以及限令也已接踵而至。被告已分身无术，忙得晕头转向，对手不战而胜。这时，哈里 · 杜鲁门在干什么？

刘易斯搬起石头狠狠地砸中了自己的脚，这时候，杜鲁门默不吭声。但是，现在杜鲁门离最终的胜利还很远。主动权仍然掌握在刘易斯的手中，而且只有一种方法能将主动权夺回，就是要消除他的权力基础，至少要能威胁到他。如果双方都保持沉默，刘易斯的律师肯定会采取新一轮法律行动，到时这场国家危机就会从无法理解变得无法忍受。矿工们也许并不喜欢刘易斯，一部分人甚至恨他，但几乎所有人都认同他们需要他的庇佑。除非是他或者另一个同样有号召力的人召集他们回到工作岗位，否则，矿坑和隧道还会继续空旷无人。或许，总统有足够的号召力，哈里 · 杜鲁门决定一试。在珍珠港事件 5 周年纪念日的那个星期六早晨，查尔斯 · 罗斯告诉媒体，当晚总统将通过广播直接对矿工们讲话，请求他们为了拯救国家，不再理会他们的领袖，立刻回到工作岗位上。

这的确是一次惊人的赌博，筹码是总统的声望，但杜鲁门最终成功了。刘易斯傻眼了，遗憾地败下阵来。4 点，他在矿工联合会总部举行记者发布会，宣称最高法院的审议“不应该受到公众压力的影响，虽然这些压力是经济危机的‘余震’。所有的矿场将立即恢复生产……如果依然按照 1946 年 11 月或之前签订的规定，每位矿工都会立即复工”。余音未完，刘易斯就踉跄地走过台阶，从此销声匿迹。他再也不能为一己之私挟持整个国家了。他彻底败下阵来，他的失败成就了杜鲁门的胜利，也让杜鲁门第一次觉得自己像位总统。克拉克 · 克利福德告诉《纽约时报》的卡贝尔 · 菲利普斯：“我可以告诉你，我们的总统可与从前大不相同了，他终于做了一回主。”总统的另一名助手说得更形象：“他回到白宫时，你能听到两个睾丸碰撞的声音。”

那年冬天，沃尔特·鲁瑟的得力助手埃米尔·梅齐并不在全美汽车工人联合会，甚至连底特律发生了什么都一无所知。身为应征入伍的准士兵以及马尼拉复员骚乱的领导人，梅齐被严密监视，收不到任何信件，也不得被人探访。但这依然阻止不了动乱。示威游行愈演愈烈，很快就蔓延到东京、关岛、中国、加尔各答、夏威夷、伦敦、维也纳，乃至勒阿弗尔、巴黎和法兰克福。到了春天，美国军方的士气大大减弱，美国在海外名誉扫地，美军受到沉重打击。

美军士气降到珍珠港事件以来的最低点，士兵很容易被那些狡猾又别有用心的煽动者蛊惑。战胜日本后，原有的点数制冻结，服役不再加分，不能以此争取早日退伍。在这种点数制的体制下，本就难免存在不公平，太平洋战争又提前结束，就更不公平了。1945 年夏，得分高的士兵并未得偿所愿回家，因为军方认为，让从未出国服役而得分较低的士兵先复员会更方便。然而，最麻烦的事情还不是退伍回家，而是士兵们普遍觉得上司有心要虐待他们。

军队的等级制度一直与平等思想背道而驰，平等思想是 20 世纪美国最强大的社会力量。即使情况最理想时，士兵仍然反对独裁主义。随着和平的到来，士兵回归正常的军营生活，上下级之间的差距显得越来越突兀。《纽约时报》军事专栏作家汉森·W·鲍德温并不敌视特权，但他后来也总结道："不满情绪的确事出有因。"他提到，将军吃着山珍海味，而士兵却吃C级口粮。低级将领认为，自己理应要求住最好的营房，由最漂亮的红十字会护士服侍，在最好的电影院占用最舒适的位子。但最好的房子却成了高级军官的俱乐部，由士兵担任酒保，又有当司机的士兵将他们送回安寝。有的指挥官霸占着不必要的人员，只为延期放弃战争期间的临时头衔。以战争部长罗伯特·P·帕特森为代表的最高将领，完全忽视战后士兵的感受，不理会他们的诉求。于是，积怨日深，终于到了爆发点。

话说回来，1946年陆军闹到近乎兵变的确很不光彩。前一年9月，复员点数要求从50分减至38分后，获准退伍的士兵每月将近100万。海军方面虽然有更多的抱怨情绪，但使人难堪的事件却没有这么多。海军陆战队为避免类似情况发生，明令禁止士兵参加任何游行。如果闹复员的暴乱者是曾久经沙场的士兵，或许还不至于让美国军队蒙羞，可惜他们不是。1945年圣诞节前，比尔·莫尔丁笔下大多数像威利和乔那样的士兵早已退伍回家了。

第一个使人质疑军方复员政策的人竟然是麦克阿瑟将军。1945年9月17日，在没有与华盛顿方面任何人商议的情况下，他召开记者招待会，宣布驻扎日本的部队将在6个月之内从40万减至20万。记者就此询问总统，杜鲁门只能无力地回答，虽然他并未提前得到通知，但如果麦克阿瑟将军不需要如此多的兵力，他也觉得很欣慰。迪安·艾奇逊表示，麦克阿瑟掌管的兵力多寡，应该由政府来决定，而不是由他自己决定。这样的言论直接冲撞了麦克阿瑟在国会的拥护者。（正如艾奇逊后来所写，要是政府能预见未来的话，“我们本来能预见，这样的小冲突是后来导致麦克阿瑟将军于1951年4月11日被撤职的大斗争的开始”。）那些等复员已不耐烦的人认为如果一名五星上将就能做主把驻军削减一半，那么级别低一点儿的将军是不是也可以。

谁料到事实恰好相反。1946年1月6日，军报《太平洋日报》报道，由于兵员补充困难，复员数目从每月80万减至30万。《太平洋日报》的头版向杜鲁门总统呼吁，军队兵力补充不足的问题是军队自找的，因为赫尔希将军把每月征兵名额从8.8万减少至2.1万。在马尼拉维持大批部队，尤其令人恼火。《太平洋日报》报道称，和平时期维持大批民兵唯一的合法用途就是占领战败国，但菲律宾人并非敌人——1946 年 7 月 1 日，菲律宾已宣布独立。为未能退伍的士兵提供训练本是希望能减轻他们的焦虑，结果适得其反。有传闻说，这些士兵将被派往菲律宾或是中国大陆，对抗当地的游击队。身在关岛的帕特森部长告诉记者，他对于战胜日本后冻结点数制已 5 个月一事感到惊讶，这无疑是在火上浇油。

20 世纪 30 年代末期，经过底特律纠察队的浴血奋战，如今已有几百号人追随梅齐。仅仅几小时里，他们就印好了传单，分发出去，又组织了一支包括 15 辆卡车和吉普车的车队。车队的喇叭声响成一片，到处飘着标语“我们什么时候能回家”、“我们不喜欢这样的做法”。每到一个兵营，就停下来召集更多士兵参与游行。第一次游行约有 150 人参加。听完几场演讲，就募集到了用于在《纽约时报》上刊登抗议广告的经费，怒火发泄完毕后就解散了。但这次事件吸引了媒体的注意，他们当了士兵不满的传声筒。一夜之间，吕宋岛上的兵营成了造反据点。第二天晚上，马尼拉市政大厅前会聚了 2 500 人，群情激昂。这次的筹款，除了刊登广告外，还足够支付发电报给德鲁 · 皮尔森和沃尔特 · 温切尔的费用。消息很快传遍整座岛屿——给你选区的众议员写信。1.8 万名士兵确实照做了，因为他们有的是时间，又没有更好的对策。美国西太平洋的三军指挥官 W · D · 斯泰尔中将后来犯了严重的战略错误。他竟然总结说，安抚暴民最好的办法是让他们在马尼拉巨型黎刹纪念体育场馆的公共广播系统听到他舒缓人心的声音。结果恰恰相反，群众游行队伍变得越来越强大。《纽约时报》头条写道：“马尼拉 2 万名美国士兵把将军嘘下台，督促国会加紧步伐运送复员军人回国。”

这件事引发了连锁反应。无线电广播和报纸到处宣扬斯泰尔将军部下的种种行动，于是世界各地的美军基地都掀起了支持他们的游行。加尔各答的煽动者要求肃清中国–缅甸–印度战场。帕特森部长试着向横滨的占领部队解释，却遭到了激烈质问。东京的游行队伍举着旗帜："服役可以，奴役决不允许"，"日本佬都回家了，为什么我们不能？"驻扎伦敦的数千名士兵来到罗斯福夫人当时下榻的克拉里奇酒店高呼："埃莉诺！埃莉诺！埃莉诺！"请求她查出为何美军新娘有轮船回国，他们却没有。（埃莉诺只露面了一下，面带微笑，告诉他们，自己会尝试了解。）一天下午，驻巴黎的美军开始支持游行，士兵愤怒地将红色标语写在哥伦比亚和彩虹角两个红十字会俱乐部的布告栏上："支持马尼拉战友。今晚8点半在凯旋门集会。"到了晚上，法国警察解释说，凯旋门为法国圣地，不能在此集会。于是，队伍从埃菲尔铁塔跨过塞纳河，朝特洛加德洛广场前进，辱骂不肯加入的士兵"败类"。另一支游行队伍4人一排，沿着香榭丽舍大道向协和广场进发，他们手里挥舞着镁照明弹，齐声高喊："我们要回家！我们要回家！我们要回家！我们要回家……"

在这次"要回家"的动乱中，正如后人所知，危害最大的一次发生在德国。巴黎的游行示威者至少还知道步调一致，但法兰克福的4 000名美国大兵，最后演变成毫无顾忌、只知道咆哮的暴民。煽动者爬上街边的灯柱呐喊，成群的示威队伍挥舞着手电筒指挥众人朝法本大楼进发。美国宪兵手持刺刀将队伍吓退，他们嘲笑约瑟夫·T·麦克纳尼将军是个胆小鬼，不敢与他们正面交锋。麦克纳尼当时其实在柏林。他从柏林回来后，要求同游行头目明明白白地谈话，当时没有几位指挥官肯这么做。艾森豪威尔面对外界的质询，都让他们去征询各战区司令官的意见，又含糊其辞地向记者透露他支持让所有"确无必要保留"的士兵回国，魏德迈只能向驻扎中国–缅甸–印度的美国士兵道歉，因公文手续繁复延误了他们的退伍时间。麦克纳尼说明了美国对欧洲的承诺，并补充说道："我们会努力让你们尽快回家，但如果国会议员们从你们的信里得出结论，认为公众只想让士兵们回家，而不用理会美国的国际责任，那么你们就是在毫无顾忌地期盼回家团聚……而将美国在欧洲的事务置之不理了。"

麦克纳尼将军的话满是嘲讽。事实上，他确实戳中了这次世界性运动的要害。为不能回家的士兵申诉的信件早已在国会山堆积如山，都写着军邮复信地址。这仅仅是开始，接着第二波浪潮来袭，士兵的父母、妻子和女朋友也开始嚷嚷，正如战争部副部长肯尼斯·罗亚尔所言："'我和我的孩子'理论使国会议员们收到关于复员的批判如洪水般难以抵挡。"一位参议员收到了200多双婴儿鞋，每双都附有纸条"我想念爸爸"。这次事件对国会来说是一次考验，但事实证明，他们无力承受。宾夕法尼亚州的罗伯特·里奇说："每位父亲、每位母亲、每个孩子都希望自己所爱的人回到身边。"他又补充道："记住，无论哪里都比不过自己的家。"约翰·兰金提出一种方案，服兵役满18个月，或有家属需要照料，或要升学的士兵均可退伍——换句话说，每位应征入伍的士兵都可以退伍。蒙大拿州众议员麦克·曼斯菲尔德告诉记者："没有什么理由不让海外的士兵尽快退伍回家。"民主党参议员汤姆·康纳利和共和党参议员阿瑟·范登堡发布两党联合声明，支持叛乱者。参议院委派几位委员飞往菲律宾，向梅齐中士及其他煽动者取证。

《纽约时报》惊恐万分，对于"军纪荡然无存"竟然在国外引起如此巨大的反响非常担忧。编辑直言不讳地指出"示威者还没退伍，仍然是士兵。他们必须知道他们的行为是不可原谅的"。从《纽约时报》的角度看，国会教唆"让士兵回家的运动，罔顾美国的国际责任，鼓动马尼拉和勒阿弗尔的游行，他们应该为此感到内疚"。

从政府的角度来讲，几乎没有比在这个时间点发生这次骚乱更糟糕的事。杜鲁门总统整合三军，统一归国防部领导。高级军官对此事尤其敏感，他们本就不信任白宫。如果政府在这一新问题上又让这些人失望，整个重组计划就有可能泡汤。因此，杜鲁门宣布在查看过陆军和海军的复员措施后，他深信“复员进度高效、公平，感到非常满意”。但他得到的结果只是让国会将指责的目标从陆军和海军部门转移到他身上。

如同他的前任罗斯福，杜鲁门本来也非常支持普遍军事训练。现在，这个希望一夜之间就破灭了。取而代之的是军方现在甚至开始质疑能否维持海外空有其表的部队。美军的作战能力下降了 80%。曾经是世界上最强大的空军部队，现在的人数已从 238.5 万减少到 16.5 万。每月退伍的海军士兵多达 24.5 万。尼米兹提醒说，现在已经没有哪支舰队可以作战了。5 月 15 日，征兵法期满，参谋长联席会议正在思量撤回驻扎在朝鲜半岛的全部驻军。此时，已有 500 万经受过训练的士兵穿回便装。各级将军也在认真思量着残酷的数字，至少需要 35 万兵力留守德国，37.5 万驻扎在太平洋地区，还需要 72.5 万（艾森豪威尔预计）或 137.5 万（杜鲁门预计）兵力留守在世界其他地方。但部队中仅有 40 万志愿服役士兵，延长服役的人数越来越少，艾森豪威尔将军告诉国会领导们，现在美国真的面临“用兵荒”的危险了。

国会图书馆后面一间废弃的房屋里，艾森豪威尔将军和国会的领导们会面了。现在举行公开听证会已不可能。政治火气太大，他只能从小巷到国会山，他心里非常不是滋味地意识到抗议的美国大兵高喊“我们喜欢艾克”是因为艾克模棱两可的言辞让他们以为是支持暴乱。他告诉国会议员，至少要持有 155 万兵力，又援引了驻扎日本的第八集团军参谋长的话："如果日本人认为时机成熟而发难，一定会选择他们深信美国军队存在不满之时。看来有些破坏势力在存心捣乱，原因尚不清晰，但目的是要打击我们军队的士气。"艾森豪威尔认为，或许因美军"兵力不足"而导致美军在欧洲的影响力落入"其他国家手里"。

他并未点明其他国家到底指的是谁。日本投降后的几个月里，还不兴谈及哪个国家是假想敌，但以当时的情况来看，足以挑战美国的敌人也就只有一个。"二战"结束时，苏联红军发展到 1 000 万，这 1 000 万当时还在。驻扎在境外的苏联士兵也并未掀起所谓的"要回家"的骚乱。斯大林可以在东欧为所欲为。美国国会听从选民的旨意，而不顾艾森豪威尔或者杜鲁门的反对，到 1946 年夏，美国军队还剩下两个半师，而且大部分都是新兵，其作战能力只是战时高峰期的一半。丘吉尔提醒世界小心斯大林的"铁幕"政策已经从波罗的海蔓延到了亚得里亚海的里雅斯特，公众的舆论直指杜鲁门。无论是参加过游行的退伍士兵，还是曾经给国会议员寄过婴儿鞋的妇女，都把矛头指向美国的总统、国务院、知识分子以及国外的"同路人"，但就我们所知，这些民众没有一个人知道照照镜子。

威廉 · 海特爵士曾经把同克里姆林宫的谈判比作一台过时的娱乐老虎机。你几乎得不到想要的，但总能捞到点儿什么。"有时候晃一晃机器，出货会快些，但同它交谈就毫无意义了。"罗斯福曾在雅尔塔会议上同苏联人讲道理，但还没等到告诉国会苏联做出的承诺，苏联人就公开反悔了。斯大林觉得，自己肯应酬西方盟军，已经是宽宏大量了。他还说，在这场战争中，英国只是为战胜希特勒争取了时间，美国贡献了物资，但苏联却有 600 多万士兵死伤，付出了"血的代价”。在莫斯科看来，杜鲁门一副弱不禁风的样子，美国就是一个分崩离析的国家。苏联经济学家向他们的领导人保证，美国国内马上就会陷入萧条与混乱，美国就要完蛋了。因此，斯大林要求控制达达尼尔海峡以占领土耳其的一块土地、分享中东的石油、占领里海地区以保护巴库的油田，还命令抢占铁托控制下的里雅斯特和奥地利的克思滕州，又在占领日本问题上插上一脚，甚至要驻军鲁尔。

1945 年 4 月 23 日，杜鲁门痛斥莫洛托夫，这位新总统第一次表示出绝不会轻易向任何人妥协。苏联人震惊之下，正式邀请他参加波茨坦会议。众所周知，波茨坦会议旨在讨论如何实施雅尔塔会议的决议。杜鲁门也犹豫过是否要前往参加，但很多原因使他必须要出席，他后来写道：“我最在意的是要确认斯大林会让苏联士兵加入抗日战争，这也是我们军事首脑最关心的问题。”他唯一期待的就是远洋航行可以乘坐“奥古斯塔”号。这也是他自“一战”结束后的第一次出国。杜鲁门写给“亲爱的母亲和玛丽”的闲聊信中，展现出哈里快乐的情境，哈里满面笑容，穿着一件运动T恤衫，带着白色水手帽，跑遍船上的每一个角落，竟在船员中找到一位远房亲戚，他和水手们进餐，却冷落了其他官员。波茨坦会议确实给了他很大启发，但也使他感到沮丧。现在，他毫无疑问地明白了“苏联佬唯一懂得的就是军队，他们的诉求就是征服世界”。会后，他“高兴地踏上了回家的旅途”。

波茨坦会议并未改变轴心国卫星国的未来，在苏联人含糊其词的掩盖下，它们仍被军事占领着。正如杜鲁门所预期的那样，会议毫无意义。会议期间，他一度非常沮丧（这是让历史学家们着迷于揣测的历史时刻之一），想将白宫拱手让给艾森豪威尔。他俩在轰炸后的柏林废墟上巡视，杜鲁门突然转过身来，对艾森豪威尔说：“将军，无论你要什么，我都会义不容辞地帮你。确定而具体地说，包括竞选

1948 年总统。”一时间，艾森豪威尔手足无措，因而只当这是一个玩笑：“总统阁下，我不知道谁是你的对手，但那个人绝对不是我。”

几个月过去了，苏联人的态度不断恶化。奥本海默带领美国的科学家团队历经千辛万苦，终于制订了一个合乎情理的掌控核武器的计划。但计划完成后，安德烈 · 葛罗米柯却草率地拒绝执行。苏联前线部队士兵的行为，只要有机会也变得越发粗俗。副国务卿迪安 · 艾奇逊百忙中抽空来到麦迪逊广场花园为美苏友谊委员会致辞。他发表讲话，希望两国能摒弃差异，而不要发展成“深夜里的敲门声，搞得人心惶惶”。就因为这点，他在全场的嘘声和喝倒彩声中被迫离场。后来他说道：“我一直很好奇，为何共产主义国家的外交官都认为，无礼是展开国际关系的基本要求，这到底缘起于谁？是马克思，还是恩格斯？无论是谁，都实属不幸。”①

在美国政府内部，唯一对苏联还抱有幻想的就是商务部长亨利 · 华莱士。这位空想家、幻想家总是质疑美式沙文主义。亨利 · 卢斯标榜即将到来的世纪将是“美国的世纪”，而华莱士却反驳说，战后的岁月“只能是也必须是普通人的世纪”。现在，他坐在内阁会议室里，冷眼望着哈里 · 杜鲁门，终于得出了结论：杜鲁门肯定是彻头彻尾的战争贩子。华莱士决定要对他做些什么，人民必须被提醒，他要提醒人民。

现在回想起来，相比华莱士挑战美国的外交政策，他能在美国政府任职那么长时间似乎更让人难以置信。当时伯恩斯在国务院任职，而华莱士执掌商务部，杜鲁门的内阁成员里就有两个人认为自己应该坐上总统的位置。如果杜鲁门也具有罗斯福同样的魅力，也许能克服

① 后来，艾奇逊此次在麦迪逊广场花园的露面，被攻击他的人当作他同情共产党的证据。

这两人性格上的差异。但杜鲁门不懂得耍花招，就注定要得罪一个接一个的新政拥护者。伯恩斯早就冲撞过他，莫斯科的会议一结束，伯恩斯就致电白宫，希望一回国就组织炉边谈话，把会议内容通过广播全面汇报给全国民众。杜鲁门提醒他，向总统汇报是他的首要职责，如果有发表炉边谈话的需要，也应由总统来做。不久后，杜鲁门卷入了哈罗德·伊克斯的用人问题纠纷。1946 年 2 月 12 日，伊克斯提交辞呈，建议于 3 月 31 日正式生效，而杜鲁门毫不留情地使其于 2 月 15 日就生效了。伊克斯后来公然指责杜鲁门在白宫雇用 "一群不伦不类的政治小人"。记者评论，内阁成员和总统之间发生如此尖锐的正面交锋，在华盛顿实属罕见。

这一年还没过完，又发生了另一起争执。3 月 15 日，丘吉尔为向杜鲁门表示敬重，在密苏里州富尔顿的威斯敏斯特学院发表"铁幕"政治演说。但丘吉尔对苏联外交政策的指控似乎并未收到良好效果，或许是因为他又一次走在了时代前列。华盛顿最大的反对声来自商务部。华莱士决定等到时机成熟就让所有的恐苏者服帖。时机来自 9 月，伯恩斯正在巴黎参加一次重要的外交部长会议。9 月 10 日，华莱士把他在美苏友谊委员会上发表的演讲稿呈交总统。杜鲁门根本没有时间细读演讲稿，只是在华莱士交给他时，一边粗略地浏览，一边听华莱士简要介绍。华莱士说，相较于过去，这次他会以更加批判的态度看待苏联人。杜鲁门随性地点点头说，希望这次演讲能对国会候选人中的自由派和"左"翼人士以及竞选纽约州州长的民主党候选人有利。白宫走廊上，记者询问华莱士和总统讨论的话题。他建议他们去听听演讲。

华莱士只向总统介绍了演说内容的一部分，他的确批判了克里姆林宫，但也同样严厉斥责了英国外交部，继而又给杜鲁门–伯恩斯的外交政策杀了个回马枪。他强调，华盛顿没必要干涉苏联人在东欧的驻军，那里是斯大林的势力范围。并且，美国政府应不论政治派别，将原子弹计划通知各国政府。最后，他希望美国能够裁军，无论其他国家在做什么。他认为，与英国和其他西欧国家签订联合安全协议根本就是别有用心。他说："让英国成为我们外交政策的关键所在，简直是愚蠢至极。毫无疑问，英国在近东地区的帝国主义政策，再加上苏联的报复反击，一定会导致美国走向战争。"后来他在离开宾夕法尼亚大道 1600 号时又补充了两句："我既不反英，也不亲英；既不反苏，也不亲苏。两天前，杜鲁门读到这些时，他也说了，这就代表了美国政府的政策。"

下午 4 点，事先看过演讲稿的记者们聚集在总统的新闻发布会上，此时距演讲开始还有三个小时。记者提问杜鲁门是否同意商务部长的演讲，他点头。当记者问及演讲内容是否的确反映了政府政策时，杜鲁门的回答也是肯定的。接着杜鲁门出席了在克拉克 · 克利福德家中举办的男宾聚会，满心以为华莱士会支持他的既定政策。那时已有闪电出现，第一声雷响出现在下午 6 点。当时，一份预先准备好的演讲稿已经送到代理国务卿威尔 · 克莱顿的书桌上。看到演讲稿后，克莱顿立刻直接电话连线白宫的查尔斯 · 罗斯，抗议说："这会让吉米在巴黎会议上身处困境。"他希望总统能否认这次演讲，但罗斯说太迟了，杜鲁门已经批准了华莱士的演讲。第二天一早，报纸头条上就写着，美国的政策发生"大转变"。身在巴黎的范登堡参议员告诉记者："我可不能同时与两位国务卿共事。"伯恩斯从一名英国记者那里得知此噩耗，饱受煎熬 4 天后，他终于忍不住致电美国总统："如果总统阁下因某些原因不能阻止自己的内阁成员华莱士先生对外交事务横加干涉……请准许我立刻辞职。"

迪安 · 艾奇逊认为："杜鲁门总统简直幼稚，这样说并非过于指责。首先，对于美国总统的重任，杜鲁门自己都还没弄明白。他并不明白为何亨利·华莱士作为一名负责任又经验丰富的政府高官，不应该做这次精心准备的演讲。”如果杜鲁门曾说过这些话，恐怕人们会理解他。但他却为自己找借口，《时代周刊》评论其为“笨头笨脑的谎言”。杜鲁门召开记者会，试图“澄清”他所谓的“自然的误解”。他解释说自己根本不赞同这次演讲的内容，只想维护华莱士发言的权利。总之，他并未批准此次演讲是“美国的外交政策声明”。紧接着还有尖锐的提问扑来，有人提醒杜鲁门，华莱士事实上告诉听众，他本人不会偏袒伦敦和莫斯科中的任何一方，这是获得了总统赞许的，而这被认为是“美国现任政府的政策”。以下是那段灾难性的对话：

> 总统：没错。
>
> 问：我想问，你是指的那段话，还是整个演讲？
>
> 总统：我同意整个演讲……
>
> 问：总统阁下，你觉得华莱士的演讲是否背离了伯恩斯的政策——
>
> 总统：我不这么认为。
>
> 问：——苏联的政策呢？
>
> 总统：它们完全一致。

第二天詹姆斯·赖斯顿在《纽约时报》上尖锐地指出：“或许在首都，只有杜鲁门认为华莱士的提议同总统或伯恩斯的‘一致’。”在安抚英国时，杜鲁门的做法激怒了记者。更糟糕的是，华莱士拒绝让步。华莱士在白宫的草坪上召开新闻发布会，宣布：“我坚持在纽约的演讲，我认为，这也正是美国人民所关心的，他们都希望和平……

不久后，我会再次发表演讲。”

这就太过分了。国务院发出了最后通牒，但商务部丝毫不妥协，杜鲁门决定将华莱士革职。他先亲自给华莱士写了一封信，把他所能想到的骂人的脏话都用上了，然后亲自叫人将信送到商务部。华莱士看过之后，非常震惊，致电罗斯，并说依他看来，这封信不仅不适合公开，甚至不能作为总统文件存入美国国家档案馆。华莱士在电话里把信念了一遍后，罗斯也有同感。刚被免职的部长将信件送回白宫后，罗斯立刻将其烧掉。当晚，愤怒平息后的杜鲁门写了一封家信：

> 亲爱的妈妈和玛丽：
>
> 今天我必须要将亨利革职查办，我讨厌这么做，但我也别无他法……如果亨利还像1940年一样继续待在农业部，现在就不会有这么多的麻烦，我也不会身在此处，岂不更好……亨利是我接触过的朋友中最怪的。星期三下午，我同他争论了两个半小时，叫他别再对外交政策发表演讲，或者支持我负责制定的政策——但他坚决不肯……现在他离职了，疯子们又以此歇斯底里地大做文章。我倒是希望看到这样，这证明我的决定是对的……

毫无疑问，这次他做错了。当时适逢国内罢工高潮，物资缺乏、物价飞涨、黑市交易猖獗，经济复苏情况历经挫折，而华莱士事件让杜鲁门民心尽失。1945年7月，在他前往波茨坦前夕，盖洛普民意测验显示87%的美国人支持杜鲁门。这是多么强烈的信任啊！珍珠港事件后，罗斯福战时民意支持率最高也不过是84%。现在情况发生了转变。约翰 · 张伯伦在1945年11月26日的《生活》杂志中写道：“华盛顿开始对他倒戈相向。”张伯伦的言论或许过于主观，但在

1946 年的某个时刻，真正的转折点出现了。

从一些小事上就可以看出。从右翼方面传来全国制造商协会主席的怒吼："总统自己怕事发抖，还要吓唬人民。""左"翼自由专栏作家塞缪尔 · 格拉夫顿评论杜鲁门是个十足的"可怜虫"。民主党主流人群甚至也在互相讨论："哈里不犯错，你根本想不起这个人来。"伊克斯声明不再参与 1948 年的竞选，以恢复整个国家的团结。阿肯色州新当选的民主党国会议员 J · W · 富布赖特说，杜鲁门上任 18 个月以来是那么无能，为了国家利益，他应该将总统之位主动让给共和党后继者。在加利福尼亚州，尼克松深得人心，"我的战友以及你们所爱的亲人，曾经为美国神圣传统得以世代延续而牺牲生命。我以他们的名义起誓，一定秉承我们神圣的传统"，仅凭借这些陈词滥调就博得掌声雷动。人们变得焦躁不安，他们早已受够了执政党的信誓旦旦，却接受了在野党的甜言蜜语，就如同波士顿的哈里 · 弗罗斯特广告公司的标语，写在全国各地的广告版上："受够了？"

人们说受够了。18 年来第一次，共和党人在两院中均占据优势，杜鲁门后来回忆道，第 80 届国会正是自 20 世纪 20 年代富有战斗精神的第 69 届后最为保守的一届。理查德 · 尼克松和约瑟夫 · 麦卡锡走上政坛。《洛杉矶时报》评论史塔生的政治生涯将一帆风顺，有尼克松为他保驾护航。"尼克松是史塔生州长的朋友。他的执政理念同史塔生是一致的。"《生活》杂志吹捧这次胜利是"政府权力中心的明显大转移"。多年来，国会一直是"白宫的橡皮图章和代罪羔羊"。《生活》杂志预计，从现在起，国会将成为政治生活的指引。共和党领导人会议上，他们就提议将预算削减 100 亿美元、降低赋税、"摒弃政府干预商业和劳动的执政理念"，以及废除 1932 年以来颁布的所有社会和福利法案，包括社会保险和《瓦格纳法》。新罕布什尔州参议员斯泰尔斯·布里奇斯自鸣得意地吹嘘："现在，美国是共和党的天下了。"

事实并非如此，任何政治测验结果最多只能反映投票那部分人的想法而已。正如白修德所指出的，20世纪中期，共和党在选举刚开始的总是占上风，直到选举日当天下午5点，工人们下班，决定是否要进入投票点投票。只要工人投票，政权就会回到民主党手中。但1946年，工人没有投票。民主党只得了3 400万票，只能说很大一部分民主党人，既对现状不满，又对白宫失望，所以压根儿没去投票。但共和党人误解了选举结果，他们以为人们对"新政"已不再抱任何幻想，希望立刻回到股票大崩盘前20世纪20年代简单化的黄金时期。所以，他们认为只要在接下来的两年里，不断攻击杜鲁门——宾夕法尼亚大道1600号的白宫，执政权自然就会重新属于他们。

剪影：战后

A Walk in the Sun

Brief Encounter

B'WAY BIZ DROPS 50 PERCENT AS WORLD SERIES TELECAST

Moppin' up soda pop rickeys
To our hearts' delight
Dancin' to swingeroo quickies
Juke box Saturday night

JOLSON SINGS AGAIN!

Mammy, Mammy,
I'd walk a million miles
for one of your smiles,
My Mam-a-a-ammy!

Introducing: POLAROID!

The girl that I marry
Will have to be
As soft and as pink
As a nursery

AMERICANS ATE 714 MILLION GALLONS OF ICE CREAM IN 1946

Give me five minutes more
Only five minutes more
Let me stay, let me stay
In your arms

LYNCH 6 IN SOUTH IN '46

Senator Theodore Bilbo (D., Miss.) called on "every red-blooded white man to use any means to keep the niggers away from the polls."

FTC REVEALS: *BOTH* TONI TWINS WENT TO HAIRDRESSER

MORON'S ECSTASY $1.00

8 FLAVORS OF ICE CREAM, APPROXIMATELY A QUART
8 FRUIT AND NUT TOPPINGS, WHICH INCLUDE:
BANANAS — 2 HALVES MELBA PEACH — RASPBERRIES — MIXED NUTS — MARASCHINO CHERRIES — TUTTI-FRUTTI — PINEAPPLE — WHIPPED CREAM

NOTICE: THE MANAGEMENT ASSUMES NO RESPONSIBILITY OF ANY KIND, SHAPE, OR MANNER. Any person moron enough to finish a Moron's Ecstasy is eligible for membership in the Royal Order of Morons.

SINATRA PAYS OUT $9,000 FOR SLUGGING NY DAILY MIRROR MAN IN HOLLYWOOD

LUCKY STRIKE MEANS FINE TOBACCO!

NEW SURVEY SHOWS NURESMBERG TRIALS BORE U.S. PUBLIC

BEST SELLERS: Fiction

Try and Stop Me by Bennett Cerf
Black Boy by Richard Wright
The Egg and I by Betty MacDonald
Top Secret by Ralph Ingersoll
Pleasant Valley by Louis Bromfield

MUZAK

BEST SELLERS: Fiction

Arch of Triumph by Erich Maria Remarque
Brideshead Revisited by Evelyn Waugh
The Snake Pit by Mary Jane Ward
The Foxes of Harrow by Frank Yerby
Cass Timberlane by Sinclair Lewis

FORTUNE POLL SHOWS 8.8 PERCENT OF U.S. STRONGLY ANTI-SEMITIC

The word *canasta* means basket in Spanish and most likely was suggested by the tray placed on the table to hold the stock and discards — according to Hoyle

THE ICEMAN COMETH

STRAPLESS, WIRED BRA KEY TO BARE-SHOULDERED LOOK

For Men of Discernment . . . LORD CALVERT

Best actress of 1947: Loretta Young in *The Farmer's Daughter*

Gentlemen's Agreement　*Crossfire*　*Miracle on 34th Street*
Monsieur Verdoux　*Great Expectations*

That's just Elmer's tune

— BIKINI BANG NO. 2 ROCKS RUSS —

第十四章　哈里·杜鲁门时代的生活

每逢战时，美国便会出现百川归一的历史局面。美国各阶层均将困难时期看作需全国共同面对的灾难，因为没人能摆脱战争的影响，所以民众需携手共渡难关，尽管或许只是间接参与其中。战后，各种潮流再次分道扬镳，各行其是。据人们回忆，在某个星期，国务院签署了一份互惠贸易协定，华尔街进行了一次兼并，美国大道（宾夕法尼亚大道）上举行了一回火灾受损物品大甩卖，派恩布拉夫市主办了一场选美大赛，一位年轻的主妇铺上了一块东方地毯，而世界大赛（美国职业棒球大联盟总冠军赛）则吸引了5 000万球迷观看。

对总统观察家们来说，从战胜日本到朝鲜战争爆发的这4年10个月零10天实在危机重重。华盛顿没有消停的时候，又都有哈里·杜鲁门的身影。一次，哈里悄悄溜到墨西哥访问，墨西哥总统带他参观了一座正在喷发的火山，他却说："这与美国的景色相比，完全不值一提。"当然，除此之外，还发生了许多重要的事。哈里看待问题的角度当然与众不同。他是美国总统，身居高位的人总是专注于国家前途。

在这两次战争之间，无疑发生了天翻地覆的变化，但和平贯穿始终。枪炮不响，轰炸机不飞，战舰不出海，海军陆战队闲下来只好做做俯卧撑。对出生于"大萧条"时期、生长在烽火年代的人来说，这段战争空白期是一个喘息的机会。在这安宁的日子里，那沉醉于摇摆乐的一代（有望在 20 世纪 60~70 年代一跃成为美国领袖人物的大学毕业生们）重新回到昔日女友的怀抱，而这些女孩也已经成长为少妇。1961 年猪湾危机时的一天清晨，埃尔斯佩思 · 罗斯托对她的丈夫说："现在是你们这些'二战'时的青年军官担负起责任的时候了。"

在后来的约翰逊时代，华盛顿盛传着一句打趣的话，称该首都"住满了有权有势的男人和他们年少无知时娶下的妻子"。这话暗示战后婚姻无非是这些执掌权势的男人在远大征途中一时误入歧途，这话说得刻薄而又不确切。对于年轻的退伍军人和他们的新娘，20 世纪 40 年代后期是一段美妙时光，他们恣意欢笑、海誓山盟，誓言犹如心灵圣坛上小小金色容器中袅袅升起的香气，萦绕不去。年轻，又不曾残废，已经是万幸了。结婚，就是为对方奉献自己的一切，就是互赠礼物使彼此更加高兴快乐。婚姻像一只纤巧的万花筒，年轻人的激情把数以百万零星散乱的声、色、香、味融合着叮砰巷流行音乐的片段拼接起来，像坐在行驶于第五大道的双层巴士上，越过陌生人翻起的衣领一瞥而过的广告；像塑料袋中白色的人造黄油，需挤压黄色的染料丸上色；像粉末状的水性乳胶漆，要自己调配才能使用。婚姻也是一起躺在床上抽着一根又一根香烟的无穷乐趣，但下个年代却将其变得索然无味。

婚姻，是与其他年轻夫妇玩猜谜游戏，是亚历克·基尼斯在电影《仁心与冠冕》中泛舟水上的场景，是战后第一批福特或雪佛兰汽车上市之前6个月的等待，是购买首批易洗免烫衬衣，是对她仍然缝在贴身连衣裙里的应急款的取笑，是你把她从医生的办公室接到餐厅用午餐听她说她真的怀孕了时的共同喜悦，是她第一次怀孕时轻抚她胸部的惊叹以及之后无数个第一次的新奇。婚姻，是周末躺在床上为她阅读《推销员之死》而哽咽，为《1984》流冷汗；是看电视里玛丽·马汀的洗发水广告，谈论讨厌的奇格舰长，听伊迪丝·琵雅芙和保罗·罗伯逊的歌曲，那台老旧的米罗华唱片机刚好挡住水性乳胶漆已剥落的墙面。婚姻，是1948年宝丽来黑白相机刚面世时，在一个个星期日下午给对方拍摄的相片；是同年夏天摆弄哥伦比亚公司首次生产的10英寸或12英寸、每分钟33.3转的黑胶密纹唱片，以及来年1月RCA维克多公司生产的新型45转密纹唱片，接着，又突然特别怀念并重新拾起以前的78转唱片。后来，婚姻是在“乡村”酒吧消磨几个小时后又在“尼克”和“艾迪·康顿”酒吧流连不归，是在一个人影都没有的第52街上行走。正是在这里，佩特瑞罗终于使摇摆乐退出了流行的舞台，让位给查理·帕克和迪兹·吉莱斯皮共同创造的“激进”的波普爵士。在昏暗的吉米·瑞安酒吧外，你低下了头。

这时，社会逐渐追求个性，讲究品位。素不相识的男人们，穿着筒上绣着边花的袜子；把钱叫作“钞票”；朝路过的女孩大喊“棒极了”；星期一打保龄球；在凌晨3点互发歌唱电报；在新婚夫妇的弹簧床垫上系上小铃铛，然后在屋外偷听；模仿富兰克林·罗斯福的腔调说：“我讨厌战争，埃莉诺也讨厌战争”；星期日穿上罗伯特·霍尔牌西装将狐尾草绑在收音机的天线上，在后视镜上挂一双婴儿鞋；星期六早上是雷打不动的洗车时间；见面时打招呼说“好久不见”（Long time no see）这样的中式英语；已婚妇女去市场买东西时，头上还戴着卷发夹，嘴里总是嚼着口香糖；带着全家去电影院观看《四个女人与吉普》、《硫磺岛浴血战》之类的影片，而坚决不看《凡尔杜先生》，因为《大观》杂志揭露该片主角查理·卓别林是共产党人。

昔日的小孩如今已成长为十几岁的青少年［现在普遍使用的“青少年”（teenager）一词最初出现在1945年1月7日那期《纽约时报》中］，日益出现在公众视野中。一些恪守传统的家庭仍然将他们约束在家里。玛格丽特·杜鲁门在她1956年出版的回忆录《纪念品》中写到，人们依然管她叫“‘那个杜鲁门家的小女孩’——我和当时普通的青少年一样，对这样的称谓极其反感”。然而，在白宫之外，“青年的力量”正在重塑社交行为，他们往往吵闹过头或者品位低俗，惹得老一辈美国人总是牢骚不断。而年龄更小的孩子则用装橘子的板条箱和旱冰鞋的轮子制成滑板，终日溜着玩，乐此不疲。

20世纪30年代，流行音乐的数量增长了10倍，全美自动点唱机达到50万台，每年赚取2.5亿美元，但都是镍币。那些歌曲的曲调不值得回味，歌词也容易被忘记，但是点唱机却深受人们喜爱。年轻人相当钟爱它，哈得孙谷中有一所名为斯卡伯勒的高中，该校毕业班的学生在1947年将一台点唱机作为礼物献给学校，家长和老师笑容满面地在旁边看着。

正是在杜鲁门时代，美国顺应历史潮流加入了国际社会。1941年天气阴冷的圣诞节期间，丘吉尔来白宫做客，罗斯福灵机一动，想出了“联合国”这个概念。《时代周刊》在1942年1月10日的那期中报道：“联合国这个新词”已经悄悄地出现在世界词汇库中。此前一年，《财富》杂志调查发现，希望美国加入一个国际组织的选民还不到13%。而到了1944年3月，这个数字猛增到68%。同年，各地大学生赞成美国派出代表团常驻联合国，赞成比例为50∶1。萨姆纳·威尔斯也同意这个想法，并写了本颇具说服力的书《决定的时刻》，呼吁建立一个世界政府。1944年8月，每月一读俱乐部推荐它为该月名著，并卖出近50万本。阿肯色州众议员富布赖特提出建议，主张“建立一个适当的国际机构，使其有足够的能力为世界各国建立并维护公正而持久的和平，并且……美国应参与其中”。这个提议在众议院以360∶20的票数通过，在参议院中也同样获得两党的一致支持。

为了争取联合国总部落户的殊荣，费城、大西洋城、芝加哥、旧金山和南达科他州的布拉克山市与纽约市展开激烈的竞争，它们都愿意提供免税地段。而康涅狄格州的小城格林尼治却投票反对接收新的世界组织，有人认为这是因为当地人反对威尔基和他的那本《天下一家》，借此发泄不满。参议员阿瑟·范登堡在他那位于沃德曼公园①的公寓中深思了数月，最终做出了对他而言具有历史意义的转变，坚信国际社会相互依存才具有可行性。他曾蹲在伦敦的地下防空洞里躲避空袭，当德国的导弹倾泻而下，大地剧烈摇晃时，他问陪同人员：“人类发明了这样的武器，谁还能够置身事外或袖手旁观呢？”范登堡说服了党内孤立派。当时，他对沉默下来的参议员说：“我一向公开表示美国要自立自强。我仍然认为，不管有无与其他国家的合作，

① 沃德曼公园即现在的谢拉顿公园，仍然位于康涅狄格大道和伍德利路西北一段交叉路口的街角，现仍是一些著名议员住宅的所在地区。——译者注

都绝不能再容忍我们的国防力量退步到只是摆设。但我相信，今后任何国家都无法光靠自己就能保平安……我希望美国能最大限度地与世界各国合作……我希望国际公法能够获得前所未有的尊严和权威。我认为这是满足我们切身利益的必经之路。”

两党参议员全部起立为范登堡鼓掌。媒体也大唱赞歌，称他的讲话是一场“毋庸置疑伟大”的演讲，是“参议院80年来最重要的演讲”，是“用武力对付一切侵略的勇敢誓言”，是“保证不再出现慕尼黑协定的承诺”，是“使全世界振聋发聩的一声枪响”。在一片兴高采烈的气氛中，华盛顿对发生在世界另一端的真实枪声却充耳不闻。原来胡志明压制着满腔怒火从巴黎回国，随即宣布越南独立，并自立为总统，开始上山打游击。而美国国务院远东司却没有向其驻扎于当地的外交官发出特别指示。叛乱者毕竟只是当地人，算不了什么，必要时只需派出几个连的美国海军陆战队就可以将他们击溃，根本无须美国出手。越南是法国殖民地，法国外籍军团就驻扎在当地，随时可以出动镇压叛乱。

这里有个难懂的语义问题，但要想理解战后的国际政治，必须对其有一定的了解。当时，“世界”、“自由世界”，甚至“联合国”都还不是全球性的概念。直到1947年美国国务卿乔治·马歇尔在哈佛大学发表那篇著名的演讲，发起以其名字命名的计划时，还可以很清楚地看出，其演讲中的“世界”仅限于北美、西欧以及它们的盟国和属国。那时还没有“第三世界”或类似的概念。惊人的是，1942年以联合国名义发表的新年宣言也只有26个国家署名：美国、英国、苏联、中国、5个英国殖民地、8个当时还受纳粹德国奴役的欧洲国家和9个南美洲共和国。简言之，联合国就是一个誓言要打败希特勒的国家联盟。1945年，非洲只有4个独立国家：英国势力仍占统治地位的埃及、美国的奇特傀儡利比亚、刚从意大利法西斯手中解放的埃塞俄比亚，以及从过去到现在都处于白人寡头政治统治下的南非。到“二战”胜利，联合国的成员国增加到51个，新加入的有获得解放的欧洲国家、斯堪的纳维亚半岛诸国和分散在各地的小国。但联合国依然像一个绅士俱乐部，你可以拍拍手叫声“服务员”，或说句“我是年满21岁、享有自由的白人”来表明自己具有独立行事的资格，而不会得罪其他成员，包括黑色皮肤的成员。换句话说，在这个社区里，邻居尚未因黑人增多而搬走。

曼哈顿岛五光十色，下东区第70街往下的几条街区是富人聚集区，也是潮流前沿之一。战后在这里举办的宴会，开场方式往往千篇一律。叫一杯时髦的“海风”，即杜松子酒和橙汁或柠檬汁的混合酒水，并声明：第一，你从不看电视；第二，你认为克里斯汀·迪奥已经失去了理智。在第一点上，你可能说的是实话，也可能不是，但在第二点上，你简直大错特错。克里斯汀·迪奥至少和你一样正常。战争结束时他还是一个默默无闻、步入中年的巴黎服装设计师，但他敏锐地猜到，美国女性仍然盲目追赶巴黎的时尚潮流，且迫不及待地准备好要庆祝她们非常厌恶的L–85号政府条例的废除。华盛顿的这一条例对女性服装限制苛刻：衣服折边不得超过2英寸，衬衫只能有一个口袋，大衣不能翻袖，腰带宽度不得超过2英寸，不能佩戴额外的兜帽或披肩，裙宽不超过72英寸。巴黎沦陷后的5年内，无数美国女孩已习惯了没有口袋和褶皱的衬衫、简朴的套装以及短裙，最后一种打扮倒是使得男人们大饱眼福。然而，迪奥并不愿意屈服于现状。1945年年底，这个出色的女装设计师设计出离地不足12英寸的宽裙，没有垫肩却有加厚的胸罩衬垫（一般称为“假乳房”），还有使男人心跳加速的鞋和帽子。迪奥想要达到的目的就是，一旦女性接受了他的设计风格，她们就不得不花一笔钱给自己的衣橱“大换血”。这次重拳出击一举赢得年营业额高达 30 亿美元的服装行业和女性杂志的追捧。女性杂志 *Harpers Bazoar*、*Vogue* 和 *Glamour* 简直欣喜若狂。一位作家大声喊出：“你的胸部、肩膀和臀部都圆圆的，你的腰部纤细，宽大的裙摆意味着你有一双娇嫩的美腿。这才是你呢！”他们在印刷精美的杂志上大吹大擂，反对过去那些无趣、难看、单调的式样，而宣扬迪奥这种裙摆宽大、用料奢华、丰富多彩（即价格昂贵）的“新式样”。

“新式样”成为 1946 年时尚界的战斗口号。对美国的丈夫们来说，除了因迪奥的裙子遮住女性的双腿而感到失望之外，他们还得为妻子购买的新衣服付账。一件塔夫绸便宴服的价格往往差异很大，从阿肯色州生产的 17.95 美元一件到巴黎原产的 450 美元一件不等。对他们的妻子来说，情况更加复杂。大多数人也觉得价格太贵。许多人还觉得，深 V 字领、窄腰身、斜肩、中长裙以及轻薄的蝉翼纱上衣连着下面的陀螺裙实在说不上好看。不仅如此，那些推销活动简直是在侮辱她们的智商。时尚杂志中的短文都文理不通，*Vogue*“傻笑”着说：“在本期中，稳重的人的优点被丢弃了。”这究竟是什么意思？它甚至不成句子。如果女性购买这些荒唐的服装，就无异于承认她们确实是容易上当受骗的人，是两性中更为软弱的一方，是优柔寡断的小笨蛋。在内，不能将家产交给她们；在外，让她们出门很危险。

但对女性来说，难点在于缺少选择，因为社会还是充满了针对她们的各种禁忌，如果愿意的话，也可以说成自制。她们的妈妈教导她们在任何方面都要做到谦逊温和，但是在强烈不满的驱使下，她们做了时代局限下可以做的一切事情。676 名肯塔基州职业妇女签署了一份反对“新式样”的宣言，重点抗议裙子的长度问题，因为女性早就习惯了裸露出腿部的大部分肌肤，而即使胜家牌缝纫机也无法将短裙放长。“刚过膝”俱乐部在数个城市迅速兴起。达拉斯市 1 300 名“刚过膝”俱乐部会员身穿裙边刚刚盖住膝盖的裙子在商业区游行，她们高举标语牌，强烈要求不盲从法国的时尚潮流。迪奥在巴黎大声叫屈：“天啊，我做了什么错事呀？”好像他毫不知情似的。

危机出现在 1946~1947 年。数百万码印花雪纺绸和蕾丝花边堆积在曼哈顿服装厂的仓库里，等待小石城、丹佛市和西雅图市的人们做出决定，迫在眉睫。顾客们也饱受压力。每次一个女孩在人行道上从另一个女孩身旁走过时，两人都要就服装式样问题经历一番激烈的思想斗争。有人则想要暂时避开这个问题，选择躲入所谓的第三世界战后时尚，即采用不属于“新式样”的新式样。例如，贫困的英国还在实行物资配给制，鞋跟高度不能超过 2 英寸，聪明的女装设计师波多贝罗就制作出了一种镶有楔形后跟的平底鞋，物美价廉，鞋面结实。1946 年，美国的女装设计师则重新推出了露脐装，并创造出无肩带、有钢托的胸罩。1947 年 4 月 6 日的复活节临近，双方的斗争依然僵持不下。然而，女人们仿佛一下子就放弃了抵抗。她们或许软弱、愚蠢，但凡是能用现金付账或可以赊账的中产阶级女性都不愿意在节日那天穿得像个老古董。当她们走过教堂通道时，清楚地向美国其他人——她们牢骚不断的丈夫们表明，“上流社会”这个词来源于法国绝不是偶然。

这场斗争过去后，女人们不但举白旗投降了，还装作一副什么都没有发生过的样子。她们开始热衷于穿衣打扮，服装式样层出不穷，帆布鞋、木屐、亚麻靴、细高跟“裸脚背凉鞋”，还有以面纱、羽毛、乃至鸟笼装饰的土耳其毡帽。鞋匠的奇思妙想还情有可原，因为女性穿上长裙后露出的腿部长度有限，那些双腿修长的女人就想穿着稀奇古怪的鞋子、五颜六色的尼龙袜和各种各样的鞋带吸引别人的注意力。但不管从什么角度看，那些帽子都毫无道理可言。那些不实用的搭配——手套和奇形怪状的手提包也是如此。倘若这些奇装异服有什么社会意义，那就是证明了女性直觉，她们有权利犯错，有权利做没有价值的事情，有权利变化无常。

在曼哈顿的宴会上，客人们一边品尝着“海风”或马提尼酒，一边谈及以下话题：赖利·马克菲尔用300万美元买下扬基棒球队、哥伦比亚大学校长尼古拉斯·默里·巴特勒退休了、罗马教皇新任命了4个美国籍红衣主教。还有一个令人扫兴的消息：丹佛大学全国舆论研究中心的一份报告显示，36%的美国人预计美国将在25年内再次打仗，23%的人则认为将在50年内，只有20%的美国人认为“二战”是最后一次世界战争。这次民意测验是在1945年年末进行的，美国人民还没有意识到美国和斯大林的关系已经到了岌岌可危的地步。

在那个年代，下东区第70街往下的富人区的宴会不允许采取自助餐的形式，男女不能穿着随便。男士打黑领带，女士身着晚礼服，在铺着亚麻桌布的餐桌旁找到自己的座位。主宾坐在男主人的右手边，男女交错而坐，旁边的人不能是自己的配偶。按规矩，你要同左右两旁的客人交谈，不能冷落任何一方，直到喝完最后一杯酒，蜡烛将要燃尽，男女才起座分开。男士都聚集到男主人身旁，喝着白兰地酒，抽着哈瓦那雪茄烟；女士则上楼去做她们在这样的场合要做的事。似乎她们总要腾出点儿时间来聊聊她们这个群体感兴趣的特别话题，比如，耶鲁大学的儿科专家阿诺德·格塞尔那本《儿童生活的最初5年：学前儿童生活指南》当时还很畅销，通常会激起大家在化妆室里的谈性。(《圣袍》和《通往内心安宁之路》其实更畅销，但在这些女客面前谈及这两本书无疑是在社交中自绝死路。）那时女人们都爱把手袋、帽子和衣服配套，把黑色“美人斑”绸片贴在脸上，把大幅本人肖像印在新的衣料上做成裙子。她们清楚地感觉到科技革命的影响，和农场里的女人一样，她们对此充满感激。无论是在曼哈顿，还是在艾奥瓦州，合成纤维面料正在改变她们的生活。仆人几乎已经绝迹，雇用仆人的很多理由也不复存在了。“二战”胜利还不到一年，电器商店里已经出现了电动干衣机；20 世纪 40 年代后期，妇女们每年要购买 22.5 万部自动洗碗机和 75 万台垃圾处理机。1947 年出现了冰冻橘子汁。当然，一些新发明是荒唐可笑的。芝加哥一位年轻工业设计师让 · 奥蒂斯 · 莱内克取得了一项关于电吉他的专利，这种吉他的音调可以调高到超出人耳鼓膜的承受范围。人们会说，美国是个自由的国家，众所周知，我们接纳各种各样的人，但有的人确实应该被拒之门外。

广告业即将进入黄金时代。一个海军退伍军人根据真人真事写的畅销小说（魏斐德 1946 年出版的《广告员》）使得麦迪逊大道家喻户晓。然而，那些发行量极大的杂志虽然带来了广告行业的繁荣，却在之后的激烈竞争中惨遭败北。战争期间，出版商与威洛伦机械制造厂的工头一样，忙个不停。从珍珠港事件爆发到战胜日本的这段时间里，平均每份杂志的订阅者都增加了 25 万人。战前，这些杂志在国外的发行量顶多只有几千册，但现在，美国已被公认为西方的领导者，其杂志在欧洲的读者激增了好几十万。仅在两年之内，广告收入就增加了 1 亿美元。但即使在全盛时期，该行业也出现了一些不祥之兆。约翰 · 费希尔刊载在《哈泼斯》杂志上的报告指出，根据广告商的调查，具有文化修养的美国人越来越青睐那些面对特定读者的期刊，如《游艇》、《假日》、《纽约客》等。而一般读者都无法静下心来，他们已不满足于消遣散心，而希望看到一些引人入胜、使人着迷而神魂颠倒的东西。他们一旦发现了电视这个好东西，那些曾在报摊上畅销一时的杂志的好日子便屈指可数了。

杜鲁门执政的头几年，电视曾引发人们的热烈谈论，但除了话题性，它并没有产生其他效果，自然也不是赚钱的生意。早期的杜蒙牌电视机太小，价格昂贵，数量不多，而且可看的节目很少。但从 1945 年 6 月 19 日路易斯对康恩的拳击比赛和 1947 年的世界职业棒球大赛总冠军赛两次体育赛事的实况转播情况来看，电视已显现出巨大的发展潜力。比起花费 50 美元坐在拳击台前或扬基体育场中的观众，在家看电视的人看得更全面、更清楚。然而，直到 1948 年 1 月 1 日，美国仍只有 17.2 万台电视机和不到 20 个电视台，数量如此之少，不足以说服广告商投入大笔资金。所以无线电广播行业仍得意扬扬。好莱坞的情况却并非如此。电影大亨们只得向麦迪逊大道的大型广告公司摇尾乞怜，而这些公司办事利落的客户主管们就会立即在美国的广告牌、地铁和电车上大肆宣传“不如今晚去看场电影吧”，并向人们保证“电影比原来好看了”，但这并非事实，而且也不管用。据传，每月有 25 万台电视机进入美国家庭，因而这套宣传策略已经行不通了。但这似乎无关紧要。广告人和公关人犹如一对难兄难弟，他们点石成金、法力无边，战时文辞华丽的广告宣传已征服了市场，使新的衣料和电器、刚面世的罐装啤酒和双层玻璃纸包装的香烟迅速为人们所接受。无论在曼哈顿的宴会上，还是在底特律的汽车展览厅里，抑或与石油商人和职业说客在一起时，只要这些公关广告商清清喉咙准备发言，其他人就会安静下来。这些塑造形象的人见解独到，当然要洗耳恭听。众所周知，民意测验的技术和操纵人心的手段还处于试验阶段，但就像牛顿观察到苹果的下落或弗莱明在实验室里发现了青霉素霉菌一样，给它点儿时间，再给它点儿时间，它的发展潜力是无穷的。1934 年，厄普顿 · 辛克莱在竞选加利福尼亚州州长时提出了“结束加利福尼亚州的贫困”的口号，一些梦想家认为，借用其竞选失败的教训，有朝一日，待这些技术成熟以后，可以用于总统竞选活动。

要准确了解广告业在促进战后繁荣的过程中发挥了怎样的作用是不可能的，不过媒体的影响在战时确有明显扩大，其影响并不局限于市场。广告和杂志文章早就试图塑造个人的内在形象，或宣传应该如此。因此，美国大兵们遭到了狂轰滥炸，众多广告幼稚地再三保证大兵们是为了蓝莓派而战。与此同时，他们的邻居姑娘，或留在出发港口活动房集中地中年轻的新婚妻子，则在朝思暮想究竟乔变了多少、他现在会是什么样子。她当然收到过他的来信，但是从部队写信出来要接受非常严苛的审查，而且大部分士兵都对真正重要的事情支支吾吾。于是，她只好在报摊或街角的杂货店里翻翻杂志文章，那些文章的作者倒是迫不及待地要帮助她们了解那远在天涯海角、如今归期已近的爱人。

文章告诉她，这些士兵都有“重新适应”的问题，她最好早做准备，以尽快解决。《妇女家庭杂志》问道：“你的丈夫是否回到了那个他想要的女人身边？”精神病学家、社会学家和作家一遍又一遍地解释说，现在的乔不可能和过去一样了。《好管家》杂志建议大家要有耐心：“两三个星期之后，他应该就不会再讲个不停，并摆脱那些令人不快的记忆。如果他还是翻来覆去地讲着相同的事情，表现出同样的情绪，那么你最好咨询一下精神科医生。”在《美丽家居》看来，解决的方法显而易见。它刊登了一幅为某位患有弹震症的将军所设计的客厅装修图，并鼓吹："对所有人来说，家庭都是最重要的康复中心！"甚至还有教导在美国陆军妇女服务队和美国海军妇女志愿紧急服务队的女兵们如何减压的入门读物。这些小册子催促其父母将她的卧室重新装修一遍，给她一个惊喜，并说："女兵们一穿上带褶边的衣服，马上就重获新生。"有些不负责任的报纸则喋喋不休地论述，精神错乱的退伍军人们游荡在外是多么危险，一条标题竟然说："发疯的退伍军人四处砍杀民众"。

这些谣言通过比尔 · 莫尔丁等作家和漫画家，传到了在海外作战的美国士兵的耳中。听到这些极端扭曲的国内报道或彻头彻尾的谎言，士兵们勃然大怒。1944 年，一条谣言不胫而走：埃莉诺 · 罗斯福提出要在巴拿马设立一个隔离营，作战部队回家前必须在那儿待一段时间，学会文明社会的行为规范；回家后，必须佩戴醒目的臂章，以提醒那些循规蹈矩的女孩们潜在的强奸犯就生活在她们周围。前线士兵愤慨地说，他们完全不是那样的人。说他们满脑子都是性欲，简直是胡说八道。

然而，他们的确如此。

据说，阿拉曼战役之后，一位路透社的记者问第八集团军的一个士兵："战争结束后，你要干的第一件事是什么？"

"干我老婆。"士兵不假思索地回答。

"第二件事呢？"

"脱下这双该死的平头钉靴。"

这种想法普遍存在于所有军队中，而且真实情况历来如此。一旦他们撕下贴在墙上的贝蒂 · 格莱伯的性感照片，在卧室和公园里掀起女人的裙子，关于"重新适应"的议论就消失了。"所谓的退伍军人问题，"威廉 · L · 奥尼尔指出，"从未发生过……战后的社会经历了种种惊人的发展，而如此大批人员轻而易举地回归正常生活，确实出乎意料。”

20世纪40年代里，美式爱情具有三个显著特点：第一，战时结婚飞快；第二，战后离婚频繁；第三，托儿所迅速人满为患。在向广岛投掷原子弹之前，闪婚开始流行。各种各样的广告宣传都鼓动人们紧跟这一潮流。在一部难忘的电影《情定钟声》中，罗伯特·沃克在宾夕法尼亚车站结识了一个女孩，尽管二人出身不同、对对方的家庭情况一无所知，除了彼此吸引外，毫无共同点，但24小时后，他们步入了婚姻的殿堂。城市附近的某些军事基地里塞满了女孩子，人们专门就地修建了一些小礼堂以鼓励结婚。媒体铺天盖地地报道名人的婚事，这些新婚夫妇包括阿蒂·肖和艾娃·加德纳、奥娜·奥尼尔和查理·卓别林、朱迪·嘉兰（与戴维·罗斯离婚后）和文森特·明奈利、葛洛丽亚·范德毕尔（21岁）和李奥波德·安东尼·斯高司基（58岁），以及共同拍摄了24部西部片却连一个接吻镜头都没有的罗伊·罗杰斯和戴尔·伊文思。接着，战士们从前线回来了，罗曼蒂克的爱情故事就开始破灭了。《黄金时代》讲述了一个出生于中产阶级家庭的士兵回到家里的故事，该片反映出了爱情破灭的主要原因之一。达纳·安德鲁斯扮演了一名年轻的飞行员，出发前他一时冲动和一位肤浅的金发女郎结了婚。在他离家的日子里，他的新娘仍然想着他当时意气风发的样子：胸前别着银色的空军徽，头上戴着压低到眉梢的飞行帽，如此等等。退伍后，他迫不及待地脱下军装换上便服，而她只看了他如今的样子一眼，就决心坐上火车去里诺市离婚。该市在1946年批准了1.1万宗离婚案，直到现在，这个纪录也没被打破。

那时，洛杉矶与其他城市一样，每天都有成千上万个咖啡会。那些年轻的退伍军人的妻子们热衷于此，她们的身影穿梭于各个咖啡会间。她们对这些话题都很感兴趣，那种“你不爱我，我也不爱你”的离婚案件尤其具有吸引力。这些太太都是混得不错的人，除了在“大萧条”时期长时间苦于营养不良的人之外，艰难的岁月并没有在她们的外表上留下什么痕迹。（但若她们张嘴微笑，就可以看出不同来。她们年轻时，牙齿矫正和牙套还很少见，所以有的人可能不到30岁就要镶上假牙。）1945年，纽约市美国历史博物馆完成了对1.5万名女性的调查研究，发现当年的美国年轻女性与1890年她们祖母辈的女性相比，腿更长，臀稍微肥，腰微粗，但与昔兰尼的爱神阿佛洛狄忒比起来，她们的臀部却没有那么丰满妖娆。结婚那天，她们的平均身高是5.35英尺（如果生在加利福尼亚州则更高一点儿），三围分别是33.9英寸、26.4英寸和37.4英寸。到她们有资格参加洛杉矶的晨间咖啡会时，已为人母，各项尺寸都有所增长，但仍保持着苗条的身材和爽朗的个性。当时欧洲的记者纷纷赞扬她们对一切事物都能一笑置之的态度，包括习惯于对自己和朋友的自嘲。她会说：“我们聚在一起，完全就是一群奶牛嘛，或者说是一队叽叽喳喳叫个不停的母鸡。”她们有一头褐色的头发、一双蓝色的眼睛，用“宝贝”代替了父辈们表达亲密关系的“亲爱的”。除非上过大学或加入了美国妇女选民联盟，否则她们对公共事务完全提不起兴趣。她们骄傲地称自己是“不介入的一代”，她们和丈夫都很少看报。她们唯一希望的就是丈夫有一份稳定的工作，而作为在“大萧条”时期度过了童年的人，丈夫对自己的所求也不过如此。总之，她们的终极梦想就是生活有保障。

除了露台和小小的亚热带庭院中以外，这些少妇遍布美国各地。加利福尼亚州尤其多，因为这里的发展速度居美国之首，对想要安定下来的退伍军人尤其具有吸引力，已成为战后美国生活方式的发源地。在这期间，美国超市的数量增加了两倍，马上就要突破 2 万家，而其源头旧金山水晶宫超市早就于 1922 年开业了。珍珠港事件发生前，加利福尼亚州已率先发明了汽车电影院、汽车餐馆、汽车银行、汽车教堂和不用下车就能洗车打蜡的机器。珍珠港事件后，他们流行后院烧烤炉和肾形游泳池。加利福尼亚州的工程师们最先设计出 8 车道高速公路、4 叶式立交桥和自动找零的公路收费器。第一个穿着运动衫参加宴会的是加利福尼亚州人，第一个穿上铁青色无尾礼服的也是加利福尼亚州人。在这里的沙滩上，加利福尼亚州女人们穿上半裸接着是全裸的泳衣，开美国风气之先。她们穿着宽松长裤上街，用彩灯装饰灌木丛，住在错层式房屋中，在公共场合抽烟，引领美国的流行风尚。总而言之，他们充满想象力，换言之，恣意随便。咖啡当然也就是速溶的了。

通常来说，咖啡会的话题都围绕着孩子。人口的急剧增长完全出乎意料，而这些开怀大笑的主妇们就是始作俑者，政府也在无意中推波助澜。贝蒂 · 弗里丹指出："过去，男性在学业未完、事业未成之时只能和女孩子们约约会，而根据《退伍军人权利法案》，现在的退伍军人们可以马上结婚。"人口统计学家们并不指望这些新婚夫妇躺在床上只是拥吻，但他们确实认为这些夫妻会有所克制，就像 20 世纪 30 年代的人那样。然而，现在为人父母的心态已发生了变化。"退伍军人和他们的妻子们抓紧时间享受这些美好，急迫地就像明天不会到来。"卡罗琳 · 伯德写道："他们想要什么，马上就要得到——房子、车子、洗碗机、孩子……他们生下一个又一个，根本不去考虑给孩子整牙或送孩子去读大学的花销。"生孩子易如反掌，而且乐趣多多。如果将战后第三年印第安纳大学的阿尔弗雷德 · 金赛博士公布的数据与 20 世纪 40 年代后期的人口普查数据相比，简单的计算就能显示出 55 311 617 名美国已婚男性每周有 136 666 060 次性高潮，换句话说，即每 0.0048 秒就有一个人射精。在那个年代，每 7 秒钟就有一位妻子怀上身孕，这个数字算出来连美国人口普查局都会感到脸红。

对该局来说，这是一场灾难，珍珠港事件前的所有人口预测都作废了。在战争期间，生育并没有停止，不时就有妻子在送别丈夫时怀上小孩，每年新增人口将近 300 万。1946 年，也就是运输舰开始把部队运回国的那一年，该数字增加了 50 万。人口增长并没有停止，也没有任何将会停止的迹象。第二年的数据打破了 1946 年的纪录，人口又增多 40 万。截至 20 世纪 60 年代中期，美国的人口数量比远景规划师所预计的多出 2 000 万~3 000 万，而青少年的数量增长最多，这群还是学生的一代注定要制造出许多新闻。甚至在 1964 年约翰逊和戈德华特竞选总统时，由于战时出生的新生儿还未成年，而近 1/4 的选民都还是在“大萧条”时期成年的，所以在约翰逊第二个总统任职期间，代沟差异开始凸显。随着为人父母的这一代步入中年，杜鲁门时代的观念将对社会产生明显的影响，但这些改变的方式并不一定能激发人们的热情。

当时，斯波克医生的育婴手册是自 1895 年畅销书排行榜创立以来销售最为火爆的一本书。他的书中有一节专门论述了他所谓的“自由放纵”，他写道：“用自己所受到的教养方式来养育下一代是人类的基本天性。”但他们还应该记住“以前医生总是好心提醒年轻的父母们不要溺爱孩子，现在则鼓励他们满足孩子的一切需要，不仅包括食物的需要，还有安抚与爱”。斯波克时代来临了。

从许多方面来说，这个时代开始时是美妙非凡的。比尔·莫尔丁的漫画《在前线》出版后，又发表了续集《回家》。画面中，一位年轻的父亲一手紧紧抱着买来的日用品，一手推着婴儿车，旁边一位穿着制服的中士问他：“威利，自由人的滋味如何？”退伍军人不假思索地回答说棒极了。女性杂志开始注意到一种现象：这些新晋奶爸自告奋勇地冲调奶粉，在夜里两点起床给孩子喂奶，甚至亲自为孩子换洗尿布（一次性尿布 15 年后才出现）。随着新的工具和电器陆续上市，这些家务活变得简单起来。（那时还没有电切刀，但有了电动磨刀机，屠宰场就不再需要把肉切细了；那时还未出现中央吸尘系统，但吸尘器更加轻便高效了。）如果一对夫妇想在外用餐并看一场电影，邻居家年龄大一些的女孩会非常乐意来照顾小孩子，只要支付一点儿报酬（25 美分的时薪已相当高）。总而言之，家庭逐渐从繁重枯燥的家务劳动中解放出来。唯一的难题是找不到房子。

战后的住房短缺问题是婴儿潮和“要回家”迅速复员运动的直接结果。截至 1945 年 12 月，陆军和海军每月都要分别复员 100 万和 25 万士兵，这些退伍军人根本没有地方安置。美国需要至少 500 万套住房，而且马上就要。显然，住宅建筑业一时盖不出这么多住房。战时管制刚废除，大量劳动力和生产资料就流向了建筑工业。从战胜日本那天到圣诞节，只有 3.7 万套住房破土动工。杜鲁门总统要求国会出台住房价格上限，并授权他将美国一半的建筑材料用于修建低价住房（每幢最高 1 万美元）。势力强大的房地产说客阻挠了他的计划，但参议院还是同意将 7.5 万幢战时临时建筑转让给退伍军人家庭，政府的集体宿舍也在重新装修后入住了 1.1 万新婚士兵。随着冬日的寒风日益凛冽，1.4 万户家庭挤入了腾空的军事营房里。然而，这不过是杯水车薪，还有超过 100 万户家庭与他人合住。在极冷的明尼阿波利斯市，一对夫妇和他们幼小的战时宝宝在车里度过了 7 夜。在亚特兰大市，一则出售公寓的广告招来了 2 000 份申请，该市的政府要员们忧心忡忡，为退伍军人家庭购买了100辆拖车。在每一个社区周围，特别是那些有学校的社区外，随处可见密密麻麻的拖车。密苏里大学挨家挨户地游说，要把该校的每一寸土地都留给父母是密苏里州人的孩子，并写信告诉那些州外的申请人，尽管他们符合入学条件，但学校没有多余的教室可以接纳他们。北达科他州的退伍军人们将粮仓改建成住房。本尼·古德曼和他的乐队在克利夫兰市举办了一场义演，请该市市民将多余的房屋出租。然而，住房数量还是远远不够。房东们的冷漠麻木尽人皆知。莫尔丁言辞尖刻——他的愤怒依然引领着他那一辈人的情绪，他把不满发泄在自己的作品里。一幅画中，一个退伍军人和他的妻女站在一个傲慢的女房东面前，门口的一块牌子上写着："房屋出租，小孩与狗不得入内。"女房东说："看来你们这些当兵的就是理解不了我们的困难。"

在这次危机最严重的时候，每个无家可归的退伍军人夫妇都经历了各种各样的难堪。他们最引人注目的代言人居然是一位名叫格伦·泰勒的参议员。他是一名牛仔歌手，因为班卓琴弹得好而被爱达荷州的选民选入参议院。和妻儿一起站在国会山的台阶上时，他悲叹：

> 啊，给我一个靠近国会山的家，
> 孩子可以在庭院里嬉戏玩耍，
> 一两间房的陋室旧居足矣。
> 啊，我们找不到遮风挡雨的一片瓦。

美国迫切需要制订一个10年计划，以保证每年能安置150万个家庭，但目前看来，解决问题的唯一办法是搭建帐篷。住宅建筑业的说客们有足够的能力阻止政府的有力行动，但他们也没有更加高明的方案，他们一砖一瓦的建筑方式不仅造价昂贵，而且速度缓慢，单靠这个行业是无法应对的。然而，如此严重的住房短缺问题必须得到解决。1949 年年初，有人想到了在流水线上生产预制件的方法，此方法出现在和平年代，完全可以媲美那些创造了战时生产奇迹的举措。而且，人们渐渐清楚地认识到，这种方法可以有效解决问题。住宅建筑业的亨利 · J · 凯泽公司摇身一变，成为新兴的莱维特父子公司。从塑造战后社会的角度来看，威廉 · J · 莱维特在长岛的拿骚县购买 1 500 英亩[①]土豆地的举动，与杜蒙牌 7 英寸电视机面世和霍华德 · 艾肯在哈佛大学制造出美国第一台计算机一样，具有深远的意义。今天所说的郊区就起源于这块土地，那些瞧不起这第一座莱维顿的人是不会明白该镇的第一批居民对此有多么感恩戴德。莱维特公司并没有发表声明，也没有刊登广告，仅靠口口相传就够了。1949 年 3 月 7 日早晨，天气寒冷，狂风大作，当莱维特简朴的营业部办公室开张售房时，门外已有上千对夫妇排队等候。他们中的一些人已经等了 4 天 4 夜，靠喝咖啡、吃炸面包圈支撑下来。营业部的门刚打开，就像 1889 年俄克拉何马州土地哄抢热时的情景一样，这些现在称为“年轻夫妇”的男男女女就你推我搡、蜂拥而入。他们一定要买到第一批虽然只有基本配置的 4 室房，售价为 6 990 美元，加上手续费以及景观美化和厨房电器的花费也不到 10 000 美元。

莱维特建房就像凯泽造船一样，都是流水线作业，第一批 1.75 万套住房全部一模一样。一声令下，一排排推土机向前推进，红旗一挥，它们又统一转弯。接着，铺路工人上场。然后是电工竖起电线杆，其他工人挂起路标。接着，划分每个房屋区域。一队队卡车在夯

① 1 英亩≈4 046.856 平方米。——编者注

实的路面上呼啸而过，早上 8 点卸下预制壁板，9 点半卸下马桶，10 点卸下水槽和浴缸，10 点 45 分卸下石膏板，11 点卸下地板。如此循环往复。莱维特公司的木匠只用电动工具，全镇都找不出一把手锯。油漆是用喷枪刷上的，刚开始，所谓的“配色方案”也不过只是两种颜色搭配在一起。要使泳池能供 2 000 个家庭使用，其面积等同于一个网球场，于是，莱维特下令舍弃所有网球场，修建了 8 个泳池。在这里，所有事情都整齐划一。星期一是洗衣日，每到那天，1.75 万个后院里都“万国旗”飘扬，无论发生什么事，星期日是绝不会看到任何晾晒的衣物的。这里不许竖立尖桩篱栅，草坪要定期修剪。所有的规定都白纸黑字地写在契约中。甚至各种新上市的工具也遵守着莱维特定下的规则。行道树之间的距离是 28 英尺（每家门口有两棵半树），误差精确到英寸。路沿石边缘光滑，曲线的角度整齐划一。各家各户为了彰显个性，也只能费尽心思地在室内装饰和门铃的响声上玩玩花样。（虽然已经有了按铃和拉铃，但规定只能用音调门铃。）建筑师和社会学家们都目瞪口呆。对他们来说，莱维特就像一个极权统治者。但该镇居民毫不在意。对于这些仍对军事管理记忆犹新的退伍军人，还有他们曾住过临时营房和拖车的妻子来说，按照标准规格修建的家同样温暖。

莱维特一夜之间成为传奇人物，虽然审美学家们暴跳如雷、口诛笔伐，但他就像传说中的巨人樵夫保罗 · 班扬。莱维特的模仿者遍布全美国，此时，他带领着自己的人马，跨过宾夕法尼亚州的州界，奔向特拉华河岸边 8 平方英里的菠菜地。他的工程师设计了一座拥有 1 100 条街道的城市，配套设施有学校、教堂、棒球场、市政厅、工厂区、停车场、牙医和其他科医生的诊所、蓄水池、购物中心、火车站、报社以及园艺俱乐部。简而言之，该市人口密集，并拥有满足 7

万人生活需求的各种设施，成为宾夕法尼亚州第十大城市。莱维特将这座“莱维顿二号”称为“全美城市规划最为精良的社区”，每次谈及，他的声音都因为激动而嘶哑。他说：“自己设计的产品能够满足别人不能满足的需求，确实让人兴奋激动。但我不仅仅是要修建和出售房屋。坦率地说，我想获点儿荣耀，这是人的天性。我想要建一个令自己引以为豪的城市。”他停顿一下，又补充道：“你胆子要大，你要敢想。”

奇怪的是，他自己的房子却与莱维顿迥然不同。那是一幢位于巴克斯县的农场住宅，古老而温馨。厚厚的石条砌成的墙壁、手工削制的椽子、粗大结实的横梁、宽敞明亮的房间、远处杳无人迹且树林茂密的视野，景致美得令人叹为观止。莱维特承认，他非常喜欢这里。但他又飞快地解释，大多数美国人，尤其是女人，不会喜欢。他对访客说：“要求大家掏钱购买他们并不需要也买不起的东西是没有道理的。”接着，他又指着这座旧宅华丽的装饰线条和其他容易积灰的地方，说：“想想让过惯了现代生活的家庭主妇来清理这样的房子，想想把你的妻子支到这样荒无人烟的乡下地方——人总喜欢有人陪伴。”他的口气似乎在说，他们还是不要到这里来的好。他们确实也没有太多选择。

第十五章　黑夜里哈里的一点儿英雄形象

对于世界领导权的大旗从日薄西山的大英帝国移交给欣欣向荣的美利坚合众国的时间和地点，我们或许能够确定。1947 年 2 月 21 日星期五，快到中午时，英国驻华盛顿大使英弗查普尔勋爵致电美国国务院，要求与刚接替伯恩斯出任国务卿的乔治 · C · 马歇尔将军进行紧急会晤。大使解释说，他接到白厅的命令，要递交一份“蓝皮书”（外交术语，指非常重要的正式文件）给美国政府。迪安 · 艾奇逊回复说，马歇尔去普林斯顿大学 200 年校庆上发表演讲了，此事能不能等到星期一。

英弗查普尔勋爵回答，确实不能。他将派一等秘书 H · M · 西奇尔现在就把文件送过去。这里就有一个对等接待的问题。艾奇逊是副国务卿，如果他接见了一等秘书，那就违反了外交礼仪。他需要一个职位更低的人作为代表，因此指定了远东和非洲事务司司长莱·亨德森负责此事。于是在当天傍晚，这两个职位不高的外交官在行政办公大楼一个昏暗的办公室里会面了，迈出了世界领导权西移的第一步。

事实上，西奇尔带来了两份文件，艾奇逊后来回忆道，两份文件都“相当惊人”。艾奇逊知道希腊已陷入混乱局面。据报，共产党已做好接管政权的准备，有谣言称英国要撤军，亨德森提交了一份题为“危机当前和大厦将倾”的备忘录，急切希望获得外界的大力支援，帮助希腊的联合政府，这是希腊唯一的出路。直到此时，希腊的穷途末路才暴露出来。艾奇逊在文件中读到，如果希腊不能在近期内获得第一笔2亿多美元的救助金，就不得不屈服于苏联的新一轮野蛮侵略。土耳其也深陷困境——这是第二份“蓝皮书”。土耳其人顽强一些，但若缺乏援助也将投降屈服。英国已无力帮助这两个国家中的任何一个，与纳粹德国的6年战争已使英国弹尽粮绝、国库空虚，它也亟需美援。不久，英弗查普尔勋爵将再次向美国求援，这次就是为英国自己了。

杜鲁门获悉后大吃一惊，他根本不知道情况已坏到这个地步。诚然，丘吉尔早就发出警告，说欧洲已变成“废墟、停尸房、瘟疫和仇恨的温床”，但人们大多认为这是丘吉尔在耸人听闻。对于欧洲的痛苦挣扎，报业不是置若罔闻，就是轻描淡写。《时代周刊》一直善于发现一语中的的旁观者，它引用了一名捷克斯洛伐克游击队队员遗孀的话：“我们要的不多，但很急迫。”在华盛顿看来，这话颇有道理，因为他们觉得欧洲与美国一样，在短暂的混乱和调整阶段之后，就会恢复和平时期的经济状况。战胜日本后的一星期里，总统审查了盟国关于延长租借法案的申请，但没有同意。他说，租借法案提供的400

亿美元已经足够，该项目应该尽快清算。他坚决反对美国在1945年9月后继续为全球扮演圣诞老人，给各国提供无偿帮助。

戴高乐和蒋介石对此表示抗议，丘吉尔则疾呼："我不相信这是美国的最终决定。我不相信作为世界强国的美国会如此简单粗暴行事。"美国的确没有这么做。它放弃一种借款方式，只是用其他方式代替，主要是联合国善后救济总署。虽然以借款、赊账和直接赠予的方式获得了110亿美元援款，但低地国家法国、意大利、联邦德国和巴尔干半岛各国仍然摆脱不了物资缺乏的状况。在战后的两年里，每年秋天，办事有条不紊的柏林市民都要在土地冻上前挖好数以千计的墓坑，准备埋葬他们自知再也看不到第二年春天的邻居。希腊的供水系统是从雅典时代一直沿用的，已残破不堪，联合国善后救济总署赠予希腊的物资只勉强够更换锈蚀的管道和水泵。从爱琴海到北海，纳粹暴政被推翻了，但胜利之后的不是自由，而是饥饿和混乱。经历了德国人的践踏、炮弹的轰炸以及抵抗部队的劫掠，无数工厂变得漆黑阴冷、门可罗雀。想开工却搞不到原材料，即使原材料奇迹般地出现，遭受破坏的铁路网也无法将其运到工厂。看起来政治领导权注定要转移到苏联手中了，因为已没有其他指望。

美国国务院得知必须马上开展大规模救援行动时，本指望号称"日不落帝国"的英国能够提供援助。1946年7月，杜鲁门签署了一项法案，授权向英国政府提供37.5亿美元的贷款，期限为50年。他认为，这样就能彻底履行美国对欧洲的所有义务了。然而现在，贷款用尽，却一点儿成果都没有看到。伦敦1/4的房屋（1.7万间）仍是残垣断瓦，虽然建起了1万间尼生式活动营房作为紧急避难所，也只能满足一小部分人的住房需要。在美国女性对"新样式"议论纷纷时，她们的英国姐妹们每年却只有配给的一条裙子、4盎司毛线、两码衣料、1/3 条衬裙、1/4 件套装和 1/5 件睡袍。胜利除了使这个美国的最大盟国维持生存外，并没有带来更多东西。

更糟的是，1947 年 1 月开始的严冬威胁，使得生存都成为问题。从 1 月开始，一直持续到 2 月底，温度始终在零度以下，暴风雪肆虐，雪量之大前所未有，积雪层层覆盖住房屋，使整个英国陷入瘫痪状态。农业产量不及 19 世纪，工厂关闭，电只在每天早晨供应几个小时，失业人数增加到 600 多万，物资配给比战时还严格。在那个寒风刺骨的星期五，西奇尔带着两张分别关于希腊和土耳其的“蓝皮书”乘车前往宾夕法尼亚大道时，白厅曾预言“来年情况将更糟”。伦敦《泰晤士报》把该预言称作“英国政府发布的最让人揪心的声明”。赫伯特 · 胡佛应总统要求走访欧洲 24 国之后报告，欧洲的人民，尤其是战争期间漂泊无依的儿童们，正处在饿死的边缘，只有美国以前所未有的规模慷慨解囊，才能获救。自此，所有对欧洲艰难程度的质疑都烟消云散。

然而，胡佛在国会中的共和党同僚却并不相信这种想法。他们议论纷纷，认为山姆大叔被耍了，上当受骗了，把钱扔进了老鼠洞或给了一个“全球公共事业振兴署”，而美国梦却会以破产告终。欧洲人被这种冷漠麻木的言论刺痛了。

反美国主义迅速扩散。一位随军牧师提到，在欧洲人眼里，美国大兵是一群可怜的年轻小伙子，他们完全不知道自己在为什么而战，也不知道胜利意味着什么，他们只对三件事感兴趣：睡女人、偷白兰地酒和坐下一班船回家。在伦威克 · C · 肯尼迪牧师笔下，美国职业军人的典型形象是：“穿着鼓鼓的制服、肥胖、饮食过量、孤独、怅惘、观察力差、肤浅。他们是征服者——一边口袋里装着一根巧克力棒，另一边装着一包香烟……而这也是征服者能够给予被征服者的全部东西。”

这种说法传到国会山后，议员们怒不可遏。20 世纪 30 年代以来，议员们第一次抱怨欧洲忘恩负义。但希腊和土耳其的问题更加复杂。共产党确实已成为当地的一大威胁，英国不再能发射葡萄弹驱散他们了，美国因此面临着艰难的选择。一个插上镰刀斧头旗帜的欧洲是不堪设想的，因为这就意味着苏联的炼钢生产能力、造船设施、技术工人、电力和化工品产量、科学技术知识以及工业设备都将翻一番。如此，也只有如此，苏联能与美国的实力相当。海军上将福雷斯特 · 谢尔曼在一次国会委员会上做证说："我认为，如果我们失去了西欧……我们将难以维护美国的完整。但即使我们失去了整个亚洲大陆，我们仍能存活下来，逐渐积聚力量，再把它夺回来。"

这话很有道理，尽管在 1947 年不够引人注目。在人们的记忆中，苏联仍是那个勇猛的盟军。虽然失望已开始深化，但其影响也不过是降低士气。"二战"固然野蛮凶残，但战争双方界限分明，正义与邪恶一目了然，但若之后在新的问题上爆发冲突，未免让人沮丧寒心。1946 年，赫伯特 · 贝亚德 · 斯沃普在写给伯纳德 · 巴鲁克的演讲稿中首次使用了"冷战"一词。巴鲁克认为这个词太过严重而划掉了。1947 年 4 月 13 日，又经历了一年苏联的粗暴态度后，他在南卡罗来纳州的哥伦比亚市演讲时终于使用了这个词，但当时也仅限于所谓的"意识形态战争"。直到 1950 年 5 月，朝鲜战争爆发前夕，保罗 · 霍夫曼还相信"冷战是一种好的战争方式，是唯一不会造成实际破坏的战争方式"。

然而，人们在 1947 年就已经明白，只依靠意识形态是不能够将马科斯将军和他手下的 2 万名共产党（民族解放阵线）游击队队员从希腊的山区中赶走的。希腊合法政府需要的是美国国务院政策规划司所谓的"大规模非意识形态援助"——简而言之，枪炮。比起黄油，枪炮更能争取到反共产主义的共和党人手中的赞同票。杜鲁门和他的顾问决定双管齐下，然而他们的经验显示零碎地承担义务毫无效果。欧洲需要重建，而不是救济。美国需要制定一份真正的外交政策。为了师出有名，美国政府在最新一期《外交》杂志中找到了一篇文章，题为“苏联行为的根源”，作者只署名为“X”。

其实，“X”就是乔治·F·凯南，他当时还是一位默默无闻研究苏联人思维模式的学生，但已经显露出非凡的才华。他在美国驻莫斯科大使馆担任参赞期间，写出了第一篇论文论述遏制苏联。

在20世纪40年代的条件下，遏制政策是切实可行的。哈里·杜鲁门非常信奉这种观点，他公开声明，作为世界上最大、最富裕的自由国家，美国要履行对“自由世界”的义务。他是凯南这一观点的坚定倡导者，因此凯南的观点被普遍称为“杜鲁门主义”。在杜鲁门的命令下，这些观点被写入《国家安全委员会第68号文件》，在迪安·艾奇逊看来，该文件是“美国历史上最伟大的政策方针之一”。事实上，在凯南的文章成为美国的冷战战略之前，艾奇逊已在一次与国会两党领袖的会议中，当着总统的面概述过这些原则。这关系到土耳其和希腊的未来，他之后写道：“我从未像这次讲话时那么迫切地感到问题完全取决于我一人。”他讲完后，现场陷入长时间沉默。然后，阿瑟·范登堡转向杜鲁门说：“总统先生，如果你向国会议员和全国民众发表这样的讲话，我会支持你的，而且我相信，大部分议员都会支持你的。”

他发表了讲话，他们也的确表示支持。3月12日，杜鲁门要求两院的联席会议批准他拨出4亿美元的援款——2.5亿给希腊，1.2亿给土耳其。之后，杜鲁门、马歇尔、艾奇逊和范登堡在美国各地巡回演讲，向每一个有影响力的团体宣传遏制政策。直到5月22日，杜鲁门总统在堪萨斯城米勒巴赫饭店的临时办公室里签署了援助希腊和土耳其的法案，该法案正式具有法律效力。

当时，杜鲁门主义堪称奇思妙招。庞大的右翼团体却发出了强烈的反对声，他们希望把共产党“赶回”战前的边界内。也有其他异见分子，但他们提出问题的方式比较温和，因此直到1/4个世纪后也未得到答复。参议员塔夫脱指出，希腊和土耳其两国即将获得美国送出的武器，因此无论发生什么事情，将发起战争的力量授权给任何政府首脑时，国会都应特别小心谨慎。阿尔伯特 · C · 魏德迈将军认为，遏制政策会导致愚蠢的军事行动，因为苏联人可以在其卫星国的边界挑衅骚扰美国人，到时会演变为“他们的三等部队与我们的一等部队进行对抗”的局面，使美国损失惨重。最令人不安的是，沃尔特 · 李普曼采用了魏德迈的观点并加入了自己的看法，巧妙地反驳了凯南的论证。

1947年，李普曼出版了一本薄薄的书《冷战：美国外交政策研究》。在书里，他态度客气——从头到尾都称呼凯南为“X先生”，却措辞有力。他引用了《外交》杂志上的那篇文章，指出凯南的主要观点是“哪里显现出共产党渗透的痕迹”，就应该对哪里进行“坚定不移的反击”。他写道：如果苏联是日本那样的岛国，美国就能通过空中和海上力量对其进行封锁。不幸的是，苏联是个实力强大的大陆国家，只能通过阵地战或会导致大量伤亡的无休止的游击战才能遏制它。他一针见血地指出：“欧亚大陆幅员辽阔，而美国的军事力量是有限的。”在希腊，游击队已经把战场转移到山区。在那里，精密的武器毫无用处，步兵战术技巧决定了一切。李普曼接着说，在实施遏制政策的情况下，战争结局取决于本国招募的军队或卫星国自己的部队，而二者都指望不上。美国必将“与自己手下的傀儡政权脱离关系，而这无异于向苏联妥协投降，丢了面子”，或必将付出不可估量的代价，不得不在“一个我们并不愿意、无法预见、也许还讨厌的问题”上给予他们支持。李普曼三番五次对支持遏制政策的外交官谈到亚洲的局势和他们在那里会遭遇的陷阱。在亚洲接受挑战，就意味着把选择战场、武器甚至出战国家的权力都交给了共产党。他得出结论：“我难以理解X先生怎么会提出这样荒谬的战略方针。”

但18个月后，希腊内战结束了，土耳其不复软弱，乔治·凯南成了英雄。华盛顿人互相提醒，李普曼并不是绝对可靠的，毕竟，他曾错判罗斯福。然而这次，他的直觉是对的。诚然，没有美国的援助，希腊的中间派不会赢得胜利。但试想一下，若铁托没有与共产党和工人党情报局闹矛盾而导致南斯拉夫和希腊之间的边界关闭，使得马科斯将军无处藏身，结局还未可知。后来从表面上看，朝鲜半岛的局势与希腊极其相似，因此遏制政策和“有限战争”更加大行其道，而避难所的问题却没有得到真正解决，这是导致越南战争爆发的因素之一。值得注意的是，诸如麦克阿瑟和布雷德利这样的职业军人，尽管在其他方面有不同的看法，却一致认为李普曼预计的那种战争将是一场战略噩梦。

这是遏制政策的消极一面。积极的一面则是马歇尔计划，它由杜鲁门主义发展而来，成为其伟大续篇。如果人们认为因凯南的远见使希腊和土耳其摆脱水深火热而感恩戴德并不值得，那么西欧对美国的感激之情确实是无法估量的。最终，马歇尔计划（官方名称为欧洲复兴计划）变得与社会保险一样，得到一致赞同。

说到马歇尔计划的发起人，当属副国务卿威尔·克莱顿。在欧洲进行了6个星期的考察后，克莱顿回到美国，并在书面报告中写道：此计划是避免未来10年内爆发战争的唯一选择。在他到访的每一个国家里，颠覆运动都正在破坏国家的完整性和独立性。他写道："由于饥饿、经济失调和挫折感，破坏运动已经在一些刚解放的国家中获得胜利。"他还建议总统和国务院唤醒美国人民，让他们立即行动起来。乘坐飞机从苏黎世抵达华盛顿后，克莱顿把自己的备忘录通过艾奇逊转交给了总统。艾奇逊提醒杜鲁门，他曾要求艾奇逊于 5 月 8 日在南方的一个小型聚会上代表总统讲话，如果唤醒是一剂良药的话，也许他应该在那里小试牛刀。

杜鲁门同意了，所以马歇尔计划这个概念首次问世就是在密西西比州克利夫兰的三角洲州立大学教育学院里。艾奇逊对听众说，在国外，生存如此不易，刚过去的严冬就差点使北欧人民灭绝。他说："如今，美国外交政策的主要目标之一，就是利用美国的经济和财政资源增加存活的机会。这是维护美国的自由和民主制度的必然举措，是保证美国安全的应然之举，也是美国作为人类的责任和光荣。"

总之，这就是马歇尔计划，但当时并未用马歇尔的名字命名。密西西比州人喜欢该计划；提前打好招呼的《纽约时报》将之登载在第一版，并由詹姆斯 · 赖斯顿写了一篇分析文章。然而各家通讯社却漠不关心，因为在普罗大众看来，经济类文章就像官员们冗长的讲话一样枯燥。但如果是马歇尔将军发言，报界还是会注目倾听，所以第二轮试探由他完成。马歇尔的演讲本定于 6 月 16 日在艾姆赫斯特学院的毕业典礼上发表，后来提前到 6 月 5 日在哈佛大学的毕业典礼上。与此同时，迪安 · 艾奇逊也在卖力鼓动以争取记者的支持。这些都证明欧洲经济正急剧恶化。艾奇逊对英国记者尤其积极。他对英国广播公司的伦纳德 · 米阿尔、《每日电讯报》的马尔科姆 · 马格里奇和《每日快报》的勒内 · 麦科尔说："别浪费时间写报道了，一拿到这份计划就给伦敦总部打电话将全文报告吧。你们中还要有人立即请总编去确保欧内斯特 · 贝文（英国时任外交大臣）已得到一份此计划的全文。不管时间多晚，也要叫醒他，并交到他手里。”

马歇尔将军在哈佛大学的讲话持续了15分钟。他首先描绘了“欧洲经济结构的崩溃状况”，然后指出解决之道在于“打破恶性循环，重塑欧洲人民对于自己国家经济和整个欧洲经济复苏的信心”。美国必须继续向其提供援助，而他正在考虑拨出170亿美元。但联合国善后救济总署的随意支出应该由一个系统的计划取而代之，“在针对当前局势应该采取的措施和我国采取任何行动后本国应配合使其发挥适当作用方面，欧洲国家须达成共识”。美国已完成了自己的步骤，现在轮到欧洲了。

多亏马格里奇，欧洲几乎马上行动了起来。英国当时已近第二天午夜时分，但《每日电讯报》的一个报童还是带着马格里奇的报告，骑着自行车奔向欧内斯特 · 贝文的家。当时，他还在沉睡中。这篇报告确如艾奇逊建议的那样，是通过越洋电话全文发给伦敦的。贝文和法国外长乔治 · 皮杜尔当即在巴黎召开了全欧会议。会后，欧洲国家请求经济援助的申请如雪片般纷纷飞向华盛顿，这些国家包括：英国、法国、意大利、希腊、土耳其、比利时、荷兰、丹麦、挪威、奥地利、爱尔兰、冰岛、葡萄牙、瑞典、瑞士、卢森堡以及之后的联邦德国。经过6个星期的辩论，否决了塔夫脱要求削减10亿美元的修正案后，国会正式通过了马歇尔计划，并再拨款5.97亿美元，以帮助这些国家度过长期援助生效之前的几个月，也就是所谓的“马歇尔缺口”。

1948年4月14日是杜鲁门总统正式签署马歇尔计划后的第11天，名副其实的“约翰 · H · 迅捷”号货船装载着9 000吨小麦，离开加尔维斯敦湾驶向法国波尔多市。这是向法国运送应急食品的6艘船中最先出发的一艘。马歇尔计划总计向欧洲提供了125亿美元，比马歇尔预计的需求少。除此之外，还有其他派生计划，如使33.9万流离失所的欧洲人成为美国公民的《战时错置人员法案》。这是美国历史上值得自豪的一页。当然，苏联人暴跳如雷。他们随即宣布了莫洛托夫计划，但之后不了了之。急剧“左”倾的亨利·华莱士把马歇尔计划称之为“战争计划”（英文谐音）。众议院里75位议员投了反对票，参议院里新当选的议员约瑟夫·麦卡锡要求美国每花一美元，就应获得价值相当的战略物资或海外军事基地。

尽管麦卡锡发表了这样的言论，欧洲领导人还是既深受感动又欢欣鼓舞，英国尤其如此。丘吉尔盛赞马歇尔计划是“历史上最仗义疏财的行动”。伦敦的《经济学人》杂志称它为“一国为他国所能做到的最正直、最慷慨的事”。30个月后，英国东山再起，《曼彻斯特卫报》说：“普通的言辞已无法表达我们的谢意。这是国际关系有史以来取得的最非凡的成就之一。”时任财政大臣休·盖茨克补充道：“我们这个民族，并不轻易流露情感……也不善言辞，但这些特点不应掩盖我们对美国人民真实而深刻的感激之情。”

英吉利海峡对面的欧洲大陆已发生翻天覆地的变化。营养不良不复存在，人们在冬天可以穿得暖和了，柴油机车拉着装满原材料的车厢在新建的铁路上快速移动，萨尔和鲁尔焕发生机，工厂甚至比战前还要忙碌。1951年，马歇尔计划直接促使让·莫内构想的欧洲煤钢共同体成为现实，6年后，欧洲煤钢共同体催生了《罗马条约》和欧洲经济共同体，即共同市场。欧洲经济共同体的实力逐步增强，后来一直发展到可与美国和苏联抗衡。但在20世纪40年代末，美国仍然一家独大，甚至没有任何国家能望其项背。美国可以一直保持其领先地位，除非它经历极端的厄运，如一位或几位总统大肆挥霍国家的财富和青年力量，卷入奥威尔式遥不可及的战争。这种可能性在当时连想都没有人想过。正如英国人说的那样，无忧无虑是美国的国民特质。美国是富裕、豪爽、和平的全球第一大国，并将继续保持这一殊荣。

第二名的日子却每况愈下。苏联惨遭纳粹德国的破坏洗劫，不能够或不愿意明白为什么西方盟国直到 1944 年才开辟第二战场。虽然德国已被打败，但苏联对其表现出的任何复苏迹象都非常敏感。这种全民性的恐惧被约瑟夫 · 斯大林的偏执进一步放大，成为西方国家军人和政治家不得不肩负的沉重十字架。随着欧洲复兴的迹象重现，德国也再次生机勃勃，这种负担也日益沉重，在 1948 年达到顶峰。那个春天，美国国会还在就马歇尔计划争论不休，苏联的行为却越来越表现出侵略性。2 月，斯大林夺取了捷克斯洛伐克；6 月 24 日，他封锁了柏林。

直接导致的问题就是货币。占领德国伊始，苏联就在德国西部大量印发纸币，企图阻碍德国复兴。为了抑制通货膨胀，西方各国发行了新的货币，同时签署了《布鲁塞尔条约》，并同意为联邦德国复苏草拟一部宪法。苏联人一步步抵制这些改革措施，他们在会议中途退场，发行了自己的货币，使柏林和联邦德国之间的铁路交通停止运营两天，以“维修”的名义封了一座公路桥。然后，下令全面封锁，就此与西方完全决裂。

西方盟国决定不反击，杜鲁门想尽办法避免正面对抗。唯一微小的希望就在空中，西柏林仅靠美国占领区的坦佩尔霍夫机场和英国占领区的加图机场进行空中运输。空中封锁不可能实现。苏联的飞机有可能挑战西方的飞机，一旦出了事故，也容易推卸责任，双方都不失面子。

这样大规模的空中运输给自己的毁灭埋下了祸根。西柏林有 250

万人，比洛杉矶、费城、底特律和克利夫兰都多。从未有人以空运的方式给这么多人输送过物资。仅仅为了使柏林市民存活，每天就要 4 000 吨物资，意味着全天 24 小时内每 3 分 36 秒就要有一架 C–47 运输机起降。此外，每架飞机必须装载 10 吨货物，虽然超过了核定载重量，但这还只是基本必需品。由此看来，飞行员已冒生命危险，而柏林市民依然生活艰难。发电用的煤远远不够，发出来的电只够照明使用，再没有多余可以取暖。要使城市正常运转，每天需 8 000 吨物资，意味着每 1 分 48 秒就要有飞机起降。然而，这在当时是无法做到的。

德国承诺约束民众遵守秩序予以配合。美国空军和英国皇家空军制订了一个争分夺秒的周密计划。为了训练新的飞行员，在蒙大拿州仿造了一个柏林空中走廊的进航道和导航设施。他们学会在地面控制进场雷达的帮助下，蒙着眼睛驾驶 4 引擎运输机。机组人员全天候工作，睡眠不足。维修人员用水管冲洗被煤尘染黑的机身，因此患上了可怕的皮肤病。时间表也并不总是顺利运作。1948~1949 年，共有 28 位美国人在这场柏林空运中献出了宝贵的生命。

飞行员称之为“补给行动”。开始时，送入柏林的食物并不够。1948 年 6~7 月，每天只输送了 1 147 吨物资，苏联的封锁似乎就要奏效了。第一次突破是在 6 月 30 日，从巴拿马、夏威夷和阿拉斯加出发，驾驶着 C–54 运输机的空军中队抵达了。这些运输机体积更大，能装载更多物资，可以延长频繁起降的时间间隔。卢修斯 · 克莱将军飞回华盛顿要求派出更多这样的飞机，获批 160 架。随着冬日临近，空运行动开始以每天 4 000 吨的数量持续开展。在美国、英国和后来加入的法国年轻飞行员的努力下，西柏林不但可以维持生存，而且还可能有点儿起色了。

他们希望柏林能提供更大降落空间，这个要求现在也已经得到满足。坦佩尔霍夫机场新建了两条跑道，加图机场也新增一条。但是，他们真正需要的是新建一个机场。9 月，法国提议在其占领区泰格尔修建，但他们怀疑这是否可行，因为需要太多劳工，并且，他们缺少碎石机和其他重型机械。然而，西方盟国将看到美国人的创意加上德国人不屈不挠的个性会碰撞出多么绚丽的火花，他们会受益终生。2 万多柏林男女老少自愿参加劳动，工作三班倒。同时，C–54 运输机开始运来必要的设备。“补给行动”指挥官克莱在其回忆录中平实地写道，第一次规划会议上，他的工程师提出新机场能在 3 月建成，于是“我觉得有必要告诉他们，新机场要在 12 月建成”。在敢作敢为的法军司令让 · 加内瓦尔将军的帮助下，他们真的按期完成了。他被参与该工程人员的精神所感染，在拆毁一座挡在新跑道上的无线电发射塔时，由于塔位于苏联占领区而苏联人拒绝将其拆除，他索性带领爆破队进入该区域，炸毁了发射塔。

法国占领区的新机场一建成，“补给行动”就一飞冲天。12 月，空运量达到平均每天 4 500 吨，1~2 月达到了 5 500 吨。显而易见，柏林人的生存已经不是问题，还能拿出少量的煤供家庭和某些产业使用。克莱的空运舰队已发展到拥有 224 架 C–54 运输机。到第二年早春，空运量已达到每天 8 050 吨，还曾有一天卸下了 1.3 万吨物资。围困中的柏林迅速变为欧洲物资最充裕的城市之一，仓库里堆满了物品，以防苏联还不知道他们已经失败了。

苏联人知道了。5 月 12 日，封锁已经解除，空运行动成为历史。不可能的任务完成了。从 1948 年年初开始局部“小封锁”的那几个星期算起，封锁持续了 15 个月，在此期间，美国及其盟友的飞行班次多达 277 264 次，运送了 2 343 315 吨食物、燃料、药品和衣物，平均每个柏林人获得了一吨的物资。这一壮举成为佳话，美国飞行员创造的奇迹弥补了幼稚的美国大兵在休假期间的粗鲁行为。丘吉尔郑重地说："美国拯救了世界。"当然不能说全世界，但它确实拯救了中欧至关重要的一部分。空运行动也许不能代表美国的典型形象，但它确实是美国最好的一面，担得起海军工程营和空军的自夸："困难的任务，我们马上完成；不可能的任务，我们花点儿时间也能完成。"并且做得漂亮，做得仗义。

美国政府慷慨大方，飞行员也如此。美国人引以为豪的荣耀，一半归功于"补给行动"，另一半归于卡尔·S·霍尔沃森中尉发起的"小补给行动"。在出入坦佩尔霍夫机场途中，他将一袋袋绑在降落伞上的糖果投给在底下围观的柏林儿童。这种做法很快流传开来，所有的飞行员开始效仿。1948 年 12 月，他们开展了"圣诞老人行动"。成千上万个挂着礼物的迷你降落伞日日夜夜从空中飘下，它们来自那些从头顶呼啸而过的隐身"朋友"，送给年龄太小而根本不懂得什么叫作封锁的柏林孩子。每件玩具、每个娃娃以及每块糖果都是机组人员自掏腰包买的。

从这件事及其他事情中，欧洲人开始对美国的国民性格产生好奇。美国人拥有解决问题的信心和丰富的技术知识，他们务实，轻理论重实践。稍不幸的是，他们市侩。麦克阿瑟将军曾代表他的同胞发表讲话，他充满优越感地对一位来访者说："回去读一读柏拉图对乌托邦的展望，再看看我们所取得的成就，真是让人惊叹啊……在那么落后的环境中，这些老家伙居然拥有这么高尚的理想，这么熠熠生辉的智慧！"对于和麦克阿瑟看法相同的大部分美国人而言，直接探究和说干就干的精神比精巧复杂的苏格拉底式论证更加重要。

即使美国人穿着便服，欧洲人也能在他们开口前辨认出来。部分原因是他们的餐桌礼仪、服装剪裁、不拘礼节以及似乎每个人肩上都挂着的一部相机。同样还有他们的言谈举止。“征服者？”埃里克·塞瓦赖德谈到美国士兵时说，“他们的脑子里根本就没有征服这个概念。他们只是追击德国人，不得不走过了地球上的这块区域。”战前住在慕尼黑时，塞瓦赖德就注意到，他和其他美国人散步时总会引起德国人的注目。他得出结论：“世界上没有人如美国人一般闲庭信步。他们不像英国人那样身体僵直，也不像法国人那样敦实矮小、扭捏拘谨，他们左顾右盼，脖子自如转动。”有些人把这叫作傲慢无礼，有的人则称之为自信满满。当然，这难以确切描述，却真实存在。另有人说：“英国人在地球上昂首阔步，一副主人的样子；美国人则在地球上昂首阔步，根本不管谁是主人。”

过去，好莱坞让欧洲人看到的美国人的形象，仿佛都被嘉年华里的哈哈镜扭曲了。现在，他们关于美国人的印象则来自想家的美国士兵，以及日益增多的美国游客。印象并没有改善多少。外国游客通常代表的是特权阶级，他们受过良好的教育，博览群书，通常会讲多国语言。但由于美国生活水平极高，各阶层的公民都可以远渡重洋观光，他们拖家带口，妻子吵吵嚷嚷，孩子的叫声更如魔音穿墙。从欧洲移民到美国，其后代回到祖辈的故乡，给美国增添光彩，但也损坏了美国的名声。

美国流行文化水平（略低于奥威尔所说的“上层中产阶级的底层”），使得欧洲人担心整个世界美国化。美国人从大西洋的另一边蜂拥而至，游客、技术人员、交换学者、外交官、记者、美国新闻处的图书管理员、红十字会的女职员、美国经济合作总署的行政官员、“第四点计划”的农学家、台口餐厅的女服务生和商业人士（仅在巴黎就有 5 000 人）在海关处分别抢滩登陆，之后散入内陆地区，人数越来越多。与此同时，富布赖特项目和史密斯–蒙特计划每年会将 4 万名学生送到美国学习。欧洲人开始互相议论这些人将给欧洲带来什么，而皮埃尔和格蕾琴这些普通的法德青年男女又会在大洋彼岸学到什么。

1945 年，一把闪亮的新式美国电椅取代了法国传统派挚爱的断头台，法国人大为光火。这种变化多少具有象征意义。（美国人也同意这种说法，但他们有不同的理由。）圣诞节原是穿着五彩缤纷的本地舞者在公共场合大放异彩的时候，现在，欧洲人成了美国圣诞歌曲的“俘虏”，他们听着人类有史以来传唱范围最广的声音——平 · 克劳斯贝低声吟唱《白色圣诞》（截至战胜日本当日，共卖出了 170 万张）、《平安夜》（卖出了 150 万张）和《不要困住我》（卖出了 125 万张）。农民们世世代代都自豪于在欧洲社会中扮演着极其重要的角色，现在却意识到，自己的同胞正靠“美国中西部”（号称‘世界的粮仓’）喂养，那些被精选的葡萄酿制出的上等美酒养刁了胃口的人，居然改喝起一种廉价的棕色液体“可口可乐”——尽人皆知的“可乐”。20 世纪 40 年代末，每天要售出 5 000 万瓶，将这些液体倒在一起足可以浮起一艘轻型巡洋舰。法国人发起了反击。虽然法国还没有从空运行动中恢复过来，但巴黎的国民议会还是以 366 票对 202 票通过了一条限令：“禁止在法国、阿尔及利亚和法属殖民地进口、生产和销售可口可乐。”

与英国漫长统治时期“约翰牛”的不受欢迎一样，人们对所谓“美国化”的憎恶也迅速蔓延，这是在所难免的。在欧洲人看来，大西洋对岸的这个庞然大物，是依靠一种新的经济帝国主义崛起的，这比老牌的帝国主义更让他们感到有损尊严。有同感的不仅仅是马克思主义者。当牛津大学的教授们在《泰晤士报》上读到，英国市场营销协会每年派出 50 名行政管理人员到哈佛商学院学习，并且由英国王室承担费用，他们作何感想？当罗马人得知，因为纽约证券交易所的“技术调整”，里拉又贬值了，他们又会作何感想？当在比利时经营独立加油站的商人发现，埃索石油公司在欧洲卖出的石油比在美国卖出的多，会作何感想？当任何一个欧洲人得知，在美国商务部眼里，洛桑只是联合碳化合物公司的海外总部，苏黎世是美国谷物产品提炼公司的海外大本营，巴黎、布鲁塞尔和伦敦分别是IBM（国际商业机器公司）、塞拉尼斯公司和新泽西标准石油公司的欧洲总部所在地，他们又会怎么想？

然而，除了这些商业巨头重拳出击取得的可喜成果之外，似乎美国把它最优秀的人才和最费心的行动都白白浪费了。美国付出了超过1 000亿美元的外国援款，大使馆却经常成为敌对示威的目标，以至于不得不考虑安装防弹玻璃，这似乎让人难以接受。接受赠款时动作倒是迅速，但一个月甚至更短的时间内，那些人就公开表示对美元的鄙视。正是在杜鲁门时代，一位在欧洲颇有威望但非沙文主义者的美国知识分子路易斯·克罗嫩伯格也恼怒地写道：

> 美国人作为先驱者的传统由来已久，先征服了北美洲大陆，又控制并驾驭了无线电波，他们完全有权感到骄傲自豪。美国人有权以自己的民族理想和独特的处事手段为傲，开始时不惧艰险、披荆斩棘，最终十分安逸舒适。为什么不可以感到骄傲呢？我们豪爽大方又热情好客，我们生机勃勃又警惕小心。贫苦无助的人走投无路，却能在美国前途无量。我们为什么不可以感到骄傲呢？

一些人对欧洲的批评展开回击。《时代周刊》在某一期中将法国称为妓女，令人难忘。（在法国国民大会中又一次引起骚乱。）毫无疑问，如果总统在预算中砍掉所有外国援助，他的国内威望将有所提升，但他从未认真考虑过这种做法。甚至连参议员塔夫脱也明白，想要回到孤立主义已不可能，国内压力再也不是美国总统关注的唯一因素。在热核武器时代，整个地球相比战前已缩小不少，理解别国的希望和抱负成为保证本国安全的因素之一。正是在这方面，哈里·杜鲁门将他担任总统早期几星期制定的所有条条框框置之脑后。虽然缺乏高明的治国才能，他却以自己的勇气和美国人特有的机敏弥补不足。迪安·艾奇逊后来写道："杜鲁门政府站稳脚跟后，它的政策明显经过了集中讨论和指导，在本国历史上新颖别致，显示出一种理念和魄力的深度和广度。"当时，艾奇逊引用莎士比亚的《亨利五世》中的话说，美国在国际危机最严重的黑暗时期里取得的胜利，使盟国安心，使敌国挫败。美国总统成长为一位强大的对手，表现出"黑夜里哈里的一点儿英雄形象"。

在柏林空运行动之前的整个春天，共和党人数着日子，心中的喜悦与日俱增。距离富兰克林·德拉诺·罗斯福首次让他们坐上冷板凳，已过去了 16 年。他们继续轻视"那个家伙"的一切，在某种意义上，依然有成千上万共和党人反对他。但他们相信，他的妖法已与之俱灭，他们不用再惧怕他那邪恶的笑容、疯子似的笑声、斜叼着香烟的样子和闪闪发光的夹鼻眼镜。

替代罗斯福的是一位谦逊的政客，看起来只会虚张声势。杜鲁门与罗斯福是完全不同的两个人。杜鲁门中等身材，戴一副普通的眼镜，语调平平，嗓门高，没有他的贵族前任所具有的预科学校毕业那种文化人的口音特征。他们认为，是罗斯福个人向其所有政纲中注入了生机活力，显而易见，它们必然能在下个 4 年一次的公民投票中废止，就像美国宪法第 18 修正案一样。那一天将是 11 月 2 日，他们已经迫不及待了。

这将轻而易举。顶着一头秀丽金发的康涅狄格州女众议员克莱尔·布思·卢斯称“杜鲁门已经完蛋了”。民主党人退避了，但没人出面反驳。自从1946年11月共和党人在中期选举中以横扫千军之势赢得了所有席位以来，每次民意测验和每个政治专家的访问都传递出一个信息：如果杜鲁门竞选总统，他注定会失败。盖洛普民意测验显示，1947年10月至1948年3月，认为总统干得不错的美国人越来越少——急剧下降到36%。如果他参加竞选，他竞选不过杜威、史塔生、麦克阿瑟或范登堡中的任何一位。

约瑟夫和斯图尔特·阿尔索普对其读者说：“假如杜鲁门被提名为总统候选人，他将被迫展开近代历史上最孤立无缘的竞选活动。”甚至总统本人也忧心忡忡。1947年秋，他再次向在波茨坦的艾森豪威尔试探。杜鲁门请陆军部长肯尼斯·C·罗亚尔告诉艾森豪威尔将军，如果艾克愿意代表民主党竞选总统，他很乐意担任他的竞选伙伴。艾森豪威尔则请罗亚尔代他向总统表示衷心感谢，而同时又表示遗憾。也许他认为杜鲁门当他的副总统会使自己竞选失败。

1947年11月中旬，总统特别顾问克拉克·克利福德向总统提交了一份长达35页的连任竞选方案。其中，克利福德指出，杜鲁门取得的成就远远超过大多数人所意识到的。他善待农民，他降服了约翰·L·刘易斯，犹太人欣喜于他是一位热心的支持犹太复国主义者，黑人欣喜于他下令任命了一批黑人军官。他使三军团结起来，否决危害劳工利益的法案，提议开展大规模住房建设工程，以及将老年人医疗保险作为基本的社会保障，这些都是国会山上的塔夫脱、威利、米利金、布里格斯、裘·马丁和查理·哈勒克等共和党保守派所拒绝讨论的。克利福德认为针对第80届国会反对派占优势的情况，总统应以一个弱者的形象参选。

杜鲁门建议艾森豪威尔竞选这件事，并没有在其回忆录中提及，他给人留下的印象是从未考虑过要退出竞选。但实际上，似乎直到1948年3月1日，他都还在犹豫。当时他在基韦斯特的一个媒体发布会上表示，自己“忙于外交事务及其他状况，还没有时间考虑任何总统竞选活动”。在之后的一星期里，产联坚决反对亨利·华莱士出任第三党候选人。显而易见的是，这一点使杜鲁门相信他有获胜的机会。3月9日，他致电民主党全国委员会主席J·霍华德·麦格拉思：“嗯，霍华德，如果你也这样想的话，我们就干吧。”麦格拉思很困惑（他并没有要求杜鲁门再次参选，只是要求他做出决定），但走到外面的大厅，他鼓起勇气对白宫记者团宣布：“总统已授权我发表以下声明，如果被民主党全国委员会提名，他将接受并参与竞选。”杜鲁门终于开始竞选了。

大多数民主党领袖立即要求他退出竞选。民主党全国委员会前主席、布朗克斯区领袖爱德·弗林拒绝与总统在纽约同台演讲，一个体格魁梧的总统助手硬将他从车里拖出来，南卡罗来纳州参议员奥林·约翰逊当众怠慢杜鲁门。阿肯色州的富布赖特提出总统应该辞职，好让共和党人马上接任以恢复国民信心。斯特罗姆·瑟蒙德带领的一个6人代表团，团员都是南方各州的州长，因杜鲁门政府的种族融合举措而心生嫌隙，准备退出民主党转而支持一位南方的候选人。如此一来，这次竞选就有4个党参加，其中两个是从民主党分裂出去的。麦格拉思不得不取消一次在曼哈顿举行的民主党赞助大会——只有三个人肯出席。他在洛杉矶的一次集会上提到杜鲁门时被嘘声打断。情绪激动的质问者由詹姆斯·罗斯福和其他罗斯福新政的支持者带头，他们的附和者众多。在这些发誓要推翻杜鲁门的人群里，有詹姆斯的兄弟艾略特、里奥·汉德森、佛罗里达州的克劳德·佩珀、切斯特·鲍尔斯、沃尔特·鲁瑟、威尔逊·怀亚特和明尼阿波利斯市的年轻市长休伯特·汉弗莱。伊利诺伊州的民主党领袖杰克·阿维宣称他不再支持杜鲁门，美国人争取民主行动组织则想出一个被《时代周刊》称作“别出心裁的主意”。这个主意让人惊叹，怎么之前都没有想到呢，他们可以选艾森豪威尔将军作为候选人呀！

1948年民主党支持艾森豪威尔的运动完全是一场高雅喜剧。人们都没有意识到艾森豪威尔两次拒绝了总统的这一提议，也没有意识到他是自视保守的共和党人——甚至杜鲁门也不知道。艾克可能出任民主党领袖的光明前景使上段列出的反对杜鲁门的人全部臣服，再加上泽西市的弗兰克·黑格、康涅狄格州的约翰·贝利、肯塔基州的黑皮·钱德勒、乔治亚州的理查德·拉塞尔、芝加哥市市长爱德华·J·凯利以及亚拉巴马州参议员李斯特·希尔和约翰·斯帕克曼。

最后那滑稽又令人难以原谅的行为是，华盛顿州民主党领袖休·米切尔居然给白宫发去一封电报，要求总统担任动员艾森豪威尔出任民主党候选人委员会的主席。

“或者艾克或者死”运动非常受欢迎，只要艾森豪威尔还会改变主意，哪怕希望再渺茫，杜鲁门都不可能得到党内提名。但在民主党全国代表大会召开前夕，艾森豪威尔直截了当地表示拒绝，他宣布“在任何情况、任何条件和任何前提下，我都拒绝接受提名”。由此，该党的广大成员才终于放弃了这个想法。民主党代表们情绪消沉，他们坚信会在11月遭受失败，为了在所有可能的地方减少损失，他们请求先在费城大会堂召开全国代表大会的共和党将用过的装饰物留在原地。显贵的行为理应高尚，共和党大方应允。民主党人对此表示感激，简直称得上卑躬屈膝。他们已经在节省开支，好为1952年的竞选抢占先机。也许，那时艾森豪威尔会愿意领导他们。

与此同时，杜鲁门的团队正忙于重塑克利福德所谓总统的“肖像”（“形象”一词还没有普及）。总统看不起那些拉拢群众的手段，他将之称作“耍花招”。但是一想到要攻击共和党占优势的国会，就激起了他的战斗本能。这个宏伟的战略方案的第一招是，每星期一向国会提交一份受到民众欢迎但塔夫脱及其同僚肯定会搁置的议案。在相当短的时间里，杜鲁门接二连三提出开建圣劳伦斯河航道、扩大民权、由联邦政府兴建住房、向中国①提供援助、延长战时管制条例、修建高速公路和延长互惠贸易法案的期限，这一切都注定成为11月的争论焦点。

若民意测验的数据可信，杜鲁门的前景在4月显得最为灰暗。但正是那时，杜鲁门的竞选团队突然灵光闪现，克利福德、乔治·M·埃尔西和查尔斯·S·墨菲三人都不记得究竟是谁想出的妙计，可见当时的混乱程度。他们皆知总统从未学会一板一眼地念讲稿，他总是低着头看稿子，语气呆板，也不知道哪里应该强调，往往错过该停下来等待掌声的时刻。然而，在即兴演讲中，他却讲得绘声绘色，收效良好。因此，有人提出何不说服他在大型集会上即兴发言呢。杜鲁门喜欢这个想法，4月17日，他先面向美国报纸编辑协会念了一篇准备好的文稿，然后临场发挥讲了半小时的美苏关系。这场演讲使人震惊，也振奋人心。结束时，编辑们为他欢呼喝彩，互相交流意见，都认为他讲得很好。之后，他又发表了4场即兴演讲，推向最高潮的是他于5月14日在五月花酒店当着1 000名年轻的民主党人进行的政治演讲。演讲最后，他说：“我想对你们说，在接下来的4年里，白宫的主人将是一位民主党人，而你们正看着这个人。”所

① 这里的中国指国民党政府。——编者注

有人起立鼓掌。第二天早上的《纽约时报》称其为“新杜鲁门式”的“战斗”宣言。终于找到了正确的竞选方式，杜鲁门对此表示满意，他和团队决定开展一场横贯美国的竞选宣传。

但是他们遭遇了经济困难，而且看起来难以解决。民主党为此次竞选筹措的专用资金几乎用完了。在整个竞选活动期间，民主党人注定捉襟见肘，认为杜鲁门能赢得大选的资本家寥寥无几。4 月，他们甚至就开始考虑削减开支，而在五月花酒店的晚宴后，竞选团队又想出了一个绝妙的主意：为什么不让杜鲁门将他每年 3 万美元的旅行津贴拿出来，乘火车周游美国，宣传他在国内外所取得的成就，并就他与国会的问题说几句话呢？

居然沦落到要这样做，说明情况确实对杜鲁门相当不利。当然，寻求连任的历届总统通常不得不乘车到美国各地为纪念碑揭幕或为桥梁通车剪彩，以此自我宣传。这种短途旅行通常被视为合法使用纳税人的钱，因为其目的在表面上看来往往是无党派利益的。但这次公费旅行却是另一回事。杜鲁门从一开始就严正声明，他打算将每一分钟都用在与共和党人占优势的国会口诛笔伐上。而正如共和党全国委员会主席卡罗尔 · 里斯所言，说这种做法是“非政治性的”就如同说“彭德格斯特集团”①是“非政治性的”。毫无疑问，若不是杜鲁门的竞选毫无希望，若不是这次巡回演讲从远处看起来会彻底失败，里斯是绝不会轻易放过这个话题的。

6 月 3 日晚上 11 点 5 分，在国会因两党召开全国代表大会而休会之前的两星期，由 16 节车厢组成的总统专列悄悄开出华盛顿联合车站，向西驶去。虽然杜鲁门总是坐飞机在城市之间穿梭，但人们

① 彭德格斯特集团是密苏里州的民主党政治集团，杜鲁门最初在其支持下参政。该集团带有黑社会背景，扶植了众多官员。——编者注

还是希望总统和总统候选人们能够乘火车出行。火车的最后一节便是奢华的“斐迪南 · 麦哲伦”号装甲车厢，是美国铁路协会专为罗斯福制造的。该车厢的墙壁用胡桃木制成，车厢里能够与华盛顿时刻保持无线电联系，最醒目的特征是后部有一个超大型平台，顶部有条纹顶棚，并配有公共广播系统。那时候这个平台看上去没有任何特别之处，但后来在总统的政治历史中，它却成了竞选表演最出彩的舞台。

然而，人们记住的通常是发生在这个舞台上那些小小的不幸。有些民主党人以为杜鲁门同意了说服艾森豪威尔参选，所以带着自制的标语牌出来欢迎他，上面写着：艾克当总统，哈里当副总统。内布拉斯加州民主党主席威廉 · 里奇试图登上“斐迪南 · 麦哲伦”号车厢，却被赶下去了。他气愤地对记者说：“我坚信他不会当选，他的所作所为没有可取之处。他似乎更喜欢那些所谓的朋友，而不是为民主党干实事和捐款的人。”在另一个地方，杜鲁门所谓的朋友是一位 1918 年退伍的军人，有人要他安排一次演讲会，但他却以为这是第 35 师的聚会，因此将其他人挡在门外。结果，总统发表演讲时，本来可以容纳 1 万人的礼堂里只有稀稀拉拉约 1 000 名听众。摄影师们按捺不住兴奋之情，站在后排高处不停拍摄，照片全是总统对着大片空位演讲的情景。这些照片暗示，真的没有一个人对总统的演讲内容感兴趣，《时代周刊》则评价他的演讲“越来越有娱乐价值”。

至少有两次，他都是穿着睡衣和浴袍出现在火车平台上的。他对着一批瞠目结舌的听众说：“我知道他们通知说我要在这里发表演讲，但很抱歉我本来已经上床睡觉了，不过我认为你们也许想见见我是什么样子的，即使在我没穿好衣服的情况下。”在加利福尼亚州巴斯托市，一个女孩盯着他的蓝色睡袍问他是否感冒了。他摇摇头，而她坚称："你的声音听起来像是感冒了。"他眨眨眼睛，回答："那是因为我乘火车四处演讲，嘴里进了风。"事实确实如此。在俄勒冈州尤金市，他像往常一样先向听众介绍他的妻子贝丝（"这是我的老板"）和女儿玛格丽特（"她是我老板的老板"），接着信口开河谈起波茨坦问题。他忘了有记者在场，说道："我喜欢老约（约瑟夫·斯大林），他是个好人。但他受政治局操控，不能想干什么就干什么。"于是，美国东部的卢斯夫人对他进行了猛烈抨击。她欣喜于民主党终于含蓄承认喜欢老约，恶毒地说："好老约啊！他们当然喜欢他呀！他们不是把整个东欧、中国东北、千岛群岛、中国华北都给了他吗？不是让他在波兰、南斯拉夫和捷克斯洛伐克都建立了联合政府吗？"

在华盛顿，哈勒克对记者们说，杜鲁门将作为美国最糟的总统名垂青史。而俄亥俄州众议员克利夫·克莱文杰则说，他是头"密苏里州的蠢驴"。这时，塔夫脱说漏了嘴。本来倒不是什么大事。在对费城联盟俱乐部讲话时，他对杜鲁门"在美国各个铁路小站发表演说辱骂国会"的行为表示遗憾。他发明了"铁路小站"这个新词，而在共和党人看来，这个词颇为不妙。民主党总部发电报给杜鲁门的火车所经过的所有乡镇和城市的最高领导，向他们说明情况。他们对这种诋毁非常愤慨，杜鲁门便愉快地把他们的回复发给媒体。在洛杉矶，看到等待自己到来的长龙后，总统咧嘴笑道："这是规模最大的铁路小站吧！"

6 月 18 日，杜鲁门返回华盛顿。他离开了两星期，行程 9 504 英里，在 16 个州发表了 73 次演讲。多数情况下他都按照克利福德的建议，让自己"拼命地引发争议"。旅行快结束时，他感到群众和自己的情绪无形中已经相互交融。他在伊利诺伊州就说过，11 月新一届国会选出来后，"也许这个新国会将代表人民的利益，而不是富人的利益"。抬头看着他的人们含糊不清地表示同意。在华盛顿州布雷默顿市，一个伐木工突然大声喊道："加油干呀，哈里！"他马上喊回去："我会的，我会的！"在斯波坎市，有人问："向塔夫脱扔点儿鸡蛋怎么样？"杜鲁门回答说："我不会向塔夫脱扔新鲜鸡蛋的！"他大声疾呼："你们已经选出了史上最糟糕的国会。如果选举时再让共和党在国会里占优势，那你们就是最大的笨蛋，比我想象的还要笨！"听众大声喊叫起来，表示同意："加油干呀！""哈里，给他们点儿颜色瞧瞧！"他赶忙狂放地回答："我现在就是这么干的，就是这么干的！"

毋庸置疑，塔夫脱说得很对，这种做法有失身份，非常卑鄙。这种先例给未来的竞选运动带来了相当恶劣的影响，而且对范登堡等共和党人也不公平。如果没有他们，就不会有巴尔干半岛上的杜鲁门主义，也不会有马歇尔计划和柏林空运行动。但他单枪匹马克服一切不利条件的精彩表演确实震撼人心。白宫的记者们就这样认为，他们不时对身处首都的妻子说，总统的表现太抢眼了，他们甚至忘记了他当选的机会微乎其微。

费城的政府高级官员花费了 65 万美元整治市容，依次让共和党、民主党和进步党在那里召开全国代表大会。而被北卡罗来纳州夏洛特市《新闻报》一名编辑命名的"迪克西党"（美国南部民主党），将在昔日的邦联圣地上召开大会。他们对这座东部城市相当满意，因为那里的大西洋海滨是同轴电缆实况转播能够覆盖到的最远的地方。演讲者都明白这一点，虽然爱德华 · R · 默罗和其他知名评论员都还坚持用无线电广播，但在美国东部，已有大批观众可以通过约 40 万台小型电视机收看在费城大会堂里的演讲了。在当时，这已算是了不起了。

1948 年，新闻记者们只需花 12 美元就能租到带浴室的房间，却还埋怨通货膨胀。那时，他们认为旅馆里的杂务可以低价雇用黑人来做。杜鲁门那时已试图改善有色人种的困境，但是共和党的纲领委员会在仔细研究了民权内容之后，心安理得地拒绝考虑这个问题。该问题当时还没有引起知识分子的注意，他们仍对威廉 · 福克纳 1948 年出版的小说《坟墓的闯入者》[①]中的恳求半信半疑。南方各州的议员们继续禁止旨在废除人头税的法案，而南方黑人们也还像祖辈一样，生活在对绞刑架的恐惧中。1947 年有人曾动用过一次私刑，而各党召开代表大会的这年，私刑又出现了两次。

当时共和党大名鼎鼎的人物是托马斯 · E · 杜威、哈罗德 · 史塔生（“划着双桨，乘风破浪，哈罗德 · 史塔生是最棒的”）、道格拉斯 · 麦克阿瑟将军、哈勒克、范登堡、塔夫脱（“要干活，叫鲍勃[②]”和“领航掌舵，有塔夫脱”）、厄尔 · 沃伦和小约瑟夫 · W · 马丁。威斯康星州的乔 · 麦卡锡以及理查德 · 尼克松也出席了大会，但他们当时都还是小角色。史塔生参加威斯康星州的初选会时，麦卡锡只是支持史塔生的代表，而尼克松也支持史塔生，但他地位低微，根本不够资格入选加利福尼亚州代表团，只能旁听。但是，他们后来大做文章的那个问题已在这里提了出来。斯坦森鼓吹采取措施放逐共产党人，参加俄勒冈州初选会的选民认为这荒唐至极。但大会主要发言人却宣称：“我们要把联邦政府雇员中的赤色分子和粉色分子（“左”倾）清查出来并驱逐出去。”

1 月 15 日，杜威宣布参加竞选，或更准确地说，他让年轻的吉姆 · 哈格蒂代为宣布的这个决定。之后，他虽然摔了不少跟头，但依然领先于其他共和党候选人。他总是把粗鄙琐事留给他人处理，解释是自己要集中精力解决重大问题。而事实上，他将大量时间花费在衣

---

① 该书描写了一宗谋杀案，借此揭示美国种族歧视的状况。——编者注

② 鲍勃是罗伯特 · 塔夫脱的昵称。——编者注

着修饰上。他那整整齐齐的短胡须和一板一眼的举止，使人们想起启斯东电影公司电影里的笨警察或是结婚蛋糕上的小人。在初选会期间，摄影师们曾说服他戴上一顶容积足有 10 加仑的高大帽子，以及 20 世纪 20 年代罗马尼亚的玛丽王后访问美国时戴过的印第安人头饰。照片显得荒谬可笑，他为此后悔不已。对于他那不温不火的态度，有人恶毒而不公正地说："你了解透了汤姆 · 杜威，就会讨厌他。"

那年春天，史塔生成为杜威的劲敌，可说是又偶然又不幸。杜威身高 5 英尺 8 英寸，史塔生则高达 6 英尺 3 英寸，他们在初选会的休息时间站在一起拍照时，看起来就像一个男人带着他的儿子。召开全国代表大会时，杜威终于穿上了一双增高鞋。然而，以前那种形象已经无可挽回。尤其让杜威恼怒的是，他根本没有预料到史塔生会在初选会上大获成功。在威斯康星州，人们原以为麦克阿瑟会获胜，因为这位将军的拥护者资金充裕，而且该州充斥着他的速写传记：《麦克阿瑟：注定是英雄》、《麦克阿瑟：自由的斗士》和《伟大的麦克阿瑟》。3 月 29 日《纽约时报》头版预测："麦克阿瑟在威斯康星州胜利在望。"第二天，支持这位将军的代表在大会中仅赢得 8 票。参议员麦格拉思对记者们说："这件事使我得出这样的结论：要保证民主党在 11 月的选举中获胜，只需评论员们一致预言失败。"记者们都客气地笑起来，全国代表大会的主席们也会开开无伤大雅的玩笑。

全国代表大会前夕，杜威在俄勒冈州后来居上，赢得胜利，但他却未获得共和党普遍认可。盖洛普民意测验显示，全国范围的共和党人还是更喜欢明尼苏达州的那个巨人，史塔生和杜威的支持率分别是 37% 和 24%。这些民意测验数据值得杜威的更多关注。前一年夏天，每两个共和党人中就有一个想选这位短小精悍的纽约人。支持率下滑得如此厉害，他本来应该有所警惕，特别是罗斯福领导之下的民主党已经成为美国的多数党。被提名为候选人以后，杜威本应重拳出击。然而接受提名时，他的讲演让代表们昏昏欲睡："我们所追求的团结，不只体现在物质方面具体的事情和措施上，最主要的是体现在精神方面。我们的问题并非来自外界，而在于我们自身。"

杜威和他的副总统候选人厄尔·沃伦一起让摄影师们拍照之后，就回家休息去了。直到9月19日，离选举只剩下6个星期时，他才离开奥尔巴尼。因此，正如《纽约时报》所言，杜威的竞选活动是"近年来在野大党的总统候选人中用时最少的"。他似乎把竞选活动看作只是走走过场，而其他共和党领导人居然也认可了这种想法。几个有影响力的共和党人认定他们自己将成为新政府的一员，所以在费城开完全国代表大会回家时特意取道华盛顿，抢在其他同僚之前买下了物美价廉的房屋。

7月12日，费城热浪滚滚，民主党的高层代表们拖着沉重的脚步走进会议室，挥汗如雨。美联社在报道中说："民主党人表现得活像是来参加葬礼的。"三个星期前鲜艳夺目的各色旗帜，如今已陈迹斑斑、灰暗惨淡。一面高悬的横幅上写着杜鲁门使美国散发出人性的光辉，但是几乎没人抬头看。大会向人们发放了为帮助杜鲁门获得胜利的成套装备，包括一个笔记本、一支钢笔和一个哨子。有人嘲讽道："是为了带领民主党走入墓穴的吧！"贝尔维尤－斯特拉福德大厅的门廊顶棚上装有一只巨型机器驴（民主党标志），向每个路过它的人眨巴着通了电的蓝色眼睛，这是整个会场唯一看起来欢快点儿的东西。代表们全都是一副饱受打击的肃穆样子，只有反对杜鲁门的各州代表团还保持着一点儿活力。他们刚从支持艾森豪威尔运动的惨败中恢复过来，现在正疯狂地满世界寻找救命稻草，以避免第三次失望。

选举前夕，19 个州的主席召开了一次秘密会议。他们接触了最高法院大法官道格拉斯，但他推辞不干，他们只好作罢。接着杜鲁门也致电道格拉斯，请他担任副总统候选人，他还是不愿意。从那时的情况来看，总统好像连副总统候选人也找不到。最后，阿尔本 · 巴克利，这个忠诚可靠的老伙计，说他乐意与杜鲁门一起参加竞选。

杜鲁门真是颜面尽失。他知道大多数代表都不想选他，如果他退出竞选，他们一定会起立欢呼，然后迅速选出另一个人。亨利 · 华莱士看来肯定会获得几百万张选票，足以使杜鲁门失去整个纽约州。南方诸州曾是民主党的坚定支持者，现在他们也要分裂。明尼阿波利斯市年轻的市长汉弗莱（37 岁）、伊利诺伊州民主党参议员候选人和州长候选人保罗 · 道格拉斯和艾德莱 · 史蒂文森带头提出了强硬的民权政纲，激起论战。在这一点上，杜鲁门本来不想充英雄，但此时民主党的南北两派正要拼个你死我活，迪克西党在关乎成败的唱名投票中以 651.5∶582.5 落败。亚拉巴马州的汉迪 · 埃利斯高喊“拜拜”后，带头离开会场。

7 月 14 日星期三晚上，南方联邦离开，几乎同时，总统抵达会场，好险没有相遇。那晚，执行主席在会议中要求大家注意秩序时，杜鲁门的专列刚刚驶离联合车站。在“斐迪南 · 麦哲伦”号车厢内，他坐在克拉克 · 克利福德和山姆 · 罗森曼之间，把讲话稿的要点通读了一遍。他以为一到会场就要直接上台讲话，但并不是那样，也不可能是那样，因为大会正在进行提名演讲，他还得在闷热的后台等上 4 个小时。这是他职业生涯中最悲惨的时刻。有人将他领到讲台下一间阴冷的小房间里，那个房间有个窄小的阳台，下面是一条垃圾遍地的小巷。房间靠近铁路，火车呼啸而过时，他可以听到轰鸣声，也可以感受到直背座椅的震动。他一会儿和巴克利说说话，一会儿又和霍默 · 卡明斯聊聊天，斜着眼睛瞧瞧外面的污迹和垃圾，抹抹前额上的汗，修改一下演讲提纲，张望一会儿，又独自沉思一会儿，等啊等啊。

星期四零点42分，杜鲁门终于正式被选为民主党总统候选人。他以947.5票击败了获得362票的佐治亚州的理查德·拉塞尔和获得0.5票的印第安纳州前州长保罗·麦克纳特。卡贝尔·菲利普斯写道：尽管已是午夜时分，人们疲惫不堪，高温还没有退下去，但庆祝杜鲁门当选的"人群一下子涌上街头"。"不管是欢呼声还是反对声，似乎都是真心实意。那些一直无精打采、一脸木然望着其他人在过道中来来往往也无动于衷的代表们，现在也拿起旗帜和各种能够发出响声的东西，参加到那漫无目的地蜿蜒前行的队伍中了。站在媒体采访区长凳上的记者们面面相觑，难以置信地说'好像不是在做梦'"。

巴克利的提名是鼓掌欢呼表示通过的，更突显出全国代表大会没有把同样的荣誉给予那位总统候选人。1点45分，巴克利和杜鲁门在《向统帅致敬》的音乐声中登上高台。在其他任何一个代表大会上，这样的时刻都是庄严肃穆的，两位领导人高高举起彼此的手臂，灯光闪耀，风琴奏出旋律，男人们在折叠椅上站起，妇女们激动得掩面哭泣。当然，这些现在这里也具备，却不只这些，现场流动着一种带着滑稽意味的音符，但好像也不显得突兀。雷伯恩主席刚开始介绍巴克利，一个装扮过于考究的矮胖女人就打断了他。主席台前，一个由鲜花摆成的自由钟静静等待了整个晚上，要在总统亮相时敲响。这时，她把钟献给他，或者说，想要把钟献给他。突然，钟下沙沙作响——她刚来得及结结巴巴地说完"和平鸽"，一群又一群的白鸽就迫不及待地从这座花钟下面飞出，在代表们头上盘旋，献上它们准备的"礼物"。任何一个对鸽子有所了解的人都知道接下来会出现怎样的场景，但是安排这场表演的人显然对此一无所知。人群里的农场工人大声提醒："小心衣服！"但是太迟了。在整个漫长的会议期间，人们咕哝着脏话，现在鸽粪真的从天而降，污损了他们的衬衣和裙子。幸运的是，1948 年的媒体认为这样的事太过低俗，不应刊载出来让读者阅读，所以无损于民主党的公众肖像，或说公众形象。在主席台上的萨姆 · 雷伯恩救了场。他抓住了一只从身旁飞过的鸽子，把它往高处一掷，代表们欢声雷动。令他们惊喜的是，就在这个充满喧闹的时刻，他们的紧张和担心都烟消云散了。他们放松下来，将手帕放回口袋，嬉笑着议论，无论哈里 · 杜鲁门日后为他们带来什么，都不可能比这更恶心了。

还有一次更大的意外。巴克利简短发言后，欧文 · 罗斯告诉我们："筋疲力尽的群众勉强打起精神，想要欣赏一下总统即兴演讲的魅力。"哪知杜鲁门拿出一份讲话提纲照着念，这份提纲就是他在那对着小巷的阴冷窗边等待时，听着火车近在咫尺的轰鸣声草草记下的。他再次采用了临场发挥的新风格，发表了一篇言辞尖刻、振聋发聩、痛击对手的演说。用罗斯的话来说，"他尖锐刺耳的语调使全场听众激动万分"。他的手快速而笨拙地在空中挥舞，大声喊着说："参议员巴克利和我会赢得这次选举，我们会使共和党人只能喜欢这个结果——你们记着吧！""要是选民们不履行他们对民主党应尽的责任，他们就是世界上最不知道感恩的人！"

接着他将矛头对准共和党，细数那些他提出来而被国会否决的项目，包括医疗保险、住房建设、价格控制以及教育援助。他说，他们枪毙了这些项目，之后却将它们写入总统竞选纲领，这种无耻、伪善的态度简直闻所未闻。好吧，他会测试一下他们的诚意。

杜鲁门打出强力一击："在密苏里州，7 月 26 日是芜菁节。届时，我将召回国会议员开会，并要求他们同意通过他们竞选纲领里的那些法案。看着吧，我的朋友们，要是共和党有一点儿真心诚意要实现它们的纲领，会议开不了多久，第 80 届国会就应该有所作为了。如果他们有这个意愿的话，15 天内就可以做完，而他们还有额外的时间到各地进行竞选。”

《纽约时报》报道说，这段话“让在场的代表们情绪激昂”。这一刻，天气、时间、尖锐的党内矛盾和 11 月注定的失败都被抛到脑后。杜鲁门等了一会儿，直到他们稍微平静一些，才接着把话讲完。“他们会设法回避这个责任，”他叫喊着，“但是，这个‘史上最糟糕的’第 80 届国会在这次特别会议上的表现将证明他们是否说话算数！”

他们全都站起来，向他鼓掌欢呼。他自始至终都依照计划，让自己“拼命地引发争议”，而大会堂外的反应证实这种做法是对的。社论作者们几乎目瞪口呆，利用联邦政府的补贴为竞选四方游说已经够不像话了，现在还要召集国会特别会议为自己的政党争取优势，几乎都有足够的理由弹劾他了。范登堡对一位记者说：“这听起来就像是一个即将下台的政府在最后一刻的歇斯底里。”宾夕法尼亚州众议员小休 · D · 斯科特对此感到遗憾：“这完全是一个同归于尽的行为，这个人失去了人民的信任，为了党派利益，连破坏国家和政府的团结和尊严也在所不惜。”佐治亚州的沃尔特 · 乔治用了一串精彩绝伦、绚丽夺目的比喻，他大喊道：“南方不但受制于人，而且戴着枷锁！我们还戴着手铐脚镣！”

可是，对杜鲁门的赞美声虽然吝啬，但各处都有所耳闻。《时代周刊》写道：“毫无疑问，他已经使代表们摆脱了消沉的意志。而他在政治上表现出的勇气为自己赢得了崇敬。”

7 月，主要的大事就是这两个相互拆台的政党之间的口水战和所谓的“芜菁节会议”。迪克西党士气高昂。南方的策略是让竞选分不出高下，最后交由众议院投票解决。他们相信他们会获得与杜鲁门一样多的票数。7 月 14 日，他们在伯明翰市召开会议。一天的时间里，他们就完成了代表大会的全部议程。他们提名斯特罗姆 · 瑟蒙德为总统候选人，密西西比州州长菲尔丁 · 赖特为副总统候选人。但是，不时出现一些征兆，预示着这条脆弱的迪克西白人联盟战线也许会崩溃瓦解。弗吉尼亚州的拉塞尔和哈里 · 伯德没有到伯明翰市参加大会，并不是因为他们怀抱着对平等权利的热爱，而是因为怕自己在国会里的地位岌岌可危。但不管怎样，失去南方各州依然是对民主党人的沉重打击。特别对克利福德来说，他在竞选计划里曾假设民主党的南方诸州会保持团结。

10 天后，华莱士的美国进步公民联盟来到费城，组建了美国进步党。12 月 29 日，进步党领袖以宣布参加总统竞选的方式开始建党运动，该党看起来前途一片光明。他当时说："我们集合了一批勇士，铸造了一支军队。"进步党人并不指望赢得 1948 年的总统竞选，但他们相信 1952 年竞选的胜利属于他们。该党代表的平均年龄约为 30 岁，比两大党代表们年轻 20 多岁。美国不少大学都派出了代表，常春藤盟校的代表比十大联盟的代表多。工会也派出了不少代表，大部分来自那些领导人极度"左"倾的工会。男青年留着平头（当时学生的风格之一），穿着敞领运动衫。女青年身着短袜和宽裙。黑人代表也不少。很多人背着吉他，大唱民歌，模仿皮特 · 西格和副总统候选人格伦 · 泰勒的风格，似乎每个人都玩得很开心。表面上看来，进步党一派欣欣向荣的景象。

实际上，该党深受内部矛盾之苦。雷克斯福德 · 盖伊 · 特格韦尔是华莱士唯一网罗到的支持新政的人，但他和李 · 普雷斯曼长期不和，矛盾不断。普雷斯曼是共产党人、产联的法律总顾问，后来被沃尔特·鲁瑟驱逐。那时，人们不会轻易给人贴上“共产党”的标签，特别在战后的10年里，人们更不会这样轻易对待公众人物。当时的选民听说进步党里还有共产党，感到非常困惑，因为他们本以为进步党内都是自由派，所以不同于杜鲁门。这种困惑是共产党有意造成的，他们根本没有想到自己能好运到“俘获”了美国的前任副总统。进步党是模仿美国人争取民主行动组织组建的，而后者成立于1947年1月，目的是打击共产党。1948年选举三年后，已经脱离共产党的迈克尔·奎尔在产联的一个委员会上做证时，描述了共产党在进步党运动中扮演的角色。奎尔是运输工人工会的主席，绝不是给他人扣上“赤色分子”的帽子并加以迫害的人。他说，1947年秋他还对共产党满怀同情，那时的共产党总书记尤金·丹尼斯就对他和其他工会领导说，党组织“决定组建一个由亨利·华莱士领导的第三党”，华莱士“在几星期内就会公开亮相并宣布竞选总统”。

华莱士意气风发地踏上这条险象环生的征途，却好像一开始就被蒙在鼓里。竞选活动后期，他告诉朋友们他意识到自己被人利用了，周围人几乎都是公开身份的共产党，他肯定是最后一个得知真相的人。《新共和国家》和《下午报》都曾经委婉地提醒过他。《纽约邮报》恳求他加入美国人争取民主行动组织，却是白白浪费口舌。美国只有两家报纸支持他参加竞选，那就是《工人日报》和宾夕法尼亚州的《约克日报》。记者们建议他断绝共产党的支持，就像罗斯福在20世纪30年代所做的那样，但他拒绝了。

结果，华莱士的支持率急剧下滑。3 200名进步党代表出席了在费城召开的大会，比两个大党参加大会的代表都要多，他们神采奕奕、活力四射、魅力非凡。而华莱士的共产党支持者则处处帮倒忙。华莱士将在费城沙伊布公园发表接受提名的讲演，这本来很有可能成为美国政治史上最值得纪念的事件之一。门票不贵，价格在 65 美分~2.6 美元——露天看台上的无产阶级，买票入场的人数超过了 3 万，人群不时发出欢呼声表达对华莱士的喜爱，说明他的声望并未受损。假如媒体能表现得理性和公平一些，那年 7 月，他原本能轻易获得媒体支持，不用多费口舌他就能把沃尔特 · 鲁瑟和吉米 · 罗斯福那些人争取过来。如今唯一的办法就是与李 · 普雷斯曼那伙人撇清关系，但他拒绝这样做，他不会“舍弃任何为了和平而对我表示支持的人”。一位《时代周刊》的记者说美国进步党的政治纲领和共产党的政治纲领几乎如出一辙，想要引起他的注意。但华莱士却评价共产党：“我看他们的纲领很不错嘛！”他还毫无必要地加上了一句：“我认为共产党人最像基督教早期的那些殉道者。”

之后，华莱士竞选运动的美好前景破灭了。人们情绪激动地质问他，共产党人与基督教早期殉道者有什么相似之处。面对责难，他依然顽强地坚持到底。他依然伸着手，额头冒汗，人们熟悉的那一绺头发遮着一只眼睛。在北卡罗来纳州的三个城镇，南方人认为他入侵了他们的地盘，所以向他投掷了鸡蛋、西红柿和爆竹。杜鲁门对媒体遗憾地表示，这“违反了美国公平竞争的传统”。除此以外，总统对美国进步党的威胁不屑一顾，他认为人们对华莱士的新鲜劲儿一过，进步党构成的威胁自然会缩小。情况果然如此。随着竞选活动继续推进，进步党的势头日益减弱。特格韦尔不声不响地撤回了支持，“左”倾的联合电工工会也表示不再支持华莱士，而进步党国会议员候选人也退出了地方竞选。政治分析家曾经在春季时认为，华莱士至少能获得 350 万张选票，接近第三党参加总统竞选以来的最好成绩——罗伯特 · 拉福莱特在 1924 年获得的 480 万张选票。盖洛普民意测验也曾预计他可获得选票总数的 7%。但到了 10 月的第三个星期，数字已调整到4%。最终在11月2日，华莱士获得的实际票数还不及此，仅为1 157 172张票。分裂出来的民主党人转投进步党，无疑使杜鲁门失去了纽约州的支持。但仔细分析一下选票结果，可以清楚地看出，他每在其他地方输给华莱士一票，就在中部的独立派那里获得两三张同情票。

在普选中，瑟蒙德得到1 169 021张选票。他的竞选活动重心在南方联邦各州，获得的回报是39张选举人票（主要来自亚拉巴马州、路易斯安那州、密西西比州、南卡罗来纳州，有一张来自田纳西州）。但事实证明，这比零票还要糟糕。民主党发现，他们即使没有南方各州的坚定支持还是可以获胜，因此感到如释重负，觉得没有必要向他们妥协了。瑟蒙德本来想挫败他们为黑人争取民权的计划，却反过来加快了他们奔向胜利的步伐。

7月26日，杜鲁门现身国会山，出席这次充满敌意的两院联席会议，他提出了一连串要求通过的法案，即他所谓的“购物清单”。在30分钟的发言里，只响起了6次掌声，而且都来自民主党人，共和党议员们把手掌死死地压在身下。对于记者们关于“芜菁节会议”的提问，一贯谨慎的杜威没有正面回答，只是说他不愿意“同杜鲁门一起有失身份”。他指派赫伯特·布劳内尔全权负责此事，自己则躲回奥尔巴尼的书房中。布劳内尔惶恐不安，建议塔夫脱共和党的国会领导人可以给几份无可争议的法案大开绿灯，以使杜鲁门的指控沦为无中生有的诬告。为什么不修改一下《战时错置人员法案》，把其中对犹太人及某些天主教徒的歧视性条款去掉呢？他说，每个人都认为有必要修改，如果由共和党主动提出，将削弱民主党在东部大城市地区的绝对优势。塔夫脱摇摇头，没有同意，他说这是原则性问题。总统召集这次会议，是滥用职权，因此必须将那份“购物清单”置之不理。布劳内尔说服不了他，塔夫脱的共和党同僚就试图和他讲道理。范登堡说：“鲍勃，我认为我们应该有所行动。我们应该用尽一切方法向外界表明，我们正在不遗余力地利用好这两星期的时间。这样我们才能在公众面前更好地说话。”休 · 斯科特当时在场，根据他的说法，“鲍勃 · 塔夫脱完全听不进去。‘不，’他说，‘我们一点儿甜头都不给那个家伙。’凡是熟悉塔夫脱谈话方式的人就知道，此事到此为止，这次谈话结束了”。

杜鲁门高兴极了。他在咨文中提出的法案大多都是杜威在竞选纲领中含糊表示支持的，包括控制通货膨胀、扩大民权、提高最低工资、扩大社会保险覆盖率和支持住房建筑计划。在费城时，这些含糊其辞的表达得到了共和党国会领导人的赞成，他们做梦也没想到大选前就要负责把自己提出的竞选纲领落到实处。塔夫脱遵守党派原则是应该的，但对美国民众言而有信也很重要。共和党这样意气用事，反而坐实了总统对它的评价。

8 月 12 日，白宫发布了一份报告，详细对比了总统提出的建议和国会的不作为。在当天的媒体发布会上，杜鲁门对这个“尸位素餐”的国会以及这次“尸位素餐”的会议表示遗憾。他说，他以往对国会的各种评价都是有理有据的，因为国会已用实际行动证明，自己确实是史上“最糟的”一届。

散会前，一名华盛顿的记者却想追踪另一条新闻。大约两个星期前，一位年龄 35 岁上下、相貌平平、体格健壮的妇女伊丽莎白 · 宾利开始在参议院行政部门的财政委员会做证。《时代周刊》的编辑惠特克 · 钱伯斯是众议院非美活动调查委员会的证人，他和宾利一起指控某些政府雇员在苏联的指使下进行间谍活动。被告人有阿尔杰·希斯、威廉·T·雷明顿以及劳克林·柯里。这位记者问总统是否愿意就这些间谍问题的听证会发表些意见。

杜鲁门厉声说："这些只是转移民众注意力的手段而已。"他仍想着第80届国会，对记者说："他们要利用这件事转移民众的注意力，以此为借口不履行自己应尽的责任。是的，你可以直接引用我的话。"

9月5日星期日下午3点40分，"杜鲁门专列"由司机在驾驶室里拉响两次汽笛后驶离联合车站，总统要去和600万选民会面。民主党的竞选活动终于在党内资金的支持下正式启动了。这次活动包括两次各为期10天横穿美国的大型巡回见面会、一次美国东北部的巡回演讲以及到哥伦比亚特区附近各州的短程走访。在这次全力出击的活动中，总统要乘车行程3.2万英里，发表250次讲话，创下当时竞选活动的纪录。每天从农村的黎明开始，直到18个小时后停靠在当天的最后一个铁路小站，都有小镇居民围拢在"斐迪南·麦哲伦"号车厢后面，睁大眼睛，高举电筒，为一睹站在火车平台上的这个精力过人的小个子。而杜鲁门也整日斗志昂扬，说的话都有发表成文的价值。

按照6月彩排的剧本，他在多数情况下都保持着愉快的心情，称赞一番当地的乐队，介绍一下贝丝和玛格丽特。结束非正式闲谈时，他总是请大家"11月2日去投票站为民主党投一票吧，那样我能在白宫多待4年"。或者说："做正确的事，让我不会在1949年1月20日没房子住。"每次火车要离开时，司机就会拉一下警笛，表示这个兜售竞选纲领的草台班子又上路了。

在城市里，围观的人数越来越多。印第安纳州波利斯市5万人，丹佛市5万人，波士顿25万人，底特律25万人。理查德·H·罗维尔在1948年10月9日那期《纽约客》中写道："杜鲁门讲话时，没有人跺脚、大叫或吹口哨，大家都为他鼓掌。我可以说，其掌声的分贝数能媲美某个传教士刚发表了一篇以北罗德西亚战胜异教徒为内容的振奋人心的报告。这并不是说来听他演讲的人都不打算投票给他，但就我个人的观察，其中大多数人是不会投票支持他的。”

杜鲁门所讲的多数内容是荒谬、不负责的，有些还带有恶意。他仓促应对，孤军奋战，只获得美国15%报纸的支持，各党派人士都说他在浪费自己的时间，也是在浪费别人的时间，但他依然能发表煽动性言论。他说：“共和党人贪婪成性，要把美国消费者逼到走投无路。”还说他们“贪念特权”，把杜威比作希特勒，称他是“法西斯分子”。在艾奥瓦州德克斯特市的全国耕作比赛上，他在对8万多名听众讲话时指责“这届共和党控制下的国会在背后捅了农民们一刀”。

从9月进入10月，白日变短，黑夜更长。超市里开始出售苹果汁，孩子们挖空南瓜制作万圣节灯笼。初霜刚现，大雁南飞，鹌鹑和家燕紧随其后，松鼠开始储备过冬的白橡子。杜鲁门的专列还在田野上纵横排放的棕色干草堆间穿梭，森林里的枫树冠已变成金黄色，鹿角漆树一片绯红，火车姿态优美地穿行其中，发出一声悠长孤独的汽笛声，仿佛在招呼那些可以听见它的人，快来听这活泼的人介绍他的妻女，陈述他的观点，开几句玩笑，然后挥手离去。

按照克利福德的说法，临近10月中旬时，竞选专列驶入低谷。当时，他们停靠在中西部的一个小城镇，一个工作人员跳下车买了一份10月11日出版的《新闻周刊》。封面上的黑体大标题写着“50名政治专家一致预言杜威将获胜”。有人有口无心地重复了一句，随后陷入了长时间的沉默。其中一人拖着沉重的脚步回来，把它拿给杜鲁门看。杜鲁门眨了眨眼睛，笑了一下，轻松地说：“哦，这些该死的家伙！他们从来没有说对过。伙计们，别管他们，咱们继续干吧。”

克利福德认为，在那时，连贝丝和玛格丽特两人都不相信总统有任何获胜的机会。但是，他相信自己，而且后来证明他是对的。10 月 13 日下午，在从德卢斯去圣保罗的途中，他在一张德卢斯讲话稿的油印纸背面写下对各州得票数的分析预测，然后交给乔治 · 埃尔西封存起来，选举后才拆开来看。那时杜鲁门预计他会得到 340 张选举人票，杜威 108 张，瑟蒙德 42 张，还有 37 张选票标为“待定”。他的预测谈不上完全准确，还少算了 4 张选举人票。但对那些以预测选举结果为职业的人来说，若能有办法预测选举结果准确到这个程度，他们愿意付出一切代价。

与此同时，那个跟在哈里后面进行全国巡回宣传的人却一路高唱胜利凯歌。托马斯 · E · 杜威的“胜利专列”一路驶来，活动安排得周密准时，各站都有联络人员接待，有各种设备能够保证把讲话稿提前发给随行的 98 名记者。还有一套高保真度的公共广播系统，能把这位候选人低沉的男中音从车厢后的平台传送到媒体所在的酒吧车厢。专列上配置有最新的媒体装备，无论他想说什么，都可以输送、散布和传播到每个角落。

但他什么也不想说。利奥 · 伊根在 9 月末的《纽约时报》上写道：“杜威就好像已经当选，只是在等待时间，准备就任。他在演讲和其他场合，透露出一种态度——选举将证明已确定之事……杜威故意避开了任何与民主党现任总统的争论。”

在中西部和加利福尼亚州，这两部列车偶尔会一前一后地抵达同一个车站，相隔不过一两天的时间。杜鲁门总是能留意到这一点，然后噼里啪啦地一口气向对手抛出一连串棘手的问题。杜威拒绝上钩，他宁愿畅谈落基山脉“不可思议的美景”，谈他乘车看到的“柔和的、绵延起伏的林木茂密的乡村”，谈那些“繁华热闹的城市”和“肥沃富饶的平原”——总之，谈的都是美利坚合众国的“雄伟壮丽”。

杜鲁门谈论的问题却是住房、最低工资、老年人医疗保险以及农作物。杜威充当起水资源的代言人，他在丹佛市响亮地说，“只要水土有效保持，我们就能采取很多办法来保障我们的未来。我们必须善用现有的水资源，要将河里的水用于农业，还要用来发电……我们应该开发西部的各条大河，并最大限度将其用于水土保持、发电、航运、防洪、垦荒和灌溉”。

杜鲁门“在背后捅了一刀”的讲话发表后两天，全美国都在等候共和党领导人的回应。在得梅因市，杜威却只说：“1 月 20 日，我们将进入一个新时代。我们打算在华盛顿组建的新政府对美国人民有信心，深切了解人民的需求，并有能力使其实现。我们将使人民重新团结一致，这是我们的立国之本，我们将再次发扬那种使美国成为伟大国家的精神力量。我们又将并肩奋战、携手前行，创造一个更伟大的美国，让每个美国人过上更加美好的生活，有效推进世界和平。”

杜威发表的正式演讲内容枯燥乏味，聪明一些的新闻记者就开始寻找一些奇闻趣事和轻松的话题来点缀一下那些索然无味的段落。10 月 12 日，在伊利诺伊州博库普城，列车突然倒退，向后面的人群撞去。倒退几英尺后刹住，没有造成伤亡，但这位州长却坐立不安，大发雷霆。对于他当时说了什么，就看你听的是哪种传言了。不是说“我第一次见到这样的白痴司机”就是说“我第一次见到这样的疯子司机”。“也许该在黎明时将他处以枪决，但既然没有造成伤亡，我看就放过他吧。”也许他难得讲出什么有实质内容的话，于是这句发自肺腑的真话就不胫而走，最后居然成为美国各个工会礼堂和铁路机车库内悬挂的反杜威口号。

其他共和党人则在战场上。刚走马上任的共和党全国委员会主席休·斯科特抓住宾利－钱伯斯的证词大做文章，认为这个问题牵涉面太广，不能轻易定性为“转移注意力的事件”而不予调查。杜威只是提了一下此事，又马上跳回他那些辞藻华丽的空话：“我们有时做不到信仰对我们的要求，而且通常缺乏信仰。但在我们内心深处，我们相信而且知道，每个人心中都有神，每个人都价值连城。”说句公道话，在竞选活动快结束前的那几个星期，杜威也开始对自己的策略产生怀疑。他的听众越来越少，而他从报纸上了解到，杜鲁门的听众人数与日俱增。他的策略委员会（包括布劳内尔、斯科特、埃利奥特·贝尔和拉塞尔·斯普雷格）决定在工业发达的西北部进行最后冲刺。至于中西部的农民们，他们是天生的共和党人，不必操心。杜鲁门的冷嘲热讽刺伤了他，他要回击，于是他在4个居民区痛快地信口开河。例如，他说杜鲁门否决《塔夫脱－哈特莱法》的咨文是“160年来白宫所发出的最不正确、最不称职、最不符合事实的文件”。群众喜欢这样的话，他也乐在其中，但他的顾问们却心生警惕。哈格蒂询问新闻记者们的反应后向杜威报告说，记者都认为相互攻击是错误的做法，是承认自己软弱无能。为了确保杜威得到最好的建议，布劳内尔安排了一连串的电话会议，让他分别与共和党各州委会96名男女委员中的90名商讨对策。他们全都劝州长继续采取高姿态，让杜鲁门在低下的路子上越走越远，最后被遗忘。只有堪萨斯州的哈里·达比是个例外，他警告说，以农业为主的地区已变得越来越不服管教。如同卡桑德拉一样，他的预言没人相信。于是杜威又继续为团结、廉洁、善用水资源和信仰而奋斗了。

到了最后时刻，杜鲁门的专列收到来自服务行业经理们不计其数的账单，他们生怕将来收不到钱。但是，自从《新闻周刊》发表了令人灰心丧气的消息后，专列上的人开始稍微振作起来了。在列车上的夜谈会中，年轻一些的工作人员反复争论，究竟总统获胜的可能性有多大。但只要他们稍为乐观一些，就有人提醒他们，国内每次民意测验的结果都和他们的期望相反。在最后几天里，克利福德隐隐意识到有些迹象，似乎杜鲁门的影响力还在增长。依照传统，在选举前的那个星期五晚上，杜鲁门在布鲁克林音乐学院发表了最后一次讲演。布鲁克林音乐学院的一些赞助人在召开费城代表大会之前还是“倒杜鲁门”运动的领头人。讲话结束后，全体听众起立为杜鲁门鼓掌欢呼长达 12 分钟。因此克利福德想，竞选活动只要再持续两个星期，他们也许会有一丝获胜的希望。

在芝加哥，艾德莱 · 史蒂文森和保罗 · 道格拉斯并排站在敞篷车内，前往体育场参加杜鲁门的集会。人行道上沉默的人群大概有四五层。15 年前，这些曾被人们遗忘的男女还生活在金字塔最底层，是贫困的教师或衣衫褴褛的工人。英萨尔背叛了他们，而罗斯福拯救了他们。史蒂文森惊叹于出席人数之多，似乎整个芝加哥市的人都来了，但是几乎听不到欢呼声，甚至可以说几乎什么声音都没有。道格拉斯说：“他们今天是来看看他们的美梦是怎样破灭的。”

在巴尔的摩，《巴尔的摩太阳报》总编汉密尔顿 · 欧文斯来到一位年轻记者的办公桌旁。他说：“我已把祝贺新总统的社论写好了。也已经排好版准备付印了。”他停了一下，挤挤眼睛说：“要是杜鲁门获胜，我就得另写一篇了，不是吗？”这句俏皮话把他自己逗乐了，笑呵呵地大步走开了。

在 10 月的最后一个星期，《生活》杂志的订户提前收到 11 月号的杂志。这本杂志第 37 页是一幅杜威州长及其夫人的整版照片，标题是“下届总统乘渡轮在旧金山湾开阔的海面上游览”，同时刊载了一篇长达 8 页的竞选综合报道。在报道中，编辑们得出结论，美国“将抛弃杜鲁门而选择杜威”，理由既有“感情方面的，也有理性方面的”。威拉德 · 吉林杰主编的《变动的时代》周刊 11 月 1 日那期的封面上刊登了一个标题，醒目地透露本期内容包括“杜威将做些什么”。《纽约时报》利用其庞大的分社数量和遍布美国的员工对各州的选民进行了长达一个月的调查，目的是研究他们对选举的看法。10 月 31 日星期日，该报报道了研究结果：杜威会在 29 个州获胜，将得到 345 张选举人票（有 266 张就可当选）；杜鲁门则在 11 个州获胜，得到 105 张选举人票；瑟蒙德在 4 个州获胜，得到 38 张选举人票；另有 43 张选举人票待定。调查结果还显示出，共和党将继续控制参众两院。为了弄清楚调查结果的准确性，《纽约时报》咨询了正在报道杜威的 47 名最敏锐的记者。在一次秘密表决中，他们一致认为这位州长的胜利唾手可得。

《底特律自由新闻报》11 月 3 日（选举后一天）早上准备发表社论，要求国务卿马歇尔辞职，并劝杜鲁门委任杜威的外事顾问约翰 · 福斯特 · 杜勒斯。这家报纸的编辑们认为：“这会使国内外对我们的外交政策恢复信心。”（当时，杜鲁门主义正在使希腊平定下来，马歇尔计划正在全面展开，而柏林的空运行动也进入了第 5 个月。）《底特律自由新闻报》承认：“这显然是对杜鲁门要求过高。然而，这正是为了美国人团结一致，充满爱国精神，而要对千百万国民提出更多更高要求的时刻之一。”这些编辑们倒是大方称赞这位“任期将满”的总统为“勇敢的小个子，从没想过自己会当总统，就任后茫然无措，但却倾其全力战斗到失败”。《底特律自由新闻报》还向读者们打包票，说杜鲁门卸任后仍能谋生：“作为前任总统，他每年有希望得到 2.5 万美元的退休金。然后，广播电台有望和他签约，杂志会向他约稿，他自己还可以出书，这些加起来就有一笔可观的收入——据说，可能达到 100 万美元。他还不至于从白宫直接沦落到贫民收容所。”

但关于这位下台总统的报道，媒体并不都是这样手下留情的。一位在多家报刊上发表文章的专栏作家说他想知道“杜威究竟还会对杜鲁门在国家管理中碍手碍脚的行为容忍多久”。和《底特律自由新闻报》一样，其他杂志的作者也必须在星期一就写好准备在星期三发表的专栏文章，留出星期二进行排版。而在星期二，选民才做出选择。因此，在计票的第二天刊登出来的德鲁 · 皮尔森的文章才使数以百万的读者感到惊讶。他在文章首段透露：“汤姆 · 杜威将在 86 天后接手白宫，我对围绕在他身旁的核心群体进行了调查。”接着他就得意扬扬地列出了新总统内阁全部成员的名字。同一个星期三，约瑟夫向斯图尔特 · 阿尔索普透露：“选举后的首要问题是，政府要怎样度过未来的 10 个星期……事情总不能耐心等到托马斯 · 杜威正式接替哈里 · 杜鲁门时再解决。特别是外交和国防方面的问题，华盛顿有些部门有些人必须能够做出决定，且能在 1 月 20 日后继续沿用。”艾尔索普兄弟建议，杜威总统新内阁的国务卿和国防部长的提名人选马上以“特别助理”的身份加入这两个部门，领导那些即将下台的政府官员，直到杜威正式就任总统。

这一切是怎么发生的呢？为什么那么多经验丰富的观察家会在一条黑道上越错越离谱呢？答案就是他们并不认为那是一条黑道，更不认为会走到黑。很长一段时间以来，他们都纷纷讨论杜鲁门完全没有获胜的希望，读到的都是彼此分析为什么杜威会轻易击败杜鲁门的文章。他们一致认为，选举结果已经注定，不可能有什么变数。杜鲁门在竞选时声称：“除了人民，人人皆反对我。”这话有点儿道理，他和选民不像权威人士把选举看作一种加冕，而认为这是一次竞赛。在那些致力于研究竞选趋向的专职人员看来，所有的迹象都指着同一方向：凡是在野党控制了国会，该党两年后肯定就会赢得总统大选。民主党在1930年控制了国会，两年后罗斯福就当上了总统。而且，共和党人早就该重新上台了。艾尔索普兄弟和皮尔逊都这么认为，罗斯福连任4届总统只能归功于他的个人魅力，而杜鲁门缺少的就是个人魅力。共和党候选人有钱，又获得了绝大多数媒体的支持（当然，记者们认为这很重要），而且最重要的是，还有民意测验的祝福。

12年前，《文学文摘》的选举预测也与实际结果相去甚远。1936年，民主党在选举中取得了压倒性胜利，满脸尴尬的共和党人发誓再也不相信民意测验了。但是后来他们发现，当时名气不如《文学文摘》民意测验人的乔治·盖洛普和埃尔默·罗珀没有使用直邮的方式，而是通过对样本进行数据分析的方法预测到罗斯福的大胜。在那之后的每次选举，他们都预测准确。大城市里的各家报纸都花钱请他们进行民意测验，任何一位与他们意见相左的时事评论员都会被人们认为是个傻瓜。只有《纽约时报》花费甚多自己做调查，但人们反而觉得稀奇。于是就开始了这样的循环：民意测验的结果显示共和党会大获全胜，专栏作家和社论作者就把这个结果当作真理传播。甚至有这种可能，为了在一群支持共和党的受访者中不显得突兀，那些准备投票给民主党的男男女女会给出违心的答案。一个谎言会导致另一个谎言，再加上民意调查人已变得自以为是、妄自尊大（至少有一次），这样就错上加错了。

埃尔默·罗珀是够妄自尊大的。9月9日距选举还有近8个星期，他就在一篇专栏文章里宣称他已对全体选民做了最后一次测验。他写道："托马斯·E·杜威几乎已经当选了……既然是这样，我认为如果还要像广播电台体育节目的解说员那样，必须装作在看一场不相伯仲的比赛，那就太乏味和浪费智商了。”和许多专业的选举观察家一样，罗珀也相信当时所谓的“法利算法”。在1936年的选举预言轰动美国后，法利说过，在他看来，选民在两党举行代表大会时就已下定决心了。他暗示说，大会后的竞选宣传不过是看着热闹，实际上没有任何作用。9月第一个星期，根据工作人员在8月所搜集的数据，罗珀用自己的名誉押宝。讽刺的是，他在选举前的最后一个星期确实又进行了一次民意测验，结果显示，杜鲁门的形势略有好转，但杜威还是遥遥领先，然而，他还是决定把全部家当压在一人身上。

三个全国性的民意测验机构——罗珀、盖洛普和柯乐利都错在没有问调查对象是否真的打算投票，也没有把只受过小学教育的选民纳入他们的调查样本，而这些人很有可能是支持杜鲁门的。但是他们最大的失误在于，对杜鲁门在最后一刻还在拼命所产生的影响竟然视而不见。杜鲁门的专列还没有从联合车站开出，罗珀就已下了结论。柯乐利的最后一次报告（预计杜威将获得49.9%的选票，杜鲁门获得44.8%，其余的选票则被瑟蒙德和华莱士瓜分）是将8月中旬、9月中旬和10月中旬在各州采集的样本混在一起分析出来的。盖洛普是三家中最勤恳的，他应该意识到了国内正在发生的事情。他在9月24的报道中预计杜威将得到46.5%的选票，杜鲁门则会得到38%的选票。选举前两天，他在星期日的报纸发表了最后一篇专栏文章，说杜鲁门的支持率猛增到44%，而这数字还只是依据两星期前的采访得来的。克利福德说得对，美国人的态度每天都在变化，几乎是每小时都在变。

对于现在那些20世纪30年代之前出生的美国人来说，他们的记忆中有4件事特别突出：珍珠港事件、罗斯福逝世、1948年大选和约翰·肯尼迪遇刺。男人们也许会忘掉他21岁生日那天发生过什么，女人们也许不记得她是怎样失去童贞的，但他们每个人都能回忆起自己是在什么情况下听说这4件事的。这些事成了人们生活中的里程碑，就像他们的父母会说“我们是在停战后相遇的”，或者“股市大崩盘前夕，我们刚搬了家”。而这“摇摆世代”则会把获悉达拉斯的枪声（肯尼迪遇刺）、夏威夷遭到日本袭击、罗斯福在沃姆斯普林斯中风和杜鲁门奇迹般连任的日期与自己的个人生活联系起来。

那天晚上，大家都以为可以早早上床休息。吉姆·哈格蒂在纽约罗斯福酒店的舞厅里对记者说：“午夜之前，我们就可能走出战壕，结束战斗。”杜威州长在东区第51街上的一所学校里投票后（一名办事员从楼上的窗口里伸出脑袋对他喊道：“总统先生，祝你好运！”）预料自己和夫人在好朋友罗杰·斯特劳斯位于东区第93街6号的家里用餐时，杜鲁门就会发来承认失败的电报。在华盛顿，按照惯例，民主党在五月花酒店集会，而共和党人则在斯塔特勒酒店。现在，斯塔特勒酒店已把舞厅装饰一番，准备好了胸前饰花，只等女士们到来分发。与此相反，五月花酒店却死寂如石。民主党全国委员会认定他们必然失败，没有费心预订酒店的舞厅。委员们想把钱省下来用于1952年的竞选活动，他们干脆回到办公室套间，把电话听筒放到一边，开了几瓶威士忌酒，坐下来准备度过一个无眠的夜晚。他们谁都没带收音机，因为这是唯一一个可以不必收听新闻的晚上。（在20世纪60~70年代，他们中的某个人没准会在口袋里揣一个晶体管收音机，但在1948年，便携式收音机还较为笨重，还得用墙上的电源插座通电。）这一夜，政治形势风云变幻，这些委员们都被远远甩在了后面。《纽约时报》的卡贝尔·菲利普斯也切断了与外界的联系。他报道完杜鲁门竞选的消息，就回到了曼哈顿。为了使自己高兴点，他买了一件价值47.5美元的上衣（那时算是一大笔钱）和一张戏票，打算去看林 · 芳丹和阿尔弗雷德 · 朗特的新戏。当新罕布什尔州开始零零星星地发来选举结果时，菲利普斯正走进第47街的剧院大门。他坐在那里看了两出戏，对外面那出精彩纷呈的大戏却一无所知。

那些来自新罕布什尔州的最新数据使杜威颇感惊讶。虽然他在该州仍处于领先地位，但优势比不上1944年。该州原是共和党的坚定支持者，但结果却不符合任何一个共和党人的期望。他匆忙赶回酒店的套间，和家人及几个密友坐在收音机旁听着，同时看着通讯社送来的选举结果，在便签本上记着数字。

在密苏里州，杜鲁门总统在美国美国特勤局的亨利 · 尼科尔森和吉姆 · 罗利[①]的帮助下，几个小时前就躲开了媒体。下午4点半，他们已驱车到达了位于独立城东北方30英里的度假胜地埃克塞尔西奥普林斯，入住榆树酒店。总统洗了个土耳其浴，6点半回到房间吃了一个火腿三明治喝了一杯牛奶。他把床边的收音机打开，听到播音员说他以几千选票之差初步领先。之后他就躺到床上，几乎立刻就睡着了。

晚上7时45分，《芝加哥论坛报》的一位编辑面临着一个艰难的决定。为了让那些看完深夜戏剧回家的观众能够准点买到该报的晨版。这位编辑不得不写出一条吸引眼球的标题，因为他不能只说大选谢幕了，这是谁都知道的。他需要一条重磅消息。杜鲁门现在领先，但在未弄清这些初步结果来自新英格兰的哪些地区以前，这些数字毫

① 吉姆 · 罗利：自1963年11月22日起，担任美国美国特勤局局长。

无意义。例如，共和党候选人也许会在康涅狄格州赢得绝对优势，但是如果哈特福德像过去一样，先公布该州某些地方对民主党有利的结果，这些数字就显示出民主党将获胜。但甚至康涅狄格州的评论员也说不出数字来源，他本人也不知道。为了抢先播报新闻，他一收到字迹潦草的便条就在广播电台里读出来了。

因此，身处报社大楼的编辑在还搞不清楚具体情况之前，就要拟定报纸标题。于是他只得保守一点，选择了此次大选中有把握的情况，大笔一挥，写下了一个通栏大字标题：杜威击败杜鲁门。

这时的得票总数还没有意义。杜鲁门的初步领先，众人早有所料，毕竟民主党的支持者大多在城市里，而城市里有选票计算机，通信设备精良，所以选举结果是最先出来的。但杜威夺下了纽约州和新泽西州，似乎纠正了这一偏见（只是因为华莱士分走了这两个州的选票）。除了马萨诸塞州和罗得岛外，杜威在整个东部的工业区都一路领先。这一切使他放下心来，因为这些地区历来是民主党的势力范围。而且，瑟蒙德又使杜鲁门失去了密西西比州、路易斯安那州、亚拉巴马州和南卡罗来纳州。但是尽管这样，杜威的领先优势仍然不太明显，匪夷所思。有些地区本是共和党的坚定堡垒，但该党仅以几票之差获胜。在一些地方，杜鲁门比当年罗斯福得到的选票还要多。而在各大主要城市中，他都处于领先地位。

真正使人震惊的消息来自阿巴拉契亚山脉的另一边。民主党候选人在威斯康星州、艾奥瓦州和科罗拉多州都遥遥领先，而这三个州原来都是共和党的地盘。当西部 11 个州的初步选举结果传回来时，似乎只有俄勒冈州选择了杜威。

10点30分的纽约，朗特新戏的第二幕落幕了。卡贝尔·菲利普斯觉得口渴。在第一次幕间休息时，他没有离开座位，现在他想去附近的一个酒吧休息一下。他点了杯苏格兰威士忌，听到收音机里正在列举各州的名字、各个选区和分选区的号码以及一大堆让人费解的数字。菲利普斯把钱付给酒保，一口威士忌还未下肚，就听见广播员用清晰的声音报道："现在看来杜鲁门的领先是毋庸置疑的了。若他能赢得俄亥俄州……"

菲利普斯呛住了，把威士忌咳了出来。他立即跑出大门，向时代广场跑去。半途，他想起遗忘的新大衣，停了一下，还是决定不管它了，继续飞奔。

每隔15分钟或20分钟，广播电台联播的广播员就请乔治·盖洛普博士就收到的竞选统计数字发表意见。盖洛普解释说，虽然民主党目前领先，但等农业区的选票结果出来，优势就会被彻底抹杀。到了11点，农业区的选票结果出来了，他们也选择了民主党。生活在这些平原地区的人们，都还记得是哪个党帮助他们稳住了粮价并解决了粮食储存问题。

晚上11点，赫伯特·布劳内尔走进罗斯福酒店的舞厅，宣称杜威已获胜，共和党的工作人员欢呼起来，但他们还没来得及问清详细情况，布劳内尔又急匆匆地上楼了。看来哈格蒂对杜威的压倒性优势估计过高，他们并不能在午夜前结束战斗。

午夜时分，杜鲁门一觉醒来，过了一会儿，他才弄清自己是在陌生的酒店房间里。接着他又打开收音机，听到了H·V·卡尔滕博恩的声音。卡尔滕博恩说，虽然计票结果显示杜鲁门以120万票领先，但他“无疑仍被击败了”。总统把收音机关上，又躺下睡觉。

在民主党全国委员会的华盛顿总部，一个来晚了的人经过一台收音机时偶然听见广播员说，总统还没有惨败，他甚至在一些州还处于领先地位，当然，“农民们还没有传来消息”。有个工作人员建议派人去取一台收音机来。委员们耸耸肩膀，点头同意了。趁着一切尘埃落定之前，他们还是及时行乐一番吧。

“与此同时，”理查德 · H · 罗维尔写道：“斯塔特勒酒店结实的墙壁正在颤抖。共和党人的女士们紧紧咬着饰花，先生们满身大汗，连衣领也耷拉下来了。”

午夜刚过不久，罗斯福酒店舞厅中的庆祝气氛开始变成坐立不安的情绪，之后转变成惊慌失措。直到现在，这么晚了，他们才确定杜威在他家乡的那个州获胜，但只多出6万票。如果华莱士没有参加竞选的话，杜鲁门也会在该州击败他。

现在，最终成败取决于俄亥俄州、伊利诺伊州和加利福尼亚州。令人难以置信的是，只要这三个州中有一个投向杜鲁门，他就胜利了。但是他们两人的票数在这三个州里你追我赶，一会儿杜鲁门稍微领先，一会儿杜威又超过他。凌晨1点45分，布劳内尔回到舞厅，再一次声称杜威获胜。他为什么这样做，答案只有他自己才知道。他赢得几声微弱的欢呼，其余的人只是瞪着眼看着他。

凌晨4点，特工罗利把总统唤醒，建议他再打开收音机听听。他现在已经以惊人的200万票领先了，但H · V · 卡尔滕博恩还在坚持说看不到总统再次当选的希望。他那声音，杜鲁门到死也忘不了，而且老是向朋友们寻开心地模仿他。

总统穿好衣服，叫特工们开车把他送回堪萨斯城的米勒巴赫饭店，因为“看来我们要再干4年了”。他们于早上6点到达。等了一夜的记者们一脸倦容，他们纳闷总统去了哪里，怎么看起来精神抖擞，好像睡过觉的样子。

凌晨4点30分，总统的车子从埃克塞尔西奥普林斯的榆树酒店出发时，哈格蒂在罗斯福酒店召集了一群记者，说他已和杜威交换过意见。他说：“我们还在战斗。选举结果还在陆续公布，但看来在天亮以前我们不会知道确切的胜负。”35分钟后他又再次出现了，他说：“现在，我们不做任何预测，也不做任何声明。”

黎明后不久，这位筋疲力尽的州长上床睡觉了，他还没有意识到自己已被击败。在他睡梦正酣时，他那面容憔悴的助手们知道，最后一丝获胜的希望也没有了。上午9点半，杜鲁门以领先7 000票的优势拿下了俄亥俄州，这样他就拿到了270张选举人票，超过了其他所有候选人。一个小时后，杜威睡醒才知道他在伊利诺伊州和加利福尼亚州也被击败。上午11点14分，他承认竞选失败。杜鲁门总统不但击败了杜威，而且在选举人票上取得一场巨大的胜利——304票[①]对189票，另外38票由迪克西党的候选人获得。不但如此，民主党在国会的选举中也取得了胜利。在第80届国会中，共和党是以51席对45席控制了参议院，以246席对188席控制了众议院。现在民主党

① 田纳西州一个原先支持杜鲁门的选举人后来转而支持了瑟蒙德。

拿起了指挥棒，以 54 席对 42 席的优势控制了参议院（比上届多了 9 席），又以 263 席对 171 席的优势控制了众议院（比上届多了 75 席）。保罗 · 道格拉斯、休伯特 · 汉弗莱、林登 · 约翰逊和埃斯蒂斯 · 基福弗都当选为参议员。G · 门嫩 · 威廉姆斯当选为密歇根州州长，切斯特 · 鲍尔斯为康涅狄格州州长，艾德莱 · 史蒂文森为伊利诺伊州州长。

塔夫脱暴跳如雷。“我不管这件事情能怎样解释，”他说，“反正把那个粗鄙的政客再次送进白宫简直有违常识。”但在其他地方，杜鲁门这样取得胜利后，连那些同他有宿怨的人也为之折服。极端保守的《纽约太阳报》这样写道：“对这样一个本已失败却不甘坐等挨打的人，你只能脱帽致敬。杜鲁门先生之所以取胜，是因为美国仍然热爱敢于战斗的人，仍然尊敬坚韧不拔的人。”这次胜利不只是个人的成功。选举结束两天后，沃尔特 · 李普曼写道：“杜鲁门先生本人的胜利、民主党在国会两院里夺得多数席位以及民主党赢得这么多个州的支持，都证明民主党在经历了 1932~1944 年罗斯福的领导和发展后具有了巨大的生命力……罗斯福死了，但他建设过的这个党还存在，而且无疑还是美国政治上的主导力量。”

选举结束第二天，新闻记者和社论撰稿员都互相避开视线。媒体和他们的消息来源成了全美国的笑柄，他们自己也知道。阿尔索普兄弟写道：“职业政治家、民意测验人、政治记者们以及其他自作聪明的人和预言家们现在有权谈论的问题只有一个，那就是怎样烧老乌鸦[①]。”当总统和新当选的副总统回到华盛顿时（杜鲁门这时高举着《芝加哥论坛报》的“杜威击败杜鲁门”的通栏大标题），受到 75

① “烧老乌鸦”是美国俚语，意指认错。——编者注

万欢呼者的夹道欢迎，《华盛顿邮报》大楼的正面还挂着一条巨大的横幅，上面写着："总统先生，你什么时候把老乌鸦端上来，我们就吃。"赖斯顿给他自己的报纸《纽约时报》写了一封信："我们和其他记者联系太少，对民意测验的大量统计数据又过分相信。"《时代周刊》说，媒体"把记者的工作委托给民意测验人了"。有几位报纸发行商一怒之下退订了民意测验报告。民意测验人一蹶不振，盖洛普简单地说："我也不知道是怎么回事。"一位《纽约时报》的记者想起打电话给《文学文摘》的最后一任编辑威尔弗雷德·范克，请他发表意见。范克回答道："我不是恶意的，但我确实觉得这件事非常好笑。"

后来，密歇根大学的调查研究中心对各家民意测验机构进行了一次调查，而盖洛普和罗珀也认真地对自己的工作进行了检查总结。研究的结果惊人的相似。密歇根大学的研究团队发现，投票给杜鲁门的2 410.5万人中，有14%，即337.48万人是在竞选前的最后两星期才决定选他的。盖洛普和罗珀采取了一个不同的研究方法，也发现，每7个选民中就有一人（692.7万人）是在选举前最后两星期才下定决心的。在这些人中，75%（519.5万人）选了杜鲁门，25%（173.2万人）选了杜威，相差346.3万人。既然在11月2日杜鲁门比杜威多了213.5万票，那么结论只能有一个，不管是用密歇根大学还是盖洛普–罗珀的方法都发现，大约有330万人直到竞选快要结束了还拿不定主意，他们是最终结果的决定者。正是在最后几天的时间里，杜威的直觉告诉他必须采用杜鲁门那种粗暴而直击要害的方式，但所有专家顾问都告诉他不应那样做，他也就没有坚持。

剪影：20世纪40年代晚期

GALLAGHER: Some fuggin mornings like this I wish I'd catch a bullet.
WILSON: Only goddam trouble with that is you can't pick the spot.
STANLEY: You know if you could, the Army wouldn't be keeping me long.
GALLAGHER: Aaah, there ain't a goddam place you can get a million-dollar wound that it don't hurt.

Now is the hour
For me to say good-bye
Soon I'll be sailing
Far across the sea
While I'm away
Oh, please remember me

PYRAMID CRAZE SWEEPS U.S.

Paisan **The Search** **Treasure of Sierra Madre** **Snake Pit**
Best actor of 1949: Broderick Crawford in **All the King's Men**
Battleground **Sands of Iwo Jima** **The Bicycle Thief** **Quartet**
Home of the Brave **Letter to Three Wives**

We've a date in '48
Watch us roll up the vote in every state . . .
For the U.S.A. and the G.O.P.
On the great day of victory

Dear Seventeen:
I think you should have more articles on dates and shyness and put in some more about movie stars, too. Stories like those on atomic energy are very boring.

Nobody dast blame this man. You don't understand: Willy was a salesman. And for a salesman, there is no rock bottom to the life. He don't put a bolt to a nut, he don't tell you the law or give you medicine. He's a man way out there in the blue, riding on a smile and a shoeshine. And when they start not smiling back — that's an earthquake. And then you get yourself a couple of spots on your hat, and you're finished. Nobody dast blame this man. A salesman is got to dream, boy. It comes with the territory.

BEST SELLERS: Fiction
Came a Cavalier by Frances Parkinson Keyes
Raintree County by Ross Lockridge, Jr.
Parris Mitchell of King's Row by Henry and Katherine Bellamann
The Naked and the Dead by Norman Mailer
The Young Lions by Irwin Shaw

So in love
with you
am I

GM'S 1949 INCOME TAX PUT AT $444,377,889

BEST SELLERS: Nonfiction
The Gathering Storm by Winston Churchill
Crusade in Europe by Dwight D. Eisenhower
Peace of Mind by Joshua L. Liebman
Cheaper by the Dozen by Frank B. Gilbreth and Ernestine G. Carey
The Seven Storey Mountain by Thomas Merton

Now the reason this club hasn't made a deal is why should we? When you got players good enough to win a pennant on the road and a World Series on the road which is where they win the majority of their games and against a treemendous club like this one which you know is a great ball club because why have they played us more games in the World Series than anybody, then why would you want to change? . . . And whenever I make a deal I get swindled.

BIRTH RATE ZOOMS

Highbrow, lowbrow, upper middlebrow, and lower middlebrow . . . gradually they are finding their own levels and confining themselves more and more to the company of their own kind. You will not find a highbrow willingly attending a Simon & Schuster cocktail party any more than you will find an upper middlebrow at a Rotary Club luncheon or an Elks' picnic.

INDIA FREE

Goodnight, sweetheart
Though I'm not beside you
Goodnight, sweetheart
Still my love will guide you
Dreams enfold you
In each one I hold you
Goodnight, sweetheart
Goodnight

I'm just wild about Harry
And Harry's wild about me.
The fates decreed it, we concede it,
Harry made history

. . . Friendly Henry Wallace is O.K.
He'll end Jim Crow
Warmongers will all know
That with Henry peace will have its day

Kiss Me Kate,

RED-BLOODED AMERICANS!

Fight progressive education, mental health, fluoridation, vivisectionists, Freudianism, planned parenthood!

第十六章　疑虑重重的时代

在杜鲁门总统离开米勒巴赫酒店回到华盛顿之前，有人建议他不要入住白宫。那里虽然没有政变，却潜存危险。这座美国最著名的建筑正面临着倒塌的危险，杜鲁门却不以为然。据美国国家档案馆记录："杜鲁门总统感觉到书房的地板有明显震动，他感到很担忧。"四面无风，周遭却叮当作响。总统将医生的听诊器放在墙上，甚至能听到嘎吱声。

他成立了一个委员会调查这件事，终于查出了原因。在竞选的最后一周，工程师有一个骇人的发现：1814 年被英国烧毁的房梁还没来得及换掉，就要断了。绘满壁画的天花板每平方英尺重达 70 磅，已经下垂了 6 英寸。总统一家打算去独立城，他们前脚刚出家门，那些建筑工人就急急忙忙地带着工具和脚手架从另一个门进了白宫。白宫的翻修预计花费 540 万美元。也许重建一栋大楼反倒更便宜，但人们绝不可能把白宫拆掉。修好后，白宫的下一任主人会拥有空调、防火装置和多频道有线电视。维修期间，杜鲁门总统一家暂住在白宫对面，位于宾夕法尼亚大道的布莱尔国宾馆 1648 号。

就是在布莱尔国宾馆里，"公平施政"诞生了。在杜鲁门总统任职的前三年中，他把自己当作罗斯福政治遗愿的执行者。但此时，美国已有 1/3 的人民脱离了贫困。正如卡贝尔 · 菲利普斯所言，瞬息万变的经济呼吁新自由主义的诞生。甚至在这次奇迹般的选举胜利之前，杜鲁门的一群得力助手就已经在好几个星期一的晚上开会讨论计划。他们开会的地点是联邦社会保险局局长奥斯卡 · 尤因位于华德曼公园的公寓。尤因主张制订一个全国医疗计划，不久后他就因此成为使美国医学会头痛的人物。（除尤因外，参加者还有克利福德、查尔斯 · 墨菲、吉拉德 · 戴维森、戴维 · 莫尔斯和利昂 · 凯塞林。）他们最初想出的一系列计划的雏形，都由总统在"芜菁节会议"期间向国会提出的建议中提及。现在加以完善后，内容包括民权、住房、失业补助、农业补助和通货膨胀控制方面的新措施：对低收入者削减 32 亿美元的所得税、联邦政府向学校提供资助，以及废除《塔夫脱-哈特莱法》。这些项目，再加上尤因的医疗计划，后来成为肯尼迪新边疆政策和约翰逊伟大社会政策的核心。

选举结束以后，杜鲁门在基韦斯特休养了一星期，接着就埋头准备国情咨文。后来，这篇咨文确实改变了历史。然而，在那些于 1948 年最后几星期里涌现出的创新之举中，被认为和杜鲁门的名字联系最为紧密的一个，并不是在 1 月 5 日的国情咨文中提出的，而是出现在两个星期后的总统就职演说上。据克拉克·克利福德后来回忆：“12 月末，我们在起草总统就职演说稿时确实很为难，不知道该怎么组织语言。我们的总统在选举中获得了令人难以置信的压倒性的巨大胜利。所以他和我们都认为，在 1 月 20 日他宣誓就职时，应该向全国提出一些宏伟、新奇、具有挑战性的内容。”既然给国会的国情咨文里详细论述了国内问题，那么就职演说就应着眼于国外问题。难点在于杜鲁门对外政策的重大方面已经在希腊、土耳其、柏林和欧洲复兴计划上有所体现。那时克利福德想起了“几星期或几个月以前，国务院递交给我一份备忘录。当时在拉丁美洲已经开始试行一个小型的技术援助计划，而这份备忘录提出了一个我记得前景并不被看好的问题：能不能在远东地区开展这个计划，就像欧洲复兴计划一样”。于是，克利福德向总统提出这个计划，总统考虑片刻以后说：“看来可行。我们就采用它吧。具体的执行细节我们以后再商量。”杜鲁门已决定向来参加就职典礼的群众阐明，在和别国打交道时，美国将始终坚持建立联合国、开展马歇尔计划和成立新的北大西洋联盟。除这三点外，他现在又加上了一点，即对落后国家提供技术援助。在演说词的最终稿中，这一点是这样说的：

> 第四，我们必须开展一个大胆的新计划，使我们科学进步与工业发展的成就可以用于改善和发展不发达地区……

所谓的“第四点计划”轰动了世界。1949 年 3 月 4 日，由联合国经济及社会理事会授权，该计划重燃了人们的希望。利用美国的技术改革原始农业技术，由此提高亚洲和非洲人民的生活水平，并可以设立多个类似田纳西河流域管理局的机构，治理当地水患。“尽管有人批评总统先打击后问理，”詹姆斯·赖斯顿在华盛顿写道，“但人们普遍赞同他的殖民地开发项目。"《基督科学箴言报》报道："杜鲁门总统把美国技术资源贡献给世界，梦想改善那些不幸者的生活状况，他的举动激发了英国和西欧地区文人志士的思想大变革。"不难想象，从一开始，国会中就有人反对，迪安·艾奇逊把这些人称为"老顽固"。参议员肯尼思·惠里和乔·马丁抱怨连连，印第安纳州的詹纳认为这都是厄尔·白劳德一手策划的，而塔夫特想弄清楚钱该从何而来。

其实塔夫脱是知道的。钱当然只能来自国会。但许多靠总统入选国会的民主党人却是忘恩负义之辈，共和党和南部的民主党又一次联合起来反对政府。18 个手握重权的参议院委员会的主席都来自南方各州，而参议院临时议长、众议院议长和两党党鞭都隶属这个联盟。直到 1950 年 6 月 5 日，国会才通过了"第四点计划"，并同意拨给它杯水车薪的 4 500 万美元，直到那时，杜鲁门才有权签字执行。但随之而来的还有很多限制性条文，正如卡贝尔·菲利普斯所说的那样，它大大降低了这一计划在"杜鲁门最初提出时所具有的巨大宣传价值"。

大选以后，许多亟待解决的国外问题都压在了杜鲁门身上。马歇尔将军在沃尔特·里德陆军医院摘除了一个肾脏，因而他只能留任至总统宣誓就职。杜鲁门为继任人选绞尽脑汁，他不能选一个他的好朋友、一个无名官员或一个路易斯·约翰逊那样花钱大手大脚的竞选赞助人（他将在 3 月代替詹姆斯·福莱斯特出任国防部长）。马歇尔的继任者必须是位被各位态度友好的大使钦佩、受到莫斯科尊重并在国会里享有盛誉的人物。

当选三个星期之后，总统派人请来了卸任后从事私人律师的迪安·艾奇逊。据艾奇逊回忆，走过白宫时，他看到这栋大厦只剩下外墙还矗立在那里，而这是为了"照顾民众的感情"。接着他就在工作人员的带领下，走进了布莱尔国宾馆里总统的“小型办公室”。总统请他坐下，然后笑着说：

> “你最好还是坐着听我接下来要说的话，”杜鲁门刚开场，接着马上说，“我希望你回来接任国务卿，你愿意吗？”

据艾奇逊回忆，他当时惊讶得“无言以对”。总统建议他回去和妻子商量。艾奇逊夫人无异议，于是她的丈夫便接受了。1 月 21 日，艾奇逊宣誓就职，成为美国第 52 任国务卿。可能除了西华德以外，艾奇逊是美国最具争议的国务卿了。

就在一批工人修缮白宫的同时，还有很多工人正在围绕着大城市的郊区小镇干得热火朝天。拔地而起的新郊区包括希伦戴尔、加登维尔、诺斯伍德、帕克维尔、诗德伯翰、盖恩斯维尔、德鲁姆卡斯尔、安妮斯利、威尔顿代尔、邓巴顿和塞达克罗夫特。而莱维顿已成为美国的住宅区样板，模仿者数以千计。而在芝加哥市外，一群商人又在破土动工，试验开发另一种名为“森林公园”的住宅区。他们意识到退伍军人的家庭都小有积蓄，且工作稳定，为了满足这些人对住房的迫切需要，他们率先修建出围绕着购物中心的“花园公寓”用于出租。租客的存款增加后，他们又设计出错层式别墅，由租客自己出资修建。结果是公寓里的租客来了又走，走了又来，居民人数一直保持在 3 万。这些人都要到购物中心的商店里采购日用品，而这些商店也由这些商人所拥有。住在那里的人都知道他们受房东剥削，但大家仍然乐在其中。连那里的建筑工人也很眼红，都迫不及待地想搬入这些新郊区城镇。

巴尔的摩一下子就涌现出不少于 16 个新郊区住宅区。值得注意的是其中的洛克 · 雷文村，家长教师协会主席是一名第 10 装甲师的退伍军人斯皮罗·阿格纽。从各方面来说，阿格纽都是这种一条龙服务式社区房产业主的典型代表。尽管他当过军官，却是个狂热的平等主义者（“叫我特德吧”），还是海外退伍军人协会和吉瓦尼斯俱乐部的活跃分子。阿格纽持有律师执照，但没有从业。他明显对担任公职非常有兴趣，政治风格则是新式的。当时巴尔的摩市市长小托马斯·亚历山德罗还住在小意大利区的房子里，以彰显他美籍意大利人的身份。阿格纽也出身于市中心的外裔聚居区，却竭力摆脱这种背景：他到美国圣公会教堂做礼拜，最喜爱的音乐家是劳伦斯·卫尔克。他的休闲娱乐都具有中产阶级特色：在电视上观看巴尔的摩小马队的比赛，收听曼陀凡尼的音乐和阅读《读者文摘》喜欢刊载的那种精简版散文。他喜欢一切事情都井井有条，墨守成规几乎到了强迫症的地步。每逢星期六早晨，他和洛克·雷文村的其他男人一起给汽车清洁、上蜡，当时的车型有1948雪佛兰Fleetline、1949别克特别和奥兹莫比尔88款。而每到星期一，他就穿上一套双排扣服装（每排有两粒扣子，后来变成三粒），把呢帽方方正正地戴在头上，8点45分准时到达他在施赖伯食品商店的办公室。9点以后到的人都是这样听说的：阿格纽经理非常推崇行动要准时、做事要及时、干活要勤快。

要是他曾邂逅小威廉·H·怀特，肯定会引起怀特的职业兴趣。怀特比他大一岁，曾任海军陆战队军官，当时是《财富》杂志的特约撰稿人。他把阿格纽这类人称为“组织人”：他们可能会认为工作单调乏味或竞争激烈而无意义，但他们是属于公司的，或者说属于他们的职业赖以存在的任何一个组织。因为在住在这些新郊区的各种人物中，小经理们不过是其中一种类型罢了。此外，还有那些正在内科住院部实习而准备合伙开诊所的年轻医生、牙科实习医生、联邦调查局的特工人员、在久负盛名的律师事务所工作而仅拿月薪的年轻律师、在参谋学院进修的前程似锦的陆军少校、在大公司的车间里进行研究的物理学家、在药物实验室工作的博士生、普拉特·惠特尼公司的见习工程师，甚至还有最终能混到一个主教职位的教区牧师。大多数人都清楚地意识到他们是彼此联系的，正如有些人常说的那样，他们"坐在同一条船上"。至于这条船驶向何方，他们却很少发问。不出 25 年，到了他们崭露头角的时候，他们就会和其他与他们一样的人一起，成为美国的中流砥柱，被《时代周刊》后来称为"指挥的一代"。到那时，他们就会忙得团团转。至于现在，他们还在尽情享受天伦之乐，和同辈们聚会、喝喝小酒，在郊区的活动中心娱乐放松——玩玩凯纳斯特纸牌、打打乒乓球、下下中国象棋等。还有，在他们所拥护的人竞选总统失败的那一年，悄悄地低声议论一下印第安纳大学刚发布的一份报告，也就是后来闻名世界的《金赛性学报告》。

当年，彼得·阿诺画了一幅漫画，画中一个被报告震惊了的女人放下报告（《人类男性的性行为》，共有 804 页，售价 6.5 美元，1948 年卖出 27.5 万多册），抬头问她的丈夫："金赛有太太吗？"事实是，他有，而且他们还有三个孩子，都是在他从事这项重要工作之前孕育的。但这并不是说之前他就赋闲在家。其实，他早在新泽西州南奥兰治上学的时候就非常热爱分类学，当时他写了一篇记录鸟类雨中行为的文章，并在一本自然杂志上发表了。从那时起，他就喜欢搜集、记录各种详细资料。在他对印第安纳大学学生的某些课外活动发生兴趣之前，该大学的动物学同事们认为他会因对瘿蜂的大量研究而名垂青史。瘿蜂是一种在中美洲东部发现的无害昆虫，为了搜集标本，他曾跋涉 8 万多英里，对 350 万个标本进行测量、分类和保存，以展示它们的个体差异。通过显微镜，他记下了每种瘿蜂的 28 种不同的测量数据，《下午报》称之为“昆虫学史上的里程碑”。作为一个科学家，他自然是客观中立的，对他来说，这个瘿蜂和那个瘿蜂都是一样的，他不会对它们的行为做出任何评价。后来事实证明，这种态度对他的用处还不止如此，它将使美国为之惊奇。

直到20世纪30年代后期，阿尔弗雷德·C·金赛的职业生涯还和他成千上万的同僚近乎一模一样——哈佛大学毕业、读研究生、担任教师多年、荣升终身教授、研究那些瘿蜂等。在印第安纳大学布鲁明顿校区里，他的形象已为人们熟知：身材高大、结实粗壮、一头浅黄色的头发和一副专心致志的神情。他的学生们都对他的耐心和自制深感钦佩。他有教授们该有的所有爱好：园艺、远足、陶器、古典音乐等。他从未传出任何丑闻，甚至没有和任何麻烦沾过边，人们想背后议论他都找不到理由。总之，他就是那种小心谨慎的教务长想找人开设婚姻问题课程时尤其偏爱的人选。毫无疑问，印第安纳大学教务长从来没有想过他会惹出问题，并引起轩然大波，还使这所大学成为色情作品收藏家的圣地。

金赛分析说，在对婚姻问题产生初步看法之前，他必须阅读大量有关人类配偶之间生理互动的资料。他去了印第安纳大学图书馆，在那里，他大为震惊——无论在印第安纳大学还是其他地方，都找不到任何相关资料。令人惊讶的是，男女对彼此的了解还远不及他们对瘿蜂的了解。人类甚至对自己同一性别的性行为都一无所知，更别提判断自己的行为是否正常。对于一个追求真理的人来说，这种情况是无法容忍的。他决心扭转这一情况，就是这种决心支持着他熬过了耗尽精力的长期研究，在他内心熊熊燃烧直至生命尽头。大概就是描述这段时间，金赛夫人说：“他开始研究性行为以后，我就几乎没有再在晚上见到他。”

他的朋友倒是见过他，不过不是私下里，而是在实验中。作为一名客观的研究人员，工作时他就不把他们当作朋友，而是看作实验样本之一，对他们进行测量并按差异分类。在他们的配合下，他制订了一套长达两个半小时的基本访谈提纲，包括300~500个问题，覆盖性生活的各个方面：自慰、梦遗、性幻想、爱抚、婚前和婚后的性交史、通奸、换位、射精频率、口交、肛交、兽交以及独特的性癖好。交谈后，他的朋友们是否离他而去不得而知，但在布鲁明顿校区和其他地方谣言四起，说他正在其他任何人都不敢接近的雷区掘地三尺。没有哪一方面会被遗漏，他用特殊仪器测量婴儿们之后发现，他们在四五个月大时就会经历性高潮；大龄单身女性吐露，穿制服的男士会让她们达到性高潮；某个青春期的孩子在一天内经历了26次高潮；一位博学老练的律师则在30多年里每星期平均射精30多次。

参与研究的有银行家、流浪汉、罪犯、作家、外交官、诗人、皮条客、编辑、牛仔、教师、出租车司机、文学经纪人、医院护理员以及闲散的贵族。他们的回答都用密码记下，编档保存，然后输入IBM计算机。当有效样本量达到几千个时，金赛请了几位助手。除了大学提供的研究基金外，他还得到了美国国家科学研究委员会和洛克菲勒基金会的资助。到动笔撰写有关人类男性性行为的第一卷著作时，金赛和他的三个主要助手已完成40个工年的工作量，汇编了1.2万个个人案例。之后，他们又开始分析、研究女性相关的资料数据。第一卷著作定于1948年1月上市销售。

自此之后，关于交换配偶的文学作品层出不穷，美国人对其已审美疲劳。圣路易斯市的马斯特斯和约翰逊性学实验室也激不起他们的兴趣——在那里，护士和医生们的妻子以科学的名义自愿和素不相识的陌生人性交。人们发现，要想恢复到金赛的报告发布以前的那种性无知状态已经不可能了。在那之前，刚进入青春期的十三四岁的少年会和年长些的年轻人低声谈论性，但也不过是互相传播愚昧而天真的信息。成年人只会和其配偶谈论这个问题，但也不过是以讹传讹。金赛访问了数千对声称婚后没有性生活的夫妻，在对那些妇女进行妇科检查后，证明她们所说属实。金赛团队的一个调查人员发现，有1 000个已婚妇女还是处女，而她们却对自己婚后为什么一直没有子女困惑不解。（她们的丈夫也同样无知。）对于情况和他们一样的其他数百万人来说，有关生命的真相就像尚未有人踏足的巴西内陆一样，神秘莫测而难以捉摸。

对受过教育的美国人来说，他们缺乏正确的指导，仅有的研究是哈夫洛克·埃利斯那令人半信半疑的调查，1/3的受访者都说自己是在父母家中被异性仆人诱奸的，这就说明他的调查对象的社会基础并不广泛。而对于其他人来说，则根本没受过任何指导。结婚手册早在1世纪的基督教时代就出现了，即奥维德的作品，但是谬误百出。因为缺乏知识，所以迷信肆虐：男孩们相信手淫是堕落的行为，女孩们则被告知“深吻”或“湿吻”会导致怀孕和性病。但是性冲动比恐惧更加强烈，男孩女孩们时不时地通过爱抚和中断性交的行为防止受精，事后却又羞愧不已。也许最令人难理解的是，社会上具有广泛影响力的机构都坚信，宣传这种隐秘的恐惧心理是它们的神圣职责。教会和世俗的领导者都认为，只有把孩子吓到呆若木鸡的程度，才有可能指望他们在来到教堂举行婚礼时还是纯洁的。（至于他们怎样在新婚之夜克服那非理性的恐惧就没有提及了，而且这和其余的问题一样，也是难以启齿的。）除了父亲对儿子和母亲对女儿那仓促而毫无实质的交代之外，成人生活在他们心中完全就是噩梦和鬼怪。他们普遍的感受就像由秘密社团的前辈传授的经验那样：他们那时如坠云雾中，而他们的子孙们自然也该如此。

所有这一切都基于一个假设：那些受过良好教育的男孩会把自己“留给”那些仍然保持“纯洁”（因此，新娘穿着白色婚纱）的有教养的女孩，而婚后，他们都会对彼此忠贞不贰，白头偕老。男性同性恋者通常被认为是妖怪或变态，人们认为他们精神失常、泯灭人性。即使在阅历丰富的人眼中，鸡奸、口交、舔阴以及兽交也只存在于幻想中或不过是在更衣室的笑话。

但是这时，金赛却对美国人透露了有关他们自己的如下事实：

> 85%的已婚男性有过婚前性行为。
>
> 在结婚那天以前，新郎已经平均经历了 1 500 次性高潮。
>
> 50%的已婚男性有过通奸行为。
>
> 单身女性和已婚妇女在结婚前“不是处女”的比例达 50%。
>
> 2/3 的单身女性有过某种形式的婚前性行为。
>
> 95%男性的性活跃期开始于 15 岁之前，在十六七岁时达到高峰。
>
> 单身男性平均每星期会经历 3~4 次性高潮。
>
> 1/6 的女性在青春期前就有过性高潮，还有 1/4 则会在 15 岁时经历。
>
> 至 40 岁时，超过 1/4（26%或 700 万）的已婚妇女承认有过至少一次通奸行为（由于人们会隐瞒自己的不忠诚行为，所以金赛认为实际数字会更高），而结婚的时间越长，通奸的可能性就越高。
>
> 1/3 的男性和 1/7 的女性在青少年时期有过同性性经历。
>
> 10%的男性在 16~55 岁有至少三年的时间几乎只喜欢同性。

4%（260万）的男性“在青春期开始后只喜欢同性，终其一生都不会改变性向”。

那些在结婚当天已经不是处女的女性婚后通奸的概率比其他女性高一倍。

1/6生活在农场里的男性有过兽交行为。

近70%的男性在35岁之前招过妓女。

在数千名受访者中，2 094名单身女性报告了总计46万次性交行为，其中476名曾怀孕，而令金赛吃惊的是，80%的未婚妈妈都说她们并不后悔。

在全体女性中，3/4的非处女表示不后悔有过性行为，其中毫无悔意的是那些生活最混乱的，而最感到懊悔的则是那些性经历最少的。

当问到为什么还保持着处女之身时，22%的人坦承“是因为缺少机会”。

对于金赛的报告，没有人能保持中立。整袋整袋的邮件被送到布鲁明顿古老的动物学大楼二楼这位教授的办公室里。金赛跻身第一批一夜成名的人物，他的照片之类的东西登上了《时代周刊》的封面。而使他害怕的是，有些素未谋面的人找到他，向他吐露他们曾闭口不言的性生活隐秘。对他们来说，这固然是一直秘而不宣的，但对金赛来讲，却不过是重叙千百万人做过的老一套事情而已。20世纪40年代后期，青少年性俱乐部的狂热席卷美国。女孩子要想成为会员，就必须携带男伴在团体面前亮相，并承诺之后每星期至少参加一次性交大会。当这股浪潮抵达印第安纳州时，一个记者请金赛对此发表评论。这位动物学家实事求是地指出（对那些认为性交是神圣行为的人来说，这种态度最使他们恼火），根据他的研究结果，在印第安纳州每星期有 45 万次通奸行为。金赛说："正是因为如此，当看到报纸报道三四个青少年有这种经历的时候，我丝毫不觉得惊讶。"1948 年 12 月 31 日，《纽约时报》报道，有人冒充金赛的调查人员打电话骚扰一些受人尊敬的夫人。在金赛的统计数据发表一年以后，人们开始怀疑，体面正派究竟为何。当《纽约时报》的总机老是接到纽约市女性的电话，要求和真正的调查人员取得联系时，这个问题就更让人难以回答了。

对于金赛的研究项目和人们对它的反应，可以看出一些美国人的特性。"再没有其他人对自己如此好奇，"克莱德 · 克拉克洪说，"也没有谁如此愿意把自己作为科学分析的对象，或者如此饥渴地阅读那些即使是最被嗤之以鼻和最肤浅的评论……与其他相比，金赛的研究最足以证明美国人认为知识，特别是科学知识，推动个人与社会进步，因此一直对它有一种近乎天真的信仰。"在一代人的时间里，美国人似乎把这些统计数字看作一个挑战——如果获得更多和更高质量的性高潮是最新的潮流，那么美国准备走在潮流前线。1970 年，两本最畅销的非虚构类书籍的主题都是"告诉读者如何解读金赛的资料，以使自己尽情纵欲"。事实是，到 20 世纪 60 年代后期和 70 年代初期，那些曾认为性冲动太强烈是一种罪过的孩子们反而担心他们的性欲还不够强烈。路易斯 · 克罗嫩伯格写道："美国刚摆脱认为性欲可耻的心理，就变得以缺乏性欲为耻。"在尼克松时代，新女权主义的狂热鼓吹者和他们的反对者不断论战，争辩究竟女性投身事业是会使她们男性化，还是使她们得到更多的性满足。双方都认为金赛的统计数字是符合事实的，而更有意义的是，双方都认为性欲的满足对个人甚至对社会都很重要。

这方面的情况也和其他方面一样显示出杜鲁门时代和尼克松时代似乎相距不止一代人的时间。1972 年，未婚女性必须在有人陪同的情况下才能出席社交场合的惯例，或者男子在接近年轻女性时轻触帽檐以示礼貌的行为，都被认为不合时宜，就像 1948 年在社区电影院的银幕上看见迷你超短裙和脏话一样。奇怪的是，诺曼 · 梅勒出版《裸者与死者》那年，他要表达士兵的脏话时，只能自己制造新动词。1949 年，约瑟夫 · 甘农是决定《纽约时报》广告栏内容的负责人，他一共修改、删节和退回了 1 456 份广告稿，主要原因是他认为里面包含淫秽信息。甘农在遣词造句方面天赋异能，总能对那些不合适的用词进行删改。一则宣传性感内衣的广告说，这种内衣“不雅，但非常漂亮”，被改成“巴黎风情，但精美绝伦”。一所夜总会的广告主打词是“50 位丰乳肥臀的人间尤物”，经过甘农的手，就变成“50 位魅力四射的天仙”。那些穿着妇女紧身胸衣而曲线尽显的模特儿被他涂成不男不女的怪模样，使人质疑究竟为什么要买这些胸衣。《纽约时报》还给萨莉 · 兰德的相片画上了衣服，从锁骨到股骨都裹得严严实实的。

对萨莉来说，在那些日子里可谓穷途末路。她在密尔沃基市跳脱衣舞时，被女警长杰拉尔丁 · 桑普森拘留的次数数都数不清了。桑普森警长做证，被告在嘉年华的穿插表演中连内裤都没穿，“简直是赤身裸体”。萨莉愤怒地抗议，她身无分文，买不起裤子。由于没有一个保护公民权利的律师为她辩护，她被判有罪而进了牢房。警察剥夺了她的一切，包括女性隐瞒年龄的权利。她表示抗议：“抱歉，我不会说的。”但警察们还是千方百计地从她嘴里套出来了，于是美国的报纸爆料：她已经 46 岁。只怪她生不逢时。在西海岸，有个比她年轻的爱好出卖色相的女人，在 1946 年自己的把名字从诺玛 · 琼 · 贝

克改为玛丽莲 · 梦露。1948 年 9 月，她出演了自己首个电影角色后，被哥伦比亚电影公司解雇。（制片公司对她的评价包括“不会演戏”、“声音像尖叫”、“完全没有自信”和“甚至不能遮丑”。）但拥有自由身的诺玛 · 琼 · 贝克改名为玛丽莲 · 梦露后，依靠拍摄裸体照片也能勉强维持生计。她最具挑逗性的一幅照片还以鲜艳色彩被印在了安全套前端（当然没登在《纽约时报》上）。但对萨莉来说，这条路走不通了，在这个用钱就能买到性的世界中，她已年老色衰。可是，金赛却看不出萨莉和玛丽莲有什么区别，这是他的典型态度。对他来说，她们不过又是两个输入布鲁明顿那台计算机中的数字而已。

“所有的标准都是胡搞乱来，”马克 · 沙利文读了金赛的报告后抱怨道，“无论是孩子们管家还是美国总统在全国各地巡回演讲，都颠覆了稳妥可靠的传统生活方式。”他是哈佛大学 1900 届毕业生，对新政尚难接受，更不用说杜鲁门的“公平施政”了。对他这样的人来说，战后的日子特别不好过——这个时代和过去断然决裂，日新月异，改弦易辙毫不留情。

要倒塌的不只是白宫。波士顿的布林克斯金库久负盛名，是为其他银行借贷的银行，但被戴着万圣节面具的暴徒抢走了 100 万美元后，声誉大跌。在泽西市的一次选举中，弗兰克 · 黑格的强大政府机器被一份改革计划搞得支离破碎。新罕布什尔州一名医生被指控对一个饱受痛苦又毫无生机的病人实施了“安乐死”，使得整个医疗行业蒙羞。（他后来被无罪释放。）白人至上主义者开始觉得前景不妙：在杜鲁门的总统就职典礼上，当斯特罗姆 · 瑟蒙德州长所乘坐的豪华轿车快要经过检阅台时，总统觉得有必要转过身去和别人谈话，以示对他的冷淡；华盛顿的宾馆想在总统就职典礼期间和黑鬼死磕到底，却接到该区住房委员会的通知，毫不客气地要它们取消隔离，否则就要被处罚，结果它们取消了隔离，这可不会被登在《纽约时报》上；在俄克拉何马州，法院下令州立大学招收一名黑人女学生，接着就有几千例类似的事情；美国外交官拉尔夫 · 本奇居中斡旋而使阿拉伯国家与以色列签订停战协议，因此获得了诺贝尔和平奖，当南部的白人乡巴佬听到本奇是个黑人时，他们只能喝瓶黑达科尔酒解解气。

在新英格兰北部的乡村酒馆里，白人农民怨声载道，大谈社会的发展及其重要，或索性说它根本不重要。纽约正在爱德怀德修建世界上最大的飞机场——为谁？加利福尼亚州在帕洛马山即将建成世界最大望远镜——为了看看月亮吗？谁都知道做这种事情毫无前瞻眼光。社会新风尚层出不穷，人们忙着追赶潮流。欧洲的枪炮刚刚冷却，德国人就开始出口首批塌鼻子的大众汽车，在美国的售价为 1 280 美元。美国女性在阅读页面有洞的《鉴赏》杂志，购买 1948 年刚上市的汰渍洗衣粉。许多乡村酒店的老主顾都要求将一个名叫伊登 · 阿贝兹的年轻人赶走，甚至赞成不惜一切代价。阿贝兹是最早的嬉皮士，也可以称之为嬉皮士的前身。他在 1948 年显露头角：个性腼腆、温和的素食主义者，一头披肩长发，满脸胡子拉碴。他把自己的人生观写在一首名为“自然之子”的歌中。纳特 · 金 · 科尔的演唱使它轰动一时：

> 从前有个男孩，一个非常与众不同、神情陶醉的男孩……
> 眼神有点羞怯和悲哀。
> 但他很聪明……他这样对我说：
> “你将知道世间最美妙的事，就是彼此相爱。”

1948 年，艾伦 · 金斯伯格因在哥伦比亚大学宿舍的窗户上涂写反犹太人的下流言词而被大学开除。不可一世的美国国家橄榄球联盟宣布和全美橄榄球联合会合并，震惊体育界。弗兰克·辛纳屈的咽喉大量出血，时髦女郎们于是转投佩里·科莫和弗兰基·莱恩的怀抱。在*Down Beat*（历史最悠久的权威爵士音乐杂志）的评选中，斯坦·肯顿比伍迪·赫尔曼略胜一筹，领衔全美最好的爵士乐队，虽然有些评论家开始怀疑即兴音乐创作是否会像“摇摆世代”那样，似曾相识。玛丽·麦卡锡参观格林尼治村后，狠狠地批评“那些穿着双排扣大衣的中年爵士音乐家在酒酣耳热之余，为那些同样穿着双排扣大衣的中年爵士迷胡乱吹奏”。

回顾20世纪前半叶，布鲁斯·布利文发现“美国的道德风气有所改变，过去过分乐观，而现在濒于绝望”。他指出：“在20世纪的前40年，人们渐渐不再认同教会所守护的那些信仰”。但布利文看错了。上帝也好，其他神也好，都已经走出教堂四处布道去了。1949年，人们确信上帝出现在洛杉矶市一个巨大的帐篷附近。这个帐篷是葛培理搭起的，他三十出头，是来自北卡罗来纳州的福音传道者，信徒们叫他“比利”。那年，比利吸引了30多万加利福尼亚州人来到他的帐篷“神殿”，并使6 000人改变了信仰，其中包括一个低音歌手、一个牛仔、一个骗子和一个职业运动员。

1946年7月4日，菲律宾成为主权国家。英国也撤出了印度和缅甸。1949年，荷兰人不情愿地承认印度尼西亚独立。殖民主义战前的政治体制正在走向消亡。美国对此持赞成态度——从美国立国的角度来看，它不可能采取其他态度。但是，对于那些因循守旧的老一代美国人，他们还是为又少了一个熟悉的标准而感到不安。布莱尔国宾馆和克里姆林宫之间的紧张关系已经够使人焦虑了，而除此之外的外国事务，要么令人困惑不解，要么使人心烦意乱。关于纳粹罪行的大量报道已经使人提不起兴趣。回到美国国内问题，一群波多黎各的狂热分子密谋在布莱尔国宾馆暗杀总统。然而，哈里·杜鲁门为了全面把握外界情况而东奔西走，这个阴谋没有得逞。后来，人们也放下心来，大家意识到在无可匹敌的美国美国特勤局的管控下，没有人能杀害总统。

大多数美国人是从收音机里听到这些消息的。听说过电视机的人虽然很多，但真正看过的人还是相对较少。但有些流行的广播节目，如《鲍斯少校的业余广播》和《空中市政会议》，已经转为电视节目了——电视当然需要这些节目。电视机的7英寸小屏幕已由12英寸甚至14英寸的屏幕替代，“雪花”次数也少了很多。但电视节目实在没有观看价值。先说说那些摔跤运动员，尤其是“华丽乔治”。在他上台之前，他的仆人会先出场。仆人是个身材矮小的男人，穿燕尾服，端着一个银盘，上面放着一条绣有乔治的姓名首字母缩写的毛巾、一条跪下做祈祷时用的毯子以及各种各样的喷雾式香水，以使他的主人不至于受到对手汗臭的侵扰。比赛开始前，总要故意停顿一会儿，让观众猜测乔治那晚要穿什么衣服。（“女士们先生们，他今晚要穿黄绿色！不对，是鲜红色！”）乔治有88套缎子做的服装，又抵抗不了貂皮底裤的诱惑。于是，汉尼巴尔·孔斯在1949年为《体育》杂志报道乔治上场时的情况说：

> 他的颈前松松地系着一根橙红色的丝质围巾。他那一头茂密的金黄色卷发，看上去好像在美容院打理了4个小时。他闪亮登场，鼻孔朝天地对着那些干活的仆人们。他慢条斯理地把头上的乔治式发夹（闪闪发亮的镀金小发夹）拿下来，把它们掷给人群。接着他就甩甩头发，像一条高贵的西班牙猎犬。

男子摔跤节目之后就是女子摔跤。如果还有比男摔跤运动员更糟糕的人物的话，那就是她们了。她们个个肥得像体形庞大的母狗，两个乳房像装满一半的麻袋，阴毛从大腿根部垂下，身上总有剃毛时刮破的伤口。她们的恶趣味之一是跨坐在裁判员身上，直到他尖叫讨饶为止，观众很喜欢这种场面。等到电视台的制片主任也感到恶心之后，这些女人就被打发走了，从哪儿来的就回哪儿去。而棒球赛和拳击赛之间的节目则变成了利奥·塞尔泽的轮滑比赛。这种比赛简直难以形容。参加比赛的女孩子身材苗条，个性粗鲁，穿着曲棍球队的制服、防撞头盔和四轮溜冰鞋。她们围成圈子，不停旋转，你撞我，我抓你，骂骂咧咧，负伤挂彩，大声叫喊。哦，还有，她们把裁判按在地上，用她们的钢质溜冰鞋狠狠踢他。观众认为这样很有趣，一家人都围在电视机前百看不厌。其中一个名叫格里·默里的轮滑运动员有很多粉丝，几乎可以媲美“华丽乔治”。可是体育记者们太挑剔了，对两个人都不喜欢。1949 年，乔治正处在事业巅峰，年收入高达 7 万美元，“红发佬”史密斯却在《纽约先驱论坛报》上猛烈抨击他，说他“脸孔不如格劳乔·马克斯漂亮，演技不如索尼·塔夫茨高超，摔跤技术不如康尼·麦克娴熟，而普林斯顿的三角俱乐部则有比他强得多的女演员”。看完格里和她那群女伴扭作一团之后，约翰·拉德纳写道：“轮滑是一种体育运动。中古时代末期的波希米亚民众喜欢把人抛出窗外，对他们来说，那也是一种体育运动。”

在大西洋沿岸城市里，电视观众（或是门肯所说的“呆子”）在每千个居民中所占的比例在哥伦比亚特区最低，大概是因为那里正在上演许多别的事情。华盛顿已展现出符合其权力中心的新形象。乔治镇已经修复一新，克利夫兰公园也旧貌换新颜。在马萨诸塞大道或不远处的各国大使馆里，从愚昧无知的欧洲来到这里的厨师们开始树立起自己的名声。在弗吉尼亚州和马里兰州的亚历山德里亚、阿灵顿、贝塞斯达和切维蔡斯这些郊区，星期五的鸡尾酒派对成了成年人的主要消遣。人们很少见到共和党人，在处理较重大的问题时，都是由坚持自由主义的民主党定调子，如同过去 16 年的情形一样。

在华盛顿的鸡尾酒派对和宴会上，谈话的主题与美国其他城市并无多大区别，只有一样不同，就是议论政治问题时满口专业术语。住在波林宾馆或栗山宾馆的客人逐渐领略到报销账单的好处。更多人意识到道 · 琼斯工业指数已突破 225 的大关，而今年通用汽车公司要缴纳 444 377 889 美元的税款。在华盛顿的麦科姆街或卡洛拉马广场上，男人们能对国会各个委员会中议案的审议情况了解得更细致，而女人们则更可能狂热地议论年轻的特尔福德 · 泰勒在纽伦堡法庭干得极其出色的那些工作。但直到 20 世纪 40 年代即将结束的时候，受过教育的华盛顿人才开始追捧其他城市富裕阶层所热衷的事物。例如罗素 · 林内斯在 1949 年 2 月的《哈泼斯》杂志上别出心裁地把美国人按照文化修养分为高、中、低三等，这本来是茶余饭后随便说着玩的，后来社会学家却较真地对其进行了研究。一位挪威人类学家坐着木筏在海上漂流了 101 天，成功横渡太平洋，使那些喝着马提尼酒的男人们惊叹不已，也激起了他们的冒险精神。在萨顿酒店或达拉斯高地公园里可以看到穿着同样裙子的女士，裙子长度都在小腿肚附近，她们可能在那里对黄金单身汉评头论足，千万富翁身兼国会议员的约翰 · 肯尼迪名列前茅。（杰奎琳 · 布维尔暂时出国了，她一年前离开瓦萨学院去了巴黎索邦大学学习。）

电影这种娱乐方式依然最具话题性。在它最后那段光辉的岁月里，银幕上展现了一些出类拔萃的影片：约瑟夫 · L · 曼凯维奇的《彗星美人》（演员有贝蒂 · 戴维斯、乔治 · 桑德斯和安妮 · 巴克斯特)、乔治·库克[①]的《绛帐海棠春》(演员有朱迪·霍利德和布罗德里克·克劳福德)、卡罗尔·里德的《黑狱亡魂》(演员有奥森·韦尔斯、约瑟夫·科顿和特雷弗·霍华德)、《晴空血战史》(格里高利·派克主演)、《日落大道》(葛洛丽亚·斯旺森主演)、《岳父大人》(斯宾塞·屈塞和伊丽莎白·泰勒主演)、米高梅电影公司投资320万美元的音乐片《飞燕金枪》(贝蒂·赫顿主演)以及罗伯托·罗西里尼的《火山边缘之恋》(由于他和该片的女主角英格丽·褒曼有个私生子，而且两人毫无悔意，于是该片遭到天主教团体的抵制)。

来看看之后那些事件的全景。20世纪40年代的最后那几个月里，《南太平洋》登上大屏幕，然后连续4年未下线，共放映了1 694场。埃塞尔·默尔曼在纽黑文市开始学着演唱《风流贵妇》。T·S·艾略特的《鸡尾酒会》、卡森·麦卡勒斯的《婚礼的成员》和威廉·英奇的《回来吧，小希巴》票房喜人。吉安·卡洛·梅诺蒂的《领事》是当年最优秀的音乐剧。文学评论家们都对欧内斯特·海明威的《过河入林》摇头否定，有人甚至用谐音打趣说，它是“过肋入膝”。[②]而海明威本人很快成为说话恶毒的《纽约客》作家莉莲·罗斯笔下的受害者。在伦敦，乔治·奥威尔已病入膏肓。前一年，他的《1984》终于使他一举成名。现在，崇拜他的人正陆续找出他的早期作品:《巴黎伦敦落魄记》、《缅甸岁月》和《上来透口气》。奥威尔这位20世纪40年代名噪一时的人物，就要在20世纪50年代的第一个月里咽下最后一口气了。

① 原书为哈里·科恩，疑为原书错误。——编者注

② 《过河入林》英文名为“Across the River and Into the Trees”，有人把它改为“Across the Ribs and Between the Knees”(过肋入膝)加以讽刺。——编者注

当时有两部正在排练中的戏剧后来都大受欢迎，令人记忆深刻。有意思的是，它们都是关于女巫的，一部是克里斯托弗·弗赖伊的《不该烧死她》，另一部是约翰·范·德鲁滕的《夺情记》，因为美国就要展开史上最大规模的猎杀女巫行动了。这样具有讽刺意味的事绝不限出现于百老汇。1949 年，叮砰巷制作了一首名为“我想乘上一艘慢船到中国去”的歌曲，曲调朗朗上口，极具传播性。它刚取代胡迪·莱德贝特的《晚安，艾琳》，成为广播电台最新流行歌曲，亚洲的局势就发生了变化。美国人发现，由于亚洲大陆发生了一些事，他们在未来的很长一段时间里都不能到中国去了。不客气地讲，美国遭遇了两个世纪以来最大的外交失败。和首都的其他人一样，华盛顿的女主人们也早就知道，灾难即将来临。虽然她们根本没有想到会出现后来追究责任时火花四溅的互相指责，但是，在杜鲁门第二届任期的头一年里，华盛顿的重要社交宴会的气氛就已经很明显将一点就着了。要发生什么大事，空气里都是躁动不安的情绪，想躲也无处藏身。不久，重重疑虑就要笼罩全城。

1949 年 4 月 4 日，在迪安·艾奇逊的欣然主持下，北大西洋公约组织各成员国在美国国务院新建成的礼堂里签字结盟。当天，一位名叫朱德的共产党将军，把毛泽东麾下久经沙场的百万大军集结于长江北岸，对岸是少数几个南方省份仍忠于蒋介石的国民党，而长江是他们之间最后的天然屏障。4 月 24 日，朱德手下身经百战的士兵们强渡长江，只遇到象征性的抵抗——蒋介石已把他最信任的 30 万部队撤走，在上海周围组成了最后防线。5 月的第一周，朱德还在向上海发起猛攻，蒋介石已经渡过海峡逃到台湾地区，带走了尽可能多的国民党人。至此，可以说中国政权已经不属于他了。剩下的一切只是形式：6 月 26 日，国民党炮艇开始封锁中国大陆的诸多港口；9 月 21 日[①]，毛泽东宣布中华人民共和国正式成立（同一天，联邦德国也宣布成为主权国家）；12 月 8 日，蒋介石宣告在中国台湾组成新政府。富兰克林·罗斯福指望蒋介石建立一个没有共产主义的东方大国的想法随之化为泡影。

美国反应迟钝。自从 1931 年 9 月以来，中国一直在打仗。战胜日本后，美国的报纸经常登载中国的局势，说共产党步步紧逼，而国民党蒋介石则节节败退。但是中国幅员辽阔，美国对中国的地理状况比较陌生，当地的军队又因为尚未机械化而行动缓慢，所以美国人对这样遥远的战争并不感兴趣。当然，他们都认识蒋介石，报纸也不时登载毛泽东的照片——相貌端正，眉头紧锁，总是不停地抽烟。但对于普通读者来说，那边的战事错综复杂又远在天边。他们认为，如果有重要情况出现，政府便会通知他们。

政府确实发出通知了。国民党溃败后，艾奇逊决定对美国人民说出全部事实。1949 年 8 月 5 日，美国国务院发布了一份厚达 1 054 页的白皮书，承认中国共产党赢得了世界上人口最多的国家，宣布停止对国民党的援助，并一一说明造成这一结果的一系列事情的经过。史迪威、赫尔利和马歇尔这三位美国将军都曾劝说蒋介石削弱国民党军阀的权力，肃清国民党军队内部的贪污腐败和失败主义，但都徒劳无功。自战胜日本以来，美国提供给蒋介石的援助已超过 20 亿美元。事实上，这都是在浪费弹药——运送给国民党的美军武器有 75% 最后都被毛泽东缴获。在白皮书的导言中，艾奇逊开门见山地说，蒋介石政权竞争力弱、贪污腐败，并且不顾人民疾苦。他还说：

---

① 原书如此，疑为笔误。——编者注

> 中国内战的结局并不如人意，但这不是美国政府所能控制的。这是一件不幸的事，但也是不可避免的。美国在力所能及的范围内已做的和可做的一切都无法改变这个结局……这是中国内部各种力量对抗后的结果，美国曾设法对其施加影响，但毫无成效。

对见多识广的华盛顿人来说，这些话是不言自明的，甚至是多余的。但是，美国大部分民众却困惑不解——所有这些有关国民党腐败无能的说法颠覆了他们以往对其的印象。他们所知道的中国人，是像赛珍珠笔下那些在人间天堂过着美好生活的农民，一直是忠诚可靠、热情好客的，而更重要的是，他们是亲美的。整个世界大战期间，同盟国的四大巨头就是丘吉尔、罗斯福、斯大林和蒋介石。艾奇逊意图遏制共产党的战略似乎完全破产了。他在自己撰写的白皮书中承认，中国新政权也许会"有助于实现苏联的目标"。美国外交官在欧洲取得的所有成就，诸如杜鲁门主义、马歇尔计划、北大西洋公约组织等，似乎一瞬间就被这场发生在亚洲的灾难一笔勾销了。

事情还没完。8 月底，当社论作者们还在消化白皮书的内容，最后一批勇气可嘉的国民党人坐着舢板从大陆港口出发去台湾时，一架 B–29 轰炸机从亚洲执行飞行任务归来，所拍摄的照片让人惶恐不安。B–29 轰炸机的任务本来是搜集气压路线，它所拍摄的照片应该只能引起低级技术人员的兴趣。可是，照片冲洗出来以后，却显示出清晰的放射性物质的迹象。解释只可能有一种，苏联某地发生过原子弹爆炸。这个发现掀起了轩然大波。美国人一直对自己说，即使苏联能制造出核武器，至少也要到 20 世纪 50 年代后期了。杜鲁门总统得知这一消息后，一再摇头表示不愿意相信，他问道："你们肯定吗？你们肯定吗？”得到证实后，他沉重地说：“这意味着我们没有时间了。”

三个星期后，杜鲁门才向美国人民公布这个消息。9 月 23 日，他授权发布了一份简短的声明：“我们有确凿证据表明在苏联发生了一次原子弹爆炸。”在白宫参加新闻发布会的记者们一接到声明就直奔电话而去（发稿）。他们走后，由于预计公众的反应将会很强烈，所以总统躲了起来，他的内阁成员也都销声匿迹。只有一个人除外，那就是约翰逊，他因此颇为引人注目。艾奇逊本已开始怀疑国防部长路易斯 · 约翰逊患上了精神病，而约翰逊在星期五那天的所作所为似乎为此提供了证据。他接受了媒体采访，与他们谈论部队的部署情况，并轻描淡写地提到苏联的原子弹：“现在，让我们冷静下来，不要把事情夸大。”大多数有责任心的编辑因担心社会上可能会出现歇斯底里的情绪，已经在设法降低这个声明的爆炸性程度。但这个打击太大了，没有任何办法降低其影响。在芝加哥，物理学家哈罗德 · C · 尤里告诉记者，他觉得这真是“晴天霹雳”。他说：“只有一种情况比一个国家拥有原子弹更加糟糕，那就是两个国家同时拥有原子弹。”

现在，美国政府要为前一年竞选总统的行为付出代价。那时候，共和党提名的正人君子被另外一名“强棒”击败。11 月 2 日，共和党人研究着城里小报上的消息，都是杜鲁门所经过的小镇上的，直到这时，他们才真正了解杜鲁门这个人是多么的阴险狡诈。现在他们要尽可能地谴责当局，而这个亚洲危机以及美国失去核垄断的地位都是应该谴责的核心问题。有人从参议院共和党那边听说，是美国“失掉了”中国——蒋介石的失败应归咎于华盛顿，因为有叛徒与共产党密谋，帮助毛泽东上台。这纯粹是个“红色阴谋”，当罗斯福前往雅尔塔时，密谋就开始了。

对于反共的中坚分子来说，阴谋愈演愈烈。政府内部的共产主义者在战前便已存在，他们还有一大批忠实的支持者。盖洛普的民意测验显示，众议院非美活动调查委员会自成立伊始就深得民心，但其对于共产主义一事，始终没有统一的看法。对于某些人而言，美国的共产主义者就是苏联的间谍；另一些人则把他们看作交党费的美国共产党员；而对于富兰克林 · 罗斯福和他在政治上的死敌来说，共产主义只是全力拥护社会改革的一种模糊概念而已。

没有人会质疑第一种解释。苏联间谍确实会对美国的国家安全造成威胁。在这方面，美国人是团结一致的，任何模糊的释义只会激励他们更加团结。而对于极端保守主义来讲，对共产主义的模糊解释则成为他们赖以生存的条件①。对他们而言，任何想要改变他们年轻时代所熟知的世界的尝试都是可疑的。如果他们能将一位新政支持者打上“红色”标签，那么就能全部否定中间偏“左”的事物。

战争结束前的那几个月里，美国兴起了关于忠诚问题的讨论。如同非美活动调查委员会处理的其他事件一样，知名学术杂志《美亚》事件，也被搞得一团混乱。1945 年年初，美国战略情报局的一位研究分析员在翻看 1 月 26 日那期《美亚》杂志时，发现其中一篇文章的部分内容竟然有战略情报局的保密情报，其中一部分还逐字引用了原文。其实这并没有多大影响。和许多政府机构一样，战略情报局通常会给所有文件盖上“保密”印章，而《美亚》杂志所公布的内容是美国国务院之前交给驻中国的美方记者的一份无关紧要的文件，也盖

① 战后，美国的极端保守主义者和右派已完全不同于传统保守主义，正如新“左”派与战前的自由主义和激进主义相悖一样。一切似乎都与世界本来的样子背道而驰。任何想要将其重新命名的尝试只会加剧混乱。因此作者无奈之下并未参考当时的具体时间。

着“保密”印章。战略情报局行事粗暴的官员随即突击搜查了《美亚》杂志的办公室，又发现了其他“保密”材料，都是些有关部分省份的水稻产量、地下水位或者牲畜数量的报告。战略情报局提出诉讼，但陪审团拒绝控诉任何人，因此司法部门并没有立案。但这些人依然不肯罢休。他们指控《美亚》杂志叛国，这组分类数据又与中国有关，此后，事情便一发不可收拾。

“什么也不做”的第80届国会的作风已经严重影响到民主党，其影响远超外界想象。共和党掌管国会山后，策划了不下35起忠诚度调查案件。《美亚》杂志事件被吵得沸沸扬扬，杜鲁门便于1946年任命了一个调查重大忠诚案件的委员会，专门调查美国国内可能存在的安全隐患。1947年3月21日，经该委员会建议，杜鲁门颁布了9835号行政命令，并制订“联邦雇员忠诚计划”。但喧嚣仍然不止。于是，国务院极不情愿地批准国会调查员行动，负责检查人事档案。调查队由名叫罗伯特·E·李的共和党人、反共分子带领。李带走了国务院108名雇员的档案。这些档案全部未经审查，其中包括没有证据的指控、待确认的报告、恶意谣言以及后来被证实是错误的数据。某些来源甚至还未注明，其他材料也只代表了李的团队的偏见。美国公民自由联盟被列为共产党的前方阵营，一位劳工领袖受到一位制造商的指控（因为他曾经带领这位制造商的工厂工人罢工），被打为共产党员。过了很长一段时间，另一队国会议员组成的队伍要求更新李的名单。国务院回答道，最初调查的108名雇员中，现在仅有57人在职。这样一来，那些所谓的名单及其相关文件又被束之高阁。但57这个数字，之后还会再次出现。

1948年年初，另一名众议院议员要求查看国家标准局局长爱德华·康登博士的档案。杜鲁门知道康登成为政治诽谤运动的受害者后，便宣称自己受够了共和党的审前盘问。3 月 13 日，他命令所有政府官员将人事档案收归密存，拒绝国会的一切请求或传讯。抽取的档案中，抽取段落完全脱离语境，歪曲上下文的意思，让政府无从辩白——这使总统的处境非常尴尬，而他的指令又解决不了任何问题。既然没有官方的材料加以否定，反共分子便更加肆无忌惮，做事也越来越不顾忌后果。比如，加利福尼亚州共和党众议员尼克松断然指责民主党，称民主党应该为“美国境内共产党日益猖狂的阴谋”负责。民主党领袖极力否认，但其内部的一些后座议员已经与反对派一唱一和。2 月 21 日，马萨诸塞州众议员约翰 · 肯尼迪称，在雅尔塔会议上，“病怏怏的”杜鲁门听从马歇尔将军和其他参谋长的建议，将千岛群岛和其他战略要地 “拱手让给”苏联；美国政府还曾迫使蒋介石与毛泽东联合，而杜鲁门对蒋介石夫人的态度即使不算“轻蔑”，也“很冷淡”；美国国务院听信了约翰 · 霍普金斯大学的欧文 · 拉蒂摩尔这种政治顾问的意见，白白浪费了美国的军用物资。肯尼迪因此得出结论：“这就是关于中国的悲伤故事。”

其实，肯尼迪曾与反共分子合作，但这事很快就为人们所忘记，或许是因为他后来出任了总统吧。而另一些人在中国问题的争论上，表现得更加激进。早在 1947 年 10 月，身为坚决反共分子，前驻法大使威廉 · 布列特在《生活》杂志上刊登了一篇文章《中国报道》，指责华盛顿的官僚撤走美军，让蒋介石陷于危难。卢斯报社对此问题的讨论尤其激烈。亨利 · 卢斯出生于中国山东，父亲是一名传教士，他是所谓“中国游说团”的核心人物，这个游说团的成员甚至不惜背叛美国，誓死效忠国民党。1948 年 9 月 6 日，《生活》杂志宣称雅尔塔会议是绥靖政策的“高潮”。之后，那些用来掩饰的花言巧语迅速消失了。共和党开始将其在国会中的对手视为“叛国党”，雷伯恩认为这是尼克松对他的诋毁，从此怀恨在心，再也没有原谅过他。南达科他州众议员蒙特请求总统"清查"联邦雇员，揪出那些"有亲苏化倾向而导致我们的外交政策混乱的人"；伊利诺伊州众议员哈罗德·维尔德宣布苏联的间谍如同舞毒蛾，"遍布美国各地"；宾夕法尼亚州众议员罗伯特·里奇指责迪安·艾奇逊为斯大林办事。印第安纳州众议员詹纳认为，每一个为蒋介石献策却未能阻止中国红色潮流的美国人都有罪。詹纳称马歇尔将军是"叛国者的代表"，是"活脱脱的谎话精"，他联合"叛国贼和绥靖主义者，在杜鲁门和艾奇逊的持续影响下，一步步出卖美国"。

事情愈演愈烈。国会山的民主党人认为反对派在1949年12月已经探底，因为那时国会两院的共和党人做出决议，认为国务卿失去了美国人对他的信心，并且不可能重获信任，所以坚持要总统将他免职。最终，这份决定到了哈里·杜鲁门的桌子上，他立即将其撕成两半。但这还不算到底，甚至连底儿都没有见呢。

自由党派把共和党反共分子看作舞台上的反派。当然，他们中的一部分人不仅将这个角色表演得活灵活现，居然还扬扬得意起来。某个下午，好奇的观众也许会溜进参议院的来访者旁听席，聆听政府被抨击为"乳臭未干的伪自由派"，他们总是"可怜兮兮地尖叫"着"共产主义者是神圣不可侵犯"的，就是他们"出卖了中国使其沦为无神论的奴隶"。最合适的词还得留给"国务院那些按莫斯科政治路线行事的跟屁虫"，他们四处喷撒克里姆林宫的恶毒诽谤，"红色迪安"则一边谄媚地向莫斯科的领导卑躬屈膝，一边无耻地呜咽哭泣。很多时候，记者都在质疑苏联政治局里的反美言论可能还不如美国国会里所说的这些不堪入耳。

偶尔国会山里也会传来理性的声音，最令人印象深刻的就是国会联合委员会考虑提名戴维·利连撒尔这位杰出的公务员出任原子能委员会主席。民主党反共分子、田纳西州参议员肯尼斯·麦凯勒硬要说利连撒尔曾将共产党员藏匿于田纳西河流域管理局。麦凯勒质问利连撒尔其头脑里是否有张苏联革命的蓝图，以下是证人的部分回答：

> 参议员，我脑袋里确实有那份蓝图……民主制度的其中一条原则……是极力反对任何人偷走别人最珍贵的东西，包括他的良好声誉，无论是影射还是间接讽刺都不行。尤其不能以民主的名义给他冠上莫须有的罪名。我深信，这样的行为会导致国家的分裂，如果发展下去，甚至会摧毁整个国家。我深信不疑。

这种情况当然很少发生，它除了能鼓舞那些善良的人以外，毫无作用。美国的利连撒尔们估计错误，内部颠覆的恐慌并不能通过证据和理性得以解决。首先，根本就不存在所谓的危机，反共恐慌也是病态的。在那段狂热结束之前，一切都只能顺其自然。但同时，如果它落入别有用心的人的手里，就会变成一股可怕的力量。参议员塔夫脱明白这一点，他清楚地知道他和他的共和党在干什么，也知道为什么要这么干。反共分子的一次口头攻击（“克里姆林宫有史以来最有利的一个条件就是，在美国国务院内隐藏着一个亲共集团，他们一有机会就促进中国共产主义事业。”）正中塔夫脱下怀，他告诉记者：“要肃清国务院内部的共产党，唯一的方法就是更换国家领导人。”换句话说，他其实是在为 1952 年的总统选举热身。那时美国人民将选举新一届总统，而罗伯特·塔夫脱则很有希望当选。威斯康星州的共

和党领袖汤姆 · 科尔曼是塔夫脱的支持者，他说得更直白：“成败在此一举，我们会赢得选举吗？”

但民主党人也希望获胜。哈里 · 杜鲁门很清楚，现在不但质疑声四起，而且还有更多问题等着他。共和党很会蛊惑人心，但苏联内务人民委员会的确也从莫斯科派出了间谍，美国的最高领导人有责任维护国内安全。1945 年 9 月的一天晚上，杜鲁门首次怀疑苏联内务人民委员会的间谍遍布北美地区。当时，苏联驻渥太华大使馆武官部的一名苏联编码员伊戈尔 · 古琴科抱起一摞罪案文件，踉踉跄跄地在夜里出逃并要求政治避难。加拿大成立了一个委员会调查古琴科的文件，他们发现了一个分布很广的地下组织，英国和加拿大都有公民牵涉其中，最后，两位从事“最高机密”工作的英国物理学家也被卷进来，他们分别是艾伦 · 纳恩 · 梅博士和克劳斯 · 福克斯博士。这个组织的成员都是忠心耿耿的共产党员，参与的是华盛顿与其加拿大盟友共享的原子能计划以及其他国防机密，大多都能成功。

起初，总统并不明白渥太华间谍组织如此事关重大。到了 2 月，杜鲁门收到了埃德加 · 胡佛提交的一份供词，这是纽约意大利情报图书馆前雇员伊丽莎白 · 本特利和惠特克 · 钱伯斯的供词。这个案件的破获很难说是联邦调查局的功劳。7 年前，钱伯斯打算在美国政府找一个人，重视他所反映的情况；而本特利小姐本想向联邦调查局纽黑文市分局自首，却没人理会她，直到联邦调查员在路旁监视她，发现一名苏联间谍塞给她 2 000 美元时，他们才真的相信她的话。她和钱伯斯彼此并不相识，却有一个共同点：他们的陈述都非常惊人，以至于让人怀疑他们是否神经错乱。本特利小姐是瓦萨学院的毕业生，已经人到中年，她说 5 年来自己一直是苏联间谍，负责在华盛顿搜集高度机密文件，然后转送到纽约的苏联联络人手中。在她指控犯有叛国罪的政府前雇员的30余人中，有劳克林·柯里，他曾在1939~1945年任罗斯福总统行政助理，并两次率领代表团前往中国，现为派克大道上某进出口公司的负责人；另一名是财政部前副部长哈里·德克斯特·怀特，现任国际货币基金组织执行理事；以及商务部的后起之秀，达特茅斯学院毕业的英俊小生威廉·雷明顿。钱伯斯又指认罗斯福政府的9名官员为共产党员，其中最著名的是阿尔杰·希斯，当时他即将离开国务院，出任卡内基国际和平基金会主席。

杜鲁门听完后，也和其他人一样，怀疑其真实性，但加拿大事件的确使他有所动摇。在那年秋季的中期选举中，大老党（美国共和党的别称）的几名国会议员候选人旧事重提，搬出《美亚》杂志事件的后果，再次质疑杜鲁门政府。作为回应，12月4日，美国司法部长汤姆·克拉克公布了一份包含90个组织的名单，宣布司法部认为这些组织都疑似共产党前方阵营。那一年，名单上的数目不断增加，截至1948年5月27日，又增加了32个组织。如反法西斯难民委员会，虽然其当初的目的只限于为美国的盟友苏联提供食物和药品，但曾经任职于该机构的每个人都成为被怀疑的对象。那些曾经按苏联政治路线办事的政府公务员也被解雇，用当时的话来讲，他们是“严重威胁国家安全”的嫌疑分子。

当时，杜鲁门政府也为反共运动提供了最大支持：动用1940年颁布的《史密斯法》，审判了美国共产党的11位领导人。但这些恐怖的真实情况甚至不足以让媒体做出反应，因为在当时看来，这些都再普通不过，就像1932年的普遍性失业。除此之外，9835号行政命令还鼓励美国人窥探自己的同事、朋友、邻居甚至是亲属的私事。而忠诚调查也是一种极端恶劣的政治打压手段。1947年5月22日，联邦调查局开始着手对200万名联邦雇员进行“逐个核查”，从邮递员到内阁成员一个也不放过，以追踪“不忠诚分子与破坏分子”。另外，联邦调查局还负起调查每年申请进入政府部门工作的50万人的责任。任何具有“不良信息”记录的人都会被全面调查，包括他的过去（有时甚至回溯至童年时期），联邦探员会询问认识或者被以为认识当事人的所有相关人员，问询内容包括当事人的生活习惯、社交生活以及政治信仰等。所搜集到的数据交由地区忠诚牢查委员会审议，要么撤销控诉，要么举行听证会，做出裁定。而国家忠诚审查委员会仍可做出完全相反的决定，它的裁决才是最终定论。

在什么样的情况下，一个善良又尽职的邮递员会面临解雇呢？犯有叛国罪、参与间谍活动、鼓动暴力推翻政府（《哈奇法案》已明令禁止）、揭露官员隐私，或被司法部长定义为属于破坏分子组织的人都会收到解雇信。至于他是否参与了以上任意一项，并不需要确凿的证据，只要“有充分理由相信”就行。只有当用人单位认为“不会影响安全”，在解雇信中才会“明确、完整”地写明原因。否则，被告可能连何时、何地犯了罪都不知。如果当事人仍有传统的权利与原告当面对质，本来也可能知道真相，但如今这样的权利也没有了。因为根据联邦调查局的政策，公布检举人的身份可能会阻碍将来的调查，危害国家安全。司法部长宣布的联邦调查局名单上的机构是进行调查后得出的结论，不容置疑。被判有罪的这些机构不许辩驳，而隶属于其中任何一个机构的公务员，或者认识这些机构工作人员的人，都会被解雇。也就是说就算与人交往，也会受株连获罪。

有幸知道自己为何被解雇的受害者们会收到这样一份通知，开头写着“证据显示……”紧接着罗列罪状（以下是从当时的指控文件援引的内容）：

证据显示，1943 年以来，你一直与某某有往来。他曾对共产党的宗旨和政策表现出极大的关注和同情。

作为费城民众集会的赞助商之一，你的名字出现在 1946 年 4 月 4 日的《约克公报》上……该集会由国家争取和平委员会赞助。经司法部长认定，该委员会为共产党组织。

你在马萨诸塞州威廉姆斯镇的威廉姆斯学院受雇期间曾发表言论，认为相比共产党的影响，在华盛顿特区举行的非美活动调查委员会听证会对公民自由造成的威胁更大，因为它妨碍了言论自由。

你的名字被署在一封国家宪法自由同盟的公开信内，时间是 1941 年 12 月 28 日，其内容是要求迅速将武器运往苏维埃社会主义共和国联盟。经司法部长认定，国家宪法自由同盟是共产党组织。

文件中会包括一封正式的解雇通知：“上述信息表明，你是共产党的一员，或与之具有特殊关联，或是对其表示同情。”这位不幸的雇员收到法院（《韦氏词典》称之为星法院①）的解雇信，仅仅是“基于谣言”。而公开的全面调查足以让一个人抬不起头，让家人蒙羞。从对他进行忠诚调查起，他就成了疑犯，在证明他清白之前，所有人都会觉得他有罪。他的邻居会突然在街上被安全局的官员拦住问询，不能接受他妻子的宴请，甚至不能让自己的孩子与他的孩子玩耍。而被怀疑者的儿子不能加入童子军，他本人也不能拜访在政府部门工作的朋友，以免给他们带来麻烦。最后，他只能靠自己的积蓄生活（如

① “星法院”是英国封建王朝法院，无陪审团、独断、滥用职权，是专断司法的代名词。——编者注

果他还有积蓄的话），和家人相依为命。

1949 年 6 月，现在任职最高法院的前司法部长克拉克评论说，联邦政府的风纪从未像现在这样好，“感谢忠诚法令”。很难想象他为何会有这样的想法。美国的每一位律师都知道，这次调查让正当的法定诉讼程序形同虚设。汤姆 · 佩因还曾骄傲地吹嘘新大陆已成为“欧洲各地受到迫害的热爱公民自由和宗教自由的人的避风港”，这还真是对他的嘲弄。当时在华盛顿风靡一时的书是伯特 · 安德鲁斯的《华盛顿政治迫害》，由《纽约先驱论坛报》华盛顿分社的一位德高望重的主编负责编辑，回顾了忠诚调查中那些臭名昭著的不公正案件。约翰 · 罗德 · 奥布赖恩在 1948 年 4 月出版的《哈佛法律评论》中指出：“有罪定论所造成的影响相当于刑事犯罪的后果：失业、持续的耻辱、谋生能力的不断削弱等。”忠诚调查已经花费了 1 200 万美元，其中有个最有趣的案子等着上诉，其罪名是因为在“一战”期间抛弃了自己的队伍而被解雇，而当时他才 9 岁。

那些相信国家忠诚审查委员会会公正处事的人，只是想抓住最后一根救命稻草。根据杜鲁门的回忆录，他认为委员会主席赛斯 · 理查森是“共和党内杰出的保守主义者”，与司法部有密切接触。毫无疑问，理查森的上任只是一种政治手腕，因为他是哈丁和柯立芝的门生，但说到公正处事，并不尽人意。这位主席年近 70 岁，在华盛顿担任美国医学会和普尔曼集团的法律顾问。他是美国退伍军人协会成员，同时也是麋鹿会、大都会、火树俱乐部和切维 · 切斯俱乐部的会员，他正是那种消极定义“忠诚”的国教教徒，如同一位非美人士，总是把正统与爱国主义混为一谈。

有时候，个别事情可以说明整个时代。多萝西 · 贝利的上诉案就足以证明。贝利小姐毕业于布尔茅尔学院和明尼苏达大学，1948

年春天她 41 岁。她在美国就业服务中心工作长达 14 年，一直是模范员工。她唯一一次公共活动是加入美国公务员联合会，而这个组织并未被纳入司法部长的指控名单。贝利小姐是当地美国食品加工工人联合会的主席，因此遭人妒忌，但她并不清楚自己究竟得罪了什么人。她被押往哥伦比亚地区忠诚审查委员会，但控方找不出合理证据，也没有证人。贝利小姐矢口否认有罪，并请出几位品德信誉较好的见证人，但还是被解雇了。

贝利小姐在赛斯·理查森的国家忠诚审查委员会出庭时，她的律师保罗·波特便暗示她可能会成为长期积怨的牺牲品。委员会主席回答道："联邦调查局提供了五六份真实可靠的报告。"虽然波特向理查森施压，但理查森仍拒绝说出检举人的身份。他还补充，就算他想这么做也不可能，因为"我压根不知道他们是谁，从事过什么活动"。理查森的委员会某委员提到了档案里的一项指控，对话如下：

委员会委员：另一个人说，他第一次注意你是在 1936 年前后，那时你是哥伦比亚特区一个共产党"秘密组织"的成员。

贝利小姐：首先，我以前不知道、现在也不知道有这样一个"秘密组织"。我根本没听过这个词。我可以发誓，我从未加入什么共产党。

委员会委员：还有一位也指控你是共产党员，他知道你与已知的共产党员来往了七八年之久。这是我们找到的部分证据。

波特：那是片面之词，我认为不能用作证据。

理查森主席：这就是证据。

波特：虽然我们知道我们的要求会被驳回，但我们仍要求让被告或她的辩护律师知道这些恶意中伤来自哪里。

理查森主席：当然，这无济于事。如果这些证据是真实的，就不是谣言或是中伤了。我们很难公开这份证据。

波特：是在发誓后采证的吗？

理查森主席：那倒没有。

委员会委员：证人是位值得尊敬的人物，他为哥伦比亚特区的共产党活动调查提供了很多信息。

贝利小姐：我很担心，如果我在这里认罪，会不会就让这位证人真的成了可靠证人。但这绝不可能，因为这些指控根本不成立，这里所说的一切都不能增加这些指控的可靠性。

贝利小姐的上诉被驳回了。被告指出委员会流程是对宪法保障的公然蔑视，而理查森却以“政府服务是一种特殊情况，不涉及权利”这样毫无意义的陈词滥调推卸责任。然后，他看看日程表，开始钻研另一批未处理的控诉，与同事商议。这就是反共分子主持下的司法。

在官僚政治的漫长历史上很少出现这样浪费时间和纸张的现象。即使是在理查森私设的法庭上，像贝利小姐的案子这样，所有证据都对被告不利而被判罪也极为少见。实施忠诚调查的 5 年里，联邦调查局共调查了 300 万名美国人，并进行了 1 万起全面调查。初步控告案有 9 077 起，其中有 2 961 起案件在地区忠诚审查委员会审理，且有 378 人被解雇。一位国会委员要求理查森总结调查结果时，他说：“还未发现哪个案件或是证据直接指明当事人是间谍。在联邦调查局找到的证据中，还未说明任何一个案件涉及间谍。”

1848 年，马克思和恩格斯曾写过：“一个幽灵，共产主义的幽灵在欧洲徘徊。”如今《共产党宣言》问世 100 周年，同样的幽灵降临美国——这当然是无稽之谈。理查森曾向国会议员吹嘘：没有发现间谍，肯定是搜查人员把他们吓跑了。这种颠倒是非的逻辑不仅让联邦雇员遭殃。伊雷娜·约里奥–居里来纽约参加科学研讨会时，就被拘禁在埃利斯岛上一夜，因为几个匿名电话说她可能是敌人派来的奸细。帕内尔·托马斯[①]在《自由》报发表了一篇文章《原子弹工厂里的红色分子》，暗指所有科学家都将对国家安全构成威胁，而之后的一段时间里，政府都无法聘请到年轻的核物理学家。订阅《苏联医学评论》（由美苏医学学会出版的专业杂志）的医生们，只好要求该杂志用白纸包起来邮寄。

那些积极配合防卫工作的企业日子也不好过。有一家公司花了300万美元重新添置保险箱、保险柜，用来存放政府交托的机密文件；各大学既要对国家忠诚，又要保障学术自由，不免左右为难。一个接一个的立法机构要求教师们宣誓效忠，仅仅在加利福尼大学，就有1.1万人；加利福尼亚大学洛杉矶分校解雇了175名拒绝宣誓的教授。各地教师的忠诚宣誓由学校董事会主席、家长教师协会会长以及警察局局长监督执行。在很多地区，退伍军人协会或是海外退伍军人协会还负责查看教学课本中是否有煽动性内容。

除了教育行业外，受打击最大的恐怕要数娱乐行业了。纽约的三名前联邦调查局探员，在美国无线电艺术家协会反共分子的怂恿下，出版了《反击》一书，其中列出151名演员、导演和作家的名字，都是曾出现在国会各个委员会档案中的人物。《反击》在各家广播公司的高级管理层中被广为阅读，外界督促他们解雇榜上有名的人，并在雇用新人前认真对其调查。接着这三人又出版了《红色渠道》，该书

① 帕内尔·托马斯时任众议院非美活动调查委员会主席，1949年12月3日，托马斯被判犯有诈骗罪，被罚款1万美元，并入狱。

罗列了更多的有可疑亲友或关系的播音员和演员。《反击》称哥伦比亚广播公司是“共产党员最认可的广播公司”，震撼了整个娱乐业，副总经理们只好将《红色渠道》保存在书桌底部的抽屉里。在美国广告业中心麦迪逊大道以及整个好莱坞，这本书都被称为“黑名单”。

10多年中，“黑名单”成了娱乐业的代名词。这一次要挟正中要害，吓坏了靠公众舆论为生的娱乐业管理层。时间已经冲淡了这个时代的一些触目惊心之事，但不能原谅那些公司经理，如果他们不软弱屈服，不至于让自己陷于遭受威逼的境地，也不至于如此不堪。通常情况下，他们知道一位明星是因遭到竞争对手妒忌才被列入黑名单的。而对于低等级的人，经理们会立即解雇一些布景工人或化妆人员，理由是这些人“不忠诚”或是“危害安全”。但如果有一位高管能真正挺直脊梁，那些所谓的反击者也不会得逞。

琼·缪尔的经历就是典型例子。前一天她还主演美国全国广播公司最受欢迎的情景喜剧《奥尔德里奇的家》，第二天她的名字就上了《红色渠道》，当天下午，美国全国广播公司终止了她的合同，把她赶了出去。美国全国广播公司对媒体的解释让原本就堕落的时代更加陷落，其他公司也开始效仿它的做法。美国全国广播公司的发言人圆滑地说，缪尔当然不是共产党员，她一直都忠于自己的国家。但可惜她成了有争议的人物，而争议会让赞助商感到惊慌，也会激起民愤，从而影响公司。简言之，解雇她的原因是有人在背后中伤她。从那时起，“有争议的”几乎便成了“不忠诚”的代名词，同样能让一个人的前途尽毁。渐渐地，大多数人开始质疑那份“黑名单”。但如果有人打抱不平，周围总会有人摇摇头，令人恼火地说：“无风不起浪。”

的确如此，没有风哪来的浪呢？并不是说多萝西·贝利和琼·缪尔有什么罪过。她们是无知和恐惧的殉葬品，正如1692年塞勒姆村的“女巫”一样。但令人寒心的是，真正的间谍早已把真正的秘密带走。斯大林一造出原子弹，很少人认为世界还有和平的机会，伦敦劳埃德保险公司就不这么认为，而苏联科学家能造出第一个核武器，完全归功于苏联副领事安纳托利·雅科夫列夫，她是聪明了得的间谍，在“二战”期间，她组织了从纽约至洛斯阿拉莫斯的精密谍报网。

若不是渥太华的古琴科叛变，雅科夫列夫的间谍组织绝对不会暴露。即便如此，解开这个复杂的间谍网，加拿大骑警、苏格兰场①和美国联邦调查局三方联合调查了4年才完成。福克斯是破案的关键人物，他向苏格兰场在哈韦尔的一位督察坦白，供出了纽约的哈里·戈尔德。联邦调查局的特工们在戈尔德的公寓里搜出了一张新墨西哥州地图，标出他与福克斯和戴维·格林格拉斯的会面地点。这一发现让戈尔德崩溃了，无法再否认。朱利叶斯·罗森堡从《纽约先驱论坛报》得知戈尔德被捕的消息后，拿着报纸去找露丝·格林格拉斯。他说，她和戴维必须离开美国，因为戴维很可能会牵连他们所有人，包括他的亲姐姐艾瑟尔·罗森堡。露丝说：“我们哪儿也不能去，我们还有个刚刚10天大的婴儿呢！”罗森堡答道：“孩子不会死。每天都有小孩在海上或是火车上出生，我的医生告诉我，只要带上足够的罐装奶，把水烧开，孩子就不会有事。”

朱利叶斯给了格林格拉斯夫妇1 000美元，并在地图上画了一条复杂的逃亡路线：从墨西哥城出发先到瑞典，再到捷克斯洛伐克，最

① 苏格兰场：英国伦敦警察厅所在地，代指伦敦警察厅。——编者注

后抵达莫斯科。他说，当地共产党会和他们会合，为他们引导每一段路程。格林格拉斯夫妇拿着准备好的护照照片，又一次迟疑了。露丝病了。朱利叶斯急疯了，又给了他们 4 000 美元，但夫妇俩却告诉他，他们要留下面对惩罚。11 天后，联邦调查局逮捕了戴维。他必须在妻子和姐姐之间做出选择，他选择了妻子露丝。于是在一个初夏的晚上，罗森堡夫妇正在收听《孤胆骑警》时，联邦调查局的人闯了进来。当时只带走了朱利叶斯，艾瑟尔则留下照顾两个儿子。后来她也进了监狱，不得不为两个儿子另作安排。他们在战时背叛了国家，等待他们的是在纽约新新监狱接受电刑。

这才是真正的背叛，不是那些逼着幼儿园教师和电影临时演员忠诚宣誓的狂热爱国者的妄想。毫无疑问，这个罗森堡–格林格拉斯–戈尔德–福克斯–纳恩–梅间谍链是国际间谍史上最成功的案例之一。在莫斯科，他们交出图表、公式和数百页的秘密资料，从在橡树岭分离铀 235 和铀 238 的气体扩散处理过程到导弹的设计蓝图都十分详细。尽管全身心地投入核武器的制造过程，苏联对其了解也不过如此。美国斥资 20 亿美元，集合了西欧和美国最优秀的科学家，动员美国工厂，花费了三年半的时间，终于在阿拉莫戈多取得巨大成功，在日本上空爆炸。那时，苏联情报负责人从福克斯的报告中已详细了解了整个原子弹制造过程，而目睹了第一颗原子弹在新墨西哥州沙漠爆炸景象的福克斯在报告里还对此进行了详细描述。这个信息可是无价之宝。当时，苏联的物理学家们还无法制造出原子弹。他们虽然掌握了相关的物理理论，但是 20 世纪 40 年代的苏联还没有足够的工业资源去冒这么大的风险制造原子弹。这次叛变缩小了美苏之间的核差距，而这些英美叛徒也让冷战至少提前了 18 个月。

这些叛徒罪恶滔天，英美反间谍网又漏洞百出，让他们得以逃脱。当时的舆论完全可以要求唐宁街10号和宾夕法尼亚大道1600号易主，但这样的恶性事件当时并未发生。对选民而言，整个事情可能不过是上帝的旨意。保密工作虽然差得令人哀叹，但两个国家都没有继续在实验室寻找替罪羊。一般人缺乏足够的科学素养，无法正确看待所发生的事情。因此，气体扩散过程不太可能引发选举争端。而且在这些罪犯中，除了共产党，无法证明他们与其他政党有什么关系。而共和党想要的就是在这伙将美国的秘密泄露给苏联的人里，找出一群新政支持者，或至少其中之一是新政派。

20世纪中叶，美国政治最主要的特点就是找到他们想要的。也许这并不正确，但只要足够接近他们想要的结果，就可以分裂国家，让许多人毙命。如果那些“政府中的共产党”没有泄露原子弹计划，也只是因为他们一点儿也不知道这种计划。实验室里的间谍都是一路货——他们聪明、敏感、理性、生于世纪之交后不久，而且对“一战”都留有恐怖记忆。他们见证了股市大崩盘后的经济危机，接着又看到西班牙、埃塞俄比亚、中国、中欧遭受侵略以及慕尼黑事件的耻辱。欧洲的民主让他们感到绝望，于是他们投入共产主义的怀抱，相信共产主义能够重建世界。为了这一事业，他们可以做任何事情。他们大多数人得不到物理学家们的黄金机遇，但认为所有人都能尽一份力。在行政机构的人可以窃取国家机密，如果是内阁以下级别，则会建议采取苏联的办法，例如击溃德国的鲁尔区。即使是个普通人，也可以做通讯员。哈里·戈尔德就是其中一个通讯员，惠特克·钱伯斯也是一个。

这是非常复杂的。时至今日，有些人尽管信仰不同，但都如此坚定，即使供状俱在，或者铁证如山，他们还是矢口否认；迪安·艾奇逊至死还相信哈里·德克斯特·怀特是无辜的，而“希斯事件”

仍是一个谜。要理解 1948 年夏天发生的奇怪现象，你可以想象在一个大家庭里，孩子们都坚持认为被魔鬼跟踪，家里的其他人则一再安慰他们说没有魔鬼。大家一遍遍地搜查房子，什么也没找到。孩子们坚持认为他们听上去荒谬的故事是真的，其他人却置之不理。直到一天晚上，全家人聚在一起，一个小孩子注意到小房间的门是半开的，他猛地将门打开——一个真正的魔鬼走了出来，身高 10 英尺，满嘴獠牙。在加拿大的伊戈尔 · 古琴科就是这样一个孩子，三年后，美国叛逃者在华盛顿提供了这样的证据。不同之处在于，他们的门不是开在小房间里，而是通向主卧室。

在“猜疑时代”早期，自由主义者和知识分子都试图对这个红色妖怪付诸一笑。10 年来，众议院非美活动调查委员会一直败坏罗斯福新政的名声，以造成国家恐慌。要说有什么重要的事情会在现在出现，似乎难以想象。伊丽莎白 · 本特利在参议院行政部门经费委员会下的一个小组委员会做证时，《纽约客》记者李伯龄肆意嘲弄本特利道：“在希拉夫特糖的包装下，本特利小姐将利用废物制造合成橡胶的秘方（那时候还没发明出来）交给了艾尔[①]，也可能是告诉了他大规模进攻开始的大约日期（其实是多此一举，因为盟军参谋长一确定就会传达给苏联的同事）。我忘记她得到信息的地点了，但她确定那个传给她信息的男人说，是从罗斯福总统前行政助理劳克林 · 柯里那里得到的情报，但柯里发誓他对于破译苏联代码一事一无所知。”

那年 8 月，李伯龄无休无止地开本特利小姐的玩笑。于他而言，

① 艾尔是本特利的情人和主要联络人，原名雅各布 · 科洛斯，于 1944 年去世，是间谍网中的一员。间谍网中还包括哈里 · 戈尔德和克劳斯 · 福克斯。

本特利小姐是“肉豆蔻”玛塔 · 哈丽[①]，而在《纽约世界电讯报》不再称她为“红色间谍女王”而是用“迷人”、“金发女郎”（她两者都称不上）形容她后，这位《纽约客》批评家就戏称她为“金发的红色间谍女王”。他后来的评论变得更加尖酸刻薄。笑话归笑话，这个女人的确败坏了正派人的名声。他写道，这种审讯“让人联想到一群低能儿在玩侦探游戏”。李伯龄认为：“编辑们对于本特利小姐的秘密资料，如果嗅不到合成橡胶燃烧的气味，那一定是对消息极不敏感。”如果认为他这是想贬低证词就错了，那完全不是他的风格，并且违反了他笃定的信念。然而，当傻里傻气的南达科他州众议员卡尔 · 蒙特说“证据太过模糊，还不足以轻信”时，李伯龄评价道：“我觉得报界忽视了审讯滑稽的一面。”

随着夏季慢慢过去，一切变得没那么可笑了。宣誓后，本特利小姐和惠特克 · 钱伯斯指证37位前政府雇员参与了苏联间谍活动，其中有17位拒绝发誓表示自己是否是共产党或间谍。他们用美国宪法第五修正案来保护自己，他们的名字像保罗 · 罗伯逊的老唱片《泥炭沼泽士兵》或《四位起义将军》那样，不怎么被人记起了。1948年以前，他们并不为公众所知，但他们全都是掌握实权且有决定权的人。还有6个人没被传唤。其余的人中，哈罗德 · 韦尔已在1935年去世；李 · 普雷斯曼和约翰 · 阿布特承认自己是共产党员，但不是间谍；在美国国务院服务14年的老兵劳伦斯 · 达根在两个证人证实他是共产党员后，从曼哈顿一栋楼的16层窗户跳下或是摔下死了；前国务卿助理哈里 · 德克斯特 · 怀特在不利证据的压迫下死于心脏病；另外还有12人发誓，所有对自己的指控都是诬告。但其中有两

① 玛塔 · 哈丽是世界最富传奇色彩的女间谍之一。——编者注

人被指控做伪证，一个是威廉·雷明顿，被判决有罪，随后在监狱被谋杀；另一个是阿尔杰·希斯。

1948~1949 年版的《美国名人录》记载了他的生平：

> 阿尔杰·希斯：律师，1904 年 11 月 11 日生于马里兰州巴尔的摩市，查尔斯·阿尔杰·希斯和玛丽·希斯(原姓休斯)之子。1926 年获约翰·霍普金斯大学文学学士；1929 年获哈佛大学法学学士。1929 年 12 月 11 日和普丽西拉·范斯勒·霍布森结婚；孩子有蒂莫西·霍布森（继子）和安东尼；马萨诸塞州、纽约市和美国最高法院律师。1929~1930 年任最高法院法官秘书兼律师，1933~1935 年任华盛顿哥伦比亚特区农业调整署总法律顾问助理，后任副总法律顾问；1934~1935 年任参议院军需工业调查特别委员会法律助理；1935~1936 年任美国司法部特别检察官……自 1947 年 2 月 1 日至今任卡内基国际和平基金会主席；1944 年任敦巴顿橡树园会议执行秘书；1945 年 2 月陪同罗斯福总统参加雅尔塔会议；1945 年于旧金山任联合国国际组织会议秘书长；1946 年 1~2 月任联合国大会美国代表团首席顾问。美国 Beta Kappa 兄弟会成员、Alpha Delta 兄弟会成员、学会会员、大都会成员。家住华盛顿哥伦比亚特区第 7 区，西北 P 街 3210 号。办公室在纽约州纽约市第 18 区第五大道 522 号。

再难找到比他更具吸引力的“罗斯福式”的人物了。用起诉他的人的话说，他是个“典范”。他清瘦、皮肤黝黑、穿着讲究，是一个很有修养的理想主义者——既是人民公仆，又是乔特律师事务所的一员，以民主党改良派的身份列入华盛顿《社交名人录》。他就读于约翰·霍普金斯大学时，曾是辩手、赛跑名将和班上“最擅长交际的人”。他的声誉毫无瑕疵，伊利诺伊州州长艾德莱·史蒂文森可以证明这一点，两名美国最高法官和美国前首席检察官，约翰·戴维斯（曾是美国总统候选人）和约翰·福斯特·杜勒斯也可以证明。希斯的出场令人印象深刻，他带着哈佛口音，笑容满面，如同罗斯福最有魅力的时候。他步伐优雅，仿佛是在他经常出现的巴尔的摩跳交谊舞或是在吉布森观看网球比赛。审判时，他看起来更像是尊贵的听众而不是被告。说这样一个人是共产党，就如同叫他“骗子”一样让人难以置信。

指控他既是共产党又是间谍的惠特克·钱伯斯却承认自己是流氓恶棍。加入《时代周刊》前，他还没有脱离共产党，却无数次发假誓说已经与其没有关系。少年时，钱伯斯和兄弟迪克签过一份自杀协议，结果迪克自杀，钱伯斯却食言了。17 岁时，他与一个名叫“独眼安妮”的妓女在新奥尔良的一家廉价旅馆同居。后来，他带了一名女流浪者与母亲同住在长岛——母亲之所以同意他这样做，据他说是“因为她已经失去了一个儿子，不想再失去第二个”。他曾因为写了亵渎神明的剧本而被赶出哥伦比亚大学，也曾做过小偷。他曾起誓为美国公共事业振兴署效力，却很轻易地就退出了。他漫不经心地承认，自己各个方面都违背了自己的誓言。现在，1948 年，人到中年，满身赘肉，满脸忧郁，面带愁容，眼皮浮肿。

然而，钱伯斯倒是两个人中对问题的一个方面看得最清楚的：“有史以来，希斯这个案子最能说明普通男女和那些假装代表他们行动、思考和说话的人们之间，有多方面的裂痕。这些裂痕与其说是这个案件造成的，不如说是这个案件暴露出来的。这一点比案件中的其他特点更为明显，也更让人不安。一般说来，拥护阿尔杰·希斯、准备不惜一切保护他、为他辩护的，多是些‘优秀人物’，当然也并不总是如此。”当然，这只是问题的一个方面。另一方面。两党都认为阿尔杰·希斯很快成了一种象征：民主党自由派将他视为新政各项成就的代表，现在正受到攻击；而对于保守的共和党人来说，他代表了让他们厌恶的东部精英。自由主义者首先表态，他们坚定地认为希斯是无辜的，并劝说持异议的人也相信这一点。保守党在这方面动作慢了点儿。起初，他们不认为钱伯斯会赢，但理查德·尼克松给他们指明了道路。早在知晓钱伯斯和希斯之间争斗的真正意义之前，即叛国行为被定罪之前，双方就举起旗帜，摆开阵势，准备开战了。此后，双方渐渐丧失理智，案件盲目升级，到处都是愤怒。悲剧的是，民主党自由派的推断是错误的。理查德·尼克松和他的政党胜利了，钱伯斯不仅是对的，而且还持有证据。

起初，钱伯斯看起来并不正确。希斯演得太好了。其他人都躲在第五修正案的庇护下，或找其他借口逃避，而他没有。1948 年 8 月 4 日，希斯得知钱伯斯第二天要在众议院非美活动调查委员会面前指认自己是共产党，他就先给委员会发电报，要求有发誓否认控告的权利。第二天，希斯来到委员会办公室，显得义愤填膺。他回答了所有问题，并否认钱伯斯的所有指控。最后，蒙特主席对希斯的“配合态度”和“坦率直言”表示感谢。约翰·兰金走过来与希斯握手。每个人都面带微笑，只有尼克松紧紧盯着希斯的脸。这个月还没过完，就证实了这位年轻的加利福尼亚州议员似乎有先见之明——事实上，他的推断是建立在可靠的情报来源上的。联邦调查局之前已经开始调查希斯。该局一个名叫艾德·赫默的特工每天给一个名叫约翰·克罗宁的牧师打电话，告诉他调查的进展，再由克罗宁牧师转达给尼克松。尽管如此，在 8 月的第一周还是没多大进展，不得不说尼克松极具毅力和洞察力。他提议让钱伯斯和希斯当面对质。

委员会其他成员决定再次传唤钱伯斯，他们认为希斯可能是无辜受害者，是钱伯斯认错了人。第二次非公开审理（希斯也不在场）时，钱伯斯开始显露自己对希斯以及希斯的妻子和家庭的全面了解。他记得，他们夫妇亲切地称对方为“希利”和“普罗斯”，宠爱自己的宠物狗可卡犬，他们在沃尔塔广场的房子里配有嵌金希区柯克椅，一面镶金边的镜子顶端有一只鹰，墙壁上半段是桑葚图案的壁纸，下半部分是镶嵌板。钱伯斯知道的还不只这些，但这已经足够证实他与希斯夫妇的关系确实不一般——关于他们家的孩子、仆人、家具和爱好的事情，总能说出个一二。希斯的一个爱好就是赏鸟。钱伯斯描述了希斯在波多马克河看到蓝翅黄森莺的那种兴奋劲儿。碰巧，委员会中的一名委员约翰·麦克道尔也是个业余鸟类学者。当希斯再次被召回委员会时，麦克道尔问他是否看到过蓝翅黄森莺时，希斯眼前一亮，高兴地回答道：“看过，就在波多马克河。你知道那地方吗？”过了一会儿，他又接着说：“它们飞回来，在那些沼泽地筑巢。头很漂亮，真是很美的鸟儿。”这只是一个小插曲，却令委员会印象深刻，这是希斯没想到的。

显然，钱伯斯对希斯的了解是基于他们亲密无间的友谊。8 月 25 日，尼克松在纽约康默德酒店 400 号房间开始了他的审问。这是案件的转折点。尼克松的质问和钱伯斯对他的了解让希斯慌了神，他指认钱伯斯原名叫乔治·克罗斯利，是他在 20 世纪 30 年代认识的一个游手好闲的自由作家。尼克松步步紧逼，要求希斯另找三个证人证明钱伯斯就是克罗斯利。这显然令希斯心烦意乱。他答道：“有可能的话，我会的。为什么要问我这个问题？我想想看。事情发生在 1935 年，我唯一能够想到肯定知道他是乔治·克罗斯利的人，应该就是我在奈的委员会（军需工业调查特别委员会）结交的人。”尼克松和希斯又进行了一次激烈的交锋。谈话是在那两位重要人物议员尼克松、麦克道尔，以及委员会调查员路易斯·拉塞尔之间展开的。

麦克道尔：那么，你确定他是乔治·克罗斯利？

希斯：是的，在我看来是这样的，有他自己的供词为证。

麦克道尔：钱伯斯先生，这个人是不是你在他家住过的共产党员阿尔杰·希斯？

尼克松：根据你的证词是这样的。

麦克道尔：你确定这是他吗？

钱伯斯：确定是他。

（这时，希斯站起来，向钱伯斯走去。）

希斯：此时此刻，请允许我郑重声明，我想邀请惠特克·钱伯斯先生针对在委员会以外的社会领域做同样的陈述，放弃免除因诽谤被起诉的豁免权。你敢不敢？我希望你他妈的赶快这样做。我绝对不会碰他（对拉塞尔说），倒是你们碰到我了。

拉塞尔：请坐下，希斯先生！

希斯：主席要求我，我会坐下，拉塞尔先生，主席要求我坐下……

拉塞尔：我希望不受打扰。

希斯：我没有……

麦克道尔：请坐！

希斯：你知道是谁挑起的。

麦克道尔：休庭一两分钟，等我回来再继续。

但是太晚了，希斯已经铸成大错。在此之前，他的孤注一掷还有点儿作用。他是对的，1935年已经过去很久了。而他反驳钱伯斯的话、两人声誉的差别，都让结果不言而喻。再者说，就算是共产党员也不算是罪犯，而且窃取国家机密的重罪也已经过了诉讼时效。委员会几乎已经准备放弃采用本特利和钱伯斯的证词了。但是威胁钱伯斯让其脱离豁免特权的庇护，并威胁以诽谤罪提起诉讼，局势则大为不同了。现在，钱伯斯不得不出示证据。历尽波折的整件事情将被移交法院，由法院判定谁在说谎，败诉者将因伪证罪被判入狱。

8天后，希斯和钱伯斯在华盛顿又一次进行对质，并且是公开审理。这次，希斯明显没那么强势了。他带了律师，而且在回答问题前都以"如果我没记错的话"为开头。即使是问他是否是应法院传唤参加听证会时，他的回答也是："从某种程度上说，我收到传票后就自愿来到这儿了，这也说明我会接受这种说法。"钱伯斯告诉国会议员，希斯曾给过他一辆1929年A型福特汽车，以便共产党需要时使用，这可以在机动车登记记录里查到。希斯无力地答道，那是辆旧车，丢在大街上任其慢慢锈蚀，"几乎没什么经济价值"，所以他就让克罗斯利开走了，或是以为他开走了。想了一会儿，他说："我给了克罗斯利，如果我没记错的话……"他刚开始要说，尼克松打断他："等等，我并不想打断你的那句'如果我没记错的话'，但就你是否给了克罗斯利一辆车，你完全可以回答'是'或'不是'。你一生中送出了几辆车，希斯先生？"台下发出了不友好的哄笑声，希斯坚持说完他的开场白，并坚称自己将唯一一件"最好的收藏品"给了克罗斯利，"因为我能把自己的住所都让给他住……"这时，哄笑变成了一片沉寂——委员会所有人的想法一致：若明知那个人是游手好闲之徒，你就不会把自己的房子和汽车给他。希斯给出的三个证人的名字也是无用的——一个已过世，一个找不到，还有一个对克罗斯利丝毫没有印象。

两天后，钱伯斯出现在《与媒体见面》（当时的一个广播节目）上，接受希斯的要求进行公开辩论。他说："希斯过去是共产党员，没准儿现在还是。"人们等着希斯把钱伯斯告上法庭。等啊等啊，9月27日，希斯终于在巴尔的摩控告钱伯斯诽谤。案件还未来得及进一步发展，全国大选就开始了。对于希斯来说，这正是退出的好时机，而事实也证明，这是他最后的机会。最终杜鲁门获胜，弄得共和党人手忙脚乱。他们不但失去了众议院的控制权，也失去了众议院的非美活动调查委员会。另外，委员会中的两名共和党人在改选时也落选了。但是事情的发展远远超出了国会议员的预料。11月7日星期三，钱伯斯作为被告，在巴尔的摩的审前听证会现身。届时，他向希斯的律师提供早期与原告有联系的证据，如果有的话。走投无路之际，钱伯斯只好说出震惊整个国家的真相：原来早在10年前，阿尔杰·希斯、他的妻子普丽西拉和钱伯斯都是苏联间谍网成员，向苏联泄露美国国家机密。

1938年4月，钱伯斯与共产党决裂，但从1937年五六月至那时，阿尔杰·希斯曾将手里所有的机密文件、电报、报表和急件都给了他。他们的传送方式有三种：有些是原件，钱伯斯就用微缩相机拍下来，然后把原件还给希斯；有些是希斯整理后自己手写下来的；其余的则由普丽西拉带回家，用伍德斯托克牌打字机打出来，然后她丈夫又悄悄把文件归还国务院档案室。做这个事情的不只他一个。亨利·朱利安·沃德利，国务院贸易协定处主任、美国某世家后裔是钱伯斯的另一个接头人。现在沃德利已经承认此事，多亏诉讼时效已过，他没有被起诉。可是，希斯曾经对这些矢口否认——他已经走过头了。由于做了伪证，他已被套牢，再也走不出来了。

钱伯斯于1938年洗手不干之前，整理出3卷微缩胶片和84份文件（其中43份文件是在普丽西拉的打字机上打出来的，还有41份备忘录是希斯手写的）。钱伯斯把这些东西都装在一个大牛皮纸信封里，交给了妻侄内森·莱文——布鲁克林的一位律师，让他把信封藏在安全的地方。在10年以后的1948年11月14日，钱伯斯找到莱文，要回信封。信封一直被放在杂物柜顶上，布满灰尘，莱文站在浴缸上才能够得着。钱伯斯在厨房拍了拍灰尘，带着打印件和书写的备忘录，来到巴尔的摩的审前听证会。这些文件的出现让希斯惊慌失措，但他仍故作镇定，立刻让律师将文件呈给司法部门。这一招很漂亮。如果杜鲁门政府宣布这是机密文件，钱伯斯就会被禁止提及此事。此外，钱伯斯还面临着另一个危机：其所出示的文件揭露出他是密件接收者。尼克松的工作人员黔驴技穷了，担心会是钱伯斯入狱。但并不只有希斯聪明，钱伯斯没有把所有东西都带去，他把微缩胶片藏在自己马里兰州农场的一个挖空的南瓜里。12月2日晚，当众议院调查员问他还有其他什么证据时，他领着他们去了农场。众议院的非美活动调查委员会要求对南瓜里的文件实行24小时监控，两天后报纸上刊登了这则新闻。

民主党愤怒了。这些“南瓜文件”看起来似乎是钱伯斯这出闹剧最滑稽的部分。文件的内容由媒体披露后，24小时监控看起来是如此荒诞可笑。就像A·J·李伯龄在《纽约客》里所写的，它们是一些“鸡毛蒜皮的琐事”。即使在1938年，这些事情都没多大意义，在1948年更是如此。其中一个文件里说日本想在哥斯达黎加某个岛购买锰，可是那里根本就不出产锰。另一份文件郑重其事地提醒大家注意，希特勒和墨索里尼要交换参谋。还有一份文件记录纳粹准备马上夺取奥地利，可是那时全世界都知道了。里面记录了美国驻维也纳总领事的观点：“希特勒很可能正准备牺牲奥地利，换得外交政治的胜利。”

这确实让人暗自发笑，但这恐怕是民主党自由派在这件事情上的最后一笑了。其他文件被解密后，显然有一些对莫斯科具有极大价值，新闻记者手里的一些文件被政府扣押了，因为国务院判定这些文件极度机密，就算现在（1948年）公开，也可能对国家安全造成威胁。而且文件的内容并不重要。就算它们只是天气预报或交通事故，但出现在前共产党情报人员手里也让人震惊，因为所有文件都是以密码D（国务院最高机密文件密码）传递的。这意味着代码已被破译，美国外交高级机密已受到威胁，其他政府机构能够随时窃听、获取各盟国外交部长之间的谈话内容、机密线人的姓名、军队调动以及总统指令等很多方面的情报。的确，国务院前副国务卿萨姆纳·威尔斯确认“南瓜文件”的巨大规模时，认为如果这些文件在1938年被其他政府获得，尤其是密码D丢失的话，将是“对美国利益最大的威胁”。

现在政府别无选择。杜鲁门总统在媒体见面会上说，关于间谍的讨论与竞选毫不相干，只是为了转移目标。但是他的司法部门仍在动手抢夺还在众议院非美活动调查委员会手里的文件。在纽约，政府重新召集大陪审团，给他们展示了一些放大的微缩胶片。希斯、钱伯斯和希斯夫人都被传唤了。12月15日，希斯被控告两次做伪证。他的初审始于1949年5月31日，于7月8日结束，陪审团因意见不一而陷入僵局：8人认为希斯有罪，另外4人与之意见相左。这样的结果让法官很是不快。在希斯案子的整个过程中，他都很热心：推翻控方、支持被告以及拒绝那些能让陪审团解开迷惑的证人出庭。那些希望判决希斯有罪的人对他都感到很失望。

就在这时，理查德·尼克松开始引起自由派选民的关注，并大大地冒犯了他们。民主党人提心吊胆地追踪着审判，希望大量间接证据能够以某种方式解释清楚整个案件，僵局也让他们很失望。竟然有

8个陪审员相信钱伯斯，这让他们很受打击，而且他们也没心思和一个爱争论的年轻共和党议员产生不快。但尼克松却咄咄逼人。他指责“杜鲁门政府十分害怕希斯先生会被判无罪”，甚至说法庭“显而易见地偏袒被告”，这也是事实，但要求调查法官就不明智了。而触怒那些简单相信正义，宣称“普通美国民众希望放弃案子里所有技术性细节”的人更不明智。没有技术性细节的审判就像动用私刑。A · J · 李伯龄相信希斯但又无计可施，他注意到 “若不能给尼克松议员不喜欢的人定罪，就是‘非美’”，另一句评论更加激烈，认为尼克松就像“受困的银行出纳员，把毕生的积蓄押在一匹走路都颤颤巍巍的老马上”。

钱伯斯并不颤颤巍巍。他确信11月17日第二次审判时，新法官的公正以及希斯新换的律师会使其比第一次审判少些戏剧性，自己能够胜诉。当时还有一点对被告不利——凡是政治大案，必须与所处的时代背景结合起来考虑。从1949年到1950年1月，即第二次审判结束后，冷战的气氛正缓缓上升。两次审判期间，蒋介石在与中国共产党的战争中节节败退，到第二次审判时，蒋介石已经全盘皆输。在东欧，苏联影响日益扩大。于是北大西洋公约组织联合起来，防止西欧也受影响。同时，苏联研制的第一颗原子弹爆炸了。在美国国内，司法部长手里的危险组织逐月增加，间谍告发事件已经失去了新鲜感，人们不再认为其难以置信。联邦调查局逮捕了朱迪丝 · 科普朗，指控其从事间谍活动。《史密斯法》的被告们与希斯在同一栋大楼受审，审判过程中安静的时候，你可以听到在弗利广场上共产党游行示威的声音。1948年8月，钱伯斯和希斯在分开10年后在康默德酒店的房间里当面对质时，亨利 · 华莱士的推断还有可能是对的。17个月后，陪审团第二次离场商议时，美国人反对苏联和反对崇拜苏联的态度变得更加强硬。在这种情况下，陪审员一致通过，判定希斯这两条罪状成立。

并不能因此说希斯是国际政治的受害者，只能说国际政治让他陷入困境。通览两次审判的记录，尽管法官有所偏袒，但当人们看到第一次审判结束时，竟然有 4 位陪审员投票认为希斯无罪，的确感到很奇怪，因为单是那些文件就足以定他的罪。希斯承认备忘录是他的笔迹，但他辩解说这只是习惯，因为常常为上司弗朗西斯 · B · 塞尔总结长文件时进行摘录。塞尔及其秘书都否认了这一点，国务院也没人听说过有这样的传统。审判时，希斯被问到钱伯斯是怎样得到这些摘要的，他表示不知道，他认为也许是有人仔细搜寻了他的废纸篓，把这些文件保留了下来。然后控方毫不留情地追问，为什么它们是折叠好而不是被揉成一团，希斯认为那无从知晓。

在有如下这些材料的情况下，美国政府与阿尔杰 · 希斯的对决像是一个谜：伍德斯托克牌打印机、蓝翅黄森莺、嵌金希区柯克椅、沃尔塔广场的房子墙上贴着的桑葚图案、“希利”和“普罗斯”的昵称、手写便条以及 400 美元的“借款”等。从某种意义上说，借款是其中最有说服力的。1937 年秋，钱伯斯需要一辆新汽车。将旧车折价后，他还缺 400 美元。他跑到希斯夫妇那里借钱，得到了那笔借款。

以下这些证据确凿。11 月 7 日，希斯夫人从账户里取出 400 美元。4 天后钱伯斯就买到了他的汽车。银行存折和汽车商的发票都可呈上作为证据。希斯夫人辩解说，她取钱是为了装饰他们的新房子。但她没有任何收据可以证明这一点，而且她几乎取出了他们所有的存款。由于只剩下 14.69 美元（存款太少了），希斯不得不从银行借 300 美元支付自己汽车的月供。20 世纪 30 年代正处于“大萧条”时期，没有家庭会为一位不太熟且信用不好的人做如此大的牺牲。对于希斯夫人的说法，控方问陪审团：“如果你们有支票账户，又可以在商店赊购，并且还未迁入新居，你们会这样做吗？你们会一次性取出 400

美元吗？你们会出去买装饰品，先支付现金，让他们以后把东西送来吗？”两名女陪审员笑了。她们当然不会这样做。普丽西拉·希斯也不会这样做。

1950年1月那个人声鼎沸的星期六，陪审团完成了判决，尼克松议员收到了无数贺电，有一封来自赫伯特·胡佛：“阿尔杰·希斯能够定罪，都归功于你的耐心和毅力。政府存在的这股叛国风，最终以大家都深信不疑的方式被揭露了出来。”胡佛很少激动，但是扬扬得意之情在这几行字中表露无遗。很容易想象出来他那个周末的心情。一开始，他就对新政派有所防备，现在，整个国家的人终于看到他是多么正确了。

迪安·艾奇逊则是另一种心情。这位国务卿在希斯刚从哈佛大学法学院毕业时，就认识这位年轻人了。他在联合国做联络工作时，希斯曾在他手下工作。1947年，艾奇逊辞去副国务卿的职位，暂时重操律师旧业，他的亲近同事们用银盘托着一个可装冰水的保温玻璃水瓶送给他。刻在上面的名字，有奇普·波伦、洛伊·亨德森、迪安·腊斯克和阿尔杰·希斯。定罪后的那个星期三，希斯被判在刘易斯堡联邦监狱服刑5年。同一天，艾奇逊召开记者招待会。《纽约先驱论坛报》的记者霍默·比加特问了一个不可避免的问题：“国务卿大人，你对阿尔杰·希斯的案子有何看法？”人们对审讯的其他方面已经记不清了，但是对这个问题的回答还记得：“我想清楚地告诉你，无论希斯和他的律师会受到怎样的惩罚，我都不会对阿尔杰·希斯置之不理。”他解释说，每个人都应该按自己的原则做事，而他的原则是什么，也是毋庸置疑的：“我认为这些原则很早之前就为我们定好了。它们在橄榄山上宣布，如果你有兴趣的话，可以在

《马太福音》第25章34节的开头找到[①]。”

那天晚上，艾奇逊给他的女儿玛丽[②]写信：

> ……今天，我举行了记者招待会。阿尔杰的案子一直在我的脑海里，萦绕不去。我以前告诉过你，这完全是悲剧——无论可能的事实是多么合理。我知道我肯定会被问到这个案子，这很难回答——这不是简单的回避还是回应的问题，那一点儿都不难。但是，要想说出一个人的心声，不受那些在你身后叫嚣的人的影响，将自己真正相信的东西恰当地表达出来，这很不容易。

跟在身后叫嚣的人就包括尼克松，他告诉记者，他认为国务卿的评论“令人恶心”。还有明尼苏达州众议员周以德，他说杜鲁门应该抛弃艾奇逊。那个月，国会对“橄榄山的消息”并不感兴趣，它需要的是战利品。“二战”结束还不到5年，世界已经开始解体。中国离美国而去，斯大林有了原子弹，国务院内藏有间谍——还有更糟糕的事情呢！艾奇逊的记者招待会过后6天，总统宣布已经开始研制杀伤力极大的氢弹。阿尔伯特·爱因斯坦向全美人民泼冷水，他在电视里警告人们：“放射性物质会毒害大气层，地球上所有的生命都有可能因此灭绝……全部灭绝近在眼前。”4天后，伦敦警察厅逮捕了福克斯，理由是他将美国原子弹信息泄露给了苏联。“我们还要怎么容忍？”霍默·凯普哈特在参议院大喊。“福克斯、艾奇逊、希斯以及

---

① 我赤身露体，你们给我穿；我病了，你们看顾我；我在监里，你们来看我……我实在告诉你们，这些事你们既做在我这弟兄中一个最小的身上，就是做在我身上了。

② 玛丽是威廉姆·P·邦迪的妻子，20世纪60年代成为美国政府对越南政策的主要制定者之一。

国外氢弹威胁我们，新政也在慢慢吞噬美国。老天，难道美国就只能这样束手无策吗？”

1 月 7 日，威斯康星州那位后座参议员和一个天主教牧师、一位政治学教授和一个华盛顿律师在华盛顿康涅狄格大道的殖民地饭店（位于白宫和杜邦广场之间）就餐。他告诉他们，他急需建议。

过去的一年里，约瑟夫 · R · 麦卡锡遇到的都是坏事。他把两党有名望的参议员都得罪了，在自己的州里也遇到了问题。1949 年，威斯康星州律师事务管理局差点因为其违背职业规范，而取消他的律师资格。因为他在司法机关供职的同时，还参选参议员，但局里只是给了麦卡锡一个警告。如他自己所解释的："那是违法的——乔（约瑟夫的昵称）很任性（每个人都会犯错），但我们相信他不会再犯。"

他们根本就不了解这个人。遇到危机时，他什么事都干得出来。而现在，他已经遇到了这样的转折点。由于为一些纳粹战犯辩护，他在华盛顿已经引起了公众的注意。华盛顿一项民意测验显示，他被选为美国最差的参议员。而他则提醒在殖民地饭店的顾客们，过两年他准备再次竞选。

他需要一个竞选议题。他们有什么好主意吗？

美国人小像：
爱德华·罗斯科·默罗

有时，当风吹得恰是时候，伦敦的夜晚就会勾起人们的记忆，仿佛能听见高射炮响，以及纳粹德国空军机群在头顶的嗡嗡声，喧闹嘈杂。稍加想象，你还能看见探照灯射向空中。然后，幻想一位孤独而勇敢的美国青年，他不怕牺牲，穿过短波的静电干扰和噼啪声，告诉自己的同胞，我们必须知道：

这——就是伦敦……

我站在屋顶，俯瞰整个伦敦……我想我们也许马上就会听到周围传来的一阵阵炮声了。现在，探照灯在同一方向来回照射。你将听见两起爆炸。听，它们响了！我想,几分钟内，周围应该会有弹片飞来。近了，更近了。

飞机仍然在高空盘旋。今晚早些时候我们听到的头顶传来的爆炸声又响了。那时候，我们听见许多炸弹从空中落下来，落在附近几个街区。此刻，头顶传来了高射炮弹的爆炸声。然而，附近的枪声似乎已经停止。现在，你能感受到探照灯就在你头顶正上方。一会儿，在离你更近的地方又会传来两声爆炸。它们又响了，那冷酷无情的声响。

默罗站在英国广播公司大厦的顶楼。这座大厦是德国的主要目标，十分危险，所以广播之前还需要获得温斯顿·丘吉尔的批准。夜复一夜，默罗登上顶楼或者其他地方，向观众们描述发生在圣保罗大教堂、威斯敏斯特大教堂和特拉法加广场的大浩劫。高楼大厦在他身边倒塌，他在哥伦比亚广播公司的办公室也被毁了三次，然而他仍然用平静沉郁的声音报道他的见闻，将英国的战况及生存情况更真实地带给美国家庭。他的播报从不装腔作势，轻描淡写造就了其工作的有效性。在播报最后，他会以当前伦敦的流行语作为结束：“再见——祝你好运。”

虽然很少有人意识到——尤其当他后来与乔·麦卡锡抗争时，默罗本质上是个保守主义者。他相信爱国主义、个人荣誉和西方文明价值观。在华盛顿州立大学时，这位极富雄心壮志的穷小子奋力前进，成为美国预备役军官训练营的军官候补生。他之所以选择华盛顿州立大学，是因为那里最早开设大学无线电广播课程。他沉着冷静，知道自己未来的事业。他喜欢将自己形容为报道准确、客观、传统的新闻记者（“我试图成为一名记者，评论员有点神圣，我从来不敢确信自己是正确的”），但事实上，他更像传统的传教士。在他从伦敦写给父母的一封信中，这样说道：“我记得，你们曾经想让我成为一名传教士，但是我没有信仰，除了相信自己。现在我正在一个影响力极大的讲坛上传教。我经常出错，但是我试图像传教士那样说话。一个人不必非得当上牧师才会说真话。”

默罗在学生团体和教育机构工作了5年后，于1935年加入哥伦比亚广播公司。1937年，29岁的默罗乘船前往英格兰，接管哥伦比亚广播公司欧洲分公司。那里并没有太多工作，且大部分都十分无聊：安排演讲、音乐会、文化广播等。1938 年，当希特勒占领奥地利时，默罗正在波兰组建哥伦比亚广播学校。默罗当下包机飞往维也纳，及时报道了纳粹军队入侵的情况。接着，他雇用威廉 · 夏伊勒组建了一支最优秀的战事报道记者队伍，继续报道慕尼黑会议、捷克斯洛伐克陷落、伦敦闪电战和“二战”期间欧洲的其他主要战役。

1945 年，哥伦比亚广播公司任命默罗为该公司副总经理，但由于默罗不懂预算，也不愿开除员工，两年后便主动辞去了职务。他凭借一档以莫尔斯电码拼出N–E–W–S的夜间新闻，重回广播电台。伦敦成就了默罗，他将那些年人们耳熟能详的流行语稍加改动，以“这——就是新闻”开头和“晚安——祝你好运”结尾。1948 年，默罗与弗雷德 · W · 弗兰德利一起制作了他们的第一张专辑《现在请听》，该专辑记录了他们那个时代的历史声音。很快，默罗与哥伦比亚广播公司的记者一同撰写了年终新闻综述，它在圣诞节中的角色就像莱昂纳尔 · 巴里摩尔《圣诞颂歌》中的吝啬鬼斯克鲁奇一样，举足轻重。

默罗起初不愿离开广播站去电视台工作，但是这一转变是必然的。默罗已成为美国最著名的新闻播音员，正如《提示》杂志中写到的：默罗帅气潇洒，甚至足以担任电影中战地记者一角。数百万人虽然与默罗素未谋面，但在书上读到他“世界末日的样子”或者读过厄尼 · 派尔描述默罗在战争中的样子：他用手比画着、时不时点点头、满头大汗、看一看时间，老是在口袋里掏香烟。从1951年起，随着《现在请看》在哥伦比亚广播公司电视广播节目的首播，美国观众可以在客厅电视上看到默罗播新闻了。由于他那时正处于巅峰，且坚持完全独立，所以美国观众也看到了大众传媒历史上一些最为精彩的新闻报道。

1952年12月28日，默罗带上相机，前往朝鲜战场前线，向美国展示散兵坑中的圣诞节是怎样过的。哥伦比亚广播电台称，对于《现在请看》和其姐妹节目《哥伦比亚广播公司报道》来说，没有什么是可以因困难或担心引起争议而不做的。他就对麦克阿瑟的看法问题采访了杜鲁门，又请麦克阿瑟谈谈杜鲁门，还在克里姆林宫采访了赫鲁晓夫。他调查了亨利·德克斯特·怀特、安妮·李·莫斯、J·罗伯特·奥本海默、欧文·佩雷斯和海军上尉米洛·拉杜洛维奇等案件。《现在请看》是第一个讨论吸烟与肺癌的关系的电视节目——这个话题除了默罗，其他评论员想都不敢想。《现在请看》最令人印象深刻的一期是1954年3月9日那晚，默罗胆量过人地质疑当时最有权势的参议员麦卡锡是骗子。

他最后说："对反对参议员麦卡锡那套做法的人们来说，现在不是保持沉默的时候。我们可以不顾我们的传统和美国的历史，但对于后果，不能回避责任。一个合众国的公民是不能放弃自己的责任的。"

默罗在这次节目中所表现出的勇气和引起的敌意，怎么说都不算夸张。晚间11点的新闻播音员唐·霍伦贝克，仅仅在节目结尾时说了句“我支持爱德华·默罗说的每一句话”就引发赫斯特报系对他的报复，最后以结束自己的生命告终。哥伦比亚广播公司那时正要职员们宣誓效忠，请了前联邦调查局成员对他们进行审查。公司被默罗的事吓呆了。(默罗在当时已任哥伦比亚广播网董事，他说在接下来的那次董事会议中，同事们对他节目的反应是：“好节目，只是你这样做让我们感到惋惜。”)麦卡锡本人则轻蔑地说，他并没有看报道：“我从来不听也不看广播电台和电视里极‘左’分子和自由分子的那些东西。”他甚至不屑回应，所以哥伦比亚广播电台将广播时间交给尼克松副总统。尼克松副总统则借此机会请求麦卡锡与共和党建立统一战线。

如果作为一名冷战分子，默罗的热情没有被充分认识到，那么这仅仅是因为美国公民无论在公共生活还是私人生活中都同样有这份热情。与其他同胞一样，默罗是北大西洋公约组织的热心支持者，支持希腊和土耳其的杜鲁门主义，赞成美国加大军备开支，认同美国应在欧洲有更强大的驻军，支持总统有权无须国会批准就可以派遣美国军队到国外。默罗支持朝鲜战争——“我们划了一道线，”他赞许地说，“没有跨过半岛，但是跨越了世界”，并预言在越南采取“进行某种形式的干预是不可避免的了”。

但是，默罗也赞同威尔逊式自决的自由观点。珍珠港事件之后，他说美国国务院“错误判断了战争的本质，它既是一次世界性的革命，也是一场世界性的战争”。这一切都足以使新任美国总统肯尼迪在1960年考虑邀请默罗担任美国新闻署署长了。

默罗欣然接受，一方面报答肯尼迪的知遇之恩，另一方面也适逢默罗对大众电视现状大失所望。随着情景喜剧、智力竞赛节目以及单调乏味的西部片的出现，电视年获利总计10亿美元。默罗激烈反对电视的“颓废、逃避现实和与我们生活的世界隔绝”，但新闻行业巨头对此充耳不闻。哥伦比亚广播电台将《现在请看》这档周播节目砍掉，改为临时特约节目。新闻人戏称新广播为“时不时请看”。

爱德华·默罗的晚年并不如意。他本来就不适应官场，再加上约翰逊政府决议将美国新闻署作为越南战争的宣传工具，因而导致该机构的良好声誉一落千丈。他的“世界末日的样子”预言中最为严峻的情况即将发生，示威游行将要上演，而记者们的露面更加剧了城市的骚乱。过度追求广告利益使电视网越来越没有底线。为了插入更多商业广告，“插播时间”竟从32秒延长至42秒。《哥伦比亚广播公司报道》是默罗最后一个得意之作，但最终也难免被另一档节目代替，节目内容有关一匹会说话的马。默罗于1965年春去世，哥伦比亚广播公司当天就发布了他的死讯，而紧接着这条新闻简报的，就是香烟广告。

默罗的骨灰被洒在他在纽约的波灵农场上，但这并不代表默罗已经彻底离开了这个世界，因为就在农场土地之下6英尺处，埋藏着全新的电视电缆。只要这根电视电缆永存，只要通讯的社会影响力永在，默罗的精神就会永存。

这——就是默罗。

第十七章　坠入深渊

由于身体不适，玛丽·艾奇逊·邦迪不得不住进纽约萨拉纳克的一家疗养院，将幼小的儿子交由父母抚养。就在那里，在希斯判决当月，她收到了来自父亲的一封信，里面说：

> ……我就要做一次公开演讲，尽我所能地把远东问题、我们力量有限的问题以及我们的目标和方向解释得更为清楚。我们过去做了太多愚蠢、不忠和可鄙的事情，现在我希望能如我期望的那样，沿着更为清晰和理智的方向前进。

用艾奇逊的话说，“在这个时刻谈论亚洲问题，压力巨大”。现在蒋介石彻底失败了。刚战胜日本时，他曾统帅一支装备精良、阵容庞大的军队，如今却节节败退，直到他的军队被一点点蚕食，自己也沦为中国一个岛上的难民。蒋介石的无能，是每个看着他力量步步瓦解的人都清楚明白的。《芝加哥论坛报》的主编罗伯特 · R · 麦考密克上校甚至曾告诉美联社："蒋介石政府不能平定那场被错误地称为共产党暴动的叛乱。"这位上校很快就会改变他的想法，意识到自罗斯福从胡佛手里夺取白宫以来，蒋介石在中国的失败是最能做文章的政治议题了。

艾奇逊给女儿寄信的时候，新中国已经成立4个多月了。毛泽东正在莫斯科与约瑟夫 · 斯大林商议《中苏友好同盟条约》。斯大林刚刚引爆了第一颗原子弹，因此成为苏联的朋友是十分有益的。美国人民知道这些后，根本就没心情在意罪责谁轻谁重的问题。抨击政府的共和党人让大家思想更加混乱，将蒋介石、福克斯、希斯、毛泽东、罗森堡夫妇、雅尔塔会议以及艾奇逊等都混为一谈，贴上红色标签。参议员塔夫脱的一句话在参议院中被广泛引用，他说国务院"已经被一群'左'翼分子掌控，他们显然想摆脱蒋介石，为了达到这个目的，将中国送交给共产党也愿意"。

这是政治。军事策略则是另一回事。1947年，参谋长联席会议一致同意不值得为韩国一战。1949年3月1日，麦克阿瑟将军在东京告诉《纽约时报》记者：

> 我们对亚洲侵略的防御部署，过去一向是建在美国大陆的西海岸。太平洋看起来就像一条大通道，随时可能有敌人进攻。现在，太平洋已经成为盎格鲁–撒克逊的一个内湖，而我们的防线则沿着亚洲海岸线的岛屿链。它始于菲律宾群岛，再贯穿整

个琉球群岛（主要堡垒是冲绳），然后折回日本和阿留申群岛链，回到阿拉斯加。[①]

从地图上看，那条防线至少还是很有战略性的。麦克阿瑟认为如果敌对力量控制中国台湾地区或是朝鲜半岛，他还是可以接受的。这位将军比国务卿更具政治头脑。1949年年底，他开始意识到，中国大陆红星的冉冉升起震惊了美国人民，公众舆论将共产党军队的任何进一步扩张都视为美国令人刺痛的失败。艾奇逊坚持己见，放弃中国台湾地区。1949年12月18日，他建议美国驻亚洲使团将中国台湾地区的重要性最小化，因为"普遍都认为会失去它"。两星期后，麦克阿瑟将备忘录复印件泄露给了媒体。塔夫脱和胡佛要求海军保卫台湾，但遭到了杜鲁门的反对。在这种背景下，艾奇逊于1950年1月12日在美国国家记者俱乐部新闻招待会上发表了那篇在给女儿的信里首次提到的演讲。

显然这不是让一个国务卿毫无准备地随意发挥的时候。因此，他的下属们给他准备了厚厚一叠讲稿。"但到最后，"没有太多解释，他在自己的回忆录里写道，"我把那叠讲稿放到一边，抓住其中的一两页开始演讲。"对听众而言，他只是回溯麦克阿瑟将军10个月前就设计好的防线——从阿留申群岛经日本、琉球群岛，再到菲律宾群岛，但蒋介石的失败改变了华盛顿的政治蓝图。"目前，要考虑太平洋其他地区的军事安全（显然他想到的是中国台湾地区和韩国），"他又说，"肯定要明确的是，没人能够保证这些地区不会遭到军事袭击，最初的抵抗一定来自被袭地区的人民。"他含糊地得出结论，如果事

---

① 事实上，麦克阿瑟在当月对记者G·沃德·普赖斯所说的话，和在那年晚些时候对《亚利桑那每日星报》的威廉姆·R·马修斯说的是完全一样的内容。

实证明他们是坚决的战士，根据《联合国宪章》，他们就有权提出呼吁。

直到生命的尽头，艾奇逊都强烈否认由于将韩国排除在防线外，为其开战开了绿灯。但当他告诉记者俱乐部，美国正在等待中国“局势明朗化”，又说美国防线是沿着“阿留申群岛到日本再到琉球群岛”时，共产党只能得出结论：美国将朝鲜海峡西北部的人民抛下，让他们自己保卫自己。事实也的确如此。

错误地解释美国的政策并不像是艾奇逊的作为，事实上他也没有。像前一年 3 月的麦克阿瑟一样，他排除了美国卷入亚洲大陆战争的可能。但是，美国的趋向是会改变的，希特勒就是没有意识到这一点而毁于一旦。现在，斯大林又犯了相同的错误。苏联的领导者正在部署朝鲜战争计划（这一点，毛泽东完全被蒙在鼓里），因为他相信了艾奇逊。国务卿发表完在记者俱乐部的演讲之后，苏联驻联合国代表雅各布 · 马利克退出了安理会，因为它拒绝驱逐中国国民党，不欢迎来自大陆新政权的使者。斯大林是要提醒美国人注意，按照他的观点，时间设置得非常好。没有和莫斯科协商，美国就起草了《日本和平条约》。自从战胜日本，苏联就希望华盛顿能放手让他们处理朝鲜问题。乔治 · 凯南认为，当他们看到事情并不是他们预想的那样，他们就得出结论：“如果这是我们从日本那里得到的全部好处，那么在美国让日本回到朝鲜之前，我们最好赶快把它抓到手。”

同时，杜鲁门的全球策略开始转变。4 月，杜鲁门总统主持了一次美国国家安全委员会会议。在会上，他抛弃外围防御战略，开始了一项新的策略，这项策略可使美国抵御任何非共产主义政府的威胁。在那次会议上，通过了美国国家安全委员会第 68 号文件，除了其他问题，还规定将美国未来收入的20%作为军事拨款。不管明智与否，这个决定都不应该被保密。可斯大林对此一无所知，他设想夺取韩国就像1938年对捷克斯洛伐克那样是个熟苹果，是摘下来的时候了。后来，虽然国会有人批评艾奇逊发送了错误信号，但他们并没有落井下石的权力。国务卿演讲后的一星期，一心以节约为念的众议院以193对192票的一票之差，否决了一小笔用于支持500名美国军官监督韩国军队进行装备的拨款。那天晚上，艾奇逊给玛丽写信道：

> 今天真艰难，工作不太多，但是麻烦不断。在众议院会议上，我们关于朝鲜问题的提议失败了。在我看来，这是我们自己的错。本来不应该因一票之差而输掉的。我们太谦恭、太听之任之了。如今，我们要走很长一段回头路。

这条路的第一个交叉路口就在正前方。

1950年1月，约瑟夫·R·麦卡锡41岁，在许多方面都正在走下坡路。4年前，也就是1946年共和党大胜时，他被选为参议员，而这将成为美国参议院的一大耻辱——他是一位损人利己的政治家，不但从卢斯特隆预制装配建筑公司受贿1万美元，还从华盛顿百事可乐公司的说客那里借走了无担保的2万美元。他投机倒把，不顾一切地将钱投入黄豆期货和与马票经纪人的长途电话上。国会山的一些人知道，麦卡锡那只破旧的茶色公文包里经常装着一瓶威士忌。他是一个彻头彻尾的酒鬼，每天都向朋友吹嘘自己可以“喝一瓶1/5加仑装的酒”。照他这样喝下去，他也就只有六七年的时光好活了。

麦卡锡是一个流氓，看起来就像。他目光游移不定，时常暗自窃笑，声音刺耳，带着讥讽。在参议院，由于他有一脸浓密的大胡子，人们很快就能认出他来。事实上，他具有典型的爱尔兰人负面特征：矮胖、牛肩、浓眉，如同在波士顿 8 号码头和芝加哥南部的旧式公寓随处可见的人一样。他没有休伊 · 朗的天赋，也对自己缺乏信心。他有的只是非凡的说谎能力和了解美国通信业的直觉。除了这些，他还冷酷无情。他几乎什么都不信，如果他有信仰的话，那就是虚无主义。他最喜欢在报纸上读到自己的名字，并且想继续担任参议员。

殖民地酒店的那次见面对他来讲根本就没什么收获，之后麦卡锡打电话给共和党全国委员会说，他在 5 个星期后，也就是林肯诞辰纪念日的那个周末，会有时间发表关于共产党的言论。就算委员会委员听到这个消息很高兴，他们也没有喜形于色。当然，他们也不会吃惊，毕竟这是政党路线。当时的反共英雄尼克松就警告说，希斯的案子只是“美国共产党耸人听闻的间谍活动里的一小部分”。尼克松的言论颇受欢迎，但是据共和党全国委员会所知，麦卡锡对共产党一无所知。林肯诞辰纪念日唯一能够为他找到的演讲场所，就是西弗吉尼亚州惠灵市俄亥俄县的妇女俱乐部，接着就是盐湖城和霜诺市。去惠灵市的途中，尽职的空姐看到自己的乘客列表上有一位美国参议员，就问候道：“下午好，麦卡锡议员。”他看上去有点意外。“哎呀，下午好，”他说，“很高兴有人认识我。”

搭飞机前，他做了一点点，也只是一点点功课。要说那是什么研究，可就太过了，大部分都是他的“草稿”，就像他后来对记者描述的，那只是从其他共和党人的几篇发言稿里剪剪贴贴，稍稍做了点儿改动。据《惠灵消息报》报道，他从尼克松在 1 月 26 日众议院的演讲中节选了一段作为自己的内容：

尼克松在国会的演讲：	麦卡锡在惠灵市的演讲：
我们从希斯的案子里要吸取的教训是，我们所对付的不仅是那些为了30个银币[①]而窃取一件新武器设计蓝图的间谍……允许敌人左右和修改我们的政策，是远比这些更阴险罪恶的活动。	在讨论共产党的问题时要铭记一点，我们所对付的不是为了窃取一件新武器设计蓝图而得到30块银圆的间谍。我们正在处理的是远比这些更阴险罪恶的活动，因为它允许敌人左右和修改我们的政策。

据目前所知，对于颠覆问题的调查，麦卡锡只是简单地打了一个电话。他打电话给《芝加哥论坛报》驻华盛顿的威拉德 · 爱德华兹，称自己要写篇演说稿需要他的帮助。通过爱德华兹，他得到了两个有关国务院员工忠诚度调查的简单情况，而且大部分已被人遗忘了。第一个调查可以在《国会议事录》里找到。1946年7月26日，当时的国务卿詹姆斯 · F · 伯恩斯写信给伊利诺伊州的众议员阿道夫 · J · 萨巴思说，审查人员从战时机构调到国务院的3 000人里，通过初步筛选，提出有284名不能长期雇用。其中有79人已经被解聘了。284减去79，麦卡锡得到了神奇的数字205。205人被建议免职，而他们的名字在伯恩斯写这封信时还在职员名单上[②]。他得到的另一个情况被反共者称为“李氏名单”。罗伯特 · E · 李是众议院拨

① 此处源自犹大为了30个银币而出卖了耶稣。——编者注

② 麦卡锡在惠灵市演讲时，这个数字可能就已经过时了。确实是这样。1950年8月，《哈泼斯》的记者阿尔弗雷德 · 弗兰德利报道，截至1950年2月，那205人中只有65人仍受雇于国务院。弗兰德利肯定不止一次打电话确认过。对于这种挖掘信息的方式，麦卡锡肯定不能理解。

款小组委员会的调查员，曾调查与《美亚》杂志事件相关的108个国务院人事档案。1948年，国务院发给该委员会关于那108人的统计总结报告，仍在职的还有57人——这是“亨氏食品公司的品类数目①”，理查德·H·罗维尔在《纽约客》里讽刺说。

这样，麦卡锡议员就有了两个数字：205和57，但他只知道这么多。要知道他有多会招摇撞骗，必须记住一点，他此时没有卷宗、原始数据以及任何参考数据。他知道有两份过时的名单，但他一份也没弄到。如果有人问起，他说不出一个名字，但就凭着这点东西，他就要进行全面巡讲，先到西弗吉尼亚州，在科罗拉多州转机后到犹他州，再到内华达州的雷诺市。他大概觉得没什么人会怀疑他。他期望能够在一小群共和党妇女听众面前布道演讲，说说老生常谈的问题。返回时，威斯康星州的报纸上已经有了关于他此次巡讲的评论，提醒共和党的官员们和赞助人他的存在。当然，他可能会进行两三次猛烈抨击，但也不会比那个周末其他共和党发言人更加厉害。后来，他突然发现自己还有一个极棒的蛊惑人心的方法：其他人都只是笼统地谴责卖国，而他可以谈论卖国贼。

惠灵市广播电台WWVA录下了他的评论，并在当晚广播出来。但历史性的遗憾是，磁带在广播后立马被洗掉了。那次事件留下的，除了人们的回忆，就是《惠灵消息报》记者弗朗克·德斯蒙德的记录。根据这份记录，那篇著名的发言是：

虽然我不能花时间列举出国务院里所有共产党人和间谍圈

① 1896年，亨氏食品公司将其60多种产品归为57类。57这个数字从此成为亨氏食品公司的代名词。——编者注

> 成员的名字，但我手里有一份205人的名单，国务卿知道他们是共产党，但他们现在正在国务院工作，制定国务院的政策。

他当时可能是拿着一张洗衣清单、购物单或是旧的圣诞贺卡吧！不管那是什么，都不重要，因为过后他就扔了。一个星期后，他回到华盛顿，那里一半的人都要求他证明他的指控，他很努力地尝试找出自己到底说了什么，却想不起来了。他甚至询问那一带的业余无线电工作者，看他们是否有可能录下了这次演讲。但一无所获。

德斯蒙德的文章出现在《惠灵消息报》，还被《芝加哥论坛报》转载，又登上《丹佛邮报》头版。三天后，《纽约时报》也刊登了麦卡锡议员的指控。美联社将两段德斯蒙德的评论登载在B线，国务院有人读到了这篇评论。因此麦卡锡在丹佛转机时，有位新闻记者告诉他，国务院想要他所指控的共产党人的名单，以便马上开始调查。麦卡锡回答说，他的话被误解了，他说的不是205名共产党人，而是205个“危险的嫌疑分子”。记者问他是否能够看看那份名单。当然，他答道。但后来他又说自己把名单落在机场的行李里了。《丹佛邮报》保存着一张照片，照片里，麦卡锡可怜兮兮地盯着自己破旧的公文包，搜索着那份不知去向的名单。

2月20日下午，参议员召集法定人的钟声响了三次，乔·麦卡锡（约瑟夫·麦卡锡的昵称）提着那只鼓鼓的、茶色的公文包大步流星地走向台前。民主党人要求他提供证据，而他回华盛顿后，也两次向新闻记者保证，如果他拿不出证据，就辞职。现在他要给参议院上演一出史上最荒唐的晚上开会的戏。他这次不仅有数字，还有其他东西，尽管并不多。李提供了108份两年前从国务院文件整理出来为众议院拨款小组委员会准备的档案影印本。其中，只有 40 人仍在国务院任职。这些人已经过联邦调查局的全面调查，并已通过审查。可是，麦卡锡仍将 81 个人作废的档案堆在自己和邻近议员的办公桌上，堂而皇之地宣称他已经看透了“杜鲁门的保密铁幕”。

接下来的几分钟简直狼狈透了。麦卡锡翻弄着第一批文件，说自己将只提这些人的编号。这本身就让人怀疑，因为在参议院台上的发言，照法律不构成诽谤罪。但接下来发生的事情更令人吃惊。听众们发现，麦卡锡是第一次看这些档案。他看每份档案时都要停一停，飞快地翻阅，看里面的内容是什么。若换成别人，肯定窘迫得坚持不下去，但麦卡锡无所谓。他站了将近 6 个小时，坚持演完这场闹剧，如果有文件难住了他，他就满不在乎地耸耸肩。总之，他不肯离开议会席。

这些文件所涉及的人员，有些根本就与国务院无关。21~26 号为美国之音广播电台工作，12 号曾受聘于商务部，麦卡锡满不在乎地承认：“他现在在哪儿，坦白说，我不知道。”62 号 “对于共产党活动是无关紧要的”。对于 40 号，他说：“我从这个袋子里没找到什么信息，但是也没有文件证明他与共产党无关。”72 号把这位议员难住了。这份档案很重要，他吞吞吐吐地说：“这与我要找的刚好相反……我确信他不是共产党人。好几位证人都对他评价很高，说他品行端正，是个民主的美国人……反对共产主义。”（另外，72 号根本就没在国务院工作过。）对此惊讶万分的理查德 · 罗维尔问道：“除了纯粹的精神失常，还有什么会让一个人在讨论 81 个共产党人时说：‘这些共产党人里有一个很重要，因为他不是共产党人呢？’”

但麦卡锡还是固执地要说完。9 号和 77 号的档案内容是一样的。15、27、37 和 59 号根本就不存在，档案都是空文档。13 号和 78 号仅仅是普通职员。14 号“主要是道德问题”，却被误放在 41 号的档案里。52 号值得注意，主要是因为他为 16 号工作，而“16 号”——就好像最终捡到金子一样，他说：“这是国务院里最危险的间谍之一。”

很显然，这个人不是间谍，这些档案里一个间谍也没有。但是通过在这份文档里插一句，在那份档案里删一句，用伪造的调查材料对整个过程进行了润色加工，对那些喜欢先看漫画版，再看体育版，最后浏览一下大标题的读者来说，麦卡锡制造的新闻给他们造成一个印象，好像他已经发现了颠覆活动。在 2 月 20 日的那场表演中，麦卡锡对事实的篡改幅度还很小：三个“有俄式名字”的人变成了“三个俄罗斯人”；像“据报道”、“据说”字眼消失了，“可能已经”和“可能”被“已经”和“是”代替；“值得考虑的诽谤信息”被翻译为“共产党活动的确凿证据”。其他篡改则令人非常吃惊。联邦调查局的审查通过记录不是被忽略，就是被改为联邦调查局称其有罪。如果“一个美国好公民”被国务院机构拒绝，原因只能是要雇用共产党。而有些事实，例如申请人的年龄已经超过 70 岁，则根本就没提。共和党人惊呆了。肯尼思 · 惠理作为该党的参议院领袖，尽可能在议案中帮助麦卡锡，但也尽量避免和他搞在一起。塔夫脱（几乎不认识麦卡锡）后来告诉记者：“这真是一场不计任何后果的演出。”

第二天早上，报纸头条揭露这些档案毫无用处，陈旧过时。民主党人欢呼雀跃，他们召开核心会议，要求多数党领袖——伊利诺伊州的斯科特 · 卢卡斯 “全面彻底”地调查“对美国不忠的人们是否受雇于或曾受雇于国务院”。因为其他共和党人与麦卡锡保持距离，而且他自己也曾坚称他乐于接受调查，参议院一致通过卢卡斯的第 231 号决议。惠理试图求助众议院拨款小组委员会，因为该委员会主席——田纳西州的肯尼思 · 麦凯勒是右翼分子，他不会给民主党自由派太多的帮助和安慰。但这一提议在全党投票时被直接否决了，然后提议移交给了外交关系委员会。得克萨斯州的汤姆·康纳利任命米勒德·E·泰丁斯为那不太好惹的外交关系委员会主席，这位野心勃勃的头面人物曾掌控了马里兰州长达25年。在他任命其正式成员（康涅狄格州的民主党人布里恩·麦克马洪、罗得岛州的民主党人西奥多·弗朗西斯·格林、马萨诸塞州的共和党人亨利·卡伯特·洛奇和艾奥瓦州的共和党人伯克·B·希肯卢珀）前，麦卡锡就称之为袋鼠法庭①。泰丁斯保证“无政治迫害，无任何掩饰”。私底下，他自命不凡地称威斯康星州的那位后座参议员为“那小子”。他并不知道，一共要对麦卡锡进行5次调查，而这只是第一次尝试。在这些调查中，没人能够找到问题的根源，除了麦卡锡自己。

当然，他得到了某些帮助。没有人，甚至是麦卡锡都不可能单枪匹马把事情闹出这么大动静。若没有某些说客的努力，在国会里不可能走这么远，麦卡锡在飞去惠灵市之前给《芝加哥论坛报》的记者打了电话，表明他知道怎样获得帮助。调查员李所扮演的角色又是另一个迹象。麦卡锡在西弗吉尼亚州崭露头角时，这些人和他们的同党们就开始了大规模的援助工作，只要麦卡锡需要，大量人员和数据都能为他所用。并不是他们选择了麦卡锡，而是麦卡锡选择了他们的议题。任何集团想在国会里搞什么名堂，都并不是那么容易能找到一个参议员出头的。而一旦找到，他们最不愿发生的事情，就是看到他身败名裂。

这就是所谓的“院外援华集团”。其绝大部分成员都受雇于那些右翼报刊发行人：麦考密克上校的《芝加哥论坛报》里的威拉德·爱

① “袋鼠法庭”是西方法律术语，指非正规的法庭，也指不合正常法律程序的审判。——编者注

德华兹和沃尔特·特罗安；麦考密克的《华盛顿时代先驱报》里的乔治·沃特斯；在麦考密克的共同广播公司联播网上常常出现的小富尔顿·刘易斯；威廉·伦道夫·赫斯特的《纽约美国人日报》里的劳伦斯·克利；赫斯特报系的记者霍华德·拉什莫尔、肯·亨特和雷·理查兹；还有两位赫斯特报系的专栏作家乔治·索科尔斯基和J·B·马修斯。马修斯有一份名为“附录九”的小册子，相当于反犹主义者的《锡安长老会议纪要》。1944年，《附录九》由众议院非美活动调查委员会的调查员们辑成，共有7卷。里面有22 000个名字，不加选择地排列在一起，是从被怀疑对国家不忠的机构的负责人名单、那些告密者，和20世纪30年代出版的极端保守主义者的小册子中搜集来的。众议院非美活动调查委员会的成员都觉得它荒谬绝伦，全体成员收回《附录九》并禁用，但是马修斯却私下留了一份。有了这件武器，麦卡锡便可以口无遮拦、信口雌黄，而这本册子中所没有的，麦卡锡还可以从对华政策协会创始人、院外援华集团主要赞助人阿尔弗雷德·科尔伯格那里获得。30年来，科尔伯格通过从大陆进口东方的纺织品而获得利益，但蒋介石下台后，其财源就被切断了。现在，他从巨额财富中拨一点儿给《反击》、《自由人》和艾萨克·唐·莱文的《实话实说》等刊物中。

这股势力正在华盛顿徘徊，寻找一个头领。他们现在听命于麦卡锡，而且在大多数情况下都为他服务得很好。他的对手也很强大：有国会山的民主党领导杜鲁门总统（他私底下谈论麦卡锡时，曾说那个“狗娘养的必须受到弹劾”）以及所有不像麦考密克和赫斯特那么“右”的记者。在与麦卡锡的第一次冲突中，约瑟夫、斯图尔特·艾尔索普与其斗争得尤其激烈，他们嘲笑麦卡锡在办公室里故弄玄虚的表演——打电话时用铅笔敲打话筒“而使窃听器的磁针失效”，电话快结束时，他故意演戏打给来访者听。只见他抓住听筒，喃喃地说：“是，是，我能听见，但不能说什么。听得见我说什么吗？你真的知道那家伙的内幕吗？是吗？好，我跟你说。把这些闲话假装无意地透露给 1 号，告诉我他的反应。明白吗？那好，我等会儿再打给你。”

沃尔特 · 李普曼在谈到这位参议员的蛊惑人心的伎俩对国务卿的影响时说：“没有任何一位代表国家处理国外大事的美国官员，在国内会受到如此巨大的伤害，甚至是威尔逊在 1918 年也没有遇到过这种情况。”许多老牌自由报刊如《巴尔的摩太阳报》，在麦卡锡进攻的第一年都莫名的沉默，但《华盛顿邮报》步步针对他，《纽约时报》和《圣路易斯快邮报》也是如此，《时代周刊》更是揪住他不放。对战斗双方冲击最大的可能就是《华盛顿邮报》漫画家赫伯特 · 布洛克（笔名是“赫布洛克”）的一幅画。赫布洛克创造了一个新词：“麦卡锡主义”。他画了一幅画，把这几个字刻在一个装满泥浆的圆桶上，桶下是 10 个摇摇晃晃、溅满泥浆的水桶。

然而，麦卡锡和他卑鄙无耻的追随者们似乎总有所得。李普曼冠冕堂皇的文章与麦卡锡对美国多数党的攻击相比，苍白无力。麦卡锡说：“民主党派的标签现在是那些屈从于卖国贼的男男女女们的私产了，那些人佩戴的政治标签都是一个叫杜鲁门的白痴给缝上去的，已被一个叫艾奇逊的骗子所腐蚀，又被（哈里 · 德克斯特）怀特红色屎尿所败坏。”甚至赫布洛克的杰作也被富尔顿 · 刘易斯所利用，他告诉他的听众：“对许多美国人来说，麦卡锡主义就是美国主义。”而麦卡锡本人也在威斯康星州的听众面前说：“麦卡锡主义就是卷起袖子大干一场的美国主义。”①

---

① 美国共产党总书记厄尔 · 白劳德曾在 1936 年说过：“共产主义就是 20 世纪的美国主义。”

这些口号和辱骂本不该产生太大影响，但一个令人不快的事实是，麦卡锡在美国基层中点了一把火。虽然他的虚假面孔被一片片撕碎，将他的指控被其他参议员一点点击破，他的谎言也被层层揭开，直到他完全赤裸地暴露在公众面前（他还咧着嘴笑），但民众对他的支持率却有增无减，而且态度更加坚定。这种迹象毋庸置疑。盖洛普民意测验显示，50%的民众对该参议员持“赞同的观点”，认为他在为美国做好事，29%的民众反对他，还有21%的民众不表态。那些后来随同麦卡锡到各地竞选旅行的记者，见他受到如此赞扬，非常震惊。而国会山上那些怀疑他们的报道的记者，也发现一个最有说服力的证据：每天早上麦卡锡收到邮件时，也会收到一大堆皱巴巴的钞票和毛票。

麦卡锡将这些钱全部投资到大豆期货中，而他的共和党同事们左思右想后，也开始改变对他的态度。惠里用手搂着他结实的肩膀，威廉姆·E·詹纳请他与自己合影，霍默·弗格森把自己搜集到的颠覆分子名单与他交换，欧文·布鲁斯特和卡尔·E·蒙特则把自己的下属借给他为他服务。泰丁斯的委员会的一个成员希肯卢珀也开始站到这位正在酣战的威斯康星州参议员一边，而且非常卖力。在众议院，一个哥伦比亚特区小组委员会还为麦卡锡最荒诞无稽的指控——“同性恋与共产主义的联系”举行听证会。麦卡锡说这明显是苏联的阴谋，目的是引诱“国务院的女员工们过同性恋的生活”。最后，共和党的最后一根柱子也倒了下来。要是再发现一个名副其实的民主党卖国贼，而这个人对政府制定对华政策的影响又像希斯对新政的影响那么大，对于塔夫脱来说就太难以承受了。这位正直的典范人物宣布：“从国务院的亲共政策看来，乔·麦卡锡要求进行全面调查是完全合理的。”他接着又对麦卡锡说：“假如一件案子不奏效，那就再试第二件！”这架势就像麦卡锡还需要别人指点似的。

3月21日，这个魔术师的魔术口袋已经空空如也了，或者表面看是这样，但之后麦卡锡又编造出了前所未闻的把戏。他告诉泰丁斯的委员会，他打算说出美国“头号苏联间谍”的名字。委员会聚集起来召开了一次紧急会议。在那儿，麦卡锡却坦白承认他没什么新的东西可说。“这件事没有什么神秘的，”他说，“都已经记录在案了，还有些证物。”确实如此。原来他讲的那个欧文·拉蒂摩尔是约翰·霍普金斯大学的一位教授，研究亚洲问题的专家。他当时在阿富汗境内，但他既不是共产党人，也不是国务院的雇员。他只是对政府有关远东问题的事情提出了一些建议。他写了一份关于蒋介石问题的报告，其中冷静的现实主义态度激怒了院外援华集团，尤其是科尔伯格。有关拉蒂摩尔的所有事情，国会都知道得一清二楚。尽管如此，麦卡锡仍告诉持怀疑态度的泰丁斯，拉蒂摩尔“肯定是间谍”，有关他的档案是“爆炸性的”。他又说：“如果你破了此案，就将破获美国历史上最大的一起间谍案。”第二天早上，他将这些都告诉了媒体，不过没提拉蒂摩尔的名字。他说：“我的成败就在这个案子了。如果这次错了，我相信小组委员会对我其他的案子就不会那么认真对待了。”他说，那个人的名字就在他的口袋里，那是一个超级间谍，“曾是希斯所在国务院间谍网的首领”。

那件事发生在星期二。周末，参议院召开记者会时，大家都在暗地里讨论拉蒂摩尔。3月26日，德鲁·皮尔逊对此写了新闻报道。而此时，麦卡锡玩起了失踪，而他的回归是为了另一项完全不同寻常的指控。拉蒂摩尔在阿富汗知道麦卡锡将要回来以后立即声称，自己并不是苏联安排在美国的头号间谍，将飞回国内澄清这一谣传。同时，麦卡锡也声称自己被误解了。那个星期四，麦卡锡在参议院说：“关于拉蒂摩尔，我或许太过强调他是不是一个间谍这一问题。”他原本想说这个教授是“远东政策的首席设计师”。麦卡锡说：“这个人简直就是制定政策的危险人物……我相信随便一个小孩子都能回答出来谁是远东政策的设计师，他就是欧文·拉蒂摩尔。”惹得那些想从这个神秘教授身上获得更多信息的记者们哄堂大笑。

4月6日，在强弧光灯的照射下，拉蒂摩尔在委员会做证。聚集在大理石柱的参议院会议厅的人群，是自9年前温德尔·威尔基到这里表示同意《租借法案》以来人数最多的一次。他们听到证人对每条指控都加以否认。拉蒂摩尔拿出蒋介石夫妇给他的个人信件，表示他们十分感激他所做的工作。泰丁斯透漏，委员会的4名议员曾研究过拉蒂摩尔的档案，并未发现任何有关他参与破坏或反动活动的证据。拉蒂摩尔受到大家的热烈欢迎，随后离开了会场。4天之后，麦卡锡引见了一位《工人日报》前任主编。此人名为路易斯·布登兹，他发誓说，在1944年的晚会上，自己的上司曾告诉自己，“将欧文·拉蒂摩尔看作共产党”。

右翼参议员们扬扬得意，大声喝彩。乔已经证实了该传言，布登兹就是拉蒂摩尔的惠特克·钱伯斯。两名保守党的记者当时明显被骗了。威廉·怀特报道，布登兹被正式告知，拉蒂摩尔是个卖国贼。阿瑟·克罗克说，许多有识之士正在改变他们对麦卡锡的想法，但他们并没有让这些人改变太久。拉蒂摩尔的律师阿贝·福塔斯和保罗·波特严厉地诘问布登兹所有相关事情。是的，他什么都招了：承认在联邦调查局审查他的4年里，除了欧文·拉蒂摩尔，他说了自己所知的所有有关共产党的消息；承认在1947年告诉一名国务院安全专员，拉蒂摩尔并非共产党，并在1949年年初的《柯里尔》杂志上发表文章否认他是共产党；承认欧文·拉蒂摩尔的名字在他所有关于共产党人的书里都从未出现过。那么他怎样证明现在没有说谎呢？他无力地说："在另一本书里，他把拉蒂摩尔先生描绘成一个了不起的人。"他退场后，贝拉 · V · 多德和弗雷达 · 厄特利这两名前共产主义分子走上证人台。多德女士把拉蒂摩尔是个共产党人的观点嘲笑了一番，厄特利的证词比较模糊，但她断言拉蒂摩尔绝不是间谍——说到这点时，连布登兹都认为这种指控太令人吃惊了。但麦卡锡毫无悔意，他把视线转移到另一个"中国通"身上，这个人曾写过"一本书，详尽地阐释了麦卡锡对亚洲问题的亲共原因，正如希特勒的《我的奋斗》清晰地阐述他对欧洲问题的解决方案一样"。记者提了一些问题，麦卡锡无言以对，只好承认他并未看过这本书。其实，他连书名都不知道，只是答应事后会查证。麦卡锡再一次被人驳倒，这个名字又再一次成为头版新闻。

泰丁斯的信心在慢慢减弱。无论是以智取胜，还是以勇取胜，他发觉自己作为一个娴熟的政客都有点力不从心。当他在修改一份只有已觉察麦卡锡丑恶行为的美国人才会读的报告时，公众对麦卡锡的支持正在不断增加。来自缅因州的共和党人玛格丽特 · 蔡斯 · 史密斯也发表了由她和其他 5 个共和党自由派共同签署的反对麦卡锡主义的《良心宣言》。即便如此，多数党领袖卢卡斯数了一下人数，发现参议院只有 12 名民主党人公开反对麦卡锡。泰丁斯在道德或作风方面都占了上风，但麦卡锡却从来不理性也不正派，他就是个政治骗子，他的骗术横扫了春季总统初选。当调查他的委员会在斟酌他的报告应该怎么写时，威利斯 · 史密斯正在用麦卡锡式竞选把来自北卡罗来纳州的参议员弗朗克 · P · 格雷厄姆赶下了台，众院议员乔治 · A · 斯马瑟斯正在用第二轮麦卡锡式竞选打败来自佛罗里达州的自由派参议员克劳德 · 佩珀，加利福尼亚州的参议员候选人海伦 · 加哈根 · 道格拉斯正遭到曼彻斯特 · 博迪第三轮麦卡锡式预选的诋毁，而理查

德 · 尼克松正在准备第四轮麦卡锡式竞选，最终在大选中击败了她。

因此，这份报告还没写完，就已经遭到了质疑。最终，报告的内容与预料的相差无几，控告麦卡锡“弄虚作假、愚弄众人”，涉嫌有意说谎。麦卡锡早就知道报告会这样写，所以将这次报告冠名为“参议院的耻辱”，“为美国红色第五纵队开绿灯”。塔夫脱称这次诉讼为“一场闹剧”和“一次掩饰”，是对“一名战斗的爱尔兰裔海军陆战队队员”的侮辱，缅因州的欧文 · 布鲁斯特随声附和。惠里攻击艾奇逊，共和党全国委员会主席盖伊 · 加布里 · 埃尔森则说共和党正在揭露 “共产党的间谍、密探、特务和党员”，他们“充斥着整个美国政府”。

到夏天时，乐观主义者以为看到了麦卡锡气数已尽的迹象。通讯社已经将他记者招待会的报道减少了很多，许多报纸则压根不再报道。与国外赤色分子的斗争渐渐引起公众的广泛关注，麦卡锡的小插曲不再吸引人了。当他手舞足蹈地举着“联邦调查局的报告”揭露国务院的“三个共产党间谍”时，胡佛的驳斥也未让人感到意外。至少在这时看来，麦卡锡主义似乎走到了尽头。

但这只是一个错觉。千千万万的美国人将威斯康星州的这位后座参议员看作反共的象征，只要共产主义还是个议题，大家就将他看作英雄。这样一来，他日益骄横起来。有人提醒他还没有回应委员会的指控，他回答说：“我不回应指控，我提出指控。”一位记者问：“你正在看的不是机密文件吗？”那位参议员啪地合上文件说：“曾经是的，但我现在取消了机密。”在一次鸡尾酒会上，一个女孩儿询问道：“麦卡锡议员，你是什么时候发现共产党的？”他嘲弄地瞥了她一眼，回敬说：“两个半月前。”

美国政府正全力调查有多少共产党员曾经在国务院任职（205 个，57 个，108 个，40 个，66 个，25 个，1 个，还是 0 个？），朝鲜正部署 9 支装备精良的部队攻击手无寸铁的韩国。12 万朝鲜人民军由 2 万名有战斗经验的共产党员带领，他们参加了“二战”中的苏德大战，包括斯大林格勒战役。朝鲜的 12 万人民军以任何军事标准来衡量都是精英力量。部队配备的是 122 毫米榴弹炮、76 毫米分区榴弹炮、76 毫米自行火炮、120 毫米迫击炮和各种类型的苏制高射炮，各种步兵武器，从反坦克炮到小型冲锋枪都有。还有 150 辆苏联 T–34 型坦克，它们曾经在库尔斯克前线摧毁过克虏伯虎型装甲车，这些庞然大物使这支部队更加锐不可当。此外，他们还有雅克式和斯多尔摩维克式战斗机群。美国海军陆战队军事专家小罗伯特 · D · 海纳尔上校的看法是 “远东所有的武装力量里，除了苏军，这支部队可能是完成任务最好，最训练有素、装备精良的部队了”。

面对强大对手，韩国总统李承晚能动用的只有比保安队略强的军队。具有讽刺意味的是，美国五角大楼故意削弱了李承晚这支拥有 6.5 万人的部队的力量。朝韩均宣称要发动进攻，准备不惜流血牺牲，统一朝鲜半岛。尽管朝鲜人民军定期巡逻时已经跨越了北纬 38 度，甚至有时多达 1 500 人，但华盛顿主要担心的却是 75 岁的李承晚。为了挫败他野心勃勃的本性，韩国部队只配备了一些陈旧的日本九九式步枪、近射程的M3 型 105 毫米榴弹炮、过时的 2.36 英寸火箭筒，没有大于 81 毫米口径的迫击炮，没有无后坐力炮，没有坦克，没有进攻性炮兵，也没有军用飞机。对于这样的疏忽，华盛顿政府是罪魁祸首，而美国国会则是从犯。杜鲁门在他 1950~1951 年的年度预算中，曾特别指定给韩国拨款 6 000 万美元，国会却把它砍掉了。美国对韩国的防御，只寄希望于美国军事顾问团。但这个希望很靠不住。在韩国的政权中心汉城（今首尔），这个顾问团只是把韩国的军队作为军事警察来训练。除此之外，美国人只是装装样子而已。1950年6月13日，政府部门的威廉 · C · 福斯特在一次国会委员会上做证时说："韩国实行严格的训练计划后，已经建立起一支拥有10万名战士而且纪律严明的军队，用来应对来自朝鲜军事力量的任何挑战和清扫韩国各个区域内的游击队员。"在战争前夕的《时代周刊》采访中，顾问团那位启程回国的陆军准将威廉 · L · 罗伯茨，称他的部队为"美国以外最好的军队"。

这不是事实，而这样说还是客气的。最让美国人震惊的是，他们自己的军事力量也软弱无力。自从"要回家"的骚乱让战后一片混乱时，这种情况就开始了。阿尔伯特 · C · 魏德迈将军评价说："美国打仗就像踢足球比赛，胜利后就离场庆祝。"然后，关于三军统一的争议又将士气糟蹋得所剩无几。国防部长路易斯 · 约翰逊宣布，他将"精简臃肿的军队"。通过将军事预算由300亿美元减至142亿美元的方法，砍掉了很多部队。五角大楼放弃了对抗苏联新型潜艇的雷达防御网和保护性设备的研发。到1950年，苏联已拥有了和美国同等数量的战斗机，军队是美国的4倍，坦克师是美国的30倍。美国只有一个步兵团接近最强作战实力，在役军人总共只有592 000人，还不到珍珠港事件时的一半。最后，驻日的美国4个集团军情况也在恶化，用威廉 · F · 迪安将军后来的话说，他们已经变成了一支松散的军队，习惯于"与他们的日本女友鬼混，大灌啤酒，连皮鞋都让仆人来擦"。

指挥官们是不能以对敌人的意图一无所知为托词而推卸责任的。朝鲜半岛不幸的分裂历史可以追溯至公元前108年，而自从第二次世界大战对日作战胜利后，三八线地区就纷争不断。除了各自增加巡逻队来回巡逻的次数，以及李承晚和金日成之间的互相叫板及武力威胁外，美国中央情报局还提醒华盛顿注意，暴力冲突可能一触即发。中央情报局在报道中描述朝鲜军队在边界大量集结，并警告只有策划大规模的进攻，才能解释得通这种情况。国务卿肯定看到了其他人看不到的美国中央情报局的简报，在国会委员会做证时，他就已经读到过记录在案的几则情报局电报，其中一则可以追溯到 1950 年 3 月 10 日，并预言“朝鲜人民军将在 1950 年 6 月进攻韩国”。更确切一点儿说，30 个月前，参谋长联席会议就曾告诉过白宫“从军事安全立场考虑”，美国在朝鲜没有“战略利益”。当时可能确实是这样，但是现在，也许任何一个总统，只要拒绝抵制新生共产主义力量扩张，都会遭到弹劾。随后，政府机关指出朝鲜只不过是危险地之一，柏林问题一触即发，法国在中南半岛遭遇惨败，罗马尼亚和保加利亚的军队正在南斯拉夫边境大规模集结。政府拥护者辩解道，我们不可能在世界各地都紧张备战。确切说来，这就是采取牵制政策的问题所在。

1950 年 6 月的最后一个周末，美国迎来了当年夏天的第一股热浪，在高达 100 华氏度（约 37.8 摄氏度）的酷暑下，美国人有气无力。能够离开电视屏幕的人，都跑到有空调的剧院里去了。孩子们看的是罗伯特 · 牛顿在电影《金银岛》里扮演的高个子约翰 · 西尔弗。乔伊斯 · 卡里著的《马嘴》成了读者在吊床上消遣的文学读物。在莫宁赛德高地，当时还是哥伦比亚大学校长的德怀特 · 艾森豪威尔正躲在他的住宅里阅读《迷途的皇后》，这是赞恩 · 格雷的第 51 本小说，作者死后才出版。迪安 · 艾奇逊整个下午在马里兰州哈伍德农场的家里种花消磨时光，晚饭后看着书就进入了梦乡。门外一直有鬼鬼祟祟的人影来来回回——自从麦卡锡得势后，这位国务卿收到了很多恐吓信，这让他恐惧万分，保镖全天都守在他身边。

国防部长路易斯 · 约翰逊和参谋长联合会议主席奥马 · 布雷德利，乘坐由东京飞往美国的班机经过太平洋上空某处。刚好那天下午，杜鲁门总统也在飞机上，星期六下午两点，他乘坐的总统专机“独立”号穿过乌云俯冲而下进入堪萨斯州机场的跑道。两个小时前，这位总统还致力于巴尔的摩国际友谊机场的开幕式（一项有益于世界和平的事业），而现在他期待能够和弟弟维维安在周末剩余的闲暇时间里料理一下家务，并与老朋友聊聊天、叙叙旧。白宫记者们被告知不得对此进行报道，星期一之前不会安排任何需要总统参加的活动。

和往常一样，总统不在华盛顿，政府高层都会松一口气，这次也是。国务院亚洲事务助理国务卿迪安 · 腊斯克在约瑟夫 · 艾尔索普的家里休息。国务院远东事务新闻官 W · 布雷德利 · 康纳斯则在华盛顿的公寓里和孩子们玩游戏。他们任何一个人都绝不会想到联合国会有新情况。自从 1 月苏联代表雅各布 · 马立克拒绝出席安理会会议以来，联合国就一直停摆。美国安理会代表华伦 · 奥斯汀正在佛蒙特州家中的苹果园里修剪苹果树，他的副手欧内斯特 · 格罗斯也不在办公室，而在长岛曼哈萨特镇家里招待孩子的小伙伴们。联合国秘书长特里格夫 · 赖伊则正在附近的福里斯特希尔闲逛。

那时纽约刚到下午，中西部则是中午，在遥远的三八线则是凌晨 4 点，用麦克阿瑟后来的话来说：“朝鲜就像一条眼镜蛇，发动了突然袭击。”

朝鲜夏季季风才刚刚开始，暴雨就倾盆而至，直泻在绿油油的稻田里以及贫瘠的灰褐色山坡上。此时，朝鲜军队的大炮——射程 40 英里远的重炮，接二连三地开火发射了。起先，炮击是零零星星的，因为那些小型排炮还在等着朝鲜军队那门122毫米榴弹炮发出火焰信号，所有大炮随即会一起放出信号弹火焰，炮轰接连而至，而军官们正在研究向南部发射炮弹的炮击点，并校对射程范围。头顶上空，雅克式和斯多尔摩维克式飞机越过温暖湿润的空气向着不到50英里远的汉城飞行。像中国人一样，朝鲜人仍用军号通报传令，一听到军号声，步兵就会越过边境扑向他们的第一个目标。尽管天色漆黑，又下着大雨，不可避免地会出现胡乱摸索的混乱场面，但朝鲜人民军大将崔庸健竟然成功地将9万名士兵带领到韩国，没出现任何堵塞现象。海陆部队乘着中国式平底帆船和舢板在韩国边境线以南登陆上岸。被一阵喧闹声吵醒后，韩国人摸索着穿上自己的衣服。几个小时内，他们就将匆忙上路，逃离漫天遍地的轰鸣声。其中一些人的下半生都将流离失所，四处避难。

6个小时后，正值美国东部夏令时间8点，布雷德利·康纳斯成为在华盛顿听到这则消息的第一个美国官员。合众社的唐纳德·冈萨雷斯打电话告诉他，合众社驻朝通讯记者断断续续发来新闻快报，称朝鲜军队正沿着三八线进行猛烈攻击。冈萨雷斯询问国务院是否听说了这个消息，康纳斯说他也不太了解，但他会立刻想办法确认。挂了电话，他就试着给美国驻汉城大使通电话，但电话接线员告诉他，电话无法接通。星期日早上，所有海外电话线路都是关闭的。康纳斯匆匆赶到新国务院大楼位于C街的入口处，但在紧急电话线路集合在一起恢复使用之前，部门联络中心收到了一份美国驻汉城大使约翰·J·穆乔发来的电报，发电时间为上午9点26分，电报里写道：

> 今晨，朝鲜军队兵分几路向韩国进军。从本次袭击的性质以及发起方式看，这是对韩国的全面进攻。

迪安·腊斯克和联合国事务部助理国务卿希克森被火速召集。晚上10点，希克森叫醒了艾奇逊。希克森提议明早召开联合国理事会特别会议，要求朝韩双方停火。他补充道，既然华伦·奥斯汀在佛蒙特州，欧内斯特·格罗斯就应该在纽约率先带头做决定。艾奇逊对此表示同意，并指示他通过特里格夫·赖伊召集理事会人员，并拿起那部白色专线电话接听了由白宫打来的电话。

杜鲁门一家在独立城北特拉华街的家中，刚用完晚餐。这位一家之主在书房坐了一会儿，已开始打盹儿，因为快到他睡觉的时间了。然而，就在此时，他接到艾奇逊的电话，只听他一开口便道："总统先生，我有重要消息向你汇报，朝鲜已攻入韩国……"才讲几句话，总统就表示要立即乘飞机回来，但艾奇逊劝他还是先好好睡一觉。现在除了要调动联合国力量，使其行动起来以外，别无他法，只能等待更多情报，并表示他会在明晨再给总统打一次电话。总统问他现在自己有什么能做的，艾奇逊回答：有。实际上他是能够做点儿事情的。路易斯·约翰逊非要限制国务院与国防部之间进行的交流，此举真是荒谬。他想直接与陆军部长弗朗克·佩斯联系。杜鲁门说，好了，就这样办吧。说完就挂断了电话。于是，国务卿就开始凝聚美国人的积极性，自己掌握美国的行动权。在他看来，此时此刻，比战场更重要的行动主场是位于纽约的成功湖[①]。

当希克逊电话告知特里格夫·赖伊时，他说道："天哪，杰克，这是在公开对抗联合国啊！"事实上也确实如此。朝韩是受联合国守护监管的，而美国只是在韩国代表着联合国。在波茨坦会议上，世界三大巨头英、美、苏曾一致商定，朝鲜半岛的未来将在共同监管下根

① 成功湖是联合国总部所在地。——编者注

据选举进行决定，而后苏联却变卦了，拒绝让联合国专员越过三八线以北。在艾奇逊的指导下，其下属参谋拟定了一份安理会决议，决议称朝鲜军队对韩国的军事武装袭击破坏了和平，应当立即停火交战。由于苏联对安理会的联合抵制仍在进行中，该决议也就以 9：0 的票数通过了。

星期日上午，从穆乔那儿收到的都是负面消息。一支朝鲜坦克部队驶向汉城和金浦机场，势如破竹。艾奇逊总结说："韩国的武器远远比不上朝鲜"。12 点 35 分，他打电话到独立城，请求总统返城。上飞机前，杜鲁门与记者交流了几句："不要危言耸听。这次也许情况紧急，但我希望情况没那么糟。在我掌握所有情况之前，我不会回答任何问题。"回到宾夕法尼亚大道 1628 号布莱尔国宾馆，杜鲁门立即召集所有外交和军事顾问围坐在一张红木餐桌前召开紧急会议。他当场做出三项决定：通知麦卡锡调配所有可用的飞机和船舰接回在朝鲜的美国人，必要时可以越过三八线；麦克阿瑟将军要为韩国军队提供弹药；美国第七舰队在台湾海峡巡逻，以防朝鲜进攻韩国只是声东击西，其真实目的是进攻中国台湾。如果毛泽东在那里追击蒋介石是在一年前的话，美国可能会置之不理。但是现在，美国国内的政治形势不允许美国保持中立。

星期一是联合国成立 5 周年纪念日，那是黑暗的一天。艾奇逊评价说："那天，从朝鲜连续传来局势日趋严峻的消息。"朝鲜人民军不顾联合国的停火决议，兵分 6 路包围李承晚的首都汉城。李承晚政府已经向南方迁移，路上都是惊慌失措的行人。韩国士兵还在溃逃，他们本来还要死守春川，但是第一辆 T–34 型坦克到来时，就溃不成军了。韩国驻美大使张勉博士来到白宫。总统转着办公室的大地球仪，手指着朝鲜说："这里是远东地区的希腊。如果我们现在表现强硬，坚决攻下来，就不用考虑下一步了。”张博士觉得他没有解决问题，含泪离去。晚上9点，杜鲁门在布莱尔国宾馆又召开了一次紧急会议。“战时内阁”（现在他是这样称呼这些会议成员的）听到奇普·波伦和乔治·凯南说苏联缺席安理会会议，认为这给了美国一次极大的机会，他们不需要担心苏联会投否决票了。考虑到这一点，总统同意了一项新安理会决议，呼吁所有的联合国成员国合力将朝鲜人赶回去。很明显，出力最多的将是美国，杜鲁门总统也很乐意帮这个忙。在征得顾问们的同意后，杜鲁门命令麦克阿瑟带领海军和空军部队向三八线以南的韩国防御士兵给予直接战略支持。同时，在艾奇逊的催促下，总统也加大了对在中南半岛作战的法国军队的支援力度。

星期三，汉城陷落，韩国的防御部队退到了汉江。那天中午，在长岛的斯德哥尔摩饭店，特里格夫·赖伊、雅可布·马立克、欧内斯特·格罗斯三个不太可能聚在一起的外交官坐到了一起，不过只是为了赴一场定期的午餐会。他们三个也没有其他事情可谈。马立克认为安理会在星期日做出的决议是“非法的”，因为没有一个苏联代表出席，中国大陆也没被允许参加。赖伊只好紧张地等待着，因为他要一丝不苟、认真地尽到联合国秘书长的职责。暂且不说星期日的事，他建议马立克到这个下午的战事大会听听美方的新决议。“你不加入我们吗？”他问道，“在我看来，要维护你们国家的利益需要你加入我们。”但这个苏联人却摇头，慷慨陈词：“不，我是不会参加的！”离开餐厅后，格罗斯擦着他额头上的汗水，对赖伊说：“如果他接受了你的邀请来参加会议，想一想会发生什么后果。”可能会发生的事也就是苏联会反对美国的新举措，接着，十有八九，美国会发动未经联合国授权而对朝鲜进行干涉的战争，简而言之，那会是一场更早的越南式战争。

星期二晚上，那些有电视的美国人坐在电视机前第一次看到了联合国会议，这次会议奇怪地被插播在商业广告与两档名叫“富丁尼”和“尖脑袋”的儿童木偶剧节目中间。为马立克预留的座位仍然是空的，那个强有力的美国决议获得了通过。有史以来第一次，一个国际性组织决定用武力解决纷争。正如社论记者在第二天清晨所写的那样，因杜鲁门做出了给予韩国海军支持与空军掩护这一深得人心的决定，所以当这一决议在国会宣布时，国会成员全体起立鼓掌欢呼，经久不息。白宫新闻发言人收到这一消息，脸上也露出了灿烂的笑容。名义上的共和党领导人杜威州长满腔热情地支持美国对朝鲜干涉。甚至《芝加哥论坛报》也致贺总统，指出他的立场受到全民一致支持。

但也不都是如此。有一个人就站在这股潮流的对面。星期二一整天，参议院都在讨论对外政策的新思路，罗伯特·塔夫脱却坐在一边，手托着头，静静沉思。到了星期三，他上台发言。他控诉说，是政府“邀请”朝鲜进攻韩国的，因为政府声称朝鲜不在美国的防御范围内，这就难怪朝鲜认为能够肆无忌惮地进攻韩国。他说：“如果美国在中国国民党与共产党作战时不打算用自己的军队对国民党提供军事援助，为什么现在要派出军队保卫韩国，去对付朝鲜共产党呢？”请不要弄错，塔夫脱说，他同意美国用武力让进攻者滚回三八线那边，而且如果政府将这个问题交给参议院定夺，他肯定会投票支持。但事实上，政府没有这样做。相反，这项决议已经开先例地“篡夺了国会的权力”。宪法规定只有国会才有权力宣战，而总统的行为“无疑带来了一场名副其实的战争”。塔夫脱总结说：“就我对这件事的研究看，在国会没有采取任何行动处理这件事情之前，没有人有权使用武装力量来支持联合国。”

塔夫脱坐下后，共和党右翼参议员们象征性地鼓了一下掌，但他们随即发表了其他意见。关于总统是否“擅用职权发动战争”的问题，加利福尼亚州的威廉 · 诺兰说：“我认为，美国总统所做的每一项关于……联合国以及世界所有自由人民的重要决定，都应该获得所有美国人民的支持，无关乎他们的党派关系如何。”塔夫脱集团的其余人都爆发出响亮、持久的掌声。关于韩国能否守住汉江，蒋介石提出要派 33 000 名国民党老兵去朝鲜作战，还有消息说英国在太平洋的所有战舰都已交由美国海军指挥。美国人此时没心情去衡量宪法的那些细微之处。然而杜鲁门还是同意塔夫脱的看法，他需要国会做出支持政府的决议。艾奇逊则持反对意见，在他看来，塔夫脱的讲演虽然“基本上是诚恳的”，可是带有“严重的党派偏见，而且十分不得体”。他坚持认为总统“不必征得国会的同意，而可以依靠宪法赋予他的美国武装力量总司令的职权行事”。

历史上令人啼笑皆非的事情很多，但很少有像这次这么讽刺的。迪安 · 艾奇逊任职多年来一直被人严厉谴责为国际共产主义的工具，却如此仇恨共产主义，甚至认为总统可以利用其美国三军总司令的职权，在不询问任何人的情况下，调配美国军事力量参加一场反共战争。对于自己认定的事情，艾奇逊从不改变主意。1962 年发生导弹危机时，他曾要求肯尼迪总统入侵古巴。晚年的时候，他成为越南战争中最狂热的鹰派分子之一，戴着红白蓝三色臂章给华盛顿高中的学生们演讲，鼓吹对抗共产党的必要性。当然，那时总统干涉外国战争的权力已经大得多了——很大程度上是因为 1950 年 6 月在艾奇逊鼓动下开了先例。

华盛顿、成功湖、东京以及汉城等新闻公报，将公众彻底弄糊涂了。在星期四下午的总统记者招待会（朝鲜战争开始后的第一次）上，记者们迫切要求杜鲁门澄清一些事情。

问："总统先生，美国所有人都在问，我们是否在打仗？"

答："我们没打仗。"

问："总统先生，你能详细解释一下你说的'我们没打仗'吗？我们是否可以引用你的这一说法？"

答："好的，我允许你们引用我的原话。韩国政权是在联合国的帮助下建立起来的，正受到来自朝鲜的一群土匪的非法进攻。联合国召开了一次会议，请求成员国去拯救韩国的人民，成员国们同意出兵镇压那群突袭韩国的土匪以拯救韩国，这就是全部实情。"

问："是否可以称此次行动为联合国领导下的警察行动？"

答："可以，确实如此。"

在接下来的三年里，美军人员伤亡数估计超过10万。最初的一腔热情过后，共和党人越来越不喜欢战争，发现其并无益处，他们时刻让哈里·杜鲁门记着他们曾经认为这是"警察行动"这一回事。用一句简单的话概括政策，只有在政策有效时才起作用。假如《租借法案》不成功，那么人们对于罗斯福当年所说的"把给花园浇水的软管借给邻居"的比喻，就不会客气了。不同之处在于，1950年6月，这个尚未被别人识破的重大目标，在罗斯福看来，是要取得全面性的胜利了。而在韩国的目的并不是让敌人无条件投降，而只是停火协定，停止进攻，这是一个被迫选择的目标。但这一点在1950年6月时还没有人看出。

据星期四上午来自东京的新闻公报报道，6.5万名韩国军队，有将近一半伤亡或是被俘。显然，伤亡人数不断增加，不能一直这样下去。同样也可以看出，仅靠美国海军和空军的战术支持并不足以扭转战争局势。现在，战争发展的局势让杜鲁门承担了更大的责任。从东京总部大楼传来消息，麦克阿瑟已经飞往朝鲜半岛，实地考察战争发展态势。当时天气恶劣，所有飞机都停飞在羽田机场，年届70的麦克阿瑟将军不顾空军气象员的劝告，登上他的“巴丹”号C–54型老飞机，告诉他的飞行员：“起飞吧！”到达韩国时，李承晚亲自到机场跑道迎接他。麦克阿瑟说：“走，到前线去看看。判断战事实况的唯一方法就是看军队实地作战。”接着他就驱车向北，迎着炮火，刚好赶上汉江上演守桥的最后一幕——他们虽苦苦挣扎，却毫无希望。将军在公路旁的小高地上站了20分钟，看着士气低落的溃军、大声呼救的难民以及朝鲜接连不断的轰炸。他的一位参谋回忆说，他“看到了糟糕透顶的场景，韩国简直溃不成军”。回到他在日本的军事总部，麦克阿瑟给五角大楼发了一份电报：“守住阵地、收复失地的唯一可行的办法，就是将美国地面作战部队开到朝鲜战场上。”

这个要求终于提出来了。整个一星期，他们早就知道这个要求终究会被提出来，现在这个消息终于在星期五的凌晨3点，由五角大楼的一台发报机滴滴答答地传了出来，那时首都人民还在睡梦当中。J · 劳顿 · 柯林斯（他现在是麦克阿瑟曾担任过的陆军参谋长）接到了电报，他回复说总统在做出这么重大的决定前，肯定要和他的顾问们商量一下。战争禁得起几个小时的等待吗？绝对不行，麦克阿瑟回答。现在每分钟都至关重要。要想让韩国得以存活，就必须马上派美国军队去堵住缺口。

柯林斯将军打电话给陆军部长弗兰克 · C · 佩斯，佩斯又打电话到布莱尔国宾馆。华盛顿现在还不到早晨5点，但是杜鲁门已经起来刮胡子了。拿起床头边的电话，他迟疑了一会儿，便下令派出一个团。他说，他会马上召集战时内阁成员，提出增派远征军的建议。建议得到了全体成员的一致通过。当天上午，他就把有关命令拟好了，到6月30日下午1点22分，也就是战争爆发后的第7天，美国征集后备部队的工作就开始了。美国全面展开战争，军舰、军用飞机、坦克、大炮和地面部队全都派上用场了——但这一切都完全没征求过国会的意见！

接下来的6个星期真是令人焦急痛苦。美国人以为美军第24师、第25师离开日本到达朝鲜半岛时，战斗将揭开新的一幕，出现转机。他们认为即使朝鲜并未惊慌失措而逃，但至少大局已变，士气已挫。而实际上，美军部队跟他们的新盟友韩国士兵一样，已开始迅速崩溃了。第一支到达战场的军队大部分是没有作战经验的新兵，这些人中参加过“二战”的连两成都不到，作战能力也极差，人数比例是20∶1，而且他们唯一的反坦克武器就是10年前的火箭筒，用这些火箭筒去对抗苏联强有力的T–34型坦克，结果几乎令人绝望。在最初的几个星期内，由于彼此之间孤立无援，又与外界失联，包括率领第24师的少将在内的很多人都投降了。那时美国步兵都得了“回营热”——渴望回到日本舒适的兵营里。麦克阿瑟竭尽所能，娴熟地指挥着美国与韩国的工兵营在釜山桥头堡周围建造一个防御线，以便尽可能地拖延敌人的来袭。即便如此，失败主义的情绪也悄悄地在高级司令部里滋长。

一连串奇怪的名字——乌山、盈德、河东、镇东出现在头版头条新闻上，报纸头版刊载的地图描绘了釜山防御阵地的战况，但边界一天比一天小。7月20日，朝鲜人民军发起猛烈的进攻，迫使第24师溃退出大田，接着又开始重击位于大邱的第25师，该处是美军的主要补给基地和通讯中心。战事严峻激烈时，用战地通讯员的话说，连麦克阿瑟都可能被赶出“大本营”，被迫逃离下海。直至8月6日，长期以来的撤退局面终于结束了。第27步兵团和他们的韩国盟军掘壕固守，在大邱城下，挡住了朝鲜人民军这股红色巨浪。8月下旬，朝鲜军队进行最后一次大规模进攻，试图占领釜山，但此时，守军已拥有了坦克和重型大炮。这条弧形防线东起日本海峡，南至朝鲜海峡，绵延120英里。当夏日逐渐消去，防御战壕每星期愈加坚固。战事陷入了一个相持不下的僵局，新闻评论员都想知道下一步会如何发展。坚守在防线上的士兵都抱着听天由命的心态。他们最喜欢说的一句话是：这就是球反弹蹦跳的样子。他们唱着：

老道、老蒋和老李
他们究竟想要我干啥呢？

但道格拉斯·麦克阿瑟是军事天才，他不会在这乏味的包围圈里消磨太长的时间，并且越来越多的美国军队被派过来，这小小的包围圈已经容不下那么多人了。在美国国内，大批国民警卫队的精锐部队被召集了起来。征兵动员加紧进行，原定的配额一下子就增到了60万人。但必须承认，这些补充队伍表现得既不积极也不高兴。没人叫他们拚命英雄，基尔罗伊也不在那里[①]。一名来自芝加哥的陆军下士史蒂芬·齐格对记者说：“我愿意为美国而战，但为这样一个鬼地方而战，我真不知道是图什么！”这无疑说出了成千上万在釜山作战的美国士兵的心声。然而，对于此次战争，却很少有组织性的反抗，在美国更是少有针对于此的游行。新兵都是曾在“二战”期间打

① 这句话来自美国流行文化“kilroy was here”（基尔罗伊到此一游），意思是，没有人有兴趣上战场。——编者注

过仗的人的弟弟那一辈，爱国主义的情绪还比较浓。而前些时候被朝鲜人打得节节败退，也刺痛了美国人的自尊心。

一天天地，在釜山前线的士兵和武器越来越多。从日本开来第一骑兵师，后来从美国又调来第二步兵团，然后英国第27旅的2 000名英国兵也从中国香港过来了，此外还有法国、土耳其、澳大利亚、荷兰和菲律宾的军队，而这些只不过是15个联合国成员国派出的先头部队。

朝鲜正担心补给线拉长、伤亡惨重以及作战能力极差的青少年后备队等问题时，麦克阿瑟则在准备他戎马生涯中最辉煌的一次进攻。他不听从任何人的建议，兵分两路，一部分留在原地防守，另一部分进行让人猜不透的水陆两栖作战，在距汉城西部24英里，即当时朝鲜人民军前线后方150英里的仁川港登陆。

登陆日前的两天，10艘战舰掠过港口扫雷并轰炸了沿岸的炮台。9月15日，登陆日清晨6点半，当第一缕粉红色晨曦在东方破晓时，海舰指挥上校发出常用的“登陆部队登陆”两栖登陆信号，于是，小船载着两周前就已从旧金山秘密出发的第一支海军陆战队分队，以排山倒海之势飞快地向海岸驶去。海军陆战队仅用40分钟就占领了外离岛，该岛是仁川港防御的要点。他们冲过一条1 000英尺的长堤，朝汉城推进。而此时，麦克阿瑟向世界宣称道：“海军和海军陆战队这次干得简直绝妙无比。”10月1日，朝鲜军队几乎全军覆没。半数士兵被关押在战俘营里，其余的则被分成各个小分队于夜晚秘密转移，并企图返回朝鲜。联合国部队控制了整个三八线以南的朝鲜半岛。麦克阿瑟诉诸武力要求朝鲜人民军放下武器。在成功湖，一项由8个国家支持的决议要求联合国大会“采取一切适当措施保证整个朝鲜稳定的局势”，也就是说同意部队进入朝鲜。但参谋长联席会议再次力劝麦克阿瑟谨慎行事，因为从中国北京也传来了不好的消息。美国情报称中国步兵师大部分已在中国东北集结，就在与朝鲜交界的鸭绿江对面。杜鲁门总统认为现在到了该与麦克阿瑟谈一下的时候了。

早就应该谈一谈了。6 月，共和党对外事务主要顾问约翰 · 福斯特 · 杜勒斯就曾拜访过杜鲁门，建议把麦克阿瑟将军“拉回美国”。杜勒斯那时刚从东京回来。朝鲜战争爆发时，他愤怒地说，麦克阿瑟的司令部措手不及。但总部大楼没人敢唤醒将军，“他们害怕打扰到他”，所以只能是杜勒斯自己去叫。

7 月末，这位将军干预了与他毫无关系的事情，又引起了白宫的关注。有一次，美国与联合国进行外交磋商，要求限制住蒋介石，麦克阿瑟却飞到台湾拜访蒋介石，告诉记者美国舰队在台湾海峡巡逻就是为了“拴住”蒋介石，他认为应该撤回舰队。总统很不安，就派埃夫里尔 · 哈里曼到其总部去和麦克阿瑟谈一谈。哈里曼回来时情绪颇为低落，他觉得将军没有明白他的意思，将军似乎“有一种很奇怪的想法，就是谁反共，我们就应该支持谁”。

接着，杜鲁门获悉美联社、合众社和国际新闻社都登载了麦克阿瑟发给海外退伍军人协会年度会议的信。在信里，将军提出了太平洋地区的对外新策略，即让美国军队守住符拉迪沃斯托克市到新加坡的防线。很明显，这就需要美国和蒋介石联合起来。将军认为这是一个好主意，他说，那些认为这个提议会激怒中国共产党的人是绥靖主义者，他们提出“谬误而又陈旧的观点”，然而真正需要的是“有雄心壮志、坚定而又有活力的领导”。总统盛怒之下要求他收回这句话。麦克阿瑟倒乖乖听话，但于事无补——报纸已经刊登出来了。现在，面临着战争扩大的威胁，白宫在荒凉的威克岛安排了一次总统与这位最引人注目的将军面对面的会谈。

10 月 15 日，他们在民航局外一所丑陋的炉渣砖房里见面。会议非常重要，两人都以为没有其他人在场，但是有一个热心的外交官菲利普 · 杰瑟普安排了一个秘书，拿着速写本藏在门后边进行速记。虽然后来麦克阿瑟指责她的速记不够准确，但我们没有理由怀疑其可信度。如果速记正确，麦克阿瑟就发给海外退伍军人协会的信坦然道歉。他还预测战争会在感恩节时结束。那时，日本和平协定可以在苏联的配合下或不让苏联参与的情况下签订下来，他还说，花费不到 5 亿美元就能完成朝鲜半岛的重建工程。杜鲁门还询问了苏联和中国对战争进行干涉的概率有多大。将军的回答如下：

> 概率很小。如果它们是在战争开始的头一两个月就干涉，可能还有决定性意义。现在我们不再害怕他们的干预，我们不再战战兢兢、唯唯诺诺了。中国军队在东北地区有 30 万人。其中部署在鸭绿江沿岸的有 10 万~12.5 万人。但只能派出 5 万~6 万人渡过鸭绿江。他们没有空军部队，而我们在朝鲜已建好空军基地，如果中国试图进入平壤，他们会伤亡惨重。

确实会伤亡惨重，但并不是麦克阿瑟想象的那样。他的情报并不准确。毛泽东在东北已经集结了 85 万名士兵。他那身经百战的第四野战军的先头部队已有 12 万人在鸭绿江南面了。他们每天晚上悄悄渡江，还带着装甲车和重型武器，破晓之前就藏在朝鲜崎岖不平的山里。这一重大行动被发现后，麦克阿瑟被很多人指责，但这是不公平的。他指挥的这场秋季战争并非无可指责——他没有预见到战争会扩大，没有向士兵发冬衣，对于这些，他难辞其咎。可是他的主要疏忽和错误，包括不服从上级命令，那是以后的事情了。在威克岛时，他是一个忠诚的将领，告诉他的统帅一切他认为确实的情况。接下来的

6个星期里，他的行为也无可挑剔。总部大楼没有再提出什么新外交政策蓝图规划，虽然从手续上讲，他越过三八线不需要任何特许，但他还是等到联合国大会再提及他行动的主要目标是“建立一个统一、独立、民主的朝鲜”时，才在大会的指示下向北推进。

现在，他领导着一支由美国7个师组成的精锐部队，其中战功赫赫的第三师刚刚加入。与他们一同作战的，有韩国经验丰富的6个师，还有来自英国、澳大利亚、新西兰、泰国和土耳其的同盟军。10月20日，平壤沦陷了。在敌军的首都，在他于莱特湾涉水登陆后的第6年，麦克阿瑟摆出一个古怪的姿势，大喊：“这儿有什么大人物要接见我吗？金某人在哪儿呢？”

麦克阿瑟将军确信他的敌人已经灰心丧气了。但在这一点上，他却大错特错，而且错得如此悲剧性。事实上，他之所以错到这个地步，是因为这里存在两场战争：一是真正的朝鲜战争，另一场则是麦克阿瑟心中的战争。真正的战场是在一个荒凉的地带，有陡峭的高地、幽深的峡谷，这片地区如此荒凉，至今渺无人烟，也没有可靠的地图。偶尔可以从泥地上模糊的足迹看出以前有人来过这儿，但都不知道去向何处。这些经历了风吹雨打的峭壁之间虽有些小径，却无人走过。连绵的山脉由北向南，任何往北全面推进的大部队，都必须分成小队，遇到紧急情况也无法互相支援。坦克在这儿毫无用武之地，重型火炮也不得不留在后方。深沟和峡谷是绝佳的埋伏地，飞机根本就观测不到军队的藏身之所。这里绝对是埋伏的理想场所。10月，这儿已经埋伏了25万名纪律严明、长着飞毛腿的农民步枪兵，只等喇叭一吹、铙钹一敲，他们就会从两侧夹击毫无准备的联合国军队。这群伏击队员的身后，在广袤的中国东北，还有60万身着蓝色军装的中国士兵，时刻准备增援。这是战争史上大自然布下的最大的陷阱之一。

麦克阿瑟却兴高采烈。他带话给在日本的军需官，让他为他的左翼部队——联合国第八集团军准备好军营。又通知奥马·布雷德利，说他想要在1月把美国第二师调到欧洲去，并且承诺美国人民："我会把这些弟兄们送回家过圣诞节。"他告诉记者，战争已经基本结束，现在不过是清扫战场。10月24日，麦克阿瑟告诉参谋长联席会议，他已经将军队驻扎在平壤和元山之间（元山是位于平壤东45英里的一个海港城市）。然后他公布了——真真切切地向全世界公布了他的作战计划。他想来一个钳形大夹击，第八集团军由平壤向北开进，其他部队则统称为X军团从元山开进。第八集团军是大钳子的西部钳臂，X军团是东部钳臂，它们之间的制高点则由少量韩国军队控制。让那些纸上谈兵的军官们吃惊的是，将军若无其事地告诉他们，他决定打破一条军事常规。他有意将指挥权下放给两个陆军司令官：左翼部队由陆军中将华尔顿·H·沃克指挥，右翼部队由他的总部负责。麦克阿瑟完全是沉醉在仁川大捷中了，根本就没弄清现在的情形——本来地形就是难题，他还让两翼互不通气，使停战更加困难了。

10月的最后一周，联合国先头部队兵分12路向北面猛攻，左翼直奔清川江，右翼直攻长津水库。几乎是在一开始，他们就遇到麻烦了。麦克阿瑟的军事情报处处长查尔斯·A·威洛比少将曾告诉他们，朝鲜人民军已经毫无士气，但是他们却遇到了猛烈反攻，韩国第七师被孤立，并被切断了与其他部队的联系。接着，10月26日，第八集团军的一个巡逻队在离中朝边界南方足足90英里的地方抓住了一个中国士兵。远在宾夕法尼亚大道1600号的人们都皱起了眉头——总统同意麦克阿瑟的行动计划，完全是因为他言之凿凿，确信中国不会也不可能进行有效的干预。这位联合国部队统帅回复说，没什么好担心的，和莫斯科一样，北京只会打着共产主义旗帜，派遣一些理想主义的“志愿者”到别的共产主义国家参战，而且中国早已大肆宣传要去朝鲜作战的意图了。

4 天后，在咸兴（朝鲜东北部城市）以北又抓到了 16 名不像是朝鲜人民军的军人。一位在檀香山唐人街长大的日裔美国军官审讯时，发现他们也是中国人。第二天，又有报告说在长津和赴战水库附近发现了一个团的麦克阿瑟认为是志愿军的中国士兵。俘虏们说，他们在两个星期前就坐着一辆押送军火的列车渡过了鸭绿江。11 月 1 日，一队苏联米格–15 式喷气式战斗机攻击了美国战斗机，混战了一会儿，又飞回到鸭绿江对岸的中国那边去了。这时，在朝鲜各师前线都已经发现了中国步兵。11 月 2 日，第一骑兵师在清川江北岸侦察时，报告说他们其中一个营受到机枪扫射，几乎全军覆没，对方是高声叫喊的穿着蓝色毛式服装的士兵。报告称：“我们不知道他们是否是中国政府派来的，但是这场战争就是一场印第安式的大屠杀，很像在小大角河战役中打败卡斯特[①]的一场战斗。”

无可避免地，美国军官开始担心起来了。他们在一个陌生的国家作战，补给线很长，又容易受到攻击，并且没有做好扩大作战的准备。他们对中国知之甚少，但是听到的消息让他们非常不安：中国新政权视美国为天生的敌人，而且不怕死。一想到要与源源不断的东方军队作战，他们就不禁恐惧起来。11 月 3 日，第 24 步兵团竟然完全不顾麦克阿瑟的指示——该团接到通知“命令当日全速挺进鸭绿江”

---

① 卡斯特是美国将军，在小大角河战役中被印第安人所杀。——编者注

进而掉头后退了 14 英里。总司令部还没来得及处理这次违令事件，11 月 4 日的战况报告就出来了。陆军第一师发现该区有 3 个师的中国士兵，第一骑兵师发现 5 个师。

美军总部现在态度不一。起初，麦克阿瑟告诉五角大楼，尽管中国共产党的干预已经“有明显的可能性”，但他“手头上还没有足够的证据让他立刻接受这个事实”。过了一晚后，他认为 8 个师的出现已经是证据确凿了。他报告参谋长联席会议，他的左翼部队已经躲过了“……暗中埋伏的一个陷阱”，已经不会有“任何军事大逆转的可能性”。可是，他仍然很心烦。打败朝鲜军队后，联合国军发现“一股新的军事力量正向他们袭来，可能还会有大批的后备军蜂拥而来，军队的补给也非常迅速”。这批新部队来自鸭绿江那边的“特许庇护所”。他说：“这些后备军是否以及是以何种规模向前推进以增援作战部队的，目前还有待观望，但这是一个极其严重的问题。”他已经“和这批被派来与联合国部队作战的中国军队交过手了”，中国能够集结这么多人，“我指挥的军队有最终全军覆没的危险”。

直到这个时候，参谋长联席会议才禁止在鸭绿江 5 公里范围之内进行轰炸。此时，麦克阿瑟上将要求授权他炸毁鸭绿江上的大桥。他依然不相信中国人会竭尽全力来这里支援朝鲜。但凭着一生对亚洲人的了解，他说他知道东方人的心理特征：尊重并服从那些积极进取、坚决果断、充满活力的人的领导。炸掉这些桥足以证明自己也是个积极果断、坚定有力的人，同时，这也有利于阻挠军队进行增援。这个轰炸要求理所应当被批准了，但参谋长联席会议又觉得心神不宁。参谋长联席会议对于其军事武装部署表示不满，他们也开始怀疑威洛比。然而，麦克阿瑟是美国陆军最高级将领（一个小士兵说“他是上帝之下，万人之上的人”），同时还是一名曾远征 7 000 英里以外战场的司令指挥官，不批准他就违反了1864年制定的、长期存在于美国的军事政策。然而，参谋长联席会议并不愿授予麦克阿瑟全权。麦克阿瑟被提醒“务必格外小心，不能侵犯中国东北领土和领空”，飞行员也务必不能袭击中国东北境内的目标，尤其是鸭绿江大水坝及发电设备。

在东京的美国总部用发报机飞快地传达着这些指令时，朝鲜前线又沉寂了。巡逻队没有发现一个中国士兵，好像他们全部消失了。威洛比将军对此很肯定，他一直都认为会这样，并自鸣得意地觉得自己是个“中国通”，早就知道中国只是虚张声势。士兵肯定是被召集回去了，战争结束了。但是地面部队的指挥官们却不那么肯定。中国可能会因为吃够了苦头，而像麦克阿瑟和威洛比现在想的这样突然中止作战，但也有可能和他们想的正好相反，他们正在重新整装待发，准备发动全面攻击。总之，他们一致表示，这件事很蹊跷。

他们对此迷惑不解，这件事本身就很神奇。两个多月来，中国总理周恩来想尽一切办法，想让这些西方入侵者滚回老家。8月25日，麦克阿瑟还被困釜山时，周恩来就通知联合国，华盛顿支持蒋介石留在台湾地区，本身就是“武装入侵”，是“犯罪”。他声称要把所有不属于美国侵略者的东方领土“从美帝国侵略者的魔爪下解放出来”，亚洲是属于亚洲人的。

因为美国起初并没有听进周恩来的这番言论，所以他在仁川登陆后又说了一次。他警告说，中国“不会袖手旁观，让自己的邻国朝鲜任由帝国主义蹂躏践踏”。10月3日，周恩来召见了印度驻中国大使潘尼迦，郑重地告诉他，如果联合国军自南向北越过三八线，中华人民共和国就会与朝鲜人民军联盟，共同抵抗联合国军队。这个消息通过新德里、莫斯科和斯德哥尔摩传到美国国务院。世界各大报纸都刊登了这条消息，华盛顿却置之不理。一个星期后，周恩来又通过中国政府官方广播电台重申了这一点。麦克阿瑟和威洛比都将这一声明视为“外交诈骗”，不予理会。显然，他们估计错了，但美国政府不能因此责备他们。杜鲁门也认为，潘尼迦过去就“经常与中国共产党配合”。他总结说，周恩来的这个消息可能是“以干涉朝鲜战争为由，公然敲诈联合国”。

无论从哪方面看，麦克阿瑟对这场即将来临的灾难所负的责任，不会比艾森豪威尔对阿登战役所负的责任更大。这个类比是杜鲁门说的，但是麦克阿瑟后来在处理这件事情时所引发的灾难，就另当别论了。事后，他说“没有哪个穿军装的比我更服从命令了”，然而，至少在某一敏感问题上，他对参谋长联席会议的命令是缺乏尊重的。在参谋长联席会议看来，在靠近朝鲜的北部前线部署军队是不必要的挑衅行为。9 月 27 日，参谋长联席会议告知他：“就政策而言，任何非韩国的陆军部队都不能出现在与苏联接壤的朝鲜东北部各省和沿线的中国东北地区。”他不仅无视这项命令，还在 10 月 24 日告诉他的陆军中尉，“如有必要，充分利用手中的所有陆军部队，占领整个朝鲜半岛”。他又对参谋长联席会议说，中国人欺软怕硬，向他们显示一下我们的力量，“会让中国人更理智些”。

麦克阿瑟的这种种族沙文主义，让他掉入自己挖的陷阱里。到感恩节，已经有三个星期没有看到中国军队在前线活动了，他就认为是自己的战斗阵势吓跑了他们。中央情报局向他发出警报，为了和联合国军打消耗战，“让朝鲜还能维持一个国家的状态”，中国会“最低限度”增加在朝鲜的军力。麦克阿瑟却对此警告置之不理，开始了那个月的第二次进攻，并且又一次提前向新闻界公布自己的作战策略。

他告诉记者，这将是一次“全面进攻”，以“赢得战争的胜利”。他又像10月承诺的那样，让约翰·库尔特少将告诉士兵，“他们可以回家吃圣诞大餐”。这项计划将在11月24日清晨执行，他会从东京飞到战场。而对他来说，他最后一次总攻会失败简直不可想象。在发给联合国的特别公报里，他报告说空军已经“完全控制了大后方地区”。他的左翼部队向前推进，遇到的是“无力的抵抗”，而他的右翼部队“在海军、空军和陆军部队的英勇支持下”，继续发挥其“有利位置”。到两翼会合之时，“实际上就是战争结束之际”。一位记者问他是否知道有多少中国士兵在朝鲜。“大约3万正规军，”将军脱口而出说，“还有3万志愿者。”损失将“非常小”。

在华盛顿，总统十分困惑。这个月早些时候，将军发来的警报，在杜鲁门看来好像要大难临头。现在，貌似警报解除了，将军在第一队人马还没出发时就要宣布胜利了。事实上，军队的确在提前庆祝：进攻的前一天正好是感恩节，美国真是别出心裁，为每个人提供了一份热气腾腾的火鸡宴，还有奶油汁、华尔道夫沙拉、红莓酱、碎肉馅饼和饭后薄荷糖。

那天是星期四。星期五，美国发起全面进攻。星期日中国派出了33个师，共30万人。

早上6点15分，布雷德利将军给白宫打电话。他告诉总统：“麦克阿瑟将军传来可怕的消息，中国人两只脚都踏进来了。”

他们攻破了整个联合国军防线。防守中线的韩国军队即刻投降，在中部山脉的韩国第二军也土崩瓦解了。土耳其、英国军队以及第一骑兵师马上赶去增援，却被逼退到离德川市30英里外的地方。丢了德川后，他们坐着两吨半重的卡车往南逃，边逃边向追兵开枪。土耳其人决定留下抵抗。子弹打完后，他们和中国军队拼刺刀，全部阵亡。第24师连连败退，退回到了清川江对岸。中国军队总共占领了40英里长的防线。他们右边是第八集团军，左边是X军团，在中间的丘陵地带稍作整顿后，中国军队又从东西两方迂回包抄过来，进攻这两个军。沃克将军不得不在撤退和负隅顽抗之间做出选择。他理智地选择了撤退。X军团也接到了同样的命令，结果却截然不同。

尽管伤亡惨重，但沃克将军的部队仍保持完整。很确定的是，情况一晚比一晚糟糕。军号声、铙钹声（有时是口哨声）一响，大批喊声连天的中国士兵就在信号弹的照明下，猛扑过来。他们好像无穷无尽，用麦克阿瑟的话说，敌人就好像一个“无底洞”，源源不断。但沃克最终不再逃跑，在三八线地区重整队伍。然而，X军却溃不成军了。他们的主力是海军陆战队第一师。按照惯例，海军陆战队冲在每支联合国军队的前头大约40英里。当第一声军号吹响时，他们早已到达长津水库。他们很聪明，认为现在是一个包抄的大好时机，可以迂回到正在与第八集团军交锋的中国部队背后，来一个突然袭击。但是，中国军队早有所预料。等麦克阿瑟知道后，海军陆战队已被切断包围了，而离他们最近的援军（驻扎在兴南）也有40英里远。

他们的突围战是朝鲜战争中最伟大的故事之一。“撤退？见鬼去吧！”海军陆战队的将军对一位战地记者厉声喊道：“我们只是向另一个方向进攻罢了！”“宽胸膛”普勒上校告诉他的士兵：“敌军在我们的前方、后方、左方和右方。这回他们逃不掉了。”他们与第三师、第八师以及韩国京畿师会和，组成了一个纵队，从中国军队的重重包围中突围出来。14天来，他们忍受着零度以下的低温，向东推进，迎着暴风雪，穿过冰雪覆盖的泥泞小径，周围都是万丈深渊。走到一个地方时，他们遇到了一条无法逾越的峡谷，正在他们深深绝望时，战斗运输司令部的飞行员在上空出现了，从机舱里，摇摇晃晃地放下来一座巨大的悬桥，架在峡谷上。有一次，部队不得不将117名海军陆战队队员的尸体埋在雪地里。还有一次，在4天的战争里，他们的伤亡人数达到了2 651人，但因为没有医院，他们不得不抬着每个伤员往前走。最后他们终于到达兴南港，并从那里撤走了。

可是战士和军队的英勇掩盖不了一个事实——麦克阿瑟的军队惨败。《时代周刊》评价道："这是美国战争史上最惨痛的失败。"记者霍默·比加特称："联合国军不合理的部署以及麦克阿瑟将军的重大失误，给敌人军事策略的成功提供了保证。"共和党报纸《纽约先驱论坛报》的一篇社论将这次溃败描述为"重大军事失误"，这一战役表明麦克阿瑟"再也不是军事战略上的绝对权威了"。

麦克阿瑟却持截然相反的观点。虽然他万分难受（艾奇逊看过他的电报后，用"近乎抓狂"来形容他），却不认为自己要负什么责任。中国闪电战的第4天，麦克阿瑟发表的公报承认"我们面临的是全新的战争"，看来是想怪罪于中国的言而无信。他说，敌人的行动"已经粉碎了我们原本抱有的巨大希望，根据此前中国所宣称的，我们曾以为中国只会派一群志愿者和个别人员而已"。

12月的第一个周末，第八集团军还处于混乱之中，海军陆战队第一师还被牵制在长津水库周边地区，麦克阿瑟向参谋长联席会议报告，他的士兵已经快要筋疲力尽了。除非联合国承诺变更条款，否则他别无选择，只能"慢慢消磨殆尽，直至最后全军覆没"。他说，新的形势"要求我们在政策决定和战略计划的制订上，必须充分符合相关的现实情况"。将麦克阿瑟的话讲再得明白点儿，他所要求的就是一件事——自由入侵中国东北，但华盛顿或是成功湖都不可能赋予他这项权力。在艾奇逊看来，这份来自东京的公报“把麦克阿瑟描述成一个诚惶诚恐、自怨自艾、抱怨种种限制扩大战争的人，这个人把洛维特称之为‘留给后代的文件’发给了报社和五角大楼”。毫无疑问，将军从未忘记他将是历史上的大人物。在美军总部眼里，他请求授权跨越鸭绿江是说得通的，因为已经没有其他方法能够赢得这场战争了。

不幸的是，赢得战争真的不可能了。1945 年以来，战争的本质已经变了——广岛和长崎的遭遇改变了它。在一个有一种武器能够夺取上百万人生命的世界里，战争不再是国王和总统的最后一着。如果战争蔓延成世界大战，人类将面临灭绝的危险。诚然，麦克阿瑟在朝鲜的敌人没有原子弹，但是他们的同盟苏联有，这一点就能够阻止麦克阿瑟为所欲为。除此之外，还有一些理由同样充分。在他指挥下的其他 15 个联合国成员国绝不想扩大战争。就算美国准备好不顾联合国是否赞成而单独作战，从其全球战略目标看，也不允许在亚洲战场有进一步的纠缠。与中国东北的战争一旦发动，就会在不断崛起的第三世界国家里引起反美情绪，美国对欧洲重建的援助也会就此终止。

如果麦克阿瑟不渡过鸭绿江就不能赢的话（很明显现在就是这样的情况），会产生新的僵局。让联合国让步是不可能的，但以当前的情形看，这两个强敌也是不可能撤退的。最愚蠢的解决办法就是战争双方都不认输，就这么长久而残忍地陷入僵局，直到有一方精疲力竭，同意停战。而这种情况实际上就是最终发生的事情。在后来的越南战争中，这看起来也是能够接受的。但在当时，这样的结果令人愤怒，尤其是对麦克阿瑟这样一位仍然沉浸在 19 世纪荣辱观的人来讲，他的每条神经纤维都如此坚信这一点，他很快就要告诉美国人：“在战争中，除了胜利，别无其他！”

圣诞节回家，在那个 12 月看起来毫无可能。如果你属于“摇摆世代”，又不是“吃了两次亏的人”（既是一个“二战”的老兵，又作为后备部队加入这场新的战争），而你的孩子正好长大，那么这个季节就会为你添加一种特别的甜蜜与辛酸。黑色的蘑菇云也悬在他们的上空，威胁着他们的生命安全。流行歌曲排行榜上第一名是一首悲伤的民谣《田纳西华尔兹舞曲》。正当你在一群喧嚣不安却又异常沉寂的人群里挑选着圣诞礼物，琢磨着 1951 年会不会有圣诞节时，扬声器里传来了哀怨的声音，唱着：

> 正和我心爱的人儿随着《田纳西华尔兹舞曲》欢快地跳着，
> 我偶然遇见了一个老朋友
> 我把我心爱的人儿介绍给他认识，他们俩跳舞时
> 朋友却把我心爱的人儿抢走了……

报摊上报刊的标题都是那么奇怪，甚至有些离奇。中国士兵和年轻的美国兵在遥远的太平洋彼岸相互厮杀时，一个中国共产党代表团却来到成功湖说明他们的情况。联合国会议期间，有人读到一条消息，伍修权将军和他的 13 名副官为他们的太太买搅拌器和尼龙长袜，还为自己买了有关原子弹的书。蒙大拿州征兵委员会表示，如果麦克阿瑟没有获得核武器及使用的权力，将不再招募新兵。还有消息传到华盛顿说，苏联的一位外交官称他们已经承诺中国，如果中国东北遭到轰炸，苏联就会参战。在随后的记者招待会中，杜鲁门暗示可能在朝鲜使用原子弹，具体时间由麦克阿瑟定。听到这个消息，英国首相克莱门特 · 艾德礼马上从伦敦飞往美国。杜鲁门让他无须

理会这件事，他从来没有这样说过，只是有人在造谣而已。虽然如此，艾德礼还是一脸愁容地回去了，他得知了一些其他情况。杜鲁门和艾奇逊吐露出朝鲜战争的败局已定。总统已经对麦克阿瑟提出指示："我们目前最关心的就是保住你的军队，我们一致同意将军队固守在桥头堡一带。"

白宫、五角大楼和新政府大楼的政府人员都暗自恐慌。看到那天公报的信息后，总统每天早上都要召开一次军事会议。美军总部的通信电路 24 小时不间断运转。国家安全委员会几乎会议不断，但所有努力都于事无补。杜鲁门的记录本上满是他的随想，其中有一页保留下来了，在那个圣诞节，他写道："……面对这种紧张的局势，整个国家会议接连不断。艾德礼、中国台湾地区、共产党、中国大陆、蒋介石、日本、德国，法国、印度等。我已经为和平工作了 5 年 6 个月，看起来第三次世界大战迫在眉睫。"

这是自 1944 年阿登战役以来最糟糕的一个年关。圣诞节过后，共产党又一次越过了三八线。三天后，参谋长联席会议告诉麦克阿瑟，"成功的抵御（进攻）固然对于国家利益而言意义重大"，但是不值得为此"蒙受巨大的损失"。如果他被打退到朝鲜锦江，他们会命令他"退回日本去"。12 月 30 日，麦克阿瑟要求政府"承认中国政府强加给我们的战争状态"。后面他还建议"投掷 30~50 枚原子弹到中国东北的空军基地或是其他敏感地区"，从中国台湾地区派遣 50 万人的国民党两栖部队，在美国海军陆战队两个师的支持下，登陆中朝边境两端。他还补充说，"打败中国后"，要沿着鸭绿江"布置一条"放射性钴带，以防共产党再度入侵朝鲜。①

① 在麦克阿瑟退休后，经其同意，举办了两次互相佐证的记者招待会。根据其在会上的言论整理得出这一看法，直到他去世后才公布。

同一星期的星期六，韩国再一次放弃了汉城，这是开春以来的第二次。三八线沿线地区的气温降低到了零度以下，一直没有回升。共产党人每天都在进攻。麦克阿瑟的防线终于抵挡不住，开始往回撤。在新年前夜，大家唱着《友谊地久天长》时，最凶猛的进攻有如巨浪一般，穿透厚厚的积雪，向联合国军的防线猛扑过来。

剪影：20 世纪 50 年代早期

CONGRESS REPEALS OLEO TAX

Best actress of 1950: Judy Holliday in **Born Yesterday**
Best supporting actor of 1950: George Sanders in **All About Eve**
Sunset Boulevard **The Asphalt Jungle** **Twelve O'Clock High**
Tight Little Island **The Third Man**

BATTLESHIP MISSOURI RUNS AGROUND

FRANKIE SEEN SWOONING INTO OBSCURITY

It doesn't quite jell with me, T.J.
When you glim the over-all picture
You savvy that there are certain rock-bottom
Slants which have got to be considered
Before the final wrap-up if you're going to
Housebreak it for the top brass
— If it's going to grab them where they live

Queeg looked up in horror. A vast dark bulk was bearing down on the Caine. *Queeg opened and closed his mouth three times without uttering a sound, then he choked out, "All engines back full — bah — bah— belay that —All stop."*

The bag of groceries that cost a city housewife $5 in 1935-1939 now costs her $9.83, the Bureau of Labor Statistics reported today

Only you can prevent forest fires.

When the sun in the morning creeps over the hill
And kisses the roses round my windowsill
Then my heart fills with laughter when I hear the trill
Of the birds in the treetops on Mocking Bird Hill

WOMEN'S SKIRTS RISE TO MID-CALF

What'll you have? PABST!

Chinese checkers — an ingenious new marble game

an odd-looking, snub-nosed little car drew some mildly curious stares. Few of the onlookers realized that it was a postwar model of the Volkswagen, the car which Hitler once promised to put in every German garage. With an air-cooled rear engine, and a luggage compartment under the hood, it was the first of 600 which Germany is shipping to the U.S. to sell at $1,280 to $1,977.

To at least one observer, it seemed that the men who sadly watched the humiliation of Joe Louis last week in Yankee Stadium were really feeling sorry for themselves. So many, in the uncomfortable long span of Louis's greatness, had themselves picked up fortyish weight and lost twentyish confidence.

BEST SELLERS: Fiction
The Cardinal by Henry Morton Robinson
From Here to Eternity by James Jones
Melville Goodwin, U.S.A. by John P. Marquand
Dinner at Antoine's by Frances Parkinson Keyes
A Rage to Live by John O'Hara

I keep picturing all these little kids playing some game in this big field of rye and all. Thousands of little kids, and nobody's around — nobody big, I mean — except me. And I'm standing on the edge of some crazy cliff. What I have to do, I have to catch everybody if they start to go over the cliff . . . I'd just be the catcher in the rye and all. I know it's crazy but that's the only thing I'd really like to be. I know it's crazy.

Best actor of 1951: Humphrey Bogart in **The African Queen**
Best actress of 1951: Vivien Leigh in **A Streetcar Named Desire**
An American in Paris **The Red Badge of Courage** **Detective Story**
The Lavender Hill Mob **Strangers on a Train** **Quo Vadis** **The River**

BEST SELLERS: Nonfiction
Betty Crocker's Picture Cook Book
Look Younger, Live Longer by Gaylord Hauser
A King's Story by the Duke of Windsor
The Greatest Story Ever Told by Fulton Oursler
The Far Side of Paradise by Arthur Mizener

HEARST DEAD AT 88

Irene, goodnight, Irene, goodnight,
Goodnight, Irene, goodnight, Irene,
I'll kiss you in my dreams